贵族的品质为何决定国家的品质

刘毓庆

2015年12月16日,《中华读书报》刊出了我撰写的《乡绅消失后的乡村命运》一文,没想到短短的数天,在微信上点击就超过六万,而且还有47家微信平台转发。同时接到了认识与不认识朋友的电话十几个,其中就有张华侨先生。

张华侨先生觉得,我对乡绅的认识与他不谋而合,又说他用了10年时间,走遍了大江南北,黄河上下,调查明清时期贵族及其家族经济的兴起,发现这是一支推动和稳定中国社会的巨大力量。为此他撰写了一本书《贵族的理想——他们支撑了中国》,希望我能为他的书写篇序言。

我觉得自己不是研究乡绅,只是因为出身农村,对农村有感情,看到了当下农村凋敝现状,有感而发而已,写序言实不敢当。后来张先生把他的部分稿子给我发来,恳切地要求我能写几句话。当时我只是回答说,等看了稿子再说。

当我看了他的提纲和部分稿子后,心动了,震撼了!尽管作者的观点与我不完全相同,但他的那种眼光、胆略和气概,我不得不佩服。因为他研究的是一个被中国人长期误解甚至批判的群体。在半个多世纪的阶级论影响下成长起来的人,一提到乡绅,在观念中马上就会置换为"土豪劣绅";一提到贵族,就会想到他们剥削劳动人民的阶级本质。因而会很自然地把这个群体与罪恶联系在一起。

但作者对明清两代及民国时期的名门望族调查后,旗帜鲜明地提出:"贵族的重大贡献是:以家族经济共同体配置经济与文化资源、帮助平民消除愚昧无知、推动中国向富民强国转变!""贵族的品质决定国家的品质,一个有贵族奉献精神支撑的国家,有利于国民树立理想的高度、改变道德信仰危机、实现光荣与梦想!”

这种声音,在曾经受过上世纪六七十年代政治风波的人听到会吓破胆。尽管经过三十多年的经济与政治变革,时代发生了重大变化,人们对谈论这种问题,仍有不同的认知观。

可贵的是,作者走访了在文化、经济、政治领域具有贡献的家族,通过大量第一手材料,论证了这一问题,让人们看到了中国传统社会中,以秀才、举人、商人、地主、官员、学者等组成的“贵族”,极大地提高了社会的免疫功能,对于维护中国稳定和正常秩序起到了政府无法起到的巨大作用。这个群体在国家权力无能为力的地方,承担起了保护一方平安和发展、建设的责任。

他们立足乡土,比任何封建时代的帝王将相更关心家乡的建设与老百姓的生存。他们是深深植根于乡间土壤的大树,乡间的阳光、雨露、水分、肥料、土壤、空气滋养了他们,而他们又用绿叶长枝营造一方文化生态。像地方教育、医疗、治安、交通、救济等公共资源,大都出自他们之手。作为国家法律补充的地方规约,也由他们组织制订。

他们在乡村、集镇、县城等承担了传承文化、教化民众的责任,不仅引领和指导乡村社会的发展,而且还为国家培养输送人才。在传统中国社会支撑政府大厦的成千上万的进士、举人,并不是由国家培养,而是这些富家大族,即作者所说的“贵族”。这是一个长期被埋没的事实,而今作者向世人揭开了这一真相。

值得我们思考的是,这个群体靠家庭积累的财富和自己的智慧成就了家业和事业,是什么力量促使他们承担了政府不能承担或无力承担拯民济世的责任呢?我想根本的原因在于中国传统文化以道义为核心的价值观念,而作者看到了这个核心要素,并在书中以极为详细、生动、感人的事实,呈现了这个群体如何以道义支撑了乡土中国的运转!

我认为,这种观念传自上古的尧舜禹汤文武周公,而理论完善于孔子。是孔子编定的“五经”经典体系承载了这种观念,并成为中国文化思想的核心。大批乡绅——即张华侨先生所称的“贵族”,便是这一文化思想与精神的传承人。他们用这种价值观念、这种文化思想及精神滋养自己,成就了自己,又变为有效的行动,犹如布云施雨,润及一方,随后又影响下一代,就这样代代相传。

这种价值观念呼唤他们自觉地承担社会道义,他们对社会道义的担当,并不像西方一些慈善家仅仅办慈善事业而已,而是同时发挥政治功能,参与地方管理。他们有高于普通民众的文化知识和精神素养,一部分有为官的阅历,在官场有一定的人脉,对下层民众生活有深刻的了解。他们可以将下情上达于官府甚至朝廷,也可以将官方的意旨贯彻于民间,协调社会的各种矛盾。他们的德望为一方表率,他们的德业为一方依赖。

所以张集馨《道咸宦海见闻录》说:“绅士居乡者,必当维持风化,其耆老望重者,亦当感劝闾阎。果能家喻户晓,礼让风行,自然百事吉祥,年丰人寿矣。”(中华书局 1981 年版,第 27 页)假如中国传统社会没有这样一批道义担当者,没有作为乡村灵魂的乡绅存在,乡村不仅会成为文化沙漠,还会成为地痞、无赖的世界。

也就是说,是传统以道义为核心的价值观念支撑了乡绅的精神,他们又以这种理想支撑了传统的乡村社会。至于“劣绅”,那是在末世社会整体腐烂、政治空气污染中出现的“疫情”,并不是常态,不能因民国时期生产了一批劣绅,就全面否定乡绅在中国传统社会的积极作用。

从张华侨先生这部大著可以看到,他回望那个远去的时代,以事实为依据,特别彰显了“贵族”为民谋利、忠诚爱国的道义精神,显然是在道德沦丧的背景下流露出的“忧患意识”。

近三十年来,在商品经济的冲击下,中国乡村普遍出现了“贫血症”。一方面政府推进城镇化进程,另一方又提倡新农村建设。如何让城乡协调发展,成为当下一道难题。城镇化是依照西方国家的模式设计出的方案,目的是加快经济发展。

然而在经济利益的诱惑下,却出现了无计划、无秩序状态。大大小小的城镇,都不同程度地出现了被闲置楼和烂尾楼包围的现象。据有关专家评估,批准要建、正在建和已经建成而没有出售的房产,加起来够四亿人住,这是多大的一笔浪费数字!

因为这个原因,政府不得不鼓励农民进城买房,消除库存。与此相对应,广大农村却出现了老弱留守、青壮外流、校舍凋敝、田园荒芜的现象。中国传统文明是农业文明,农业文明的根在农村,农村的衰落,必然导致传统文明承传的危机。因而政府不得不提出新农村建设的问题，而且投入了大量资金。

也就是说，政府推进城镇化，是出于经济的考虑；提倡新农村建设，又是出于文化的考虑。而新农村建设遇到的最大问题是人才奇缺，乡绅消失，农村没有传统文明的继承人。笔者在《乡绅消失后的农村命运》一文中曾提到：原本应属“乡绅”群体可以引领乡村社会的人群，统统变成了城市人。先是城市工作的离休老干部，他们安居于为功臣建起的休干院、疗养院而乐不“思蜀”。

其次是工职人员中从农村走向城市的第一代人，因农村失去土地，完全没有“归根”的意愿，安居城市。再其次是基层官员，工作在乡，退居则入城。其他是八十年代以来从农村走向城市的大学生，一批毕业于名校，留居城市工作；还有一批毕业于不入流的学校，在三十年前原本应属于初中生是可以留居农村的知识人，现在也有了大学生身份，漂于城市而不思归。

可以说，乡绅群体的消失，让乡村失去了文化领袖和灵魂，没有了指导和提升文化教育的导师，农村开始变成文化沙漠。更令人难堪的是破败的村落，让传统道德丧失、腐烂，给地痞、无赖、赌徒、不肖子，提供了滋生的土壤。

当道义丧失后，人还有什么事不能做？还有什么事做不出来呢？从前的乡绅，以道义撑起了乡间的蓝天；而今乡村的蓝天靠什么支撑、靠何人支撑呢？而张华侨先生描写的《贵族的理想》，展现了那个时代贵族的学识、品质、理想，召唤国民认识他们如何以仁义忠孝凝聚道义，支撑了互助友爱的乡土社会！

我们应该认识到，城镇化和商业化，是农业文明的两把断魂剑！城镇化铲除的是农业文明生长、生存的土壤，商业化消灭的是农业文明的传人。当下人们一种很可怕的认识是：认为工业文明（实际上是商业文明）代替农业文明，是历史发展的必然。却忽略了工业文明只是历史的一个过程，是插曲，而不是目的，它除了刺激人的财富欲望、激发人们创造财富的激情外，给人类带来的不是精神上的愉悦和持久的幸福。

相反却让人与人、人与自然、人与社会之间的冲突不断加大，导致人的精神世界走向萎缩，人间的温情与善良被规定在制度的框架内。人与人之间的关系变成了物质间冰冷的结构关系。甚至由于竞争合法化、合理化的理论阐释和利益最大化的无限追求，还为人类埋下了种种危机的种子（如资源枯竭、生态破坏、战争危机）。

特别是为了竞争资源、竞争利益，有些国家把最聪明的大脑用在杀人武器的制造和应对、消灭对手的谋略上。显然这种文明如果没有节制的发展下去，人类只能等待消亡。著名科学家霍金提出的“人类如何才能继续生存一百年”的难题，将永远得不到解答。

我们回头看农业文明，却是完全不同的两种结果。农业文明创造的不是机器、设备、工具、玩具、小商品等冰冷的东西，而是生命。无论鸡鸭猪狗，还是麻麦菽谷，都是在人的关照中成长、在风调雨顺中发展的生命。由这种生活方式产生的文明，注定了对于生命的关爱。而其对于世界的认识，也认作是生命与生命之间的联系。

也正是这种文明，创造了仁义礼智信的道德价值体系，这个道德体系又体现着天人一体、民胞物与的和谐、包容、仁爱精神。仁义礼智信，“仁”追求的是心性的和谐，“义”追求的是行为与内心的和谐，“礼”追求的是上下、周围关系的和谐，“智”追求的是自我与外物的和谐，“信”追求的是彼此交往的和谐。

唯有和谐，宇宙才能充满生机；唯有仁爱，天地万物才能生长；唯有包容，万物才能并育而不相害。这个价值体系可以保证人类的长治久安，使人类在和平安详、相互包容中发展。

但是目前这个价值体系，却受到了商业化与城镇化的致命冲击。谁来保护并承传承载这个价值体系的中国传统文明？恐怕只有乡绅，只在农村沃土上成长起来、并对农业文明有深刻认识与深厚感情的有识之士。

在这里我们要特别提到英国伟大的历史学家汤因比，因为他的好多预言都被历史证实。在上世纪七十年代，他看到西方过度工业化出现的社会问题后，就把人类未来继续生存的希望寄托在中国，因为他看到了西方工业化发展潜在的危及人类生存的隐患，看到了与西方“生存竞争”处世理念不同的中国文化的包容、和谐精神，看到了当时中国以农业为基础、以工业为主导的农工平衡的发展道路。他认为，过度工业化的道路是自我毁灭的道路。

如果中国能避免急于紧步先进工业国家后尘去实现工业化，在坚持以往“农业模式”基础上发展工业，创造出保持农工平衡的第三条道路，那就极有可能在先进工业国家陷入“超工业化”的混乱之时，从它们手中夺取世界的主导权，创造出以东亚为“基轴”的名符其实的世界国家（日本山本新、欣村秀二编《未来，属于中国——汤因比论中国传统文化》,杨栋梁、赵德宇译,陕西人民出版社 1989 年版第 23 页)。

遗憾的是,中国没有听取汤因比老先生的忠告,却让当下中国出现了汤因比当年看到的西方工业化发展导致的环境污染、资源浪费等混乱状态。然而大多中国人却仍执迷不悟,误以为这是一条追求幸福之路。尽管幸福越来越遥远,可他们却把财富增加误作了幸福。

正如荀子所说:"权不正,则祸托于欲而人以为福。"很少有人意识到这是一条"自我毁灭"的不归之路,这非常令人担忧。在这种形势下,保护中国文明的根,显得十分重要。因为保护中国传统文明,就是保护人类继续生存的命脉。谁来保护这个命脉?如何保护这个命脉?能回答这一问题的仍只有乡绅。

因此,张华侨先生的大著《贵族的理想》,告诉人们一个事实:农村社会不能没有乡绅,不能没有道义,需要具有奉献精神的贵族输送能量,引领国民富而好学、富而好礼,提升一个国家的品质与文明素养!

历史发展也在作这样的预示:农业文明是人类的生命线。没有工业,人类照样可以生存;没有农业,人类就只能死亡。人类的前途在于农工的平衡发展。加大新农村建设的步伐,是遏制人类自我毁灭的有效方略。保护人类继续生存的命脉——中国传统文明,期待乡村重建,乡村重建期待乡绅回归!

于太原椿楸园　2016 年 2 月 16 日

作者为山西大学国学院院长

掀起中华民族第一次经济建设浪潮

为什么中华民族经历了无数灾荒、战乱，付出了惨痛的代价，依然维持一个稳定、统一的文明体系？为何明清两代，以秀才、举人、商人、地主、官员、学者等组成的贵族，以输送物质财富、文化与制度资源，支撑了中国？

我不是从王朝的兴衰、宏大的历史事件寻找答案。从2005年至2010年，我不间断地在安徽、江苏、浙江、湖北、江西、山西、河南、山东等地调查，以徽商、浙商、晋商等富有大家族的兴衰为个案，以贵族构筑的祠堂、牌坊、族谱、家法等体系发挥的作用，揭示他们如何成功实现家族的荣耀，又推动中华民族走向富强的真相。

调查发现，明清两代：江西吉安、抚州；湖北黄冈；安徽徽州、宣城；浙江金华、湖州、绍兴；江苏苏州、扬州；山西晋城、长治等地，形成了共享生存资源的家族经济共同体。

虽然他们没有世袭的政治权力，但有延续千年的家族经济共同体，营造一个稳定的生态环境，支撑他们取得的第一个成就是：把自然资源与皇帝掌握的政治资源，转化为经济资源，推动商品流通，掀起了中华民族第一次经济建设浪潮，造就了一批富有的贵族。

文明只有依托物质成果，才能像富有营养的牛奶、面包，造就一个民族健康、强健的躯体。贵族把银子带回家乡，把简陋的泥土房，变成了雕刻精美、华丽的大宅院，把灰色的粗布衣，更换成闪光发亮的绸缎衣，最大化提高家人的生活水平，创造的物质成果超过了现在有些乡村。

以道义向社会输送公共资源

贵族取得的第二个成就是:秉承振兴家乡的责任,又从爱家扩展到爱国的道义,给社会输送教育、医疗、治安、交通、救济等公共资源,让更多人分享他们创造的物质成果。

历代皇帝、王侯、官僚是消费阶层,占有政治与经济资源,成为最大的受益者,却没有动力为人们提供公共服务,老百姓是否有机会接受教育,能否获得脱贫致富的机会;遇到强盗、土匪袭击,能否保障人身安全,完全取决于贵族是否提供援助。

明清两代,社会结构发生的一个重要变化是:家族经济共同体主导经济与文化资源分配,长江中下游的江西、安徽、浙江、江苏的家族,把物质财富转为文化资源,修建大批书院,培养子弟读书成才。

明代,浙江、江西通过进士考试获得官位的人排在前两位;到了清朝,江苏、浙江占据前两位,形成家族拥有的物质财富,决定自己的政治与经济地位,经济又带动文化建设,文化建设决定一个城市、一个地区的文化兴旺!

同时,他们以道义支持文人出版作品、修建图书馆,让知识从达官贵人手里,分流到平民百姓。像意大利佛罗伦萨美第奇家族一样,给中国带来了第一次文艺复兴。

所以沿着泰州、扬州、南京、苏州、嘉兴、杭州、绍兴、金华、湖州、宣城、徽州、抚州、吉安,靠官员、富商、学者贵族带来的文化资源,形成了一条“文化走廊”。

为何能维持家族自治与国家运转

明清两代,贵族取得的第三个成就是:依托家族经济共同体占有物质财富与文化资源,有资本向社会输送制度资源,也就是制订乡规民约,与王权互相配合,既维护家族自治、保障成员共享生存资源,又支撑国家运转。

浦江县郑宅镇郑家制订家规:财产属于宗族所有,族人共享住房、食物、教育、治病等资源。发现子弟私自积累钱财,由家长带领大家到祠堂,声讨他隐藏财产的罪行。郑家靠富有生命力的家法,在一起同住生活300多年,得到几个朝代皇帝赋予的政治荣誉。

从族人的需求看，他们以血缘关系为基础，分享贵族提供的生存资源，以比较低的成本达成互相合作，应对外部力量的挑战获得安全感，不可能挑战家规，反而要维护宗法。否则，有可能面临生存危机，这是他们遵守家法的重要原因。

从王权的角度看，皇帝的权力只传递到县级，不能给乡村提供法治等公共服务。朱元璋执政时，提倡“治国之道、教化为先”，除了亲自与专家、学者制定法律以外，还出台了大量的红头文件，让乡村有威望的知识分子、地主、商人等贵族，裁决老百姓之间的纠纷。

朱元璋给子孙留下最大的政治遗产是：成功动员乡村的宗族，制定约束族人行为举止的家法，又与王法结合，制造了一台坚固耐用、不需要原料的统治机器，为世界塑造了一个超级专政帝国。

操作这台机器的是贵族，他们以家法输送制度资源，帮助皇帝维持县级社会的自治，化解家族成员之间的矛盾，达成和平共处的协议，弥补皇帝不给乡土社会提供司法资源的弱点，而且遵守家法等于服从王法，忠于宗族可以转化为效忠帝王。这是明朝有些皇帝毫无作为，还能延续276年的重要原因！

但也有负面效应：经历大动乱后，国家又回到王权体制，不能由人治转向法治，社会结构依然以家族为主，族权与王权把手紧紧地握到一起，进一步巩固专政体制。

他们如何把仁义忠孝，转化成平等互利的规则

宋代以前，皇帝与神权结合统治天下，把礼制当做维护自己特权的工具，不向老百姓传播。他既不承担国家经济与文化建设的责任，又不构建普遍的信用意识。

明清两代，在皇帝没有普及法治的情况下，贵族对国家的一个重大贡献是：以家族经济共同体，成功地试制出宗谱、祠堂、牌坊等礼制工具，从中提炼出“仁义忠孝”，变成具有普遍推广意义的道德规则，对消除暴力政治，减轻老百姓的生存风险、构建一个诚实守信的文明社会、维护国家稳定发挥了极为重要的作用。

从仁义忠孝资源的积累与扩散效果看，黄河流域战乱、自然灾害不断，几乎每个村子、集镇、县城建有寺庙，祈求超个人力量的神仙帮助自己化解灾难。居民以神权崇拜为主，缺乏从家族延伸出来的忠孝，建立平等互利的社会规则。

长江流域雨水充足、土地肥沃,适合人们居住、耕种,产出效应比较高,生存风险比黄河流域的居民低,宗族相对稳定,几乎每个村子修有祭拜祖先的祠堂,以祖先崇拜为主。

祖先崇拜比神权崇拜的优势在于,祖先是一个宗族的起源,确定了忠孝治家的准则,更能唤起公民对家族、对民族、对国家的认同感、忠诚感,向理性、平等互利、尊重他人权利、承担富民强国的方向前进。所以辛亥革命爆发后,长江流域家族经济共同体培育的贵族,能够放弃官位、财富,打响摧毁王权、建立现代国家的战斗。

徽州歙县棠樾村鲍家、雄村曹家、呈坎罗家等,以经商积累物质财富,以读书做官取得政治地位,不惜消耗白银修建祠堂、牌坊,唤起族人患难与共、共同抗衡生存风险、应对外部力量挑战的意识。

每个宗族的祠堂是一所不需要皇帝支付教学经费的道德学堂,通过庄严、神圣、具有程序的集体祭祖仪式,家族权威、血缘关系、等级意识、忠孝至上等渗透到每个成员的心中,像无形的纽带将他们联结在一起,不容许个人损害宗族与国家的利益,否则,会受到惩罚。

经过家族道德学堂的培训,到朝廷做官的贵族,希望以"仁义忠孝"引导皇帝,从暴力政治向仁义转变,从极端回归理性,避免暴力释放出来的罪恶,摧毁人们创造的物质财富与文化成果。

到集镇、县城经商的贵族,把家族积累的忠孝资源,转化为诚实守信、取财有道、公平交易、对顾客负责的商业准则;遇到灾荒,又承担捐资救济灾民的责任。

正是贵族把家族经济共同体积累的忠孝资源,变成普遍的信用规则,从治理家族扩展到维护国家秩序,明清两个庞大的帝国,在没有建立专业司法队伍,没有给公民提供公共服务的情况下,统治时间都突破了 260 年,为世界王权统治史创造了一个奇迹!

然而,在缺乏法治制约的情况下,中国人积累了深厚的仁、义、礼、智、信资源,没有转化成监督、罢免皇帝、官员的权力,皇帝随时会突破礼制的底线,张开血盆大口吞噬他不信任的人。暴力政治贯穿每一个王朝,像滔滔不绝的洪水,给亿万人带来无穷无尽的灾难!

贵族与王权博弈获取千万资产，却没有法治保障

一个民族的文明是成功还是失败，是停滞不前还是创造伟大的奇迹，要看政治家与资本家能否优化配置政治与经济资源，从糊口的小农经济转向工业文明，能否与王权决裂，迎来民主、法治！

明清两代，徽商、浙商、晋商等，在与王权的博弈中，成为资产雄厚的大商帮，徽州的江春、汪应庚、鲍志道，以及浙江等地商人，在扬州盐业市场占有主导地位，成为拥有百万、千万资产的大盐商。

他们占有经济与文化优势，成为一个影响皇帝及官僚的贵族群体。但当时没有诞生一个像华盛顿那样的杰出政治家，制订一部宪法，创造一个成功的政治体制，保障公民的人身、财产权！

乾隆年间，人口突破3亿，粮食产量不断增长，财政收入最高达到8000万两银子，有人力、财力优势推进工业化，但皇帝坚守农耕立国的思维，以大地主身份出租土地、森林、矿产、盐业等资源，不受竞争、没有风险地获取高收益。

他掌握的财富超过世界其他任何一个君王，当然没有动力出台公司、金融、合同、物权等法律，以适用市场公平竞争，当然不会承认私有财产权神圣不可侵犯。

同时，皇帝不投资建大学、科研院所，他以科举把官位当做商品，批发给秀才、举人，从人身和思想获得了对学者的控制，变成绝对服从帝王，毫无独立人格的僵化群体，怎能产生牛顿、亚当·斯密、爱迪生等挑战权威、揭示真理的科学家、经济学家、发明家？

没有法治保障，又无科技资源支持，商人贵族的资本无法越过血缘关系，与社会其他人士的财力、智力结合投资工业，只能与王权结合获取经济资源，以资本支持子弟读书做官，以捐献巨资帮助朝廷承担救灾等公共服务，获取政治权力保护家族的生存权，并将银子带回家乡建宅院、修祠堂、买田地以光宗耀祖。

所以我们感到遗憾的是，徽州盐商、山西票号积累了千万两银子，成为当时最富有的贵族群体，发挥了优化配置经济资源、推动商品流通、带动城镇建设的作用，但没有宪法保障他们的财产权，只能靠家族经济共同体形成的信用出售农产品，维持低水平的商业，不可能跨进资本主义的大门，造就像洛克菲勒、福特那

样的跨国集团。

对比之下，欧洲贵族主要诞生于城市，以公爵、骑士、官员、商人、资本家、思想家为主，有自己的城堡、封地、商业，私有财产权神圣不可侵犯，享有独立于王权的选举与监督权，有参与政治、经济、军事、司法等方面的权力，形成互相制约的格局。

皇帝主导国家资源配置失败，导致亿万人贫穷落后

欧洲工业文明给人类创造的一系列奇迹，以及中国历代王朝的兴衰，告诉我们一个伟大的真理：国家配置资源的成败，能否建立公平分配体制，决定国家的成败。

从中国2000多年的王权更换，我们看到了一个巨大的反差：没有出现志向远大的政治家，优化配置国家资源，实现富民强国，提高国民的生活水平。相反掌握国家资源的帝王将相，却在无效、失败配置资源，浪费纳税人的钱粮。

明清两代，贵族以优化配置经济资源，为社会提供了物质财富、文化资源，但这种资源极为有限、稀缺，不能满足几亿人口的生存需求，一个民族向现代化转变，需要国家输送资源。

明清两个帝国，掌握的财力超过欧洲任何一个国家，但皇帝的执政目标非常单一：保护农耕文明就保护帝国的安全，没有从“消费型”的王朝，向“公共服务型”的国家转变，反而朝着维护小农经济与王权的方向演变。

为了延续小农经济、强化王权，皇帝不投资办学校，让老百姓吸收知识，而是让他们变得愚昧无知；不让他们以科学揭示事物的真相，而是让他们走进寺庙迷信鬼神；不让他们优化配置资源走向富裕，而是让他们守着几亩薄田过穷日子；不让他们主张民主、自由，而是释放暴力、专政！

皇帝主导国家资源配置失败的恶果是：失败的政治体制引发分配不公，造成大规模的农民起义，给社会带来毁灭性的破坏，摧毁了人们创造的物质财富与文化成果，重建文明的代价极其高昂，而平民百姓无力承受。

由此，中国人年复一年在贫瘠的黄土地耕种，却难以积累物质财富，人们的生命与财产，随时面临强权的侵犯，不断重演悲剧的命运，并且给西方人留下了贫穷落后、愚昧无知的印象！

于是,中华民族出现“文明能量供给不足”,即不能由家族供给教育、医疗、司法、救济等资源,转向国家提供公共服务;不能从维护王权专政,向维护公民权利的国家转变,国家像一个得不到合理营养、发育不健全、虚弱无力的人,这怎能创造伟大的文明?

对比15世纪以后,欧洲一些国家的功能、结构发生了巨大变化:资源不再属于国王所有,国家不是为了体现王权的意志存在,公民享有平等、自由的权利,议会监督总统优化配置政治与经济资源,为公民提供教育、就业、医疗、交通、治安、救济等公共服务。

从治家到治国富民,让公民实现光荣与梦想

为完成这本书,我先后调查近10年,站在不同的时代背景,穿越时空,揭示贵族推动中华民族的转变,书稿的主题、结构、内容、表达的思想,发生了几次改变。本书后记有详细的介绍。

刚开始,我偏重于他们取得的物质财富与政治地位,揭示家族兴衰对中华文明的影响。

但家族掌握的财富,只表明他们占用更多物质成果,过上富裕生活,不代表中国建立了私有财产权神圣不可侵犯的成功体制。因而我的主题从“家族的辉煌”,转向“贵族的理想”。

宋代以前的世袭政治、军功贵族,只享受王权赋予的权力与财富,维持他们的特权地位,对社会经济、文化建设不起任何作用,变成一个没有奉献精神、不能造就成功体制的剥削阶级。

明清两代,以家族经济共同体培养的贵族,有学识、财产、理想,靠个人奋斗获得财富与权力,以道义唤起公众告别愚昧无知,追求名利,却不独自占有财富,心怀富民强国的理想,与欧洲贵族具有共同点。

例如辛亥革命爆发前后,长江中下游的官员、学者、商人、资本家贵族,看到皇帝不能代表国民的利益配置公共资源,把家族积累的忠孝资源,转化为救国的良知,以日知会、科学补习所、光复会、同盟会等组织,打响了推翻清王朝的战斗,希望创造一个走向民主的成功体制,让亿万人实现光荣与梦想!

此后,长江流域不同行业的贵族,参与创办国民党、共产党。共产党创始人

之一的陈独秀、董必武，出身于有贵族血统的书香家庭，都取得了秀才功名，最后又放弃名利，为建立一个民主富强的国家奋斗！

认识到贵族品质决定国家品质后，我把主题提炼为“贵族的理想”，即他们从维护家族利益出发，向社会输送经济与文化资源，以终结王权暴力政治，构建一个民主、法治国家，这是贵族的一个重大贡献！

一个正在向14亿人口挺进的中国，生存资源紧缺的矛盾会更突出，需要政府优化配置政治、经济、文化资源，建立利益共享体制，打破阶层之间的利益分配不公、缩小贫富不均、让更多人分享改革的果实，建立一个富强与法治的国家！

张华侨

2015年4月16日，于南京汉中门。

2015年11月10日，修改于黄山屯溪黎阳新村。

目录 Contents

第一章

胡铁花承担了为家爱国的责任

为挽救家人的生命，他冒着风雪出外挑粮食

怀着不能忘却的家族情感，怀着悠长、不变的乡土意识，胡适的父亲胡铁花（1841—1895），于清同治十年（1871）离开上海龙门书院，急匆匆赶回安徽绩溪县上庄村，他要完成一个伟大的任务：修复胡家祠堂。

到达绩溪，胡铁花沿着一条弯曲的山路，向上庄村方向行走，两边山峰绵延，不受约束地伸展它庞大的身躯，茂密的树林、灌木、杂草，按自己的想象，随意装饰大山。

步行30多里，上庄村出现在胡铁花眼前：村口几棵苍翠、挺拔的杨树，见证了胡家祖辈开荒播种的岁月，周围十几座起伏秀丽的山峰，犹如一个巨人伸出热情的双手，把族人环抱。

中间一片开阔的平地，耸立着近百栋宅院，那是胡家几代人依托家族经济共同体，创造的财富，虽然人口不断膨胀，却紧密相连、互助友爱，一条汇集了泉水的清澈溪流，日夜哗啦啦地从村子南边流过，给村民带来了生活用水。

面对眼前秀美的景色，胡铁花为祖辈胡七二选择这块“藏龙聚气”的风水宝地，安家立业、繁衍生息，传承600多年，感到由衷的自豪。

当他走到位于村口的胡家祠堂，一种悲伤不禁涌上他心头：原来雄壮无

比、祭拜祖先的祠堂，在咸丰十一年（1861），被太平军烧毁，残墙断壁上爬满了藤萝。

往事把他带回到明万历元年（1573），为了凝聚族人的情感、强化千古不变的血缘关系，胡家人筹集资金修建宗祠，至泰昌元年（1620），历时47年竣工，他们毕恭毕敬地把祖辈的牌位放在神台，依次排列，烧香祭拜。

由于上庄村人多地少，土地贫瘠，产量低，收获的粮食只能维持几个月，明朝后期，为缓解生存资源不足带来的压力，胡家人走出山沟，经宁国、广德县，进入湖州、金华、杭州、南京、苏州、上海、九江、汉口等地经商。

◉ 这栋宅院见证了胡铁花读书、经商、追求功名。

到道光年间，胡家人通过耕种、读书、经商相结合，在当地变成了一个大族，涌现出一批商人、教师、官员、学者等贵族，增强了宗族吸收经济资源抗风险的能力。为了光宗耀祖，道光十三年（1833），他们出资扩建祠堂，规模比过去更加宏大。

与胡家人树立祖辈权威相比，也在1833年，德国传教士郭士立，在广州创办第一家中文杂志《东西洋考每月统计传》，帮助在华的西方官员、商人、学者，认识清朝沿着专政的道路行走，如何给人们带来了贫穷、落后。

他告诉被王权压制了几千年的中国人：皇帝消耗纳税人的钱，必须为人民提供法治、教育、医疗、救济等公共服务，所有涉及民生的决策以及行政开支，必须公开、透明，接受公众的监督，打破官员在幕后操作的神秘。

据《胡铁花年谱》记载，清咸丰十年（1860）正月二十四，上庄村胡家喜气洋洋，伴随一阵锣鼓、鞭炮声，20岁的胡铁花与头披红绸布的新娘冯氏，在亲友的簇拥下，面对贴着大红喜字的神台，举行了结婚仪式。

他们吃完喜酒刚过2天，也就是1月26日，听到一个不祥的消息：太平军从芜湖出发，先后攻占了南陵、泾县；29日，几乎不受抵抗地占领了旌德，这个县与绩溪只有一山之隔，意味着战火已经烧到家门口。

2月1日，灾难降临到绩溪，一伙凶恶、野蛮，以掠夺为生的太平军，在县城四处抢劫，并向七都、旺川等村子扑来，离上庄只有7里，危险就在眼前，当天夜晚7点，胡铁花的伯父以及他奶奶等20多人，乘着夜色跑到附近山林躲避。

19日，财力雄厚的胡家、程家、柯家、汪家、江家等家族，组成2000多人的自卫队，在六都乡张家桥与打着太平军旗号的强盗展开血战，中途打退了敌人的进攻，却不幸中埋伏，有200多人倒在血泊中。

7月，两江总督曾国藩驻扎祁门县，派大将李元度守护徽州。李元度打过几次胜仗，立了不少战功，没有把太平军放在眼里，不经意地流露出骄傲自满。

却不知军营士兵几个月没有领到工资，大家怨气冲天，军心极其涣散，又因太平军以重金买通他手下的人，在一个夜晚里应外合，没有等他醒悟过来，太平军攻破了城门。

随即以打仗为掩护，以抢夺财物为目标的太平军，变成了吃人的野兽。一场大抢劫、大流血、大恐慌、大逃亡，从徽州向县城、集镇、乡村扩散，当地多少富有的家族，一夜之间被这群土匪摧毁。

当时胡铁花20岁，长得身强力壮，与伯父胡星五，先把家人安排在离村子10公里远，一个叫剪刀凹的山上，搭一个棚子居住，其他村民陆续迁来。到了晚上，他们回家取一些衣物、食品。

战争把不同的目标融合到一起，让不同阶层的人幻想重新分配社会财富、改变自己的地位。剩下只有暴力决定结局。咸丰十一年（1861），以溃散的太平军、贫民、逃荒的人组成的强盗，不断在徽州各个县城、集镇、乡村流窜，把抢劫富户的钱财当做赚钱的手段。

3月8日，找不到财物的强盗冲到山上搜寻，胡铁花等人凭借剪刀凹有利地势，几次打退他们的强势进攻；10日，当地一个投靠强盗、熟悉地形的人，带领他们从茶坞樵上大壁山，出其不意地从剪刀凹后面发动袭击。

村民惊慌失措，来不及应对，被强盗迅速击溃，山上200多间草棚被烧毁，并有村民丧身火海。胡铁花的家人前一天移居到大谷瓮，幸免于难。

强盗行踪不定，胡铁花为保卫家人安全，根据险情，随时更换躲藏地点。遇到连日阴雨，在山上无衣服可换，浑身湿透，也只能咬牙忍受。这种东躲西藏、有家不能回的滋味，让他们觉得生命朝不保夕，轻如一根鸿毛，随时被风吹走，不由得对天哀叹。

5月，随着官军逼近徽州，强盗减少了进入村子的次数，转移到其他地方。胡铁花等人返回上庄，迎接他们是瘟疫流行，感染的人无药可治，只能无声地倒下。

强盗抢走了村民储存的大米、面粉、油盐等食品，回来的人需要购买粮食，又因动乱造成店铺关闭、供应短缺，引发粮价迅猛上涨，每升米涨到160文钱，每两盐涨到88文钱，一块银元可兑换1680文钱。

由于躲避强盗，村民错过了插秧的季节，也来不及种包谷，不得不抛荒，饥饿、瘟疫两位恶神，乘机一起向一贫如洗的人走来，直至以带走他们的生命。

家里有20多口人等着吃饭，胡铁花忍着疟疾，到一个集镇购买2斗大米，送回家后，又返回到竦川伯父的住处。旅途中病又发作，比较疲惫，走一段路要停下来喘一口气，连续10次才回到住所。

回来后，胡铁花感觉心烦意乱、躁动难安，伯母以为他肚子饿了，连忙煮了一碗稀饭，他难以咽下去，倒在地下昏迷不醒。伯父急忙把他扶到床上，邻居有一位妇女，擅长针灸、刮痧治病，说胡铁花感染病毒。

她拿来一根针，连刺胡铁花10根手指不见出血，认为活不过来，已经气绝身亡。伯父不相信，情急中，叫她刺咽喉，仍不见流血，再刺他的心口，血慢慢流出来，他恢复知觉苏醒过来。

12月，一伙强盗又围困徽州，遇到战乱、瘟疫，老百姓哪能安心种庄稼？不能插秧，就会有灾荒到来，有些人步行300多里到江西购买粮食，粮价贵，路途又遥远，好不容易运到徽州，强盗又在各个县活动，稍不留神，就会被他们抢走，搞得竹篮子打水一场空。

运粮道路不通，内部又难以买到粮食，而且不断有强盗，求生的意志指引胡铁花带领家人到深山野林，靠随身携带的干粮糊口，吃光粮食后，采野果、树根充饥。

年底，连续飘落的雪花，创造了8尺厚的纪录，像一块硕大无比的白色毛毯，紧紧包住了山川、道路、树林。找不到食物，也看不到树叶、树皮的难民，被饥饿扔进沟渠。第二天，尸体变成一堆白骨。

12月28日，胡铁花的伯父到江西购买粮食没有回来，天空依然雨雪交加，从早晨到下午家里没有米下锅，屋内只有寒气包围他们，显得惊慌、焦虑。胡铁花向邻居借大米，却没有得到一粒米，几乎每个家庭都在竭力阻挡饥饿走进来。

他想起还有一石大米寄放在竦川亲戚家，只有取回这石米，才能挽救全家人的生命。不能再等待，他抬脚迈出家门，迎着风雪大踏步向前走，到达时已经是黄昏，他先装2升米到袋子，再取一点米做晚饭，只有吃饱了才能救家人。

第二天早晨，胡铁花吃完早饭，发现雪越下越大，仿佛要阻止他出门，他头戴一个斗笠、脚穿草鞋，背着米袋子准备走。亲戚说："外面雪下得很大，路面又很滑，看不清方向，你这样出去很危险，等雪停了以后再走。"

"谢谢您的关心，谁知道雪什么时候停止？我没有时间等待，家人一天没有吃饭，急切盼望我把米背回家下锅，即使前面险象环生，我也必须克服一切困难赶回去。否则，我没有尽到一个孝子的义务，靠什么做人？"

说完，胡铁花推开门，背着大米启程。大雪模糊了道路、水塘、沟壑、田野的界线，不知是深是浅、是实还是虚，他只能凭感觉、经验摸索前行，几乎每走几十步，身体不由自主地晃一下，走了2里多路，跌倒10多次。幸好，地面的雪像具有弹力的海绵，没有碰伤他的皮肤，而斗笠被大风吹得不知去向。

从竦川到上庄只有15里路，胡铁花回到家已经是黄昏，路上没有遇到一个人，像诗人柳宗元描绘的一样："千万鸟飞绝，万径人踪灭。"家人见到他背回了救命的大米，脸上显出了欣喜。

同治元年（1862）春节，虽然没有看到强盗出来掠夺，但各家都缺粮食。刚吃了几天饱饭，胡铁花家又面临断粮的危险。早晨，他踏着积雪到竦川挑剩下的五斗稻谷。

上午他空手去，走得比较轻松，不觉有什么危险，下午他回来挑着担子，有些冰雪已经融化，一不小心，一脚踩空，连同担子一起滚到山下，装稻谷的袋子压在他身上，双脚陷入深雪，无力拨出。

此时，太阳即将收起最后的光亮，山林只听到北风的呼啸，如果他不尽早离开，就会被冰雪冻僵，可能永远沉睡在这里。家里20多口人等着他，他怎能踏上不归路？他祈求上天给他力量、给他生存的机会，让他能活着走出去。

奇迹出现了，胡铁花看到一个行人路过，急忙发出呼救，这个人停住脚步，回头望着他，又向四周看一下，心想这个倒在雪地里的人，是好人还是不法分子？我应该救他吗？

这个人犹豫一下，走到一棵树前，一手扶着树，解下腰带抛给胡铁花，借树支撑的力量，用力把他拉上来。

“谢谢！非常感谢您救了我一命，否则，我可能回不了家！”得救后，胡铁花连声道谢。

吃完存放的粮食后，绩溪无粮购买，正月初七，胡铁花与家族兄长胡嘉言，雇用10个挑夫，踏着积雪，从歙县、休宁步行300里，到婺源坑口集镇购买大米。

返回走到休宁边界，有两个挑夫的手脚冻伤，步伐缓慢，渐渐落在后面，过一会儿，胡铁花回头看，两个挑着大米的人消失了，也许他们要米回去救家人；到达歙县竦口，被一个强盗抢走一担。他不由得感叹求生如此艰难。

胡铁花在伸手不见五指的黑夜，背着母亲逃难

不幸的是，1862年，与胡铁花过了两年夫妻生活的冯氏，在战乱中丧生，悲伤如同挥之不去的阴云，笼罩在他心头。他能向谁诉说满腔悲愤？又有谁给他安慰？

当时战乱没有结束，胡铁花与村民一直处于逃难、回家、遇到强盗再跑到山岭躲避的状况，没有能力安葬妻子，将她安放在树林。

一年多以后，也就是同治二年（1863）八月，胡铁花找到妻子遇难处，发现尸体腐烂变样，已经认不出。他回村子没有找到现成的棺木，只好在家取出

几块楼板钉成，把她装进去掩埋。

站在坟前，那一幕幕难忘的往事浮现在胡铁花眼前：冯氏性格温和，不善交谈，笑容很少出现在她脸上，好像她缺乏笑的天赋。嫁给他后，遇上一场战乱，强盗以太平军的名义进村抢劫。

每次听到强盗到来的报警，半夜三更时，冯氏率先起来生火做饭，让祖母、母亲、丈夫、兄弟、妹妹等人吃饱饭，天亮一家人快步走向山林隐藏。

一年多来，冯氏不辞辛苦、承担了料理全家人生活的任务，有时饭比较少，她让大家吃完，自己挨饿，却毫无怨言，习以为常，深得他祖母、母亲的喜爱、赞赏。

1860 年 8 月，胡铁花母亲患疟疾，这种周期性发作的病，由蚊子吸人的血感染，发病后忽冷忽热，搞得人极为难受。有时她半夜病发作，身痛口渴，冯氏先起床烧茶，端到跟前让她喝下，并为她捶肩按背，或轻揉头皮，缓解她的疼痛，直到东方升起一轮红日。

没有想到，母亲的病没有好转，冯氏却在战乱中身亡，母亲痛惜失去一位讲忠孝、精心服侍自己的媳妇，难以消除内心的悲痛。即使后来胡铁花又娶妻生子，弟弟妹妹成家，母亲仍然念念不忘冯氏。

想到这些，胡铁花觉得自己对不起妻子，没有给她创造一个优越、安宁的生活环境。

只要没有彻底打倒太平军，强盗就会不间断冲进村子抢夺，打乱了村民的正常生活，他们不敢回家，只好露宿山林。胡铁花带领家族 20 多人，逃到休宁县一个山村避难。

村民返回绩溪县，但残余的强盗没有撤走，仍在寻找抢劫目标，填补他们不断增加的欲望。为生存，胡铁花等人在山上砍树枝搭草棚居住，遇到大雪封山，寻找食物异常艰难，又因粮食被抢光，大米价格暴涨，一粒米等于一颗珍珠。

同治三年（1864），徽州暂时恢复安宁，商人聚集到屯溪，准备修复店铺开业，胡铁花在隆阜照料生病的母亲，这个镇离华山寺只有 5 里，他家族的叔叔胡隽卿与胡印月等人在寺里读书。

他爱好学习，乘这个空闲时间，拿着书本到华山寺读书。刚看了一天书，听到一个消息：清军收复了杭州，从战场溃败下来的10多万太平军，即将退到徽州，守将唐义训是一个无能之辈，不能有效调动兵力应对，反而被敌军打败。

听到这个消息，胡铁花火速赶回屯溪隆阜，街头响起了清军阻击太平军的枪炮声。形势变化太快，许多商人、居民来不及拿走金银财宝，直接冲出家门逃跑，街上一片混乱，挤满了逃难的人。

胡铁花母亲身体虚弱，两个年幼的妹妹又不方便行走，他走出巷子，叫几个弟弟跟随戴房东逃避，他扶着母亲带领妹妹到一个宅院躲藏，以为屯溪有官兵防守，强盗不敢追查居民。

到了夜晚，胡铁花听不到枪声，他壮着胆子到外面探视，发现街上空无一人，显得比较静寂，他又返回住所，烧水做饭，饱餐一顿。再把衣服扎成一捆，挑着担子带领母亲、妹妹，向屯溪西边走去，前面逃难的人点燃了火把。

走了5里路，母亲疟疾病发作，气喘吁吁，心慌意乱，无力继续行走。胡铁花担心强盗赶来，全家人难以逃离，让七妹留下看护母亲，自己挑着衣物、食品带着五妹朝前跑。

走了500多步，他停下来放下担子，让五妹看守，回去背母亲带七妹，快步走一段路，放下母亲让她休息，又挑上衣物急匆匆赶路，他在狭窄的山路，带领家人展开了摆脱灾难的奔跑。

如此反复往返六次，胡铁花走了5里路，来到一个小村一户门前，从门缝看到屋内有灯光。经过这段时间仓皇赶路，他汗流满面，又比较疲劳，坐在屋檐下休息。

不一会儿，一位老太婆开门出来，胡铁花起身如实相告，并问村子是否有人愿意抬轿，想雇用人抬母亲走。老太婆说，你再往前走5里，有一个溪边村，是一个人口多的大村，可以雇到抬轿的人。

胡铁花先表示谢意，又向老太婆要了几碗水，给母亲及自己、妹妹喝下。接着他背起母亲向那个村子走去。可想而知，他在这个伸手不见五指，不熟悉周边交通的黑夜，需要多么坚强的意志，提防可能出现的危险。

这就是孝道的力量，指引他背着母亲穿过漫长的黑夜，向着光明的方向前进。

走到溪边村，胡铁花看到房东的侄子戴子馨，得知弟弟等家人跟随房东没有发生意外，正在前面行走，而且再走 10 里，有一个许村，就是戴房东家，可以进去休息。

听到这话，胡铁花觉得喜从天降，他雇请两个人抬着他母亲走，自己挑着衣物跟随。半路上，又幸运遇到他嫂嫂等家人，没有受到伤害，一阵问候，走到天亮看到许村，他们进入戴房东家。

在许村，胡铁花听说太平军已经离开屯溪，向江西撤退。他立即返回隆阜，清查财物是否丢失。他看到有大批将士行走，不知他们要干什么，与一位带绩溪口音的军官交谈得知，官军将与流窜的太平军会战，会涉及许村。

听到这个情报，胡铁花迅速赶回许村，花钱请几个轿夫抬着母亲，并带领家人转移到离休宁 20 公里的西馆竹林村，租村民颜阿三的房子居住。不出所料，双方交战后，附近许村的村民慌乱，急忙跑向其他村子。

6 月，一个大好消息终于传到胡铁花耳边：官军收复了南京，天王洪秀全向上帝报到，忏悔他犯下的滔天罪行，在徽州扰乱、作恶 3 年多的强盗，也随之向江西逃窜。伯父派人给他捎来了回家的信。

终于结束了流离失所的日子，为这一天的到来，胡铁花期盼了近 4 年，这 4 年内，强盗在徽州地区制造了无数流血的惨案，每次都有村民为捍卫财产献出了生命，却没有看到官府伸出援助之手。

回到上庄，悲惨的景象呈现在胡铁花眼前：房屋被烧、倒塌一片，亲人逃离、田地荒芜，再看门前、巷子、水塘边，横躺着无人掩埋的尸体，腐烂后散发出难闻的气味，引来苍蝇、野狗吸取最后的养分。

那么 1860 年，与上庄村相隔千里的北京，皇帝及官员在干什么？占用老百姓钱粮养了百万大军的清朝，竟然无力抵挡 1.5 万名英军、7000 名法军的进攻。

从 1860 年 4 月至 8 月，只用了 5 个月，以大炮、军舰组成的英法联军，沿着浙江舟山、山东烟台、天津渤海湾，封锁了中国大半海岸线，并于 9 月 18 日在通州突破清军统帅僧格林沁的脆弱防线，直逼北京。

英法联军占领北京后，10 月 13 日，除抢走皇宫储存的金银珠宝以外，还放火烧毁有 100 多年历史、集园林与建筑之美的圆明园，给无能、无知的皇帝及官员，留下一个无法忘记的教训与纪念：你们只有创办学堂、培养人才、认真探索科学、兴办工业，不再迷信鬼神、取代原始的耕种，才能增强国家的实力，提高人民的生活水平！

大火一连烧了十多天，摧毁了老百姓用血汗凝聚的成果，也映照了一个帝国的腐败、虚弱。迫于压力，为保住王位，咸丰皇帝低下了傲慢的头，派人与英法联军签订出卖主权的《天津条约》《北京条约》，并支付了1600多万两银子的高昂学费。

面对父老乡亲承受的灾难，又没有官方提供资助，胡铁花有重建家园的资本吗？有修复祠堂完成祖辈遗愿的能力吗？

伯父胡星五眼看当官无望，生命又走到了尽头

记忆把我们带回到道光二十一年（1841），第一次鸦片战争爆发，英军舰艇射出的火炮，击溃了站在木船拿大刀的清朝士兵，并以占领香港为标志，打开了一个帝国封闭的大门。这是工业文明战胜农耕文明的见证，千年未有的大变局，正在唤醒沉睡的中国人！

就在这一年，胡铁花降临人世，以后在家族开的私塾，读了《孝经》《唐诗三百首》。谁能注意到这个在中华民族大转变时代成长的孩子，怎样把对家乡的热爱，转化为振兴国家的动力？

据《胡适口述自传》记载，胡铁花的父亲胡奎熙，以100块银元起家，从道光二十三年（1843）至咸丰十一年（1861），先后在上海宝山、川沙等地开了4家茶叶店。

川沙位于长江出口，由泥沙淤积形成的集镇，东临浩瀚无边的海洋，街道店铺出售日用百货，满足附近居民基本生活需求。胡铁花家族在川沙开有“万和”茶叶店，为适应市场竞争、扩大市场销售额，又开了一家支店。

生意兴隆之际，太平军点燃了摧毁清朝的战火，迅速向富有的江苏、浙江蔓延，上海小刀会与他们遥相呼应，把仇恨的目光对准当地官府，从1853年至1855年，在上海扰乱一年多，导致胡铁花家两个店铺被烧毁。

至光绪六年（1880），胡铁花家两个茶叶店，资产大约3000块银元，靠出

售茶叶换来的利润，维持 20 多人的生活。分家时，他家继承了家族在川沙开的茶叶店。

刚开始，胡铁花在自家开的店铺当学徒。他的伯父胡星五，是一名秀才，将忠义、孝道视为做人的准则，族人发生纠纷，他主动劝说，化解双方的冲突，在乡村树立了很高的威望。

作为一名贵族，胡星五觉得：我祖上几代人以经营茶叶为生，积累资本、过上了体面生活，却没有走出一位官员，愧对祖宗的养育之恩，那么我除了经商以外，要利用业余时间苦读经书，希望通过进士考试，获得皇帝授予的官职。

据《胡铁花年谱》记载，战乱过后，同治三年（1864），胡星五想做两件事：一是，他与族人胡蔚文、胡方楷、胡尚华、胡荣华等人组成班子，想修复被强盗烧毁的胡家祠堂，重新唤起全体族人团结互助意识，因身体有病及缺乏资金，只得暂时放弃。

二是，朝廷发出了恢复科举录用官员的通知，胡星五想去碰一下运气。10 月，他以秀才身份带领胡铁花离开上庄，到南京参加举人考试。

11 月，南京气温不断下降，又刮起了让人很不舒服的北风，还有雪花跟着释放寒意。胡星五穿着厚厚的棉袄，抱病走进考场，答题时，有些疲倦，注意力有些不集中，还不断咳嗽，想到权力是推动社会的生产力，想到功名包含的光彩，他默默忍受，连续经历三场考试。

走出考场，等在外面的胡铁花扶着他回旅馆，半路上，他又咳嗽不止，还吐出了血，一年即将结束，回上庄的路比较遥远，他身体又有病，决定从南京坐船去上海，一是看家族的店铺，二是买药治病。

同治四年（1865）正月，上海人以欢庆春节抛掉一年的烦恼，可胡铁花迎接的是悲伤：伯父胡星五眼看当官无望、生命又走到了尽头，将“光耀门庭”的愿望寄托在胡铁花身上：“你聪明过人，资质比其他兄弟高，不应该在小茶叶店浪费青春，应潜心读书，有朝一日得到朝廷重用，能发挥更大的作用。”

伯父没有听到通过举人考试的消息，吃药也没有赶走疾病，怀着不能了却的愿望离开人世，享年 52 岁。

2 月，胡铁花等家人怀着悲痛，从上海回上庄，向亲友发布伯父去世的讣告。战乱期间，他祖母、伯母及妻子冯氏先后去世，当时大家处于逃亡状态，只是简单将尸体装进棺木，现在一起安葬拜奠。

伯父的教导塑造了胡铁花的品质，变成了他追求功名的动力。清同治四年(1865)，他给家人带来了中秀才的喜讯，时年24岁。父亲等人看到后很高兴，鼓励他沿着进士的道路攀登。

这一年，家人庆贺胡铁花成为秀才时，美国交战四年的南北战争宣告结束，林肯总统于1865年12月18日，发出了废除黑奴的命令，一个统一、自由、平等的美国，不看你的家庭出身、不问你是否通过了举人、进士考试、不要你出示什么资格证书，以法律面前人人平等，赋予更多人实现梦想的机会。

同治四年（1865）冬天，胡铁花邀请家族叔叔胡仲莹等人开会：“大乱之后，我们宗族丧失了不少人口，又损失了许多财产，修复大祠堂，需要简单易行，才能持续共同相处。”

大家问：“有什么办法呢?”

胡铁花提出，凡15岁以上的人，捐200文；60岁以上的人，捐100文；不出钱的人，15岁至60岁以内，每年出两个义务工，不出工，每工出140文钱；开店经商有资本的商人，捐资1000文不等。

胡铁花向族人公布了修复方案，同治五年（1866）八月，他去上海，找胡家经商的族人，陈述修祠堂敬祖宗的重要意义，共募集500块银元。

同治六年（1867）七月，胡铁花从上海坐船，经吴淞江、大运河到南京，参加举人考试，3年前，他伯父没有实现中举的愿望，现在他能如愿而归吗?

9月，他在上海看发榜名单，上面没有自己的名字，与他同去的曹汝济、章芹生，却榜上有名。

他想起：自太平军占领徽州、强盗冲到上庄等村子抢劫以来，他为家人生存、为避开战火，踏上逃难的旅程，到强盗退走回村负责修祠堂，不觉度过了8年宝贵时光。

期间，他没有时间、没有精力安心背诵经书、阅读名家著作、研究前人的文章，荒废了学业。

到上海龙门书院，拜刘熙载院长为师

没有时间再耽误下去，胡铁花对诂经书院、紫阳书院比较后，经上海敬业书院钟子勤院长介绍，了解上海龙门书院创办以来，不是一味追求上学率，要学生读书做官，教导学生认识历史、经济、政治、社会，而且刘熙载任院长，这符合他的意愿。

据《胡铁花年谱》记载，为了得到优质教育资源，实现金榜题名的愿望，在家族人的支持下，同治七年（1868）正月二十三，胡铁花参加上海龙门书院入学考试，2 月发榜，以第三名成绩被录取。

3 月，胡铁花 27 岁，到上海龙门书院，拜研究文艺理论、时任院长的刘熙载为师。

刘熙载（1813—1881），出生于江苏兴化一个耕读兴起的家庭，道光二十四年（1844），经历一系列与创新无关的考试后，通过皇帝面试成为进士，取得了做官的资格。

消耗 20 多年青春，刘熙载换来千万人渴望进翰林院任职的机会，并且得到咸丰皇帝接见，留下了比较好的印象，调他到皇宫设的书房，给太子等人讲如何忠孝治国。

咸丰十一年（1861），刘熙载应湖北巡抚胡林翼邀请，去武昌江汉书院讲学，不料到达后，因太平军入侵，学生离散不知去向。他跨过黄河前往山西，在汾河流域的太原、平遥、临汾等地漫游一年多。

同治三年（1864），刘熙载接受皇帝的任命，到广东教育厅分管教学、考试、监察。这个职位并不轻松，朝廷对地方教育投入极少，只付他工资，下面雇员靠他付报酬。

下面科员要干的杂事比较多，收入又如此低，得不到皇帝给的补助，付出与回报不成正比例，以手中权力乱收费，在正式行政机构之外，形成一个利益团体。

刘熙载的道德觉悟比科员高，不允许他们胡作非为，并制订约束纪律，打破了科员的既得收益，也等于得罪了一批人，他们以消极怠工、不配合的态度应对，甚至向上级领导打小报告，使刘熙载很被动，难以提高办事效率。

同治六年（1867）二月，刘熙载应苏松太道应敏斋聘请，到上海龙门书院任院长，想把道义传给更多人。至光绪六年（1880），因需要调养身体离任，为书院奉献了14年。

刘熙载主持书院，既讲春秋战国诸子百家，又谈宋代程颢、朱熹理学，尊重各个学派的成果，各取所长，没有门户之见，鼓励学生深入探讨事物发生的原理。

与胡铁花一起进入龙门书院的还有桐庐的袁昶、嘉兴的冯锡绶、上海的张焕纶、平湖的钱蔚、青浦的陆世维、上虞的经凤君等人，他们对历史、经学、理学、天文、诗词等有研究。

胡铁花觉得自己储备的知识，与他们比有差距，消除浮躁的心态，在刘熙载院长的指点下，先静心读《四书大全》，反复回味，探寻各章节包含的意思、观点。

每5天，刘熙载给学生讲一次课，态度恳切、不厌其烦，春去秋来，从不间断。讲得比较精细，从一个学说的开始、过程，到形成，发挥的社会影响，寻找背后的原因；从春秋经书，到宋元以来，各个名家学说的兴起。

同治八年（1869）四月，胡铁花与同学一起听刘熙载讲如何成才：

“我认为，一个人的才气与天赋有关，经过后天不断努力、勤奋学习，能取得一定的成就，君子与小人的区别在于志气，志气体现在坚守道义，才能成为君子，志气体现在为个人私利，那么就是小人，所以做学问当立志气。”

“诸葛亮可以说是一个天生的奇才，他教导儿子说，一个人的才华来自学习，世上没有不经过学习，就能成才的人，所以只有持之以恒、好学上进，才能成为大才。”

胡铁花听到这里问：“您怎样理解圣人因材施教?”

“每个人的气质不同，人才的长短也不同，比如大禹治水，指导农民如何选择种子，种庄稼，如何取土制陶器，后来社会变化，有人带兵打仗、有人经商发财、有人喜欢吹奏乐器。一个人的志向决定他想学什么，教师也应该根据他的志向，激发他的学习兴趣。进入龙门书院读书的学生，有人爱看历史、有人研究宋代理学、有人喜欢写诗词，彼此同读一本书，有不同的见解，所谓智者见智、仁者见仁，沿着自己的爱好选择学科，学习容易取得成效，教师也容易教导。要专心致志研究一个专业，才能取得成就。”刘熙载说。

“我阅读《资治通鉴》发现，历代用兵打仗、战争不断爆发，但导致成败的因素，很大程度取决于能否利用地理优势打败敌军，如三国时期，诸葛亮六出祁山讨伐魏国，投入大量兵力、粮草，没有取得任何成就，反而损兵折将、无功而返，这是不懂地势，不能有效地用地理位置调兵遣将，盲目用兵造成战败；到了唐朝，安禄山发动政变，唐肃宗收复长安、洛阳，行动迟缓，知道地势，却不知如何制订进攻策略。我读到后唐庄宗与朱梁王相持于河边，双方不解对方的实力，进攻后又互相后退，一会儿向南，一会儿撤退到北方，这是不知如何利用地势取胜。我苦恼的是不明白什么是地理？我请您告诉一下，我应该看哪些地理书。”胡铁花发出疑问。

“考察古今地理，应该先认真读《禹贡》，以后依次读历代地理志，知道各省、县建立的概况，再读《元和郡县志》《大明一统志》《大清一统志》；考证地理位置，可读顾祖禹《读史方舆纪要》、顾炎武《天下郡国利病书》；研究经济地理可读《山海经》《水经注》，以及省、县出版的地方志，并考察名胜古迹，还要看各省地图，才能详细了解山川河流分布。”刘熙载说。

同年 8 月，42 岁的胡洪安从镇海到龙门书院拜访刘熙载，想利用假期到书院学习一段时间，进一步认识王阳明心学包含的意义。刘院长同意了他的请求，安排他住宿、读书。

有一天，他与胡铁花、沈约斋、黄拙生、沈希庭等学生，围绕以程颐、朱熹代表的理学，与陆九渊、王阳明建立的心学，谁有优势展开辩论。

“如果我们作为县官，上有君王、总督、巡抚领导，对下要为老百姓服务，中要孝顺父母、教导孩子读书，外有同僚、朋友，还要约束下面的科员，无时不刻有事要办理，压力比较大，那么我们如何应对?”胡洪安发问。

有人说：“我诚心诚意对待。”也有人提出：“我尽心尽力，完成各项任务。”

“你们都以真心实意，尽力而为，承担以上责任，体现自己的良知，归结为诚实守信，这是陆九渊、王阳明强调以治学实现治心，提高人的道德水平，扩散到社会变成普遍规则，对全体人发挥约束作用，那么一个人的心是诚实，还是不诚实，是真心诚意，还是虚情假意，程朱理学没有说明，你们怎么看待？”胡宏安有些得意。

同学们互相看了一眼，不知如何回答。

“一个人心地善良纯真，符合‘理’的规定就达到了诚意，没有‘理’会误用此心，那么如何体现诚心？平时要穷尽其理，作精深准确的探索，所以才能发现事情变化的真相，你没有广泛阅读有关理学的书，探寻里面包含的真理，仅仅凭个人主观猜测，冥思苦想，只能越想越迷茫，找不到正确的方向，也就是古人说的不学无术。”胡铁花打破了沉默。

“如果找到了充足的理由，但心不诚实，无济于事，怎么判断是非，又有什么意义？”胡宏安反问。

“一个人心胸开阔，又以实际行动克服困难，勇往直前，去实现一个不损害他人利益的目标，体现自己存在的价值，既符合伦理要求，又达到了诚意，怎么没有意义？”胡铁花回应。

“心不诚不能成就大事，诚心才能做到无往不利。”胡宏安仍坚持诚心高于理。

“一伙强盗商议后，诚心携手合作，抢劫他人的财物，得逞后，又平分赃款，各自心满意足；一对夫妻建立家庭后，一方不遵守伦理道德，诚心与他人相约私奔；在朝廷任职的官员，拉帮结派、互相利用，诚心想占用公家的钱财。这种诚心帮助他们实现了谋取私利的目标，但你不觉得这种诚心损害了他人的合法权益吗？不是破坏了一个和睦相处处的家庭吗？不是把国家资源私有化吗？你认为这种诚心是正确还是错误，是善良还是罪恶？”胡铁花质问。

胡铁花这一反驳，胡宏安刚才得意的神情消失，一下子变得无话可说，在场的同学鼓掌叫好，感觉没有正当理由支撑的诚心，有可能违背人性、损害公民的利益。

刘院长，我发现中国只有一本书流传

按规定，学生结束一天学习，要写一篇读书体会，谈自己对某个学说的评价、意见，如果有疑问，提出来与老师交流，及时解答疑惑，提升自己的分析、判断能力。

“刘院长，每个朝代的文人贤士都留下了一批著作，但2000多年以来，在浩如烟海的书籍里，我感觉真正指导老百姓认识大自然、揭示人与社会的关系、激励人们发明创造，帮助国民消除愚昧无知的书太少，甚至说中国只有一本书流传至今。”胡铁花说。

“你的高论我闻所未闻，你怎么说中国只有一本书？那这本书的名字叫什么？”刘熙载有些疑惑。

“这本书的名字叫《如何统治中国人》，您看西周时期，周王说他受命于天，上天派他来统治天下人，普天之下的老百姓必须无条件服从他的领导，否则要受到惩罚。以后秦、汉、唐、宋、元、明、清，历代君王、官员、学者共同参与修改这本书，变成了神圣不可动摇的统治法宝，一直沿用至今，所以一个人来到人世，他得到的第一个教导是：学会如何被统治，在家孝顺父母、在学堂听老师的话、在商店接受老板的安排、在官场效忠于皇帝，经过漫长岁月的积累，中国形成了非常成熟、完善、深厚统治人的办法、手段，却没有一本书告诉我们：如何批评、反对、主张自己的权利！”胡铁花一口气说出。

听他这一说，刘熙载心中为之一动，不由地仔细观察眼前这位年青的学生：见他身材魁梧，目光锐利，透露出机智，表情刚毅、坦然，头戴黑色布帽、身穿浅蓝色布衣，显得神采飞扬。

“从古到今，每个宗族制定的家规、每个皇帝出台的王法，每个特权阶层设置的规则，都有一个共同的主题：接受我的统治。结果统治人的资源越来越深厚、统治人的组织日益增多、统治人的工具更加先进发达，统治人的体系非常健全稳固，但亿万人表达权利的空间却愈来愈狭窄、实现权利的成本异常高昂、维护正当权利的环境极其严酷，我们教书育人、传播知识，就是让人回归自然的权利，尊重每个人拥有的正当权利！”刘熙载说。

“每年有成千上万的秀才、举人，盼望得到一个吃皇粮的官，但皇帝像是拿一根金色的钓鱼竿，每三年才给300多个指标，诱导十几万人争夺一个名额，创造了世界上最激烈、最残酷的竞争纪录，被挡在官场大门外的学者，只能发出怀才不遇的感叹；当官不得志的人，回到家乡隐居，以山水画、杂记、历史典籍、整理书稿等，寻找精神安慰，留下了一大堆不能指引人们认识科学、揭示真理、消除无知、改变贫穷落后的近乎垃圾的著作，所以王权没有赋予更多人成功的机会。”胡铁花显得有些激动。

“你击中了王权体制的要害，我投入31年青春时光，换来一次皇帝面试的机会，有幸中进士穿上官服，在不知情的外人看来，我们春风得意、很了不起，但我们做什么吗？每天千篇一律地抄写公文、看一堆废话连篇的报告、传达上级领导的指示、开一些无益于减轻老百姓负担的会议，每天能听到阿谀奉承的话，像一只叫个不停的喜鹊，让你陶醉不已，又麻木你的知觉，在报喜不报忧的官场，我们除了空谈、披着伪装的面孔、明哲保身以外，还能做什么？”刘熙载说完长叹一声。

“您进入朝廷先后服务了咸丰、同治两任皇帝，有近距离观察他们的机会，这期间太平军起义席卷了大半个中国，又有英法联军攻破北京，一把大火把圆明园变成废墟，皇帝狼狈不堪，在帝国的账单上，留下了向外国人支付昂贵学费的纪录，经历这些耻辱，皇帝还有奋发图强、扭转帝国危机的雄心吗？”胡铁花问。

“我们发现康熙、雍正、乾隆掌握的财政收入，以百倍的速度增长，却没有投入财力建设一所大学、医院、科研机构，为提高人民的生活水平配置公共财政，相反庞大财政的收入变成强大的统治力量，全体国民被暴力政治，塑造成没有批评、怀疑、监督、参政的奴才。道光、咸丰、同治三任皇帝，只享受前辈留下的统治成果，却不主动搭乘西方工业文明开来的高速列车，告别原始的农耕，当手中的大刀、长矛被英国的大炮击得粉碎时，他们最擅长的本领是签订割地赔款条约。”刘熙载说。

“从您的表述我看到，您壮志未酬，心中积压了许多忧愤，却无处诉说，您发现这些皇帝过着花天酒地、醉生梦死的生活，给国民造成数不胜数的灾难，不是您追随的对象，自觉解除与皇帝的雇佣关系，那么您投身于书院，是否想把道义传递给学生？您读书治学、为人处世坚守什么原则？”胡铁花接着问。

“古人说，君王以德配天，以仁义唤醒人民的认同，确定他统治天下的合法性，我观察清朝几位皇帝，既没有占据道德的高度，又不懂依法治国，纯粹是一个披着皇袍，吞食鱼肉的原始动物，既然皇帝丧失了道义，我为什么为他们服务、效力？当官只是救世的一种手段，不是生命的全部意义，我无力罢免皇帝，那我转换人生的舞台，跟随道义来到书院，把知识毫无保留地教给学生，唤起更多人接受上天的指引，阻止皇帝扩散暴力，为天下人争取大利奋斗，这就是我到书院要完成的任务！”刘熙载情绪高昂。

“我正在看顾祖禹写的《读史方舆纪要》，这是一本很实用的政治、军事地理书，南宋、明朝都拥有庞大的兵力、财力，为什么被游牧民族打败？围绕皇帝转的文官纸上谈兵，毫无实战经验，不懂山川险要对排兵布阵、阻挡敌军进攻的重要性，坐在宫殿的皇帝对军事一窍不通，又喜欢在背后瞎指挥，这怎能不打败仗？到了道光、咸丰、同治皇帝，他们的思维还停留在冷兵器时代，不知海军实力决定国家的安危，用原始的人力抵挡英国军舰射出的炮弹，只能留下血肉横飞的尸体，检验对方的火力多么威猛，所以我们这一代人不能空谈，有责任终结这个悲剧！”胡铁花血往上涌、心跳加快。

胡铁花这番慷慨激昂的表白，让刘熙载暗自赞叹：这位青年学子，不是平凡之辈，才智超群、志向远大，站在历史与现实的高度，分析大清帝国与西方的差距，而且见解独特，应该创造条件，让他脱颖而出。

同治九年（1870）正月，胡铁花费 24 两银子，买到湖北巡抚胡林翼写的《皇朝中外一统舆图》。他的同学张焕纶（1846—1904），是一个有才气、志向的青年人，也喜爱地理，与他经常交谈。

张焕纶出生于一个书香、经商家庭，有钱购买历代古稀书籍，藏书达到几万册，占有丰厚的知识资源。他把家收藏的《元和郡县志》等书，借给胡铁花阅读。

1869 年，胡铁花等富家子弟，在龙门书院为谋求官位钻研经书时，俄国化学家门捷列夫，经过多年观察，发现了化学元素周期表；第一条横贯美国的铁路开通，吹响了向大工业挺进的号角，而大清帝国却将老百姓限制在黄土地，以暴力索取税费支付不合理的赔款。

胡铁花满怀信心向科举路前进时，上庄村的族人不断给他写信：胡家祠堂只建成了后堂，因缺乏资金停工，请他回家主持修复，这件大事关系全体族人的利益。

他回想：伯父胡星五临终时，特别强调：必须尽一切力量修复祠堂。当时他主要精力是熟读经书，期盼通过举人考试。接到书信，他犹豫不决，把这事告诉刘熙载。

刘院长说：建祠堂、祭拜祖先、团结族人，是你应该承担的义务，这符合道义的要求，不能为谋求官职推脱，我赞同你回家乡完成这件事，维系至爱的亲情，爱家可以转化为爱国。

刘院长的建议，让胡铁花意识到：我作为家族重要的一员，负有完成先辈遗愿的责任，否则，我愧对那片养育我的土地，读书又有什么用？官可以不当，但道义不能抛弃！

同治十年（1871），他在书院学习3年后，停止向功名奔跑的步伐，决定返回绩溪上庄。

离别前，刘熙载握着胡铁花的手深情地说：

“这3年以来，你发奋苦读、学识大有长进，我相信在这个大转变的时代，你能把知识转化为改变国家危难的能量；一个人读书时，应该怀着改变老百姓的苦难、推动社会进步的远大抱负，如果在家，要有利于家人过上好日子；在乡村，要帮助父老乡亲摆脱疾苦；进入社会，要推动国家走向强大，也就是在乡为乡，在天下为天下，否则，度过十年寒窗，饱读空洞的经书，对家人、对社会有什么意义？”

听完他美好的祝愿，胡铁花感动不已！

他全心全意筹资修祠堂，爱迪生以电灯照亮世界

据《胡铁花年谱》记载，同治十年（1871）十一月，胡铁花回到上庄村。召集有威望的地主、富农、商人、文化人士等成员，成立修复祠堂的班子。

“这里长眠着我们的先辈、有我们的根、有我们的血脉、有养育过我们的父母、有我们寄托的梦想，那么作为后人，我们怎能让祖辈呕心沥血创造的成果，在荒凉、破损、倒塌中毁灭？这次太平军给我们造成重大人员伤亡、财产损失，但我们只有紧密合作、互相支持，才能完成修祠堂的任务！”胡铁花在会上对大家表达了心愿。

经历太平军的扫荡，上庄村只剩下1000多人，有些家庭不仅在战火中丧

失了亲人，而且房屋被摧毁，从有产者变得一贫如洗；失去经济来源的族人，在饥饿线上挣扎，哪有能力捐钱修祠堂?

有些族人染上抽鸦片的恶习，不能自拔，摧毁了自己的身体，耗尽了家产，甚至背上债务，依赖在外经商的父亲、兄弟等人寄钱糊口。

一方面，修复胡家祠堂关系到族人的利益，每个人不能袖手旁观，必须竭力相助；另一方面，缺乏收入来源的人，希望缩小规模节省开支，以减轻自己的经济负担。

胡铁花理解大家的疑虑，派人详细预算建祠堂，需要多少木材、砖块、石料，又要多少人力，付多少工钱，测算后，完成这项工程大约要3000块银元。

“大部分族人经营茶叶、杂货、纸张、墨汁等，小本生意利润薄，只能养家糊口，还有人靠种田为生，根本没有积累，你说的这笔资金，可能需要10多年才能凑足。”一位老年人说。

“分期筹集资金修复，速度缓慢、时间漫长，人心容易涣散，不能形成凝聚力，大家处于观望，资金不能很快到位，我想在一年之内，发动各方力量，筹集所需资金，一鼓作气完成。”胡铁花态度坚决。

大家商谈后，没有赞同他提出的主张。

时光在胡铁花准备建材中，又消逝了一年。同治十二年（1873）正月十一，他发出了开工通告，并张贴告示：每人捐资2000文钱，青壮劳力可出10个义务工。

大家看到他提高了捐资数量，极为惊讶，内心难以接受，要求他降低出资标准，否则难以承受。

“情况紧迫，没有时间让我们拖延，必须破釜沉舟，背水一战，才能取得胜利，否则，谁有能力完成这个艰巨任务?”胡铁花反问大家。

由于修复祠堂耗资巨大，胡铁花按人口摊派时，在宗族内部引发冲突，一些族人找到他发出了不同的声音。

“前几年一伙太平军像强盗，抢走我们的财物，还放火烧房子，搞得我们四散逃难，造成无法弥补的损失，家庭生活难以维持，靠借钱买米度过饥荒，那有钱捐资？我建议，先盖一间房子，作为祭拜祖先的祠堂，以后有钱再扩建，减少大家的捐资。”一位40多岁的中年男人对他说。

“你的想法很好，但祠堂的规模直接关系一个宗族在社会的地位。如果胡家祠堂不能恢复到原有的档次，只盖一间简陋的房子，那么有损我们作为大宗族的名声，所以我们要集中全体族人的力量，一次建成，并且质量、规模不能降低，只能超过。”胡铁花向他解释。

“这是你提出的想法，我们不能接受，土匪冲进村子，我们蒙受了亲人丧生、财物被抢的损失，谁给我们提供援助？我们饭都吃不饱，那有钱捐资修祠堂？如果你继续强行摊派，我们只有跟你拼命。”一位年轻人挥舞着拳头，脸上显出愤怒。

“我与各位一样，在战乱中丧失了亲人，心情极为难过，但强盗来到，官府不能帮助我们消除灾害，要靠族人团结起来自救，祭祖就是唤起大家的合作意识，共享宗族的救济资源，一起渡过难关，请你们理解，我不是为个人私利募捐，而是为了胡家人更好地生存。我下定决心修祠堂，不怕威胁，准备好了一口棺材，如果有人用刀子刺死我，我的牌位能进胡家祠堂，被子孙后代永远铭记，虽死犹荣，而凶手却要背负不孝、不忠的骂名，又怎能对得起祖宗？”胡铁花有礼有节。

支撑胡铁花不让步的优势，一是皇帝支持家族修祠堂，以祭祖树立孝道、培养忠于帝国的孝子，二是他掌握了坚固的“宗法”武器，对于宗族有贡献的人，去世后将他的牌位放进祠堂，永远供子孙瞻仰，不捐款的族人，父辈去世后，不能摆他的牌位，等于被开除族籍，不是胡家人，这是祖宗立下的规定，谁有胆量推翻？

迫于强大的礼教压力，原来抗拒不交的族人，负债也要交清捐款。结果，胡铁花以神圣的宗法力量，战胜了个人主义，把胡家人的血脉，又紧紧地凝聚在一起。

为起带头作用，胡铁花在祠堂边搭一个棚子，吃饭、睡觉都在里面；有时为寻找名贵木材，他在山岭行走 50 多公里，一连几天不回家，只带一点干粮填充肚皮，不占用公家的经费。

同治十二（1873）十月，胡铁花的父亲胡奎熙病情加重，服药不见好转，又求神保佑他早日康复，仍然没有消除疾病，10 月 9 日，临终前，他念念不忘：祠堂何时完工？你们应该加紧施工，完成这件大事，否则，对不起祖宗。

父亲去世后，胡铁花兄弟 5 人扶棺木从上海坐船到杭州，再转船经富春江、新安江到达绩溪。他既要接待前来吊唁的亲朋好友，又要调拨经费，敦促祠堂早日完工，任务比较繁重。

在胡铁花忠于宗族的感召下，经过 200 名工匠日夜奋战，祠堂完成上梁封顶、两边墙壁建成，第一部分竣工任务，共花费 2933 块银元，与他的预算几乎接近。

至光绪二年（1876）冬天，历经 10 年，胡家宗祠全部竣工，占地 840 平方米、建筑面积 1994 平方米，由 92 根柱子支撑，耗费 13 300 块银元。其中经商的族人，共捐资大约 8000 块银元。

完工后，胡铁花将村子 60 岁以上的老人、共 116 人请到祠堂吃饭。他端起酒杯以激昂的语气说：

◉ 胡铁花为了凝聚家族人的情感与血缘关系，历经艰辛筹集资金修建了这座祠堂。

“自 1865 年冬天，承蒙父老兄弟们的信任，推举伯父胡星五与我管理宗族事务，并商议重修宗祠，当时战乱刚结束，强盗给我们留下的伤痛没有消除，全族有 1200 人，都以筹集经费困难为由，互相推诿。我以晚辈的身份，承担了修复祠堂的重任。10 年以来，我竭尽全力、四处奔波、精打细算，先后到屯溪、休宁、上海等地募集资金，并走访附近乡村，到深山密林寻找适合的木材，从未抱怨辛苦，无论路途多么遥远，我自己支付路费、食宿费，没有占用公家一文钱，在监督施工期间，我自备饮食，没有挪用一分钱，全体族人有目共睹。在寻求经费时，极为艰难，甚至面临生命危险，相信族人也知道。我没有想到今天，有幸与父老、兄弟共享祖宗之恩，相会于祠堂举杯共饮，终于完成了修祠堂的任务，这得益于各位大力资助，也是祖宗保佑我们的结果！”

说完，胡铁花向乡亲们深深一躬，将修祠堂的账本以及钥匙交给大家，请查每笔开支是否合理，证明自己没有贪污公家一个铜板。

“你付出的辛勤劳动，人所共知，没有你坚定不移、排除万难，调动全体族人的资源，祠堂不可能以宏大、精美的形象出现在我们眼前，请你不要介意过去的冲突，既然宗祠完成，还有宗谱需你主持修订，还有许多公共事务，请你不要推辞！”在座的老人对胡铁花深表敬佩。

祠堂竣工后，胡铁花又花3年时间，修订胡家宗谱。因太平军造成动乱，有些族人逃离家园，不知去向；有些人长年在外经商，没有音讯，只有修谱才能唤起他们对宗族的认同感。

承担了宗族的公务事务，胡铁花没有在族人面前炫耀功劳，不以掌握宗族权力的名义，为自己捞取额外收益。实现了为乡亲们谋福利的愿望后，他把祠堂的钥匙交给别人保管。

此时，胡铁花到了36岁。在这段宝贵的青春岁月里，他没有到家族人开的店铺，释放自己的智力资源，扩大经营规模，赚取更多白银，让家人过上衣食无忧的生活。

当胡铁花与族人为建祠堂、为宗族自治取得胜利举杯庆贺时，这期间，世界发生了什么变化？美国迎来了独立100周年，作为庆贺的礼物，法国送来了自由女神像，安放在纽约哈德逊河口，向全世界发出了争取自由、平等的呼声！

再看德国从混战走向统一，即将敲响扩张的钟声；苏伊士运河开通，给欧洲提供了向亚洲挺进的便利通道；日本以明治维新增加能量，挤进了世界强国的行列。

对比掌握王权的清朝皇帝多么无能？英国怡和商行修建5英里淞沪铁路，这一年5月开通运行，为中国告别原始农耕，走向工业化提供了动力。但两江总督沈葆桢与商人盛宣怀，担心铁路会破坏风水，影响大清帝国的神威，花费285 000两银子收购拆除。

在胡铁花全心全意维护宗族生存权时，与他相隔万里的爱迪生，于1876年在美国新泽西州门罗公园附近，成立一家工厂，第二年推出留声机，把人类带进了感官享受时代。

此后，爱迪生经过7 000多次试验，试用6000多种纤维材料后，于1879年10月22日，为人类奉献了第一盏电灯，从而照亮了地球。因拥有1000多项专利，他享有“发明大王”的称号。

但胡铁花不像远在美国的爱迪生，以千百次试验催生的电灯照亮世界；更不像法国的孟德斯鸠、托克维尔，为构建一个民主、法治的国家奔走呼吁。

他读的《诗经》《礼记》《中庸》等，与探索科学离得非常遥远，不可能告诉他：公民在法律面前人人平等。只能教导他：儿子服从父亲、妻子依附丈夫、老百姓忠于帝王。

为此，胡铁花只能消耗自己的青春及他人的银子，从事这样的试验：以祠堂为载体、以礼教为准则、以家族经济共同体为平台，把族人聚集在封闭的乡村，共同应对外部的风险，延续一个宗族的血脉！

为成就事业离开妻儿老小，得到张佩纶等人推荐

对于胡铁花来说，完成修祠堂的任务后，下一个目标是走出上庄村，从热爱家乡到承担振兴国家的责任。

修祠堂期间，胡铁花5次参加举人考试，主考官没有给他通过的机会。他不甘心在封闭的乡村虚度年华，不甘心在三尺屋檐下，默默无闻地走向生命的终点，他有远大的志向，渴望得到施展才能的舞台。

当时，胡铁花有6个孩子，三男三女，最小的只有5岁，最大15岁，加上他与母亲，全家有8口人，而且缺乏经济来源，作为家庭的主要劳力，他应该赚钱养家糊口。

对于熟读《礼记》等经书的胡铁花来说，他深知作为儿子，有责任照顾年老的母亲；作为父亲，有义务赚钱抚养未成年的孩子，有什么理由离家远行？经过激烈的思想斗争，成就一番事业的愿望，战胜了个人私情。

那么路在哪里？在皇帝垄断政治资源的情况下，胡铁花没有取得举人、进士功名，也就没有取得做官的资格，不能打开官场大门，意味着找不到政治舞台。

每三年才举行一次举人考试，如果不能通过，那么三年不是白等了吗？究

竟要等多少个三年，才有出头之日？如此等下去，岁月流逝、头发花白，不是走向衰老吗？

经过反复思考，胡铁花意识到：如果我以家族积累的资本经商，能让家人过上体面的生活，但一个腐败无能、虚弱无力的帝国，不可能保障一个家族的安全，我只有走出乡村，走向更广阔的社会，把皇帝掌握的政治、经济资源，转变为国家富强的资源，才能维护千百万家族的利益，为了实现救国富民的理想，我必须弃商从政。

光绪七年（1881）二月，胡铁花到南京拜会家族叔叔胡蕴山及堂兄长胡嘉言等人，胡嘉言以为他准备开店经商，是否需要支持。

“我读过相关地理书，看到俄国侵占东北大片土地后，还会继续吞并，朝廷却没有派人查清边界线，也无人到现场调查，我先到北京寻找机会，再去东北漫游、考察，提出开发边疆，维护领土完整的策略，将书本知识转为实用，寻找一条救国路。”胡铁花表达了自己的愿望。

“我敬佩你的胆识、勇气，但你到万里之外的东北考察，是一件大事，要慎重考虑，如到北京没有找到合适的机会，可回上海经商，如你想到边疆调查，不用担心路费，我全力支持你。”胡嘉言说。

5月17日，在不惑的41岁，胡铁花启程离开上庄，他到胡家祠堂祭拜祖先、辞别年迈的母亲，告别父老兄弟，请他们多关照自己的女子。

平时胡铁花意志坚定、办事雷厉风行，自认为有铁石心肠，但这次远离家乡，不知飘向何方，又不知能否归来，他走到村口回过头，看到家人还在凝视自己，一种茫然、惆怅涌上心头，不禁肚肠寸断。

6月1日，胡铁花到达上海，给胡嘉言寄去一封信，告诉他自己即将动身去北京。胡嘉言接信，与胡蕴山等人坐船到上海为他送行，当面交给他100块银元。

他连忙表示谢意。其他亲友也赶来，以送路费表示心意。

7月2日，胡铁花登上开往天津的轮船，胡蕴山等人站在码头向他挥手致意，祝愿他开创一个无限美好的前程。

站在甲板，面对汹涌澎湃的大海，胡铁花即兴作了一首诗：身如大海一浮鸥，南北东西任去留。野性惯将云水狎，生涯漂泊不知愁。

他觉得人生就像波浪时而出现高峰，时而低落，名利这个巨人拉着人的手，有可能冲过激流、险滩，成就一番事业，也有可能沉没，在漂泊的旅途，需要坚强的意志与品质，作为前进的动力。

海上航行5天到天津紫竹林港口，胡铁花上岸先找一家旅馆住宿。第二天他雇一头驴，到城外总督行台拜访章洪钧。回来他雇马车去北京，经过4天旅行，终于到达高官云集的北京。

他先到宣武门椿树里头条胡同绩溪会馆居住，然后给在总理衙门任职的胡宝铎，发去一封信。

胡宝铎（1825—1896）出生于绩溪宅坦村，与上庄相距很近，经过十多年奋战，于同治七年（1868）中进士，官至兵部主事、总理衙门行走，有机会结识权贵，给家乡人的脸面增加了光彩。

但他清醒地认识到：没有族人捐资修学堂、没有家人提供经费、没有老师汪士铎（1814—1889）细心指导，自己不可能走出乡村，成为吃皇粮、受人仰慕的官员，也许还在飘浮着几缕轻烟的田野，为温饱奔波。

胡宝铎赶到北京绩溪会馆，握着他的手说："铁花弟，你这次离开家乡，越过山川河流、一路风尘仆仆，不远千里赶到北京，很不容易，我先请你到会馆餐厅，痛快喝几杯，消除长途旅行带给你的疲劳。"

说完，胡宝铎带他到餐厅坐下，点了他们喜欢吃的"一品锅"等徽派菜。

"宝铎兄，我完成了修复胡家祠堂的任务，现在离开家乡想做点事，听说东北与俄国接壤的边界没有划清，被对方占领了大片土地，我想到边疆调查，您在京城为官多年，结识了不少官员，请您给予支持。"一杯酒下肚，胡铁花表白了想法。

"铁花弟，请不要客气，我们来自有浓厚乡土情感的徽州，又同为一个宗族，我了解你的学识、品质，理解你的报国志愿，我有义务全力支持你实现这个愿望。"胡宝铎脸上露出笑容。

"我听说吴大澄，被朝廷派到东北吉林办理边防事务，您与他同一年中进士，我请您写一封介绍信，我到吉林拜访他，不要他给我一个职位，只求他给一个护照，让我走遍东北。"胡铁花说。

"虽然我与他同一年通过进士考试，但与他没有书信往来，给你写一封介绍信没有问题，我担心你孤身一人走访东北，倘若花完了路费，又找不到工作怎么办？你不如住在我这里，静心揣摩诗文，参加明年的举人考试，以你的才学，可能会中举，万一明年落榜，再去东北也不迟。”胡宝铎劝他。

“谢谢您的好意，在京城居住不太容易，虽然您提供食宿，但每天出行坐马车及购物，都要花钱，到明年参加考试，也许我的路费就所剩无几，得不偿失，我今年出关，旅行到明年，如果没有遇到谋职的机会，我再回北京参加考试。”胡铁花说。

除了胡宝铎提供协助以外，胡铁花还拿着绩溪老乡、同治十年（1871）中进士、曾任宣化府知府、李鸿章重要顾问章洪钧的介绍信，拜访都察院左副都御使张佩纶（1848—1903），相当于监察部副部长，表明去东北边疆了解地理、人文、经济的来意。

出生于河北丰润的张佩纶，同治十年通过进士考试，开始当一名修编历史、起草文件的职员，后来在翰林院当讲师，给有关官员讲治国之道，以后任御使监督地方官员。

中法战争爆发之前，张佩纶在福建马尾巡查边疆、负责造船、采购军火，并对法军侵占越南、威胁广西等地居民人身、财产安全的情况，多次向朝廷递交报告，要求坚决出兵还击。

有些巧合的是，张佩纶中举人之前的老师夏如椿，曾在龙门书院与胡铁花同窗就读，都拜刘熙载院长为师。有了同事、同门、同学、师生关系，以及对维护边疆领土的认同，张佩纶没有拒绝胡铁花的请求。

“你读了不少地理书，又喜欢了解社会现状，注重实用，我愿意给吴大澄写一封信，推荐你找他，如果他留用你，你能留下来吗？”张佩纶问。

“如承蒙吴大人赏识录用，我当然乐意效力，但这次我以旅行的名义考察东北，不敢有什么奢望。”胡铁花很谦虚。

“对于你自费到边疆考察，维护我国领土完整，我表示支持与敬佩，但东北比较偏远、气候异常寒冷，你一个人进入原始森林，花光了路费怎么办？”张佩纶不放心地问。

“谢谢您关心！东北边界的防卫军，有我许多安徽老乡，一旦考察边界用完了路费，我到他们的军营当一名文员，我能吃苦耐劳，少年时学过武艺，能协助他们防守，半年以后，我以积攒的工资，继续沿边界调查，所以我不为缺路费担忧。”胡铁花坦诚回答。

“只是宁古塔极为艰苦，你可能要承受难以想象的劳累，我有一个朋友叫顾皞明，他的家眷准备到吉林，我告诉他，你与他结伴同行，互相照应，可保障安全。”张佩纶说。

张佩纶怀着真情实意写了一封介绍信：

“胡铁花在龙门书院读书时，曾研究东北地理位置对中国防务的重要意义，而吉林珲春、海参崴等靠近太平洋，构成了我国重要的出海口。这次他节衣缩食、自费雇车前往边疆考察，让人很敬佩。他经章洪钧介绍与我相识，而章洪钧与我同年中进士，又一起在翰林院供职，交往密切。”

张佩纶还引用苏辙《上枢密韩太尉》的书信说：“苏辙读了许多古人的著作，为了开阔视野、激发雄心壮志，结识天下豪杰，知晓天地广大，毅然离开家乡，登终南山、游嵩山、观华山，渡过奔腾的黄河，纵览汉唐古都，看到了高大的城墙、豪华的宫殿、华丽的宅院，不由地想起多少英雄人物，如过往云烟。”

“与天下奇观相比，韩太尉以雄才大略，像周公辅佐君王一样治理国家，让周围的王朝不敢侵犯，让老百姓安居乐业、享受安康生活。所以我不是为官位、也不为钱财，但愿得到您的支持，实现为国效力的志向。”

“如今胡铁花孤身一人行程3000多里，过云雾缭绕的长白山、江水滚滚奔流的松花江，渴望见到您，您就像当年的韩太尉，能给他一个施展才能的舞台。另外，章洪钧曾任李鸿章的顾问，两人交情深厚，相信您能给予扶助。”

在这封信中，张佩纶以同学、同僚、同乡构成的关系网，强调自己与章洪钧的情意，以及章洪钧与李鸿章非同一般的感情，以自己熟悉的两位官员为背景，引起吴大澄对胡铁花的重视。

离开张佩纶的宅院，胡铁花惊喜交集——达到了预想的效果，又比预想的还要顺利。回到绩溪会馆，胡宝铎对他说：胡嘉言担心你去东北，路费不够用，又给你汇了100元，请你接收。

“嘉言兄待人厚道，对于他如此真诚的情意，无私的援助，我才学短浅，如何回报他的真情实意？”胡铁花感觉自己受之有愧。

当即，他提笔给胡嘉言写了一封感谢信。

到东北宁古塔勘查边界，晚上冻得难以入睡

光绪七年（1881）八月二十五日，胡铁花拿着胡宝铎与张佩纶写的介绍信，并感谢他们的帮助，与顾皞明的弟弟顾康明，分别乘坐马车离开北京。30日，他们不畏艰险、穿过山海关。

9月18日，他们跋涉千里，到达东北吉林城。顾皞明告诉他：吴大澄移居宁古塔，此去还有800里，地广人稀，先休息几天再结伴出发。

此时，湖北监利人季杏圃，也准备到宁古塔投奔吴大澄。20日，他们分别坐马车，向宁古塔方向飞驰。历时42天，10月6日，胡铁花终于踏进了天气寒冷的宁古塔城、今黑龙江宁安市。

与俄罗斯接壤的宁古塔，边境线长139公里，牡丹江穿城而过，南边与吉林珲春交界，内部山高林密。过分扩张的原始森林，没有给农民留下充足的耕地。

这里没有繁花似锦，耳边只能传来狂风发出的怒吼，8月底，上帝给宁古塔送来飞扬的雪花，把大地变成看不到尽头的白色，9月，气温降到零下10多度，不需要派人指挥，坚硬的冰层自动密封江河、湖泊、溪流，只留下严寒考验生命的承受力。

这里是清太祖努尔哈赤家族兴起之地，也能找到最有效的证据，揭露清朝历任皇帝制造的罪恶：顺治十四年（1657），爆发考场作假案，通过了举人考试的吴江人吴兆骞（1631—1684）无辜受牵连，被责打40板，家产被没收，军警将他押送到凄苦无比的宁古塔，让他有家不能回、有冤无处诉。

安徽桐城人方拱乾（1596—1667），来自名门望族，少年时机敏过人，20岁以诗词、散文树立名气，明崇祯元年（1628）通过进士考试。考场案发生后，皇帝不分青红皂白，剥夺了他的官职，他与儿子方孝标，被流放到宁古塔。

这些贵族经历人生的挫折，背负着与家人离散的创伤，踏着蜿蜒曲折的山路，忍受风吹雨淋，行程几千里，来到荒凉、落后、冰冷的原始部落。面对清

朝流血的暴力政治，他们以道义支撑，抬起高贵的头，抗拒王权的威胁。

10月26日，胡铁花得知吴大澄从珲春回来，拿着书信到他办公室拜访。

吴大澄读完胡宝铎、张佩纶写的推荐信，怎能不给自己相识的官员一个面子？他理解胡铁花为科举耗费了青春时光，却没有打开官场之门的苦闷、失落、困惑。

“铁花，宁古塔偏僻荒芜，有时走几百公里，看不到一个村子、一个人，不像我们江南，集镇稠密，交通便利，随时可以找到居民区，你一个人难以游历，先留在我的军营，以后如有机会，给你一个职位。”吴大澄以关切的语气说。

“吴大人，我在龙门书院读了相关地理书，萌发了走遍边疆的愿望，我国从西北新疆、跨过蒙古草原，到东北，有几万公里的边界线，长期以来防守薄弱，甚至有些关口没有防守点，不断遭到俄国侵占，作为一个中国人，我感到极其愤慨。我这次来不计较职位高低，只求您给我一个合法身份，让我走遍东北，了解清朝与俄国的界线，阻止对方继续吞并中国领土！”胡铁花激情洋溢。

听完胡铁花的表白，吴大澄有些震动：在这个为官位、为银子、为房子争夺的时代，胡铁花竟然不计名利，行程2000多公里，自费到东北考察边界，想尽一个公民的责任，这种壮举多么难得、多么让人感动！

“我很欣赏你的人品、才干、学识，你的想法符合我划定边界的意愿，我需要一个具有奉献精神的得力干将，协助我勘查边界、维护国家的主权与边疆居民的安全，以对得起皇帝的提拔、纳税人的钱粮，你就是我要寻找的理想人选，我请你留下来，一起完成这个任务。”吴大澄向他伸出了热情的手。

号称白云山樵的吴大澄（1835—1902），出生于江苏吴江，清同治七年（1868）年，在众多考生中，有幸挤过独木桥，通过皇帝面试进入进士榜，成为吃财政饭的官员，历任起草文件的秘书、监察部副御史、广东巡抚等职。

咸丰十年（1860），沙皇为了打通联结朝鲜、日本，进入太平洋的通道，以控制东北亚，趁着英法联军占领北京，皇帝出逃处于危难之际，强迫清朝于1860年10月，签订《中俄北京条约》，吞并图们江、乌苏里江以东大约100多万平方公里土地。

吴大澄发现，长期封闭导致这里乡村、集镇极为稀少，无人开垦荒芜的土地，县城居住的人口不如江南一个镇，从珲春至图们江500多里，有时走100多公里，看不到一个行人，也无军营驻守。

吴大澄看到，过去设的木界牌，长期日晒雨淋，早已腐朽不知去向，俄军以中方没有设界碑，界线不清晰，又无人防守，越过界线树立他们的标识，侵吞我国领土。

其中俄军占据图们江下游的黑顶子，如不尽快回收，就会切断中国商船从图们江通向日本的航道。吴大澄给俄方发去表达抗议、请立即撤走的公文，他们却避而不谈，还架设了电线，大有不归回之意。

走访宁古塔、珲春等地后，吴大澄向朝廷递交报告：为阻止俄军侵占我国领土，必须改变封闭政策，大力吸收移民居住、开垦，建立维护边疆安全的防守体系。

11月3日，胡铁花等人跟随吴大澄到三姓阅兵，今吉林珲春、黑龙江依兰等地，他们乘坐马拉犁，在结冰的牡丹江上行驶，最快每日可行200里，两岸几乎看不到居民，只有白茫茫的雪覆盖在山坡。

晚上，他们停靠在岸边，砍柴烧火驱散寒冷，给身体带来一点温暖，口渴破冰取水，以随身携带的干粮填饱肚子，吃完食物，躺在马拉犁睡觉。

胡铁花来自温暖如春的南方，现在要接受宁古塔寒夜的检验，他冻得难以入睡，与其他随行人员，拿出温热的高粱酒喝，以酒给身体增加热量，或者把柴火烧得更旺。

吴大澄带领胡铁花等人考察边界后，以宁古塔、东宁、珲春、延吉建立防守体系，在朝廷没有划拨经费的情况下，他自筹资金，调集600多名士兵搬运石料筑宁古塔城墙，接着开通至东宁、依兰、珲春的道路。

城墙竣工后，胡铁花写了一篇《重修牙城记》，认为这项工程对防守极为重要。

误入原始森林迷失方向，三天才找到出路

一年以后，胡铁花的专业素养、独立完成任务的能力，得到吴大澄的肯定，他向朝廷上报：请求增加一个指标，让胡铁花由试用转为正式职员。

光绪八年（1882）十月二十六日，组织部发来皇帝的批复：同意破格录用胡铁花，让他以候补知县，协助你勘查边界。

胡铁花就像一个精明的商人，他的苦心经营没有白费，换来一个官方身份，随着资历加深，这种身份不断增值，有利于他获取更多政治资源。

10月，按吴大澄的安排，胡铁花到黑龙江东宁县三岔口镇农垦局任主任，他们一行人穿过茂密的森林、荒无人烟的雪山，冒着随时被野兽吞吃的危险，以干粮驱赶饥饿，以破冰取水消除干渴。

有时走30多里，胡铁花看到几个农民，站在田里举起锄头翻挖泥土，因没有耕牛，不仅极其费力，效力也很低，一天下来只挖一小块，原始耕种还要维持多久？

站在三岔口镇河边，胡铁花眺望对面的俄罗斯，他想起了什么？当年康熙皇帝命令大军在雅克萨城打败俄军，夺回了被侵占的领土，于康熙二十八年（1689）七月二十四日，签订《中俄尼布楚条约》，至1860年过去了171年，历史发生了让人难以接受的转变：俄罗斯变成一个强国，跨过辽阔的西伯利亚，占领乌苏里江以东大片国土，却没有出现击败俄军收回领土的奇迹！

再回想乾隆五十七年（1792）英国将领马戛尔尼率领代表团，驾驶军舰访问清朝，远方来的贵客向皇帝展示了工业文明的成就，并显示了舰艇在海洋决战的优越性。

可惜，从这个时刻算起，历经道光、咸丰、同治、光绪，时光又过去了90多年，他们的学识、品质一个比一个差，不愿意睁开眼睛看一下，为什么英军沿着中国的海岸线发来几发炮弹，帝国的大厦就摇晃，甚至要倒塌？没有哪个皇帝认识到海洋时代的到来，拨款组建一支现代化的海军，依然是小木船缓慢行驶在河道，怎能对付外国军舰射来掠夺的炮火？

光绪九年（1883）正月，人们正在欢天喜地庆贺春节，胡铁花接到吴大澄的指示，从宁古塔启程前往吉林珲春，与俄方官员廓米萨尔，划清黑顶子山的边界。

他们经过嘎呀河老松岭，误入看不到尽头的原始森林，遇到大雪迷失方向，在树林一连转了3天，面临断粮的危险，却找不到一条出路，也找不到一个行人问路。

夜晚，胡铁花等人搭起帐篷避寒，外面刮起了呼啸的北风，只有疲惫、饥饿、恐慌、孤独包围着他们。胡铁花祈求上天保佑自己：坚持下去，家里还有白发苍苍的母亲、可爱的孩子等待自己回家团聚，只有完成任务，才能对得起吴大澄的支持，才能无愧于父老的期盼。

等到天亮，胡铁花再观察周围地形，对照过去学的地理知识，有所感悟，派一位随行人员，沿着一条小河寻找出口，最后他们找到通向外面的道路，消除危险、平安到达目的地。

位于图们江下游北岸的黑顶子，已经被俄军占据，胡铁花带人勘查后，几次找俄方交涉，并出示了边界地形图等，对方以各种理由拖延，置之不理，不肯归还。

光绪十年（1884）四月三十日，胡铁花得到了一次提升政治地位的机会：经吴大澄批准，他以七品官身份，到黑龙江五常县任知县，县衙设在城南欢喜岭。

他走进县城发现，这是一个经济落后的小城，西北连接一望无际的松嫩平原，中部分布着丘陵、沟壑，周围丰富的森林资源，没有转化为商品，帮助老百姓增加收入。

城内居民比较稀少，零星分散着一些房屋，有些房子的墙壁用土砖糊成，上面铺了一层杂草、灌木，再用泥巴覆盖，不用购买青砖瓦片，只投入人力，就能拥有一个安身的家。

几年以后，经过狂风暴雨冲刷，墙壁破裂、上面的杂草腐烂，变得脏乱不堪，又需要挖泥土填补，这就是老百姓缺乏收入来源，年复一年，忍受恶劣环境，低成本求生存的见证，再看街道只有几排土木结构的店铺，出售日用品，显得很冷清。

与胡铁花家乡雕刻精美、高大宽敞的宅院相比，五常县极其简陋、勉强居人的房子，像一个长期得不到合理营养，饱受饥饿、战乱，时刻渴望得到援助的人。

由于天灾人祸，居民得不到官府有效的救济，寻求收入的渠道又很狭窄，知县不像现在的市长招商引资，创办一批工厂，给他们提供就业机会。贫困一直陪伴着这个县城，贫穷又为抢劫储备了原料，经常有强盗光临。

光绪十一年（1885），一伙土匪突然冲进县城，居民吓得四处逃散，胡铁花来不及准备，临时召集13个威猛的青年人，手提刀枪迎面与他们搏斗。最后击退土匪，他幸运活下来。

吴大澄与俄国官员谈判，争取图们江出海权

光绪十一年（1885）四月二十八日，清朝发出指示，吴大澄任勘查边界总指挥官，会同珲春副都统依克唐阿，依照过去的旧地图，对照现在的地形，划清界限，重新设立界碑。

救国安民的理想，激励吴大澄踏上了从吉林通向宁古塔的路。这个春天，在他的家乡，树枝抽出了绿叶，燕子飞回家开始做窝，哺育下一代，田野能看到蜜蜂围绕油菜花飞。

但吴大澄穿过张广才岭，却看不到春天的气息，刺骨的北风陪伴着他，山脉纵横、道路弯曲，路上积雪还有没有消融，晶莹透亮的冰紧紧包围树枝，给它涂上了一天然的防尘层，延迟了树叶冒出来的时间。

有时走几十公里，看不到一个村子、集镇，只能听到山上流来的泉水声。路上吃干粮，白天匆匆忙忙赶路，晚有幸看到一个简陋的小旅馆，但人满为患，只能勉强拥挤在一起，度过一个寒冷的夜晚。

光绪十二年（1886）六月一日，吴大澄带领同文馆翻译庆锡安等人，来到俄方驻地，与滨海省长马拉诺夫，举行第一次划界谈判。他要求先归还被俄军占领的中国罕奇海口。

“很抱歉，我只是一名驻守地方的官员，负责维护我国居民的人身、财产安全，涉及领土的大事，我无权决定，要报请我国皇帝批准。”马拉诺夫摇了一下头。

“过去我国在图们江设的界线标志，损坏失修，没有来得及更换，你们乘机插上俄国的标识，导致大片土地被你们占领，现在我们要在离海口10里，重新树立界碑，保障双方互不侵犯。”吴大澄提出。

“我认为，过去的边界线比较明确，你们设的标志倒塌，不代表在离海口10里以内，如果要补充界碑，要在40里以外设立。”马拉诺夫不肯让步。

吴大澄以过去的条约与路记为证，坚持在10里以内划清界限。俄方口气强硬，表示不能接受，双方发生争执。谈了几个小时，没有结果，马拉诺夫以请示俄国政府为由停止会谈。

吴大澄认识到：《中俄北京条约》签订后，俄军以武力占领了图们江下游出海口，清朝皇帝、王侯只保住自己的权力，又没有建立一支有现代装备的军队，不可能夺回丧失的领土。

第二次会谈，他改变应对策略："考虑到东北的物资，要经过图们江出海，与朝鲜、日本等国发生贸易往来，我提议把图们江作为中俄两国的公共河道，中方轮船享有经过图们江，达到日本海的权利。"

"吴先生，你维护国家主权的精神，我很敬佩，但条约已经签订，图们江下游出海权归我们所有，法律不是凭个人的意志，或皇帝一个命令就能改变，我只能遗憾地向你说，我无权赋予你们出海权，这事要请示沙皇。"马拉诺夫把两手一摊，显得若无其事。

不过，经过一阵激烈的争论，吴大澄还是有些收获：对于中方提出收回黑顶子，马拉诺夫没有表示阻止。

吴大澄怀着寸土必争的想法，与马拉诺夫多次反复谈判，经过8次会谈，消耗4个月，光绪十二年（1886）十月十二日，双方终于签订《中俄珲春东约》，俄国外交部同意：不阻止中方船只从图们江出海。

"吴大人，通过这几年勘查，我认识到东宁、珲春、延吉，图们江，对维护东北地区的安全，把当地的粮食、木材等输送到东北亚，与日本、朝鲜发生贸易关系，把东北的资源优势转化为居民脱贫的优势，带动地方经济增长极为重要。除了确认边界以外，要招集逃荒的灾民，到边境开荒耕种、居住，以开垦形成乡村、集镇居民区，以居民区形成防守区，既帮他们改变贫穷，提高生活水平，又阻止俄军侵占，维护我国领土完整。"胡铁花向吴大澄建议。

"铁花，你提出的建议与我的想法很接近，我们请示朝廷得到批准，在边界成立农垦局，局下面设乡村，吸引山东、河北等地农民定居，给他们提供口粮、农具、耕牛，农忙时抓紧时间耕种，农闲时，教他们学会使用兵器，实现安居乐业、互相帮助，增强边防力量。"吴大澄赞同他的观点。

通过这几年观察，吴大澄看到：胡铁花兢兢业业，为划分边界，迎着阴冷的风雨、踏着刺骨的冰雪、穿越人迹罕至的森林、趟过湍急的河流、翻过崇山峻岭、忍受劳累困顿、承受不可预测的风险，风餐露宿，行程 1000 多公里，几乎走遍了边界每个县城。

“对于这个忠君爱国、以理想为支撑、不可多得，又为自己带来了政绩的人才，我不能亏待他，一定要创造条件让他上升。”为表示鼓励，吴大澄上报皇帝：给他封官加薪。

1886 年，胡铁花母亲去世，为体现一个儿子的孝心，他风雨无阻，赶回上庄村办理丧事。

为海南人寻找富裕路，差点被瘴气病夺走生命

完成边界划分，吴大澄获得了提升官职的政治资本。光绪十三年（1887）春天，皇帝调他到广东任巡抚，他与两广总督张之洞商谈后，确定了一个宏伟目标：以经济开发唤醒沉睡的海南，赶走停留千年的贫穷落后，给老百姓创造脱贫致富的机会。

开发海南，需要派人调查地理环境、人口数量、经济收入来源、资源分布状况，寻找最有效的突破口，培育一个适合居民增收的产业。那么谁是最合适的人选？

吴大澄想起在东北勘查时，胡铁花与自己有过亲密、和谐、友好、难忘的合作，取得了骄人的业绩，应该再次发挥他的智力资源，当即给胡铁花写了一封来广州面谈的邀请信。

通过东北勘查，胡铁花实现了走出家乡，观察当地地理、文化、经济构成，把书本知识转为实践、把政治资源转成为民谋利，为国效力的愿望，极大提升了他分析、处理公务的能力。

接到吴大澄的信，胡铁花喜出望外，一个新的舞台在召唤他：抛弃无用的空谈，继续沿着学以致用、推动国家富强、改变老百姓生存现状的道路前进。这个理想曾吸引无数人，却始终没有变成现实。

于是，胡铁花提前结束守孝，从上海坐船赶到广州，去巡抚办公楼拜访吴大澄。

“我一直盼望你早日到来，我向张之洞推荐，派你去海南调研，获取第一手经济资料，再调动人力、资金、技术，帮老百姓办一些加工厂，把农副产品变成看得见的收入。现在当官不是坐在办公室看文件、听汇报，要主动为民办实事，我相信你到海南会取得很大的成就!”吴大澄兴奋地说。

“谢谢您给我提供一个认识海南的机会，为人们过上富裕生活，是我读书确定的目标，一些人读了几十年经书，视野还是那样狭窄，做不了官就悲叹，觉得没有前途，沉浸于写诗词、收藏书画，在自己的精神世界漫游，无谓地浪费时间，从来不愿走进真实的社会，做一件有益于老百姓的事，要打破读书做官的惯性思维，把知识变成人类的福利，请您放心，我将竭尽全力，完成您交给的任务，不辜负您的期盼!”胡铁花信心百倍。

“你说得很好，现在皇帝身边缺乏把知识转为治国富民的人才，皇帝看不到老百姓在贫困、疾病中挣扎，也不愿意引进西方国家的先进技术，增强国力，官僚靠说假话、空话、套话、无用的废话讨好皇帝，获取升官的资本，我们无力改变王权体制，但我们以手中掌握的权力，在海南搞一个经济试点，帮助人民提高生活水平，体现我们的良知!”吴大澄说。

两个贵族的理想融合到一起，只要行动起来，就会释放出推动社会进步的能量。拿着吴大澄给的差旅费、通行公文，以及带着他派的助手，胡铁花从广州坐船渡过海峡到达海口。

他填补了一项空白：成为有史以来，第一个以官方身份，到海南从事经济调查的人。

据胡铁花写的《游历琼州黎峒行程日记》记载，光绪十三年（1887）十月二十一日，他雇用5个挑夫，挑着做饭的炊具、衣物等，从海口城西门出发，走了20多里来到长坡村。

他看到：村民用石块围起肥沃的岗地，种甘蔗、山芋等，有水灌溉的低洼农田，从4月耕种插秧，到第2年3月，可以连续种三季水稻。如果风调雨顺，维持温饱不成问题。

胡铁花询问一个村民得知：交通极其不方便，又没有机器加工，农民不能把甘蔗榨成红糖，运到外地销售挽回收入，只能内部消耗，甚至浪费，意味着他们的劳动成果不能转为财富。

26日，胡铁花一行人到达儋州南丰镇，海口通向东方市的官道经过这里，官府设有办事处、军营，南来北往的客人，给集镇输送了人流、物流，带动居民开店经商，街上有几排具有民族风格的建筑。

胡铁花到行政局拜访洪范卿等官员，了解地方风俗习惯。洪范卿说，黎中地区山多且险峻，几乎没有平路，行走费时费力，挑夫的担子不能过重，一般挑30斤，可以在当地购买大米、油盐、水，无须携带水桶、粮食。

“根据您的观察，居民长期生活在南丰，是否会感染瘴病？能否保住身体健康？有什么办法预防疾病？”胡铁花问。

“我们还没有查清楚什么因素感染瘴气病，但也有原因，黎中夏天比较炎热，白天温度很高，到了夜晚又狂降暴雨，寒气突然来临，忽冷忽热，让人极不舒适，炎热与潮湿交织，导致杂草、灌木腐烂，长期混杂、淤积发出难闻的气味，像蒸气喷发，人呼吸会感染病毒，不知情的人，以为当地人投毒。秋天与冬季瘴气少，春夏之际气温上升，瘴气多发，我在这里任职，吃过猪、羊、牛、鸡，以及瓜果蔬菜，却没有发病。这次我们兵分两路，消灭了300多名强盗，让人吃惊的是，有3000多将士感染瘴气病，不知什么原因引起。”洪范卿说。

10月30日早晨，胡铁花雇用当地4个人挑行李，每人付300文钱，向黎中县方向前行。路过番仑村，发现有40多户，因缺乏收入，男人只穿一条短裤，上身露出，表情呆板、身体瘦弱。

路上杂草丛生，有5条长2寸的虫，可能几天没有找到食物，看到胡铁花走过，觉得不能放过这个好机会，爬到他脚上张口就咬，他急忙弯腰用手拔除，血顺着伤口流出来。

11月4日，胡铁花与挑夫行走30多里，到达黎中县红毛村，一个滑稽的场景出现在他眼前：村民不会用铁犁耕田，把6头水牛赶进农田，让它们在里面乱蹦乱跳，反复踩踏，直至泥巴掩盖水草、平整泥土，再插秧。

这个画面让他可笑又可悲：英国人装有大炮的军舰行驶在中国的长江，带来了自动化的织布机、发动机，甚至街头出现了汽车，而黎中县的农民不会用犁耕地，仿佛停留在人类荒芜的时代。

与原始的耕种相比，当地驻军士兵枪击能力也很差。11月6日，胡铁花路过一个军营，请一位官员召集 248 名士兵演示枪法，结果只有 3 人 3 枪连中，水平差得让人难以相信。

这让胡铁花看到了一个真实的现状：朝廷花费纳税人的钱，养了一批毫无作战能力的军人，遇到英国军队射来的炮弹，只能充当炮灰。

在乐安城，他发现城墙倒塌了一大半，城内只有 50 多户居民，虽然上天保佑农民获得丰收，但大米每升只卖 14 文，价格如此低，农民辛勤劳动一年，没有收益，反而要欠债。

村民的房屋分散在山脚下，靠近河道、溪流、树枝，像一个长方形的逢船，上面用茅草代替瓦片，下面用柱子支撑，离地三尺，楼板为竹排编成，两边各开一个门，床上铺一个草席，没有资本实现舒适的睡眠，只求最低限度的生存。

经过几年风雨侵蚀，以木板、竹子做成的房子破损，他们又重新从山上采伐树林，编织他们的住宅，年复一年、周而复始，没有提高居住质量，没有形成文明成果的积累。

11 月 9 日，胡铁花从凡阳镇经过五指山，到海南岛最南边的崖城，为减轻挑夫体力消耗，每走 10 里或 20 里换一次人挑，每人给 100 文钱。

据崖城前知府李开庭介绍，崖城远离海口，比较偏僻、工商业极为落后，村民靠耕种糊口，治安资源严重不足，土匪不间断冲进村子抢劫钱财、耕牛、放火烧房子。

官府派兵镇压，但土匪熟悉周围地形，毫不畏惧，看到官军到来，迅速逃进山林，官兵担心感染瘴气病，不敢深入山谷搜查。如此反复，投入大量军力，却难以灭绝土匪。老百姓逃难后，田地无人耕种、大面积抛荒。

胡铁花还看到一个习以为常的现象：当地没有商人开当铺，大小文武官员设立当铺，居民以物资抵押，每月 6 分利息，3 个月为一个期限，到期不能赎回，视为老板的财产。有点善心的官员离任时，减少 3 分利息，让居民取走抵押品。

官员的理由是：他们在经济落后、极为偏远的海南任职，来回路费高昂，长年不能回家看望父母，皇帝给他们的工资只有几十两银子，根本不够开销，只能以经商获取边际政治收益，弥补给皇帝务工造成的损失。

11 月 13 日，胡铁花从马岭出发，行走 80 多里到三亚已是黄昏，找到文昌庙住宿，里面空无一人，他叫挑夫找来木柴、水架锅做饭。吃完饭，随从疲惫不堪，上床进入梦乡。

此时，到了夜晚 2 点，他难以入睡，走到庭院散步，只见明月当空，月光如画，四周一片寂静，经历长途跋涉，他难得这份清闲，感觉生命如此缥缈、超脱，一切荣辱、名利仿佛消失。

16 日中午，胡铁花迎着凛冽的东北风走到盐灶村，风愈刮愈大，他感觉愈来愈寒冷，不禁浑身哆嗦、头昏腰痛，靠坚强的毅力支撑走到陵水县，夜色降临，他找了一家旅馆住宿，喝了几杯热茶，出了一身汗，等到夜晚三点，身体渐渐恢复正常。

他想起 20 多天以来，自己不顾劳累，连续在山区穿越灌木、杂草，里面炎热潮湿、弥漫着瘴气，又缺乏必要的防护设备，可能是瘴病趁机向自己发动袭击，试探自己有多大的承受力。

17 日，胡铁花到陵水县行政局拜访太守席春渔、秘书丁养泉等人。

"有劳您大驾，有失远迎，请见谅！我听巡抚吴大澄说您到海南调研，而且是义务奉献、自担风险，您为海南人民寻找富裕之路的精神，让我们敬佩不已，山区地形复杂、灌木丛生，容易感染瘴气，请您务必保重身体，您远道而来，我们略备薄酒招待，以表敬意！"席春渔给胡铁花倒了一杯茶。

"席太守，谢谢您的好意！了解海南地理环境、人口分布、经济资源，帮助老百姓消除贫困、提高生活水平，是我应尽的义务，我不求有什么回报，但愿无愧于国家赋予我的职责、无愧于父老乡亲的扶助。这次我身体欠佳，不便于饮酒，也不给您增加麻烦，下次有机会我们再举杯共饮。"胡铁花婉言推辞。

地方其他官员，也表示请胡铁花吃饭，尽一份心意。同样被他谢绝。

20 日，胡铁花感觉身体发冷，中止出外走访乡村，卧床休息。不一会，由寒气转为发热，却不出汗，他叫随从煮一碗稀饭喝下，想提高热度把汗水逼出来。

不料，他喝下稀饭，反而呕吐不已，吐完以后，身体极为困倦、无力，躺了一会儿，流出了汗水。席春渔、丁养翁等人闻讯赶来看望，并送来 8 只柑橘，请他品尝一下。

胡铁花出汗后，心烦口渴，吃了一只柑橘，感觉甘甜如蜜。

到了22日早晨，瘴气病仍不肯放过胡铁花，继续给他制造痛苦，他叫随从烧了一壶茶，喝了几杯却不解渴，又服用昨天煎的灵仙、威苍等中药，仍没有好转。

席太守给他送来三颗小圆药，让他以凉水吞服，没有起到缓解病情的作用，他喝了一杯茶，感觉咽喉有苦味，又连吃两只柑橘，并以甘蔗煎汤喝，也没有达到解渴的效果。

到了下午，寒气与发热交替向胡铁花发动攻击，让他焦虑难安，无可奈何，只能以喝稀饭、饮茶，抗拒病痛的干扰。最终，瘴气没有实现夺走他生命的愿望，自动告退，让他获得了恢复健康的机会。

经过一个多月的艰辛奔波，胡铁花完成了调查，他收获很大：认识到远离政治、经济、文化中心的海南，长期没有得到官府输送的经济、文化、司法等公共资源，又无强大的宗族，维护地方稳定，给土匪、强盗提供了抢劫机会。

从胡铁花调查的80多个乡村看，农民以原始的耕种为生，处于自生自灭的状态，村子的公共设施、房屋质量，以及村民的耕作水平、掌握的技能，落后于长江中下游产出效益高的乡村。

带着调查资料，胡铁花从海口坐船返回广州，向吴大澄汇报情况，吴大澄得知后，派有关官员到码头迎接。

“铁花，这次太辛苦你，我得到了海南知府、知县等官员给我发来的电报，说你感染瘴气病，连续几天发热、心烦意乱，不能正常进食，如果发生什么意外，我怎么对得起你的付出？我连忙发去电报，请他们全力帮你排除病情。幸好你平安归来，我悬着的心放下来，那么你调查后，对开发海南有什么建议？”吴大澄让他坐下来，急切地问。

“全岛人口稀少，人们维持原始的生产方式，无力驱赶贫穷，有大片可开垦的荒地，利用日照充足、雨量丰富的优势种三季水稻，许多坡地、旱地，可种蔬菜、甘蔗、香蕉等经济作物，广州正在向海内外开放，这个大市场能消化海南剩余的农产品，帮助农民增加收入，所以朝廷要出台优惠政策，支持海南引进资本与技术开发，把资源优势变成居民的收入优势，让一部分人先富起来。”胡铁花分析。

“您掌握了第一手调查材料，对制订海南经济开发政策有参考作用，我将根据你提出的建议，向总督张之洞汇报，请他向朝廷争取人力、资金，在海南设置相应的行政机构，输送教育、治安、救济等资源，降低居民的生存风险，创造一个安定的环境吸收商人投资！”吴大澄听完他的介绍，显得很乐观。

可惜，没有机会让吴大澄、胡铁花把海南变成一个工业强省，随着组织部发来皇帝的圣旨，他离开了广东巡抚的位置，去河南完成一项更加艰巨的任务。

走遍台湾，看到老弱病残的将士无力防守

经过东北勘查边界、海南调研村民生活、郑州治理黄河，胡铁花用坚实的业绩，证明了自己的忠心与才能，通过了吴大澄的考核。

吴大澄出于爱才以及10年以来，与胡铁花建立的深厚情谊，请求皇帝将他列为候补知府官员，相当于厅级，只要组织部发出调令，他就可以走马上任。

由于胡铁花跟随吴大澄近10年，一直在外奔波，没有时间组建新家庭，作为一个刚强、有才干的男人，他需要得到一个女人的爱与温暖，让生命更加精彩。

光绪十五年（1889），在等待朝廷任命的时刻，胡铁花返回上庄探亲，在他婶娘的介绍下，与七都一个村子的冯顺弟举行结婚仪式，算起来这是他第三任夫人。

光绪十七年（1891），胡铁花接到组织部的通知：到苏州水陆总局当局长，分管道路、水运。至此，他拥有一个正式的官方身份，为这一天的到来，他从一名多次落榜的秀才，到奔波千里谋职，经历10年坎坷奋斗。

半年以后，胡铁花得到了福利更优越的职位，到上海淞沪税务局负责税务检查，又回到了他家族经商发家的大上海。

这年12月17日，在上海大东门一个宅院，18岁的夫人冯顺弟，为他创造了一个以后震撼中国的生命，也就是后来用白话文，为中华文化输送自由、平等养分的胡适。

这期间，随着政治地位上升带来的边际效应，胡铁花结识了江苏巡抚刚毅、台湾巡抚邵友濂等掌握实权的官员，他们带来的政治资源，又扩大了胡铁花在政坛的声誉，铺平了他上升的道路。

胡铁花的声誉吸引江苏、广东、台湾等省的巡抚，向朝廷递交报告，请求调他到所在省任职。而台湾新设立了许多机构，急需德才兼备的人才。

光绪十八年（1892），胡铁花51岁，迎来了人生旅程的一次高峰，他穿上耀眼的官服，怀揣帝王发来的调令，带着二儿子胡绍之等人，名正言顺地到台湾任职。

过去他为求职，对前途充满了迷茫、忧虑，不知人生的路在哪里，这次他坐船到台湾，心情格外舒畅，以诗抒发兴奋、激动的心情，仿佛在经历悲欢离合、艰难险阻后，上帝帮他扫除了头上的阴云，迎来了建功立业的大好时代。

他走访台北、台中、台南、高雄等地发现，各地防备极其脆弱，多年没有修建军事设施，过去建造的城墙、炮台简陋、破损，甚至已经倒塌，变成了供人观赏的古董，根本不能应付新的作战要求。

再看士兵的来源，有一部分来自中国内地，在丧失土地、房屋，失去亲人后，为谋一碗饭到台湾当兵，几乎不识字，没有受过专业军事训练，不掌握基本的作战技能。

更让胡铁花忧虑的是，他们年龄偏大，又长期抽鸦片，虚弱不堪，看不到军人应有的强健体魄与荣耀感，消耗了纳税人的钱粮，却不能形成有效的战斗力，一上战场，就会被装备精良的英军打败。

其中的原因是：当时疟疾像一个不散的瘟神，把病毒撒向全台湾，官兵感染疟疾后，缺乏医疗资源，有钱也得不到有效及时的治疗，一批将士被它夺走了生命。

渴望活下来的士兵，找不到药品时，听信谣言，以吸食鸦片缓解病痛。哪知道，鸦片又如一个吸血鬼，把他们变成无力握枪杆子、几乎残废的军人。

“这里是军营，你们作为军人必须服从纪律，听从指挥，吸鸦片不仅会搞垮你们的身体，还会导致军队涣散，没有战斗力，为了站在海峡对岸盼望你们平安归来的家人，为了你们有一个健康的身体，履行军人的职责，我要求你们远离毒品，改变不良的生活习惯，否则，要受到处罚！”胡铁花劝告军营的将士。

“胡大人，您讲的这些大道理很动听，我们早就想回家，与父母、妻子、孩子团聚，但官府一直拖欠我们的军饷，也不给我们路费回去，让我们在孤岛上度日如年。身体有病，没有医生给我们治疗；生活危困，没有看到朝廷给我们发补贴。我们冒着随时丧失生命的危险，为皇帝效力几十年，他却把我们遗忘在台湾，那么天理何在？您知道吗，与我们一起从大陆来的老乡，有多少人丧生大海？有多少人不能踏上回家的路？我们除了抽鸦片麻木自己、混日子以外，还能做什么？如果您觉得我们不是一个合格的军人，那么您给我们几两银子，打发我们走人，您能帮我们实现这个愿望吗？”一位老兵代表其他士兵，发出了内心的愤怒。

这一问，胡铁花仿佛找不到合适的词应答，良知受到触动：我每年工资只有几十两银子，哪有钱帮他们支付路费？他们流着血汗保卫大清帝国的江山，皇上及王侯消耗大笔白银，却不按时给他们发工资，怎么对得起他们的付出？还有什么理由要他们继续忠于朝廷？他们的悲惨遭遇，与前几任知府、巡抚不作为，无视他们的权利主张，采取拖延、隐瞒的做法有关，我能为他们带来什么？

看完官兵的处境与落后的边防设施，胡铁花坐卧不安、忧心忡忡，向巡抚邵友濂汇报：“邵巡抚，我调查了台湾的军事设施，几乎不具有防守的功能，军营将士大部分抽鸦片，像无力站起来的病人，严重削弱了我军的作战能力，现在需要您上报朝廷，筹集资金，训练一支有作战能力的队伍，购买新式装备，更换原始、落后的兵器，修建防卫设施，否则、敌军发动进攻时，我们如何抵挡？”

“铁花，你精明果敢，办事效率非常高，只用几个月，就了解到台湾军力防务不足的现状，让我很敬佩，我与你有同样的感受，不增加军备，台湾难以防守，但你知道吗？皇上经历几次对外赔款，拿不出银子为台湾购买新式武器，而且以慈禧为首的皇室成员，挖空心思挪用国库银两，修建豪华的园林、宅院等，在他们看来，台湾就像他们豪华酒席上撒下的剩饭，给外国人占领后，国内还有其他地盘出售，照样吃喝，为什么要着急？我们只能尽力维持现状！”邵友濂显得无能为力。

光绪十九年（1893）五月，巡抚唐景崧任命胡铁花为台东知府，并代管军务。当年他在龙门书院学的军事地理知识，现在大有用武之地。一个有利的地形，与一位有军事指挥才能的统帅，可以决定一场战争的胜负。

光绪二十一年（1895），对于心怀爱国情感的中国人来说，无比耻辱，清王朝掌握的兵力、舰艇超过了日本军，却因官僚腐败无能，互相排斥、制造障碍、不能制订应对全局变化的战略，缺乏统一、协调、强有力的指挥，导致消耗千万两白银、苦心经营十多年的北洋舰队全军覆没。

打败了北洋舰队的日本军，异常狂热、兴奋，强迫清朝派李鸿章，在4月17日，与伊藤博文首相签订了占领台湾的《马关条约》，赔款2亿两白银，允许日本资本家在华开办工厂，对外开放长江沿岸城市。

心怀“在天下为天下人”的胡铁花，怎能看着中国领土被日本夺走？面对台湾海峡上空的阴云，他向上天发出呼喊，表明他不变的忠臣爱国之情，谁能听见他满腔悲愤？

此时，胡铁花感染了脚气病，双脚浮肿，不能正常行走，即将耗尽生命最后一点精力，局势不以他的意志为转移。

8月18日，胡铁花拖着病重的身躯，勉强渡过海峡到达厦门。8月20日，临终前，他给家人留下一份遗嘱：

我青年时期，历经艰难险阻，几次面临生命危险。清咸丰、同治年间，强盗冲进上庄村，烧毁我祖辈修建的祠堂，以及族人的房子，我带领家人四处逃难，五年内，我承受战火、瘟疫、饥饿三者带来的压力，有几次陷入绝境，却幸运保住了生命。有一次我在婺源坐船过河，船突然侧翻，我落入水中，却没有被激流卷走；光绪年间，我从东北宁古塔前往珲春勘查边界，途经老松林遇上大雪，误入森林3天没有食物，最后安全走出来；我在五常县任职，遇到土匪抢劫，带领10多人奋起抗击，没有负伤倒地；从海口穿越琼中县到达崖城，进入陵水县感染瘴气病，最终转危为安；我在台湾巡查防务设施，到达澎湖列岛，正是炎热难消的六月，随从感染疟疾身亡，我却没有被死神带走，这是上天保佑我的表现吗？现在朝廷抛弃了台湾，断绝了粮食、军饷，切断了通信联络，让居民感到异常绝望，一个衰弱的王朝，打破了我为国争光、为民谋利的理想，我的愤怒、悲叹，像滔滔不绝的海浪涌起。回顾我经历的往事，我以为会亡命于异乡，不能踏上回乡的旅程，却有幸活到今天，也许这是命运的安排，所以你们不要为我离去，感到忧伤、畏惧！

8 月 22 日，因病情加重，无药可治，胡铁花离开人世，享年 54 岁。

他用道义告诉他的子孙：我热爱这个国家，虽然我没有取得更高的职位，没有积累大笔银子，但我以学识与理想支撑，尽到了爱家乡、爱国家的责任，实现了成为孝子忠臣的愿望，因而我问心无愧！

随从把胡铁花的棺材运回上庄村，家人找一块地安葬了他。为表示对父亲的敬重，1928 年，胡适请同乡程士元为祖父、父母设计陵园，请郑孝胥题写碑文，派夫人江冬秀回老家监督施工。

胡适为陵园写了一副楹联：群山逶迤，溪水潆涟，惟吾先人，永息如斯。

据胡适的侄孙子胡毓凯介绍，“文革”期间，胡铁花有一颗金头的谣言，在村子传开了。1972 年 7 月 12 日下午，在利益的驱动下，有几个村民，忘记了祖辈传下来的忠孝，挖开胡适爷爷、奶奶、父亲、母亲的坟墓。

他们打开棺材，抛出胡铁花的尸骨、衣服，没有发现金头，只有两枚铜质护心镜与一柄短剑。村民出卖这些陪葬品得 4 元钱换糖吃，再烧毁棺材板当肥料用。

坟墓被毁后，石碑以及周围的石头被村民拿去当水库的过路板。看到胡铁花的坟墓被挖开，胡适家族人非常愤怒，却无力改变现状。后来胡适的儿子、在美国定居的胡思祖，寄钱给上庄的亲戚修复被毁的坟墓。

杜威送给胡适的财富是：怀疑与批判

作为王权体制的受益者，胡铁花希望儿子胡适，像他那样，反复背诵《孝经》《论语》《孟子》《中庸》等，通过秀才、举人、进士考试，把政治资源变成老百姓摆脱苦难的资源。

当胡适跟随随母亲冯顺弟去台湾看望父亲时，胡铁花利用休闲时间，教 3 岁的儿子读《三字经》《千字文》《百家姓》等。得益于早期的启蒙教育，胡适回上庄村读小学之前，已经认识 700 多字。

谁能想到，1895 年 3 月，胡适跟随母亲冯顺弟离开台湾，经上海回到上庄村，过了5个月，听到了父亲去世的消息，那段美好的时光，成为他一个遥远的回忆。

对于冯顺弟来说，这么年轻就失去丈夫，如同晴天霹雳，一下子昏倒在地。

回想1889年3月，冯顺弟17岁时，经媒婆介绍，嫁给了47岁的胡铁花，只过了6年夫妻生活，她失去了一个可以依靠的男人，以后她还有什么寄托？她的路又在哪里？

虽然冯顺弟没有机会走进学堂，但要不折不扣地完成丈夫的遗愿：将儿子胡适抚养成人，并指引他走向成才之路，成为自己活下去的唯一理由。

为了这个伟大的理由，冯顺弟不惜负债或出卖首饰，把胡适送进学堂，让他在一堆流传了几千年、散发着古董气息，却不能帮助中华民族摆脱愚昧无知的经书中，去寻找“读书做官”的奥秘。

她对儿子的教导是：你父亲是一个有功名的人，为国家作出了很大的贡献，你应该以他为榜样，向他学习，奋勇当先，为家族、为国家做贡献。否则没有出息，就会愧对祖辈的教导。

◉ 胡适在这个宅院成长，他得到的第一个教导是忠孝。

为了帮助儿子实现读书做官的目标，冯顺弟放弃了婚姻选择权，遵守“从一而终”的礼教，承担慈爱母亲与严厉父亲的职责，发现儿子的行为举止有失体统，不当众责骂他，回到家里批评。

当时胡适不到4岁，身体比较虚弱，不像其他孩子到处乱跑，也很少与村子的小伙伴一起游玩，属于儿童的天真活泼远离了他，陪伴他的礼物只有书。

每天早晨，冯顺弟把胡适从梦中唤醒，让他第一个跨过高7寸的门槛，推开学堂的大门，读完几篇文章后，再回家吃早饭。白天听老师讲课，晚上回家还要背诵课本、书写生字。

课余时间，他读完了《水浒传》《资治通鉴》等书，开始喜爱文学、历史，这影响他以后用白话文，改变中华民族一成不变的僵化思维。

冯顺弟在丈夫去世后，失去了强有力的依靠，在宗族权威主导的乡村，必须谦虚谨慎，以仁慈、宽厚、友善、忍让，又保持自尊的形象出现。即使家庭成员为利益发生纠纷，也尽量退让，不与家人直接发生冲突。

据《胡适口述史》记载，胡适二哥胡绍之在上海经商，靠他寄钱回家维持家人生活，但他大哥不求上进，抽鸦片、赌博输了钱后，出卖家里收藏的字画、瓷器。

为此，冯顺弟几次将家族长辈请来，作为证人给大哥订下每月生活费，要求他不能超支，可他每月总是超出预算，为弥补赤字向别人借钱。最终给家庭带来经济负担。

春节前一天夜晚，前来讨债的人坐在胡适家大堂，遇到这种烦心事，谁能保持克制、冷静？冯顺弟没有流露出急躁、愤怒，而是心平气和、神态自若处理家务。

晚上12点以后，她请一个本家人过来，给每位债主还一点钱，请他们给予支持、回去过年，既化解了讨债给家庭带来的压力，又维护了双方的面子、尊严、不伤害感情。

1902年，胡适12岁，为了培养他独立应对生活的能力，冯顺弟让他到舅舅冯诚厚在泾县开的“恒开泰”药店当学徒。时间比较短暂，让他体会经商面临的挑战。

胡适去美国留学后，在那段分离的日子里，冯顺弟曾生病卧床不起，却不告诉儿子，担心影响儿子的学业，独自忍受病痛的折磨。

就这样，她与世无争、默默无闻地守寡23年，直到1918年46岁离开人世。

如果说，胡铁花与王权合作寻求政治资源，实现治国富民的理想，那么他的儿子胡适，走了一条“打倒孔家店”，与王权断然决裂，建设民主、法治国家的道路。

1904 年，清朝举行了最后一次科举考试，新式教育的火焰已经在各地点燃；为回应工业文明的挑战，1 月 21 日，朝廷出台了第一部《公司法》，并于 29 日，成立官办银行。

这年胡适 14 岁，在家乡完成了小学教育，二哥胡绍之安排他到上海读中学。当他踏着祖辈铺设的石板，通向求知的道路时，比利时商人以租界赋予的特权，在天津开设电车公司，为拉着马车运行了几千年的中华民族，开辟了第一条公交线路。

同时，远在大连旅顺，日本与俄国打响了争夺东北的战斗，掌握了人力、财力的清朝皇帝，仿佛没有看见战火吞没了老百姓的生命与财产，竟然将辽东划为交战区，自己站在旁边看热闹。

这铭记了中华民族苦难的炮声，是否传入胡适的耳边？这位 14 岁的少年，以后将输送哪些能量，为这个国家争取自由、平等？

到上海后，胡适先在梅溪小学读书，极为巧合的是，这所小学为他父亲在龙门书院的同学张焕纶，于光绪四年（1878），召集有共同理想的同学沈成浩、徐葵德等人集资创办。

张焕纶以自家的宅院当学堂，第一期招收 40 名学生，按西方的教学方法，分班开课；光绪八年（1882），改为梅溪书院，除了国文、地理、数学以外，增加了英文、法语、体育、军事。

光绪二十八年（1902），为培养适应社会需要的人才，书院改为梅溪小学。教育家黄炎培对它的评价是：我国教育以上海最发达，上海小学，以梅溪小学开先风之气。

1906 年，胡适考入中国公学，进校不到一个月，一位同学介绍他参加振兴教育、提倡民主、改良社会、主张自治的“竞业学会”。学会创办了《竞业旬报》，用白话文发表文章，唤起中国人觉醒、告别贫穷落后。

不到 18 岁的胡适利用这个平台，先后发表了几十篇文章，如破除封建迷信、开启老百姓认识科学的大门，打破等级权威，让女孩走出家庭，享有接受教育、婚姻自由、谋求职业等权利。

正是这段经历，帮助胡适完成了两个重要转变：用白话文传播中华文化、改造国民沿袭守旧的思维；从关注家族生存，到思考国家靠什么改变落后、走向富强！

由于胡适与校方领导在观念上发生冲突，不肯迁就、让步，没有毕业愤然离开中国公学，转到由留学生创办的新公学就读。一年以后，因缺乏经费公学解散，他又一次失学。

当时胡适家开的茶叶店，因局势动荡、经济萧条等原因，有些关闭，只有汉口一家店铺维持惨淡经营，微薄的收入难以维持一个大家族的生活，要靠族人提供救济。

严峻的现实在考验胡适的承受力，他与几个同学合租一间房子，经中国公学英语教师王云五介绍，到华童公学教国文。对胡适来说，这段日子充满了悲观、失望、消沉，生活比较危困，甚至背上债务。

危急中，老乡许怡荪、程乐亭向他伸出了援助之手。程乐亭（1892—1912）出生于绩溪县仁里村一个富商家庭，为人温和、忠厚、讲义气，在上海复旦公学，与胡适相识、相知。

父亲程松堂为人忠诚，是一位有经营能力的商人，在江苏南通、浙江杭州等地开有当铺、商店。1902 年，他与族人程松东捐资，在村子创办思诚小学，建有教室、图书室、宿舍，配有体育、音乐器材，指引子弟以读书救国。

程乐亭认为：胡适领悟能力强、具有读书的天赋、适合做学术研究，如果进一步深造，能取得相应的成就，建议他到北京参加出国留学考试，并送他 200 块银元作路费。

一位友人的鼓励与慷慨资助，让处于迷茫、困惑、失落、焦虑的胡适，找到了开启改变命运的大门，找到了探求科学、民主、自由，改变中华民族危机的道路！

多年以后、胡适学成归国，拥有北大教授、校长、驻美大使等职位，依然感激程乐亭等人的扶助，帮他渡过了人生的难关。

胡适受过忠孝教导，懂得知恩必报，程乐亭不幸早逝，他写了表达悼念的诗以及传记，留给后人怀念；1917 年 6 月 1 日，程松堂去世，胡适送 400 块银元，回报当年程家对他的恩情。

1910 年 7 月，对于曾读了四所学校，没有拿到一张毕业证的胡适来说，是一个决定他命运转折的重要时刻，他有幸考取由美国政府设立的留美奖学金，时年 20 岁。

时间紧迫，胡适来不及与母亲等家人告别，8 月 16 日，他与赵元任、竺可桢等 70 多名公费生，从上海登上开往美国的轮船。美国人热情地张开双手，把最神圣的礼物送给他们：自由、平等！

到达美国后，胡适去康乃尔大学读农学，后来他不感兴趣，1912 年，改变专业，攻读哲学，并对文学、经济、政治、法律、历史感兴趣。读完本科、硕士后，1915 年 9 月，他到纽约哥伦比亚大学，跟随杜威教授读哲学博士学位。

◉ 胡适与他身边的朋友，既坚守道义，又提倡自由平等，保持贵族的理想。

坚持试验主义的杜威，给胡适留下了终生享用的思想财富：用怀疑、批判的目光扫描社会，用实验取得的证据，揭示社会变化的真相，为建立法治国家输送能量。

从此，胡适把杜威当做恩师，以他的思想为指导：用揭示事物奥秘的真理，代替凭空捏造的天理，从头到脚揭示王权专政给中华民族制造的毒瘤，彻底颠覆君王至上、人们受压迫的吃人体制。

留学期间，胡适有机会到美国人家里做客、谈心，了解美国人的生活方式、婚姻观念、宗教信仰、参政意识，并参与教育、文化、基督等团体活动。

晚上，学校举办晚会，胡适能结识来自各国的学生，了解他们的风俗习惯，双方在轻松、友好的气氛中交流，促进不同国家、不同文化背景的人加深了解、信任。

通过公共活动，胡适结识一批信仰基督教的教授、学者、同学，认识了推动人类进步的基督教文明。以后他不仅阅读《圣经》、翻译《圣经》，而且收藏不同版本的《圣经》。

他对犹太人发奋学习、排除一切阻力、追求卓越、创造优良、成就大事业的精神，表示深深的敬仰。

有一件事对胡适影响很大：1912 年，他目睹民主党候选人威尔逊，以多数票当选总统，消息传到康乃尔大学，有老师、学生与他拥抱在一起，高声欢呼，让他热泪盈眶。

此后，胡适对美国政治产生浓厚的兴趣，参加了一些为竞选总统举办的活动，美国人追求自由、民主的热情与勇气，在他心中留下了终生难以忘怀的印象。

对自由美国的欣赏与向往，表现在胡适留学美国 7 年，1938 年 8 月任驻美大使，至 1946 年 7 月，在亿万人饱受战乱、饥寒交迫的最艰难时期，上帝保佑他在美国度过了舒适、优越、自由的 9 年。

国民党溃败到台湾后，1950 年 3 月，胡适飞往美国华盛顿，先后任普林斯顿大学葛思德东方图书馆馆长、联合国文教委员等职，至 1958 年 3 月返回台北，又在美国度过了安宁、愉快、富有尊严的 9 年，他前后在美国生活 25 年，除了徽州以外，美国是他的第二故乡。

虽然辛亥革命涌起的滚滚洪流，冲破了王权统治，具有划时代的意义，但文化领域显得封闭、保守，依然在沿用不能帮助人们形成逻辑思维的文言文，还想为专制留下复活的空间。

此时，在美国生活了 7 年的胡适，经过美国这个大熔炉的融合、提炼，储备了充足的思想能量，即将引领中华民族发生一次文化大爆炸，以检验美国文化是否在他身上取得了成功。

这个时刻到来了，1917 年 1 月 1 日，胡适在美国写成的改良文学、破除旧文学规范的文章，发表在 1919 年 4 月 15 日，《新青年》第 6 卷第 4 号。

他希望以言之有物、不模仿古人、不作无病呻吟、不用典、生动活泼、通俗易懂、自由发挥、激发创新力的白话文，取代僵硬、呆板、苍白，压抑中国人想象力的文言文，只有把它彻底扫进垃圾堆，才能让中华民族在通向自由、平等的路上，不被专制遗留的废渣堵塞。

仅过了一个月，也就是 2 月 1 日，他的老乡、安庆怀宁人陈独秀，在《新青年》发表《文学革命论》，旗帜鲜明地支持胡适的观点。两位出生于书香家庭、曾读过仁义忠孝著作的安徽人，毫不迟疑地与王权体制决裂，点燃了新文化运动的火焰。

此前，也就是1904年1月，陈独秀在安徽芜湖创办《安徽俗话报》，打破官方垄断、封锁信息，以通俗的白话文，告诉老百姓国家发生了什么事，让无钱读书的人吸收知识。

后来，在时代的洪流中，他们做出了截然不同的选择：陈独秀以激进、刚烈、毫不妥协的个性，怀着唤起公众觉醒、建立一个强国的理想，扬起了共产主义的旗帜，成为中国共产党开创者。

对比胡适以务实、理性、大度包容的风格，在民国政府找到了施展才能的舞台，既与政府合作，又提出不同的意见，保持学者的独立人格，让民国政府接受自由、民主。

他们的政治倾向、处世风格，存在巨大的差异，踏上了不同的道路。1932年，陈独秀被国民党逮捕，他怀着“三军可夺帅、匹夫不可夺志”的勇气，不畏强权，为自己作无罪辩护。

危急关头，有人幸灾乐祸、落井下石，但有贵族血统的胡适，向陈独秀伸出了援助之手，通过他的好友、时任司法部罗文干部长的干预，排除政治干扰，以陈独秀不代表任何政党，作为自然人身份走上法庭。

这个巧妙的设计，帮助陈独秀规避了被剥夺生命的风险，经过被告律师与检方激烈辩论，法官判陈独秀进入监狱休息几年，以法律为盾牌，挡住了特务可能向他下的毒手。

身处监狱的陈独秀，给胡适寄出了表达感激之情的信。

1917年5月22日，胡适在哥伦比亚大学，通过《中国古代哲学方法进化史》博士论文答辩，于同年6月从美国坐船到上海，8月他赴北京大学任教授，当时他只有27岁。

他进北大时，出生于江南水乡绍兴、家庭曾有人做官、有海外留学背景的蔡元培，执掌校长大权，凭借这位开明派的支持，胡适把美国教育模式移植到北大，即学生自由选择专业、教授享有治校的权利、招收女生、给家庭贫困的学生提供资助。

母亲与人为善的准则，在胡适身上得到传承：无论是任北大教授、校长，面对众多教师、学生，还是当驻美大使，结识各国元首、政要，不是盛气凌人、狂妄自大，而是谦虚谨慎、平易近人；不与对方发生激烈的对抗，以理性、温和、平等，取代激进、攻击。

他的贵族风度还体现在，掌握校长、基金会理事长、图书馆长等权力时，不是自己优先得到多少科研经费，强化自己的权威，组成一个垄断学术资源的帮派，而是创造条件，扶持青年人成长，自由表达观点。

“家文化”造就了胡适的优点，也留下了弱点：他的主体个性偏弱，缺乏楚文化的刚毅勇猛、大气磅礴，以调和、中庸回避社会的黑暗、罪恶。

他父亲毕生效忠于清王朝，却不能改变皇帝的专政、无能，他在民国时期，与蒋介石交谈的机会比其他学者多，却无力消除蒋介石的野蛮、残暴，指引这位统帅塑造一个富强的民国。

虽然胡适的研究范围涉及文学、教育、哲学、历史、政治等，但他当教授、校长、做官，消耗了大量宝贵时间，而且他的目光停留在上层社会，没有投向千百万生活在乡村的农民，没有从他们世代经历的苦难，提升自己思想的深度与广度。

由于胡适缺乏对广大农民、工人阶层生活现状的调查研究，又决定了他不能像历史学家郭沫若，经济学家王亚南，法学家王世杰，社会史学家陶希圣、瞿同祖，出版具有突破、创新理论体系的著作，反而停留在对历史表象的描绘上，没有回答小农经济与王权体制，为何沿袭了2000多年。

他为家乡办学校，亲自找商人募捐

那么父亲“在乡为乡”的浓厚情感，又在胡适身上得到了怎样的体现？据上庄村民胡承哲介绍，民国初期，有人给胡适写信说：附近余川村汪立钧，于1910年捐资创办燃藜小学；宅坦村胡宣铎创办资政小学；旺川村于1915年，创办萃升小学。

形成差异的是，人口比余川多、又有富商的上庄村，却没有一所新式小学，只有简陋的蒙童馆，有些孩子完成启蒙教育后，要到余川小学读书，有损一个名门望族的形象。

读到家乡人寄来的信，胡适很受触动。他觉得没有父母的教导、没有族人的支持、没有老乡的援助，自己不可能有机会走出深山，踏上美国领土，实现读大学的梦想，更不可能站在北京大学讲坛，为建立一个没有压迫、没有专政、拥有平等的国家呼喊！

想到千百万农民，面朝黄土背朝天耕种，想到许多因家庭贫困，无钱跨进学堂的孩子，想到乡亲们站在村口遥遥期盼，想到那片土地长眠着自己的亲人，胡适怎能不给家乡输送教育资源？

他在北大任教时，绩溪有些商人在北京经营茶叶等，为形成一个团体，便于向官方表达利益诉求，大家推选他当绩溪同乡会会长，他愿意为家乡人出力，一当就是20年。徽商找他题字，他不忘在后面加上“绩溪同乡”。

作为徽商的后代，胡适以“无徽不成镇”为骄傲，以徽州地区走出了一批秀才、举人、进士、官员、商人为光荣，以造就了朱熹、江永、戴震、俞正燮等文化大师为自豪。自己走到哪里，都是徽商的后代，是徽州文化的直接受益者。

在美国任职时，胡适依然保持吃徽州菜的习惯，不管是老乡还是美国人到他家做客，都可以品尝到徽州特色菜“一品锅”等，他成为义务宣传徽州饮食文化的代表。

于是，1923年，一份洋溢着理想色彩的办学计划涌现在胡适心中：在上庄村办一所中学，加设师范教育，并附属一个小学，将中学作为培养人才之地和乡村的文化中心。

胡适与他二哥胡绍之等人筹集资金，在上庄村创办了毓英小学，他任名誉校长。当年胡铁花历经艰辛修复的胡家宗祠，除了祭拜祖先以外，还变成了小学教室。

但以种田为生的村民无力支付办学经费，族人借胡适如日中天的声誉，请他发动经商的胡家人捐款。为振兴家乡的教育，胡适又义不容辞地担负了这份责任。

找有钱的商人资助不容易。有一天，胡适在上海找到一位开店的远房族人，请他给家乡的学校捐款，这位族人长期在外经商，对上庄没有什么感情，因而只捐了50元。

在胡适等人的耐心劝说下，他又加了50元。劳累奔波一天的胡适，回到住处感叹地说：“自己写一篇文章，也可得到100元报酬，真是不合算。”

胡适推荐的教师鲍剑奴、石原皋、柯莘麓、程潜岩，都接受过新文化的洗礼。其中胡适每年出 240 块银元，聘请毕业于南京师范学院的鲍剑奴负责教务，他豪放不羁，要求校长周六不要给他排课。

石原皋（1905—1987）出生于上庄附近的石家村，世代经营中药材，在泾县、旌德、芜湖等地，开有药店，毕业于北京大学生物专业，1935 年，他到德国柏林大学攻读，获博士学位。

石原皋与胡适有亲戚关系，胡适认为他为人忠厚、爱学习、肯钻研，利用他在北大读书休假期间，请他到小学当过一段时间的教师。

据柯家骅介绍，他家祖辈以行医为生，父亲柯莘麓（1905—1962），出生于上庄一桥之隔的瑞川，1922 年就读于上海亚东医科大学，曾到上海国医大学任职。1930 年，回乡创办第一所用西药治病的疗所，首先使用抗生素，对于无钱医治的人，先看病以后付钱，挽救了一批病人的生命。

1922 年，柯家骅的祖父去世，胡适闻知题词：泽舟先生，温文可亲，病者之友，一乡之仁，一别十年，生死永隔，题君遗像，凄然叹息。

程潜岩（1904—1958）出生绩溪仁里村一个商人家庭，毕业于上海正风文学院，热心为家乡办学，先后在仁里思诚小学、绩溪淑培小学、上庄毓英小学任教。

从以上胡适聘请的文化人士看，出生于书香、商人家庭，有深厚的家学背景，继承了祖辈的贵族血统，又接受过大学教育，与胡适有亲情、友情、乡情关系，在社会转变之际，都渴望以新式学校，帮助孩子们吸收知识、成为有用之才，拯救这个虚弱的国家。

同样是一座建筑，在不同的思想支配下，发挥的功能和作用，完全不一样。胡铁花把祠堂变成延续家族血脉、确定宗族权威，维系全体族人生存权、共同应对风险的工具。

胡适以父辈修建的祠堂，充分利用徽州人才优势，创办新式小学，为乡亲们输送知识资源，开启他们认识自己、认识大自然、认识中华民族的大门！

那么谁能帮助胡适实现办图书馆的愿望？他想起了绩溪老乡汪孟邹（1878—1953）。汪孟邹是一名秀才，曾进入南京江南陆师学堂读书，受变法图强的影响，资助陈独秀创办《安徽俗话报》。

1913 年，为适应人们接受新式教育的需要，汪孟邹到上海创办东亚图书馆，并任总经理，先后出版了《胡适文存》、《陈独秀文存》等著作，为中国人告别古老、脱离社会实践的经书，提供了丰富的思想营养。

1926 年，胡适对汪孟邹说：你出版了许多图书，要发挥你的资源优势，为我们的家乡绩溪办一所图书馆，给所有人提供自由平等读书的机会，我想在上庄村找一栋空闲的房子，摆上几十个书架，陈列几千册图书，方便村民阅览。

他们都来自徽州，对家乡怀有深厚的感情，又是多年的老朋友，有传播知识的共同理想，双方不谋而合，汪孟邹捐助 3000 册图书，成立绩溪图书馆。

据柯家骅介绍，1948 年以前，绩溪没有一所公立医院，依然以传统的中医为主，大部分为个人开的诊所，医疗水平差、设施极其简陋，不能满足居民治病的需求。

为引进西医，绩溪绅士胡运中找胡适商议，想办一所医疗设施先进的公立医院，这是有利于全县人身体健康的大事，他立即给民国政府救济总署安徽分部主任叶元龙写信。

叶元龙（1897—1967）也是一个贵族，出生于歙县溪头镇蓝田村一个商人家庭，1915 年，以优异成绩进入上海大同大学读书，后到美国威斯康星大学读经济学，获硕士学位。1927 年回国，先后在燕京大学、金陵大学、南京大学等任教。

1932 年 4 月，叶元龙调到安徽任教育厅长兼财政厅长，他成长于徽州，受益于家族提供的财力，实现了留学、走向社会上层的愿望。乡土情感与应该承担的职责，激励他调动财力，为一些县市修建小学、中学，让青年人实现用知识改变命运的梦想。

1945 年 10 月，叶元龙任安徽救济署长兼安徽学院院长，他的学识与身份，有助于他最大化地调动官方掌握的公共资源，为有关县市修建医院、救济受灾的难民。

读到胡适的信，叶元龙理解他为家乡人谋福利的愿望，调拨 50 张病床，及医疗器械、药品，并召集相关医生，在绩溪成立第一所公立医院，让病人从缺乏设备的私人诊所，走向专业化的医院。

可以说，胡适以“在家为家、在乡为乡、在天下为天下”的贵族精神，有效调动徽州人掌握的人力、财力，为家乡输送教育、文化、医疗、救济等公共资源。

当年胡适任美国驻华大使，积极推动美国对日本宣战，他过50大寿时，为表彰他的功劳，绩溪县长朱亚云署名、书法家程宗鲁题写了“持节宣威”牌匾。

退休医生柯家骅回忆说，当年他在胡适任名誉校长的毓英小学读书，1941年，胡适过50岁生日，在美国任驻华大使，积极推动美国对华援助抗日，县长朱亚云应有关人士的要求，率领其他官员，护送“持节宣威”牌匾到上庄村，悬挂在胡家祠堂，表达对胡适的敬意，村民与学生大约千人聚集到祠堂迎接。

从胡铁花到胡适，两代贵族生活在不同的时代，都心怀救国为民的理想：把政治、经济、文化资源转化为富民强国的资源！

一个平庸没有英雄的民族，不可能开创伟大的文明；一个有英雄创造辉煌文明的民族，却没有意识保护文明成果的民族更可悲！

第二章

大盐商为公益捐献千万两银子

你认为扬州有哪些比较优势

走到扬州繁华的南河街，一条长 2 里、造型优雅、别具一格、争奇斗艳的花园楼阁，出现在鲍志道（1743—1801）眼前，这是黄家、江家、吴家、程家、洪家、郑家等富商，修建的别墅、园林住宅区。

来自歙县的郑家四兄弟，建有休园、嘉树园等，马曰琯兄弟构筑小玲珑馆，江春修有康山堂，他们充分利用河流、湖泊、山势等自然景观，融入自己的审美情趣。

为体现自己的文化品位，他们又不惜花费白银，请文人到家里写诗词，绘画，评论著作，欣赏收藏的字画、石刻、铜器、雕刻、瓷瓶等。晚上屋内灯火辉煌，主人摆上丰盛的酒席，一边举杯欢庆，一边听歌女弹唱，不时传出叫好声。

他们"富比王侯"的荣耀，与一个垄断行业有关：盐业。

在鲍志道来扬州之前，他的老乡歙县潜口村汪应庚（1680—1742），以世袭盐业经营成为百万富翁，紧随其后的老乡歙县江村江春，刷新了纪录：淘到了千万两白银。

与这些富豪阶层比，我鲍志道能否从盐业获取巨额利润？能否开辟一条以白银联结王权的官商之路？那么我有什么资本超过他们，实现后来居上的愿望？

回顾鲍志道的童年，他读过几本教导人们遵守忠孝的经书，幻想有一天金榜题名，跨进皇宫接受帝王赏赐的官职，成全父辈的心愿。但父亲只做过小本生意，没有积累相应的财力，支持他实现这个梦想，而且通向官场的道路异常艰辛。

鲍志道在扬州经营盐业致富后，将银子带回歙县棠樾村，修建了高大的祠堂、宅院，提高了家人的生活水平。

12岁，他背上一个灰布包、夹带一把油布伞，跟随族人离开歙县棠樾村，踏上了去江西鄱阳当学徒的旅程。在这里，他学会了一门重要技能：会计，根据商品销量、价格波动，判断有多少利润空间。干了一段时间，他转到浙江金华等地经商。

到了乾隆二十八年（1763）鲍志道20岁，来到万商云集、千船停泊的扬州谋职。当时歙县西溪南村吴尊德家族，在扬州凭借世袭经营盐业200多年，拥有雄厚的财力，购买了大片山林、田地。

想到富不过三代，想到时局变化莫测，随时会爆发经济危机，吴尊德需要一个精明强干的人，帮助自己开拓市场、赢得客户的信任、支撑家族的商业，并发出了招聘人才的信息。

“志道，欢迎你这位老乡来应聘，我想问你，现在扬州盐业市场有些不景气，有些商人退出，转入其他行业，你认为盐业的利润还有上升的空间吗？扬州能否继续保持盐业优势地位？”吴尊德热情招呼鲍志道坐下。

“我认为，随着国内人口持续增加，随着新兴的集镇、县城出现，一部分人转移到城市，会形成一个稳定、庞大的食盐消费群体；扬州联结大运河、长江的地理优势，吸收经济资源的能力，决定它的地位不会被其他城市取代；朝廷需要财政收入维持运行，不会看着扬州盐业走向衰落。我观察这些因素，觉得短暂的低潮过后，会迎来一个需求的旺盛期。”鲍志道从多个角度分析。

“我同意你的观点，你认为伴随盐业拉动，扬州城市功能会发生什么变化，与其他地区的县城相比，目前扬州有哪些比较优势?”吴尊德又问。

“首先扬州作为重要的食盐集散地，构成了清朝财政收入的一个支柱，拥有先天的商业优势，吸引商人、学者、工匠大量涌入。商人追求利润、扩大经营规模时，推动街道建设；为满足居民的住房需要，又刺激房产业兴起，城市的功能沿着商业区与住宅区展开，并不断释放新的消费需求。当扬州吸引更多人进城居住，不断扩大城区规模，造就具有消费力的资本家、中产阶层、市民群体，其他县城不具有扬州的经济与文化拉动效应。”鲍志道对答如流。

“你的分析比较全面、说得很有道理，我们都来自徽州，应该互相提携、支持，听说你们鲍家祖上，以忠孝治家，维持家族人和睦相处，得到皇上及地方官员的表彰，孝道之家必出忠臣，经商最需要诚实守信，你出自忠孝之家，又心怀开创事业的远大理想，我相信你能取得成功!”吴尊德点头称赞他。

与多位应聘者交谈比较后，吴尊德发现鲍志道头脑灵活、反应敏捷，具有经商的天赋，而且有良好的职业素养，鉴于这些优点，他聘请鲍志道到自家开的盐店当经理。

吴尊德享有经营盐业的资格，联结着一批富有的盐商群体，一般居民、小商人不拥有这个稀缺资源，资源又决定着一个人能取得多大的成就，能占有多少财富。

鲍志道得到他提供的职位，不在于每月能拿多少工资，在于他拿到了一张免费进入这个圈子的通行证，能获得这笔无形资产带来的收益。

他以经理身份结识盐商、盐务官，熟悉采盐、加工、运输、销售、定价等各个环节，等于吴尊德把他送进一所学校，免费接受职业经理人培训，市场又会把他的资历转化成更高的收入。

接受吴家聘请，鲍志道把忠孝融入经营：老板尊重员工，员工忠于老板，与客户建立信任关系，以忠诚化解矛盾、提高办事效率、降低经营成本，竞争力在效益上得到体现，转化为利润。

乾隆皇帝在江春的园林看到了什么

乾隆三十年（1765），鲍志道看到乾隆皇帝第四次到江南旅游路过扬州，他的老乡歙县江村人、盐务总商江春（1721—1789），带领洪征治、黄履暹等盐商成立接待班子，出巨资在天宁寺附近修建宾馆，以自己的江园作为接待点。

据《扬州行宫名胜全图》显示，江春在皇帝下船的码头铺地毯、搭彩棚，修复沿途经过的道路、布置景点、亭台，在天宁寺、迎恩桥、虹桥、万松亭、锦春园，建有5154个房间、196座亭子。

到达宾馆，江春摆上从各地搜集来的古董、字画、珍宝、古籍等，让皇帝得到一种视觉享受；进入豪华餐厅，江春吩咐厨师精心制作了徽州菜，如一品锅、肉圆子、干豆角烧肉等，也配有精致的淮扬菜，从味觉上满足皇帝的需求。

为皇帝解渴，江春采购徽州黄山产的毛尖茶叶；为呈送贡品，他挑选歙县生产的胡开文墨、砚台，宣城手工制造易于书写、轻柔的宣纸。

晚上，江春派人在大堂挂起大红灯笼、点燃上万根蜡烛，大厅灯火通明，喜气洋洋，他请自己培养的戏班子，给皇帝及皇室成员唱戏，极力满足帝王的感官的享受。

江春极尽所能、投其所好，包含了资本与王权的交易：清顺治年间，他祖父江寅到扬州经商，父亲江承瑜苦心经营几十年，终于掌握了盐业总商位置，去世之前，把这个特权交给了他。

皇帝观赏了江春的“江园”后，激起了他的雅兴，将江园改为“净香园”。

看完江园，江春带领皇帝走进他的康山堂。乾隆看到以江春为代表的商人，以勤奋开拓，锐意进取，把食盐销售到各地，换回大把银子，建了豪华的别墅、园林，还捐资修建学校、图书馆、剧院、治安、道路、排水、救济等公共设施。

这些设施开工，为失业的居民创造了餐饮、住宿、园艺、唱戏、建筑、环卫、修理、保安等就业机会，拉动财富从盐商向平民转移，财富再次分配，有利于更多人提高收入、分享优越的生活环境。

“真不好意思，我作为皇帝有点脸红：我的国库每年有几千万两银子进账，超过了任何一个商人的积累，却让它们沉睡在灰尘中，没有给老百姓提供公共服务，让江春等商人替我无偿承担，我怎能对待起养活我的国民？我是否要到教堂，向上帝忏悔我的罪恶？”

“这些商人占有几辈子花不完的银子，不惜一切代价接待我，以顾全我皇帝的面子，那是我掌握了帝国所有的经济资源，他们不得不依附我。这也说明，我把食盐资源出租给他们，他们就能优化配置资源，创造一个富丽堂皇的世界，让我自由享受。”

“但我消耗江春等盐商的财产，搞超标准的吃喝，浪费了大量钱财，违反廉政建设，还有许多失去家园的贫民，流浪街道、挨饿受冻，难道我不应该自责吗？”

“不过，我作为皇帝，没有哪一部法律赋予公民监督我的权力，我也无权向全国各地商人发一份红头文件，要求他们以节俭过日子，没有他们盖宅院、建园林，工匠哪有活干？没有他们出资刻印书籍，人们哪有书看？没有他们捐款办书院，我哪有人才可用？这是他们的财产，我怎能命令他们救济贫民？移风易俗，说起来容易，执行比较难。”

江春以接待无声地告诉乾隆：“皇上，我们在您的领导下，在您的优惠政策支持下，靠个人的聪明才智、努力奋斗，并抓住时代机遇，把盐业变成商品，满足千家万户的需求，摘掉了贫穷落后的帽子，过上了小康生活。”

“只要您继续保持开明大度，创造一个有利于商人成长的宽松环境，我们就能把您赋予的政治、经济资源，转化成最大的经济与社会效益，为国家创造税收、增加就业机会，减少失业率，让更多人分享经济增长的成果！”

“我们富了以后，没有在吃喝玩乐中消耗时光，更没有忘记礼义廉耻，经常动员商人捐资修学堂、书院，帮助贫寒子弟读书成才，救济受灾的群众，资助文人出版著作，创办戏剧团，丰富居民的精神的生活，让扬州拥有丰富的文化资源。”

“我们所做的一切，都朝着优化配置资源，建立一个富裕国家，让亿万人民安居乐业的方向前进，不会损害您的统治地位，只会最大化地提高您的执政效率，维护国家的稳定统一，减少大量不必要的冲突、动乱、犯罪，让社会充满友爱、正义、公平！”

对于江春的隆重接待，乾隆没有让他空手而归，叮嘱随行的两淮盐务官：江春为人忠厚老实，熟悉盐务交易，又带领盐商多次向朝廷捐资，你们遇到疑难问题，可找他商量。

这等于赋予江春特殊地位：盐官不能随意勒索，应该给他照顾。

皇帝越想越愤怒：为何没有上交1000万两银子

到了乾隆三十三年（1768），鲍志道看到一起险些摧毁江春等大盐商的大案。两淮盐运监察官尤拨世到扬州上任，他很现实：“我没有保持廉洁奉公的爱好，把权力变成银子是我的特长，那么多监管盐业的官员，捞到了白花花的银子，修宅院、购买田地，我为什么不能?”

怀着这个想法，他向盐商伸出了勒索的手，以为商人很快会把银子送给他。哪知，两淮盐业市场存在错综复杂的利益关系，都有不同的保护伞，没有及时向他孝敬。

他发火了：“你们不给我一点油水喝，那我叫你们彻底完蛋，永远不得翻身。”

据《清稗类钞》第三册《两淮盐引案》记载，同年6月5日，尤拨世把愤怒变成报复，添油加醋地给乾隆皇帝写了一份盐商偷税漏税的报告：皇上，我发现了一个大秘密，1767年，盐商向前任两淮盐务官普福，申请提前支取第二年的食盐销售指标，按规定，每份指标收税1两银子，提前预售交3两，应向财政部交60万两，实际只交了27万两，而库存只剩15万两，剩余的钱被谁侵吞了？

“为了查清真相，我请求您派人把乾隆十一年至三十二年，共22年的盐税查个一清二白，看谁有胆量挪用皇家的收入。”

当时皇帝正调动人力、粮草，应对四川的大小金川战争，每年要消耗巨额钱粮，急需要增加财政收入。

据《高宗实录》卷八一三记载，乾隆皇帝看完尤拨世递交的报告，勃然大怒，派人查询财政部档案，没有看到上交这笔税款的纪录，是否监察的盐官与盐商合谋，挪用了这笔税款？为什么至今没有人向我汇报？20 年以来，1000 多万两银子到哪里去了？

皇帝越想越愤怒，命令江苏巡抚彰宝与尤拔世，秘密调查这几年以来，盐商及监督的官员，是否足额交税。

他们奉命清查发现：历任盐务监察等官员，不同程度侵吞公款、谋取私利，每年预先支取食盐销售指标，商人交纳一部分银两，累计有 1090 万两没有上交国库。前任盐政官高恒任期内，接受商人缴银 13 万多两；普福任内私自开销 8 万两，其他历次代购物品、吃喝等开支，还没有全部查出。

同时，彰宝与尤拔世指出：盐商以办公事的名义，把应该上交的税款，改为报效朝廷的捐款，便于得到官方的奖励，继续支取食盐销售指标，以抵消应交税款。

乾隆皇帝看完，预感这个漏洞很大，为查个水落石出，撤销原任盐政普福、高恒，盐运使卢见曾的官职，把他们押到扬州，交给彰宝等人追查责任。

据《高宗实录》卷八一五记载，7 月，彰宝等官员又向皇帝发来报告：我们核查发现，卢见曾叫商人购买价值 1.6 万两银子的古玩，却没有支付一分钱，而且他转移了资金。

乾隆皇帝派人查抄高恒家产发现：有几十万两银子的财产，包括家具、物品等，而且他平时高消费、过着奢侈生活，与他正常的工资收入，存在巨大的悬殊，这难道不是靠贪污维持吗？

查抄普福的家产，发现他的资产所剩无几，难道他转移了财产？

皇帝发现这些疑点后，指示彰宝等官员继续详细清查，并将高恒、普福交给司法部，请军机大臣参与审讯。

到了 9 月，高恒、普福向审查官交代，他们将食盐税款留下来，交给钱庄生息，侵吞了一部分利息，其中高恒接受 3.2 万两银子，普福私自开销 1.88 万两。

据《清稗类钞》第三册《两淮盐引案》记载，军机大臣傅恒等官员审结完毕，向皇帝提交了一份结论：两淮商人历年支取食盐销售指标，将应上交国库的税款视为自己的资产，除自行占用 620 万两银子以外，还代购器物送给官员，或以出差办公的名义，浪费公款，并且侵占、冒领几百万两；历年各盐商共应交纳 9 270 548 两银子；各商代吉庆、高恒、普福购办器物，折银 576792 两，为高恒仆人张文学、顾蓼怀支付 207 887 两，又为高恒办檀、梨木器物折银 86 540 两，这是盐商有心结交，从中谋利。应向商人追缴 10 141 769 两银子。其中普福向地方金库支用无档册可查的 42 857 两银，因他无力赔付，由各商人分摊；卢见曾占用商人 16 241 两银购买古玩，他家属不能偿还，也由各商人赔偿。

调查结果出现在乾隆眼前：盐商避税 1000 多万两银子，这是一个天文数字，说明多年以来，盐务监察官严重渎职、失职，欺上瞒下，游离在监督之外，与盐商合作，变相占用税款，把权力变成谋利的工具，我作为皇帝，竟然被他们欺骗，我的权威在哪里？

怒火在皇帝心中燃烧，将他的血管涨得通红，必须让他们知道，欺骗皇帝的后果：不给他们申诉的时间，派人将高恒、普福、卢见曾等人关进监狱，择日处决。

卢见曾（1690—1768）出生于山东德州一个世代做官的家庭，康熙六十年，通过进士考试，乾隆元年（1736），他在几个县当过知县后，获得了提拔为厅级的机会。

乾隆十八年（1753），组织部把他调到扬州当盐务局长。他为迎接皇帝到江南出差，组织民工开挖渠道、修复街道，在瘦西湖修了 24 个景观。

尤其难得的是，卢见曾看到吴敬梓耗费大半辈子心血，完成了《儒林外史》，却因没有收入来源，既无力养活妻儿老小，又无钱把这部著作推向市场。他捐一笔经费，叫出版商刻印了这本书。

然而，死神很不讲人情，吴敬梓还没有拿到一分钱稿费，就盲目地把他带到天堂。卢见曾怀着伤痛购买棺木，掩埋了这位一生与贫穷抗争，却坚持揭露社会不公平的作家，并留下几十两银子，给他妻子、孩子购买食品。

卢见曾闪烁着人性善良的一面，也保存了人性的弱点：盐商每年赚几十万甚至百万，我一个厅长级别的官员、管理全市的盐运，每年不到 5000 两，贫富差别太大了，皇帝没有给我办理养老保险，我为什么不用权力换点退休金？

这次，卢见曾输得太惨，家产全部被官府没收，还被关进监狱，不久因病去世，赔了一条人命。

剩下轮到江春等人受审，他有自知之明：我犯了欺君之罪，强调自己的理由没有什么用？这不是法律面前人人平等的时代，也不是在私有财产神圣不可侵犯的美国等国，可以请律师为自己辩护，这是一个王权专政时代，皇帝说了算，我的生死掌握在他手里，必须用悲情、感情打动皇上。

“皇上，我罪有应得，没有按您的指示，敦促盐商不折不扣地把税交上去，严重损害了大清帝国的利益，也损害了您至至高无上的形象，造成了极为恶劣的影响，这是我的欲望不断膨胀，搞昏了我的头，所以我甘愿接受您的处罚！”江春接连向皇帝跪拜。

“江春，你身为总商，应该以身作则，起带头作用，自觉履行纳税的义务，这是你应尽的职责，怎么能在我的眼皮底下，让盐商偷税漏税？让我怎么向公众交代？大家都像你这样，我怎么维持国家运转？”皇帝训斥他。

“是呀，皇上，我没有起到模范作用，丧失了爱国立场，辜负您的殷切期望，没有完成您托付的任务，我接受您的批评教导，做一个遵纪守法的公民，请您相信，我从来没有动摇对您的忠心，我以百倍的努力，抓紧收回流失的税款，全力以赴弥补给国家造成的损失！”江春承认自己的过失。

江春的悲情发挥了作用，乾隆觉得他坦白交代，没有为自己作辩解，是一个忠厚、诚实可信、具有爱国奉献精神的人，我剥夺他的生命非常容易，但回想我几次到扬州漫游，全由江春等商人支付一切费用，安排极为周到细心，说明他承认我的王权高于一切，服从我的统治。

“两淮盐业构成了清朝极为重要的税收来源，这个市场需要江春维持，还需要他带领盐商，为我捐资救灾、增加军饷、出钱维持皇家消费。这之前，我军在新疆伊犁、西北作战，他积极响应我的号召，召集盐商分三次共捐300多万两，这是一笔不小的数字，包含了多少盐场工人的血汗？回看中华大地，哪个商人比他的能量大？”

“既然江春对我忠心耿耿，与我一直保持密切合作，那么我有什么理由处决他？让他继续活着，给我创造最大的经济效益，如果我再到江南，还有一个高级宾馆吃饭、睡觉，何乐而不为？”

想到这里，皇帝只是撤销了江春的官职，要求他回去带领盐商，分9年交清拖欠的1000多万两税款，否则，决不轻饶。

“谢天谢地，我悲情式的表演打动了皇上的心，我躲过了一次大难，捡回了一条命，权力能让我一夜暴富，成为支配财富的主人，也能让我在几分钟之内消失，我必须吸取教训，提防敌人下毒手。”

这件事让鲍志道看到：皇帝掌握了分配天下资源的权力，从他手里获取资源谋利，必须保持高度的谨慎。

您积累了千万资产，为何没有投资实业

乾隆三十八年（1773），鲍志道感谢吴尊德多年的支持与帮助，给自己提供了在扬州立足、施展才能的舞台，他决定另立门户，挺进利润丰厚的盐业市场。

他发现，长江流域的芜湖、安庆、九江、汉口等城市兴起，大批人口涌入入城市，清顺治年间，食盐销量3亿斤、到乾隆年间增加到6亿斤，两湖地区盐价每斤涨到50文钱，而扬州不到20文，中间有一个差价；每份指标的重量从清朝初年200斤，增加到400斤，每斤盐可赚30文钱。

只要抓住这波行情，人生就会迎来一次高潮，取得决定性的胜利。鲍志道出奇制胜，多购进食盐指标，向长江中游的江西、湖北等地大批量销售，确定他的竞争优势。

大批量必然带来大销量，利润又比小店经营高，资本积累很快超过小盐商，而且这个时期，盐价一直处于上涨趋势。10年以后，他成为继黄家、江家、程家、汪家，又一个财力雄厚的大盐商。

他深知在盐业市场开拓了近40年的江春，在扬州享有举足轻重的影响，这位前辈比他大22岁，出于礼节与尊重，他以晚辈的身份登门拜访。

“江前辈，您经营盐业30多年，深得皇上、地方官员的信任，这多年以来，您送走一任又一任总督、巡抚、知府、盐务官，经历无数风浪，取得了其他商人无法达到的地位，在两淮盐业市场具有深远的影响力，经验比我们丰富，有什么深刻的体会，让我们学习一下。”鲍志道表现得很客气。

“我们靠经营盐业吃饭，盐又被皇帝垄断，我们要把他的垄断资源变成商

业资源，变成我们口袋的银子，如何实现这个目标？皇上到江南漫游，让他品尝美味，参观构思奇特、山水相连的园林，欣赏动听的歌曲，感觉走进一个梦幻般的世界，让他认识到，我们商人创造物质成果，推动地方经济增长，向朝廷纳税，维护了大清帝国的稳定。”江春坦诚相告。

“皇上每次到江南玩乐，您捐献大笔资金修道路、宾馆，从住宿、饮食、看戏、游玩，提供了无微不至的服务，就像玉皇大帝下凡一样，让您激动不已，您效忠君王的精神让我们感动，那您有什么感想？”鲍志道笑着问。

“乾隆上台，国土面积空前扩展，又打了几次胜仗，国内人口、耕地以及税收急剧增长，皇帝认为这是他治理国家取得的成就，不自觉地流露出好大喜功，他到江南旅游，顺应他的心理需求，尽可能把接待场面搞得庄重、豪华、宏大，满足他作为一个帝王居天下人之上的权威，消除他对商人的怀疑，吸收他掌握的政治与经济资源，这个面子工程投资，羊毛出在羊身上，我们会加倍收回。”江春说。

“您说得非常对，历代皇帝一直用怀疑、不信任的眼光看待资本家，担心资本家强大后，会推翻王权统治，从来不承认商人在经济增长、保障国家安全运转发挥的作用。现在我们经营食盐，就是资本与王权合作，让政治资源围绕经济增长配置，有益于国家繁荣昌盛，提高人民的生活水平，我想这多年以来，凭您的经验，盐业市场的风险在哪里？”鲍志道问。

“风险很多，上次盐务官尤拨世向皇上控告我们漏税，几乎把我们盐商搞得倾家荡产，所有与盐业有关的官员，都认为我们富得流油，把我们当做敲诈勒索的对象，一个在扬州分管盐务的局长，年收入 4 万多两银子，比总督、巡抚高出许多倍，他掌握了盐商的销售权，有许多商人向他送礼。没有体制保障，我们就没有安全的生存环境，越不安全，我们越要结交权贵，支持子弟读书做官，获取政治资源。”江春向他剖析盐商的处境。

“我想风险还在于，皇上只向盐商收税，从来没有投资，改变食盐生产、运输条件，他永赚不赔，而我们要承担看不见的风险。您既然看到盐业市场存在的风险，又积累了千万资产，为何一直停留在传统的食盐，没有向矿产、纺织、机械等实业投资？”鲍志道问。

“皇上没有制订金融、公司、合同等法律，如何保障资本的安全？又没有投资办一所大学、科研所，我们如何把技术变成产品？皇上没有批准设立股票交易所，我们怎能募集资金投资实业？皇上从农耕获取收益，足够维持他的高消费，不鼓励我们打开工业大门，一旦我们离开熟悉的盐业，得不到官方保护，会面临无法估量的风险，所以我们掌握了银子，却不能扩大产业。”江春显得有些忧虑。

这一说，鲍志道明白：江春以盐业成为扬州首富，依然维持家庭消费，出资支持家人获取政治资本，他的堂弟江兰曾任河南巡抚，堂兄江恂任荒芜知府，江恂的儿子江德景，通过进士考试，在监察部任职。占用政治资源的功能是保护家人的安全。

表面看来起来，江春的天职是追求利润、积累财富，提高生活水平，实现这个价值后，他与文人交流、写诗、绘画、欣赏艺术品，给自己一个提升品质、学识的空间。一个民族的文明品质，除了以物质成果体现以外，还要有文化成果表现！

鲍志道成为年收入百万的总商，依然勤俭节约

为控制盐业、索取更多税收、维护帝国的运行，清朝对盐业采取管制措施，在采盐集中的地区，设立盐务总商，总商向朝廷负责，并协调盐商之间的销售等关系。

在这个利益群体中，鲍志道以声望、财力，获得官方与盐商们的信任，乾隆五十年（1785），被推举为两淮盐业总商。成为乾隆年间扬州八大总商之一，与汪应庚、汪廷璋、江春并列为徽州四大盐商。

作为负责人，年收入百万的机会向鲍志道招手，也对他的心理素质、应变能力提出了极高的要求。他要完成官方下达的盐业销售任务，为朝廷带来税收，才能保住自己的位子。

基于利害关系，鲍志道把盐商召集到一起，以诚恳的态度说：承蒙各位大力支持，我有幸当上总商，随着人口增加，食盐需求还在不断扩大，价格也随之上涨，对我们来说，将迎来一个黄金时期，但盐业市场充满了波动，如朝廷政策变动、对手之间的竞争，我们如同坐在一条船，面临不可预测的风险，只

有齐心协力、团结互助、共渡难关、把握正确的方向，才能保障我们的利益不受损害!”

那时没有省级、国家级公路，把盐从扬州运到其他县城、旅途遥远，除了人挑以外，通过船运输，遇到风浪、急流、暗礁可能沉没，小盐商没有雄厚的资本，不具有承担沉船造成的经济损失，要给他们创造一个重新站起来的机会。

鲍志道来源于忠孝资源积累深厚的家族，他把仁义灌输到商业：不论是富有的大盐商，还是处于成长的小商人，都平等、坦诚对待，提供热情、周到的服务。

“考虑到运输距离遥远，充满不可预测的风险，我提议，由盐商捐资，组建一个保险基金，运盐船沉没，或遭到其他打击，以基金化解经济损失，不至于破产，保障大家都有生存的权利。”鲍志道说。

为了取得帝王的赏赐，继续垄断盐业经营，鲍志道除了捐银作表率以外，以总商身份，动员其他商人为灾荒、军务、河道等，累计捐银二千万两、粮食十二万石，减轻了朝廷的财政压力。

鲍志道的慷慨捐献，扩大了一个资本家的影响力。皇帝认为：“你帮我维护了帝国稳定、化解了老百姓的灾难，发挥了不可替代的积极作用，我要给你相应的政治地位，让你更好地为国家效力。”

在实用主义的支配下，皇帝把文林郎内阁中书、候选道、通奉大夫内阁侍读、朝议大夫刑部广东司郎中、中宪大夫刑部侍郎中、朝议大夫掌山西道监察御史等官职，赠送给鲍志道，形成以银子结交权贵、以权贵获得经济资源的联盟。

虽然这是虚职，没有实际权力，但鲍志道认为，在官本位主导的时代，皇家赋予我的政治荣誉，是一种无形的资本，可以敲开与各级官员交谈的大门，转为商业资源，就是看得见的利润。

理解了资本与王权博弈带来的收益，鲍志道让大儿子鲍漱芳（1763—1807），跟随自己在扬州经营盐业，为二儿子儿子鲍勋茂，铺平一条通行官场的道路。经过精心栽培、护理，清乾隆四十九年（1784），鲍勋茂幸运摘取了中进士的桂冠，官至内阁中书，后调到军机处任职。

鲍志道遵守祖辈的教导，以忠义、节俭、勤奋、朴实，取代扬州商人侈靡、浮华、浪费之风，也不像江春等盐商，建那么多别墅、园林，只在扬州北门购买“西园曲水”楼。

当一轮圆月悬挂在天空，给园林撒了一层银光，鲍志道走在月光下，想到20多年以来，自己终于成为扬州盐业总商，拥有调动人力、财力的权力，成为这个城市的富商，又不禁想起遥远的棠樾村父老兄弟，自己有责任把财富带回家乡。

家里拥有百万资产，鲍志道的妻子、儿女不是养尊处优，每天拿起扫帚清理庭院的落叶，门前很少看到车水马龙，不请戏班子到家里演戏。如果发现有才能、品质的人，又保持亲密交往并委以重任。

诗人袁枚（1716—1797）来自杭州一个平民家庭，为江南三大文学家之一。乾隆四年（1739），他24岁通过进士考试，成为那一年最年轻的中榜者，自豪洋溢在他脸上。

到翰林院完成实习，袁枚接受组织部的安排，先后到溧水、江宁、江浦、沭阳等县任知县。他从沭阳老百姓缺衣少吃、无钱治病、无处申冤、流浪讨饭，看到乾隆盛世的背后连着贫穷无知。

作为七品官，袁枚每天要接待老百姓上访，倾听他们诉说冤情，有干不完的杂事，却得不到上级领导的重用，上升渠道极为狭窄，皇帝给他的工资非常低，他凭自觉为老百姓办实事的良心坚持了10年。

良知向袁枚发问：在王权主导的社会，我有什么智慧改变皇上的不作为？我无力帮助老百姓摆脱被压榨的命运，凭什么还要浪费纳税人的钱粮？

乾隆十四年（1749），袁枚以超脱的姿态，辞职回南京小仓山，购买荒废的随园并请工匠装修。

“造屋不嫌小，开池不嫌多。屋小不遮山，池多不妨荷。游鱼长一尺，白日跳清波，知我爱荷花，未敢张网罗。”这是袁枚在随园不受拘束、自得其乐，漫游山林、展现真实自我的表现。

袁枚到扬州拜会朋友，参加了江春举办的诗会，这期间，他结识了鲍志道，一起交谈写诗的体会。鲍志道看完他写的山水诗，在心灵上得到一种净化，双方由此建立了友情。

后来，袁枚在《祭妹文》中，以感激的心情说：自认识志道兄以来，他给我提供了许多援助，我花费几十年时间写成的诗集，因缺乏资金一直沉睡在抽屉，他知道后，出资帮我找书商出版，终于与读者见面，扩大了我在社会的影响力；我有一个妹妹出嫁，几年以后妹夫身亡，成为寡妇，她因病去世，却无钱安葬，又是志道慷慨捐资料理丧事。

为接待皇帝游玩，盐商花费了100万两银子

据《歙县志》记载，从明嘉靖至清乾隆年间，迁移到扬州居住的80名大盐商，徽商占60名，扬州盐业市场几乎被徽商占据一半；在杭州的35名盐商，徽商占28名。

乾隆四十九年（1784），鲍志道以总商身份，与江春等盐商接待皇帝第六次到江南游玩。

◉ 清朝扬州以盐业走向繁荣，江春等大盐商为迎接皇帝参观，出资修桥造船，显示了资本与王权的结合。

皇帝带领庞大的队伍到达扬州，再次走进江春的康山堂，一条青石板路向园内深处延伸，两边栽种松、槐、桂、枫等树木，疏密有序，悠长的岁月把它们塑造出挺拔、苍劲、稳重的形象。

皇帝坐在大堂，做了一个很亲密的动作：抱着江春7岁的儿子江振先，用手亲切地抚摸孩子的头，显示一个父亲的慈爱，并赏给他一个金丝荷包。

康山堂主楼为两层，用料讲究，大厅柱子为白果木，门柱涂有红漆，护栏、楼板为名贵的楠木，大堂依次放有红木桌子、椅子，窗板浮雕呈现凤凰、牡丹、梅花、喜鹊，富贵又吉祥。

门前水塘杨柳依依，几只羽毛洁白的鸭子划开水面，泛起层层波纹，静中有动，上面映出天空云彩，具有天光云影、让人无限想象，中间点缀荷叶，鱼虾游动，达到赏荷花观鱼的效果。

水塘南面有一片草坪，中间一座用太湖石叠成的假山，镂空剔透，似有巧夺天工之势。沿着一条长廊行走，两边摆有红梅、白菊、青松等盆景，上面雕梁画栋，用彩绘表现山川河流，体现主人不同的情趣。

沿台阶登上康山，上面一座八角亭子，凭栏遥望，顿觉心旷神怡，园内景色一览无余。

江春是财富创造者，又能把银子变成一支神奇的画笔，把园林描绘得到五彩纷呈；他把理想与自然、艺术之美结合，浓缩不同季节的美景，达到诗情画意。

他在康山堂尽情释放自己的审美：春天花开烂漫、绚丽多姿、满院芳香飘散，让人陶醉；夏天绿荫遮天、松柏青翠、水池碧波荡漾；秋天红叶如火，硕果累累、久经品味；冬天登楼远望、落叶缤纷，生命如梦，体现人生不同的时段、不同状态、不同境遇，得到不同收获、感受。

“江春，走进你的园林，就像走进一个童话般的世界，仿佛忘记了我的皇帝身份，我的皇宫虽然比你康山堂宏大、华丽，还有将士日夜为我站岗放哨，安全系数天下第一，但我每天应对大量公务，时常有官员向我汇报，让我每天不能正常休息，神经绷得很紧，感觉不自由，到你的园林，我全身得到放松，心情极为舒畅，也不失眠，饭量也增加。”皇帝笑着说。

“皇上，您的夸奖，对我来说是最神圣的礼物，您能在万忙中，抽出比黄金还宝贵的时间，光临我的寒舍，送来无比炽热的温暖，让我终生难忘，能为您服务是我的荣幸，您把这个园林当做您的家，我随时站在大门前恭候您，如果我没有达到您的要求，请您批评指正!”江春激动地说。

想起前几年，自己光临康山堂，眼前的景物依然如旧，触景生情，皇帝提笔给康山堂，题了《游康山》等赞美诗。

为这次接待，鲍志道、江春等盐商花费100多万两银子。皇帝白吃白喝，随心所欲转了几天，挥手向他们说了一声再见，登船离开了扬州。他消耗了纳税人的钱，却没有给这个城市，修一所学校、铺平一条道路、建一所医院。

据《两淮盐法志》记载，乾隆十六年（1751）皇帝第一次到江南游山玩水，至乾隆四十九年（1784）第六次，江春带领盐商为接待、购物、运输、送礼等花费1120万两银子，平均每次花费200万两。

如果给每个人发一两银子，就有1000多万人受益；如果建大学，可以培养一大批人才；如果投资盖工厂，能创造许多就业机会；如果开发药品、建医院，能挽救无数人的生命。把这笔巨款花在皇帝及随行人员身上，只产生了一堆垃圾。

但在江春等商人看来，皇帝是一种最稀缺的资源，掌握了把资源变成钞票的权力，把这笔巨资花在皇帝身上，作为一种投资，要得到超倍的回报。

不受制约的王权必然走向贪污受贿、铺张浪费。沿途省、县各级官员，为了得到皇帝的喜爱，获得升官的机会，除了加重老百姓的杂税以外，无偿征用大批民工，修建迎接皇帝的道路、码头、楼堂等。

为显示皇恩浩荡，乾隆每到一个县停留，除了浪费纳税人的钱粮，大摆酒席招待欢迎自己的官僚以外，还要赠送一些银器、绸缎等。先后免除了江苏、浙江、安徽历年拖欠的钱粮、杂税共1000多万两银子，而江春等商人免费接待，让他没有亏本还赚了钱。

所谓乾隆盛世，是一位高级化妆师，为这个停滞、僵化、毫无作为的帝国做了整容、修复手术，涂上一层金粉，制造了一个海市蜃楼般的美丽假象，掩盖了亿万人在饥寒交迫中承受的苦难！

最富有的资本家遇到最无知的皇帝

乾隆五十年（1785），乾隆迎来掌握王权50周年，为了向天下炫耀他的功绩，他不惜浪费纳税人的钱粮，在皇宫大摆世界上最昂贵、规模最庞大的庆典酒宴。

为表达自己的忠心，江春与其他盐商商议后，向皇帝贡献100万两银子，并组建一个技艺高超的戏剧团，向皇帝祝寿。他受邀请参加千人宴会，与皇帝同桌吃饭，得到一品官待遇，在盐商队伍中只有他享受这个特殊荣誉。

这个费用比参加投资大王巴菲特、软件大王比尔·盖茨的宴会高出许多倍，皇帝能把制造汽车、飞机、电器的知识传授给江春吗？能创造条件扶持他成为福特、摩根那样的资本家吗？

这次皇帝看到江春资金紧缺，借给他 25 万两白银。之前乾隆三十六年（1771），江春为恭贺皇太后 80 大寿，捐献了 100 万两银子，皇帝看到他缺乏流动资金，特意从国库拿 30 万两银子，借给他收一分利息。

皇帝是一个超级大地主，把盐场当做只赚不赔、获取稳定收益的资源，出租给江春等盐商，盐商又像一个收租的小地主，拿着这笔钱放高利贷，以利息维持贵族的生活。

皇帝的战术是掠夺盐商：我以王权为杠杆，以赋予盐业经营权为招牌、以给予政治回报为幻觉，撬动江春等盐商向我捐资，弥补我的行政开支，不断向我的无底洞投入资金，直至吸干你们最后一个铜板。

皇帝的指导思维，让占有千万资产的江春，从工商业退回到小农经济，决定他不可能像美国的洛克·菲勒等，成为开创大产业的资本家，而是修建园林、收藏书画、维持家庭生活消费。

江春长年生活在扬州，为营造自由居住、寻找精神归宿的空间，在扬州南河下街建有藏书楼、水南花园，东边有深庄、退园，北有江园，在东宁寺建有东园、康山堂，园林数量排在其他盐商前面。

这种消费与名目繁多的捐资，掏空了江春多年的积累，让他变成一个空架子。即使他口袋没有多少钱，也要装出富有的形象，不能因经营亏本、利润下降，成为穷人被皇帝抛弃。

江春去世后，家里的积蓄所剩无几，儿子江振鸿缺乏收入来源，品尝到生活的艰辛，原来每天人流不断、热闹非凡的康山堂破损，却无力修复，一副衰落的景象取代了这个家族的富贵。

乾隆皇帝听到江家没落的消息，想起往日江春不惜一切代价，以盛大、华丽的场面迎接自己，并且多次向我捐献巨款，如此效忠我的商人，以后到哪里找？现在江家遇到危难，我不能视而不见。

储存在皇帝心中的友情复活了，他想了一个两全齐美的办法，指示扬州盐商出 5 万两银子，收购康山堂当成公有房产，再把这笔钱交给江振鸿，帮他维持运营，以图东山再起。

嘉庆六年（1801），嘉庆皇帝看到江振鸿资金不足，决定借5万两白银，让他维持盐业经营。

据《两淮盐法志》记载，从乾隆三年（1738）至乾隆五十六年（1791），以江春为代表的两淮盐商，为响应朝廷救灾共捐资230多万两；从乾隆十三年（1748）至乾隆六十年（1795）7年内，为朝廷平定起义发军饷共捐1510万两，平均每年200多万两；从乾隆九年（1744）至乾隆五十五年（1790），为皇家成员饮食、穿衣、过生日、送礼等消费捐917万两，其中祝贺乾隆皇帝80大寿捐200万两，以上三项合计捐献2647万两。

这为我们揭开了一个秘密：乾隆皇帝从老百姓手里征收钱粮，有正规的税收来源，却推脱自己应该为老百姓提供公共服务的职责，在正式的国库之外，把盐商当做自己的钱袋子，弥补救灾、军费、皇家生活开支。也不为自己放弃职责，对不起在黄土地为自己流血汗的老百姓，感到自责、愧疚，反而无所顾虑地挥霍纳税人的钱粮。

皇帝凭借王权向商人勒索，严重扭曲了政府的职能，带动两淮地区的总督、巡抚、知府、知县、盐务局长、科长等官员，一起敲诈盐商，盐商为减少风险、降低经营成本，不得不收买官员，增加食盐销售指标、规避税收，抵消捐款、行贿、摊派增加的开支。

这就是盐商与皇帝、官僚的博弈，但博弈没有造就成功者，造成资源无效配置及帝国的衰落：

以汪应庚、马曰琯、江春、程梦星、鲍志道、郑元勋等为代表的盐商，依赖王权赋予的经营权，维持盐业垄断经营，占有垄断利润，成为当时扬州或中国最富有的商人贵族。

他们创造的财富大约达到亿元，如果皇帝能投资修建大学、科研机械、设立一家银行，出台保护商人财产的法律，那么他们的资本可能培育钢铁、汽车、医药、生物等产业。

遗憾的是，乾隆统治60年，权力大于亿万人，但他的智商停留在求知的童年时代，推行“重农轻商”政策，不支持农民离开乡村到城市创业。至乾隆三十一年（1766），耕地面积达到7.8亿亩，人口由1.4亿猛然膨胀到3亿。

由于皇帝的执政思维围绕农耕转，几亿农民年复一年辛勤耕种，而人多地少、收益递减，不利于他们摆脱贫困、过上小康生活。形成了皇帝吃山珍海味，广大人民为温饱发愁。

皇帝占有亿万人创造的果实。除了供皇室成员消费、各级官员发工资以外，宁可让剩余的银子沉睡在国库，也不投资修建大学、科研机构，更不办工厂，让乡村剩余劳力转向工商业。

乾隆五十年（1785），皇帝为庆祝自己掌权50年，塑造自己的光辉形象，不是调动全国的财力、人力开发技术，帮助亿万农民告别原始耕种，而是命令军机大臣刘统勋带领一帮官员，从各地搜集发黄的古书，编辑《四库全书》。

这又是一次无效、失败的资源配置：把那些题材重复、内容相同、格式统一、空洞无物，几乎是废话，对老百姓改变贫穷、消除无知、认识真理毫无实际指导意义的书籍堆积在一起，是在为世界制造最昂贵的垃圾！

于是，乾隆时代，中国最富有的资本家，遇到一个最专政、暴力、无知，不能有效配置政治与经济资源，带领全体国民提高生活水平，反而进行失败配置的皇帝，只能维持原始生产与日常消费，并怀着万分悲叹的心情，与造就大产业的梦想擦肩而过！

所以乾隆在位60年，只是进一步巩固了小农经济与王权，对改善老百姓的生存处境、提升公众的福利待遇、推动技术进步、淘汰落后的手工作坊、刺激经济增长、保护私有财产权等，没有起到任何作用。

鲍启运捐献5万两银子消除官僚敲诈

由于没有法治保障，商人贵族在嘉庆、道光、咸丰、同治、光绪年间，继续以捐资的名义，与皇帝博弈获取食盐经营权，皇帝以出租盐业资源极不公平的政策，掠夺商人的财产。

嘉庆十年（1805）夏天，黄河、淮河发生大水灾，扬州地区连降暴雨，引发洪泽湖等江河水位上涨，洪水冲破堤防，淹没了老百姓的房屋、耕地，饥饿包围逃离家园的灾民。

皇帝有义务调动储存的钱粮救济难民，但他冷漠、回避、自私，不承担提供公共服务的职责，通知地方官员动员商人捐资。

鲍志道的儿子鲍漱芳作为总商，享有皇帝赋予的盐业经营权，只能率先捐银购买6万石大米赈济灾民，以后又购买4万石小麦，挽救了大批灾民的生命；为疏通河道，修复破损的堤坝。他招集商人捐资300万两，其中他捐银6万两。

看到鲍濑芳吐出银子，帮助自己承担了救灾的责任，嘉庆二十五年(1820)，作为政治鼓励，皇帝批准他在棠樾村修建“乐善好施”牌坊，上面镌刻“旌表诰授通奉大夫、议叙盐运使司鲍漱芳”，成为官商结合留下的纪念品。

鲍志道家族又把皇帝赋予的政治地位，变成抗拒官僚敲诈的武器，保护族人的利益不受侵犯。

嘉庆九年（1804)，鲍志道的弟弟鲍启运，被调到淮北办理盐运。但在官督商办的主导下，曾经成为清朝财政收入重要来源的盐税，日益下滑，甚至难以维持。

因为，盐商以皇帝赋予的特权经营盐业，不可避免地要向朝廷捐献大笔金银，以维持军费及皇室人员的开支等；日益增加的捐献，又给贪官提供了向盐商敲诈的可乘之机。

以追求利润为主的盐商，又把贿赂官员增加的成本，转嫁到底层加工者身上。为了减轻负担，盐商与官员勾结，压低产盐者的价格，再通过操纵市场抬高盐价。

上层大盐商以垄断获取巨额利润，底层加工者在无利可图的情况下，只能走向破产；相对应的是，农民以购买低价私盐，抵制高昂的官盐，导致官盐滞销私盐泛滥。

面对贪官污吏的盘剥，无力支撑的盐商只能以倒闭躲避盐税，结果支撑清朝财政收入的盐业走向萧条。对于管理盐业多年的鲍启运来说，深知自己的力量，不足以改变盐税减少的局面。

因此，鲍启运权衡利害关系后，以身患疾病不能料理公务为由辞职。但巡视盐运的检察官佶山，为人险恶狠毒，明知淮北盐场关闭、人员离散、无力开工生产，却逼迫商人认捐、交纳盐税。

他向嘉庆皇帝递交了一份报告：淮北海州管辖的三个盐场受了水灾，盐商拖欠了六年税款，至今没有交纳，而鲍启运负有主要责任，却假装生病，应撤销他的官衔、严加查办。

佶山编造虚假报告的用意非常明确，把敲诈对象瞄准鲍启运：你哥哥鲍志道曾任两淮盐务总商20年，积累了数量惊人的财富，你应该向我进贡一笔银子，否则，我要搞得你人亡财空。

看完报告，嘉庆皇帝先是怒火中烧，又为慎重起见，在一个月零5天内，连发三道圣旨，责令两江总督陈大文核实真相。

在这个决定存亡的关键时刻，鲍启运庆幸的是，他之前结交了陈大文这个有学识、讲情意的官员，现在他可以动用储备的政治资源，消灾灭祸，击破佶山的敲诈勒索。

虽然陈大文与鲍启运有深厚的交情，但他不能抗旨不遵。他分析利害关系发现：皇帝让他秉公查办，没有叫他冤枉好人，那么就不能像佶山那样无中有生、歪曲事实，要如实汇报。

于是，他一方面向皇帝陈述淮北盐业停滞、难以开工生产的原因，另一方面，以鲍启运患病属实，而且对淮北人生地不熟，愿捐5万两银子弥补亏空上报。

那么嘉庆帝有什么反应？1796年他继承王位时，白莲教送给他的礼物是：川楚大起义，迅速席卷湖北、四川、陕西、贵州等地，攻破了几百座县城，杀伤了大量清军将士。

为扑灭起义的火焰，皇帝从16个省调集大批兵力，与白莲教不间断地打了10年，至嘉庆十年（1805）结束，不仅大批士兵倒在战场，而且消耗了2亿两银子，相当于浪费了3亿多人交的钱粮。

皇帝接到陈大文的报告，觉得鲍启运捐5万两银子，是忠于王权的表现，而且国库空虚，急需增加财力，又因他多次带领盐商向朝廷捐资，缓解了官方财力不足的矛盾，作为榜样应该大力表彰。

所以他发出指示：不再追查事情真相，批准鲍启运捐银免除一切责任。资本和王权合作，化解了鲍启运面临的风险，保住了他的官职与占有的经济资源。

从内心来说，鲍启运觉得捐5万两银子很不公平，这是佶山设计的阴谋，让更多盐商承受他的危害，但王权高于一切，皇帝没有法治思维，有谁能改变这个不公正的决定?

平息风波后，心怀感激之情的鲍启运，在修复鲍家宗祠时，精选优质石材请熟练的工匠，将嘉庆帝下发三道圣旨的文字，刻在石板立于祠堂，让子孙后代永远铭记祖辈经营盐业的艰辛。

200多年过去了，刻在石板的文字清楚地告诉我们：一个家族在王权主导的时代，如何以经商、读书、做官，与王权联结，到占有更多财富，维系家族的生存。

然而，它又告诉我们：鲍启运用金钱消除风险，只保住了个人的位子，不能造就保障大数人权益的成功体制，依靠王权没有法治保障财产权，财产随时会被王权剥夺。

据嘉庆《两淮盐法志》记载，从康熙十年（1671）至嘉庆九年（1804），100多年，两淮盐商前后捐资3930万两。其中修水利511万两、救灾277万两、军事2203万两，向皇室献贺礼927万两。这是皇帝垄断了经济资源，商人不得不以捐资购买经济资源，获得生存空间的悲哀表现!

对比，1804年，法国出台了具有深远影响的《法国民法典》，国王的权力受到限制，公民的人身与财产不受侵犯，商人、资本家、技术员等，有动力把知识与资本变成商品，为造就一个自由、平等、富强的法国开辟了道路!

多少才华超群的文人得到盐商的资助

凭借扬州得天独厚的地理条件，汪应庚、马曰琯、江春、许承宣、程梦星、程晋芳、郑元勋、鲍志道、鲍漱芳、郑鉴元等，以经营盐业成为富有的徽商，提高了自己的经济与政治地位。

围绕盐商的书画需求，扬州造就了金农、罗聘、郑板桥、汪士慎等画家，以他们的口味，形成以“狮子头、清炒虾仁”为主的淮扬菜，以他们感官享受，造就了一批戏剧团，以他们交友、喝茶，出现了一批装修典雅的茶馆。

祖籍徽州祁门的马曰琯（1687—1755）、马曰璐（1701—1761）号称二马，他们的祖父马承运、父亲两代人在扬州，以经营盐业成为富商，传到他们手里有资本成为贵族，从商人转换成诗人、收藏家，喜欢读书、写诗词、练习书法、购买书画、古董。

马曰琯兄弟的小玲珑馆，成了八方文人交流、聚会、结识朋友的场所，如果居民发现有什么文化活动，那可能是马家兄弟邀请各地来宾，在玲珑馆举行诗会比赛。

诗会结束，马家兄弟开一张支票，让出版商按自己的时间，把书刻印出来，送到扬州相关商人、官员、文人手里。

全祖望、金农、郑板桥、陈绶衣、杭世骏、姚世钰、方世举等名士，不间断地出现在马家会馆。他们有如下几种遭遇：尝试几年没有通过进士考试，难以实现治国安民的抱负；进入官场后，又觉得不受重用，不得不退出；想安心研究历史、文学等，写一本留名千古的著作，家庭又缺乏经济收入；或者耗费精力写的书无钱出版，感觉壮志未酬。

马家兄弟把这些文人请到会馆，让他们写几首诗、题几个字、画一幅画、作一场学术报告，鉴定一下自己的藏品，就拿出一笔银子，轻松帮他们化解了面临的困境。

文学家全祖望（1705—1755）来自浙江宁波，乾隆元年（1736）通过进士考试，踏进了给皇帝起草文件的翰林院。他要服从这里的规定，每天早出晚归、按时上班。

到办公室，他按领导的吩咐抄一堆格式化的公文，渴了喝一杯清茶，每天重复相同的节奏，不能体现学以致用、改变民生的愿望，又因工资很低，更不受重用，越干越没有积极性，待下去有什么前途？

第二年，他找不到理由浪费时光，辞职远游四方，以讲学、著书为生。

全祖望走得很洒脱，有权拒绝当官，有勇气不为皇帝务工，可他有钱支付房租、伙食费、水费、路费、书本费等开支吗？能阻挡饥饿敲他的大门吗？没有稳定的收入，生活就会在他前面呈现暗淡、危困。

幸好，马曰琯慧眼识人才，聘请全祖望当文化顾问：全先生，您为施展政治抱负进入朝廷，后来您又急流勇退，选择其他方式实现您的理想，这就是君子坚守道义的风度，可惜许多人做不到，只想把位子变成银子，满足原始欲望，我家玲珑馆收藏了10多万册书，请您鉴定藏书的历代、真伪，发现有价值的书及时向我们推荐，所有书向您敞开阅读，还有经费支持您完成感兴趣的研究。

这个世界还有谁像马曰琯，如此尊重、理解、扶持全祖望？全祖望走进书楼发现，马家收藏的书种类繁多，有许多精品，甚至有难得一见的孤本，一般老百姓、文人无力购买。

马家兄弟全力保障全祖望的住宿、吃饭，还有大量珍贵文献供他查阅，他有什么理由不留下来研究历史、文学等？坐在充满温馨的藏书楼，他开始续修、增补黄宗羲未完成的《宋元学案》、七次校正《水经注》，力求把真相告诉给后人，一个王朝可以崩溃，但一个民族追求自由、平等的精神不能中断！

当全祖望在书楼全神贯注写作时，疾病不请自来打断他的思路，让他不得不躺在床上休息，靠什么支付这笔医疗费？马曰琯怎能让朋友受到伤害，派人请医生为他把脉诊断，花费几百两银子买药吃，帮他驱散了病痛。

雍正十二年（1734），马曰琯兄弟捐资修建梅花书院，包括大堂、教室、宿舍有64间房。马曰琯去世后，杭世骏为他写下充满赞美的墓志铭："您心胸宽广，以助人为乐，扶贫帮困为本，以诚恳待人、热心公益为主。"

到他的儿子马振伯又捐献银子维修梅花书院，聘请桐城学派大师姚鼐（1731—1815）当院长。姚鼐出生于桐城一个书香世家，祖上几代人读书做官，为家族积累了深厚的文化与政治资源。

姚鼐的心血没有白费，嘉庆十四年（1809），梅花书院的举人到北京参加考试，有4位成为进士，其中，祖籍徽州歙县洪坑村人洪莹（1780—1840），写了一篇如何治理国家，提高人民生活水平的文章，得到皇帝肯定，以第一名成绩评为状元。

消息传到扬州，全城轰动，地方官员脸上有光：这是我们重视高考、以分数论英雄产生的奇迹。当即官方出资4000两、洪家捐2000两银子，在梅花书院建成文昌楼、状元厅，激励学生向洪莹看齐。

当年10月，扬州盐务局长阿克当阿，到北京参加嘉庆皇帝50岁生日庆典，皇帝见到他欣喜地说："梅花书院输送的洪莹才华横溢、品质超群，我毫不犹豫地把状元称号送给他，这是你执行教育强国、人才兴市取得的成就，我要求其他地方官员向你学习！"

听到皇帝的赞扬，阿克当阿像喝了蜂蜜，内心涌起甜蜜蜜、热乎乎的滋味，久久不让它淡化，反复回味。回到扬州，又把皇帝传给他的喜悦之情，带到梅花书院，让全体学生分享。

像戴震、袁枚、罗聘、沈大成、郭尚文、陈群、蒋士铨、方贞观、吴献可、金兆燕等学者，想保持独立人格、尊严，又不甘于平庸、碌碌无为，渴望有所作为。

但他们既不是富有的官二代，又不是富商子弟，很难获得政治与经济资源，缺乏住房、收入、养老、科研经费保障，时常面临生存挑战，想钻研学问、完成一部作品，异常艰辛。这是他们到扬州结交江春等盐商，寻求资源支持的一个原因。

与袁枚、赵翼并称江南三大文学家的蒋士铨（1725—1784），来自江西铅山一个秀才家庭，四岁跟随母亲识字，读《四书》《礼记》，并学绘画，智力开发比其他儿童早。

乾隆二十二年（1757），他通过进士考试，进入培养高级官员的翰林院。上了7年班，他很不适应这个靠虚假、吹捧维持的职业，留下一封辞职信，结束自己的官员身份。

他到扬州安定书院，应聘当一名能表达自己思想的讲师。不久结识了罗聘、王石谷等人，有一个朋友圈喝茶、谈画、论诗。他写了几百首揭露社会黑暗，幻想改变老百姓贫困的诗，自我感觉非常良好，却没有报纸、杂志发表他的诗，不能换回稿费帮他减轻经济压力。

蒋士铨在街上转了几次，发现酒楼有戏班子唱戏，他萌发了写剧本的想法，这需要漫长的时间，谁给他提供食宿费？经朋友介绍，他认识了大盐商江春，表明想把白居易的《琵琶行》，改成《四弦秋》剧本。

“这是一个很有感染力的题材，能够吸引观众，为支持您完成这个杰作，您搬到我的康山堂居住，里面环境幽静，适合您放飞丰富的想象力，我再安排厨师，一日三餐为您做饭。”江春显得极为豪放。

消除了后顾之忧，蒋士铨从自己的不得意，到体验白居易怀才不遇，在精神上形成共鸣，顺利写完这个剧本。江春看了剧本，组织自家的德音班排练演出，并付给他一笔报酬。

看到作品推向观众，蒋士铨的灵感如泉水涌现，在康山堂先后创作了《空谷香》《香祖楼》《临川梦》等作品。一个盐商提供的财力，成就了蒋士铨以批判现实不公平，成为一代戏剧家的愿望。

据《明清进士位名录》记载，扬州有650人通过进士考试，清代有405人，创造了4位状元，人才兴盛、官员大批量出现，与盐商捐资修书院维持运转有关。

可以说，马曰琯、江春、汪应庚、鲍志道等富有的贵族，像意大利佛罗伦萨美第奇家族，把财富转为培养作家、画家、思想家、教育家、历史学家的种子，并承担了修建街道、学堂、寺庙、粮仓、河道、孤儿院、救灾等职责，几乎变成了第二政府。

鲍家的忠孝指引子弟读书做官

鲍志道及后人以家族经济共同体，以资本与王权结合，名利双收，是王权体制的最大受益者，实现了“上交天子，富比王侯”的荣耀，但没有法治保护他的财产权神圣不可侵犯，内心没有安全感，怎能像美国的洛克菲勒扩大产业？因而他们把资本输送到徽州歙县棠樾村，为族人提供住房、教育、医疗、交通、救济等资源，化解王权体制带来的风险。

鲍志道提高家人的生活水平，与鲍家积累的忠孝资源有紧密的关系。鲍家“世孝祠堂”，两则墙壁镶嵌着六块《世孝事碑》，记载了自宋朝以来，族人秉承祖训遵守忠孝的经历，对子弟起到了教化、感染作用。

在宋末元初的改朝换代之际，社会动荡不安，盗贼乘机四处抢劫，棠樾村的鲍宗岩与儿子鲍寿龙外出办事，遇上了强盗。

危急关头，鲍宗岩让儿子躲进附近的草丛，他迎面与这伙强盗交涉。盗贼从他身上没有搜到财物，异常恼怒，将他绑在树上，准备一刀结果他的生命。

强盗正要下毒手，儿子鲍寿龙急忙冲出来高喊：这是我父亲，请你们手下留情，由我来承担一切责任。

父亲认为：儿子的行动，为鲍家树立了讲忠孝的美名，但不孝有三，无后为大，没有子孙传家立业最为严重，儿子被他们残害后，谁来传宗接代？他请强盗放过儿子，向自己开刀。

儿子怎能看着父亲倒在血泊中，背上不讲孝道的罪名？为了忠孝两全，父子俩人不希望只顾自己活命，却让另一方遇害。也许是他们相互争死的孝道精神感动了盗贼，最后将他们释放。

这件事传开以后，鲍家族人既惊叹，又引以为荣，为了让后人传承这种美德，继续高举仁义的旗帜，鲍家历代修族谱的人，对他们的事迹作了重要记载。

到了明永乐年间，皇帝觉得鲍家父子的行为，是一个宣扬忠孝的绝好题材，有利于维护王权专政，批准鲍家修建“慈孝里牌坊”。上面刻有一首诗：“鲍家父子全仁孝，留取名声照古今。”

据说，乾隆下江南，也没有忘记这件事。他觉得：每个宗族像一张严密的网，让族人置身于这张网，无条件受宗法制约，那么自己就能有效地统治亿万老百姓，而且不需要动用国库的白银，成本几乎等于零，如此能稳坐江山。

有了这种利害关系，皇帝认为鲍家有：“慈孝天下无双里、衮秀江南第一乡”的美誉。来自皇帝的赞扬，让鲍家后人感到无限光荣，放大了忠孝力量的效应。

官方的鼓励和支持，在鲍家后人修建的牌坊，得到了集中体现。明嘉靖年间建造，于清乾隆四十一年（1776）重修的孝行坊，运用了高浮雕技艺，顶端刻有“狮子滚绣球”等图案，中间横梁镌刻着“旌表孝行赠兵部右侍郎鲍灿”。

据悉，鲍灿的母亲70岁时，两足患上病疽，虽然请医生诊治，并多次吃药却不见好转。看着母亲痛苦的神情，遵循孝道的鲍灿跪下来，用嘴吸去母亲伤口的毒液，连吸几天以后，奇迹出现了，母亲溃烂的疮口竟然愈合。这件事传到朝廷后，成为官员的美谈。为激励更多人成为孝子，鲍家人向朝廷

◉ 从明朝至清朝后期500多年，鲍家几代人不断捐资修牌坊，强化忠孝仁义。

请求，为鲍灿修一座牌坊，却没有得到批准。

后来鲍灿的孙子鲍象贤，在明嘉靖年间中进士，以正直、秉公办事，不断提升职位，官至巡抚、尚书等职。为成全祖父的遗愿，他请求朝廷批准建造牌坊。

皇帝认为，从鲍灿至鲍象贤，三代人以忠孝为做人准则，得到了乡亲们的认同，维护了一个宗族的团结，给帝国输送了走向稳定的能量，既然孝子可以转化为忠臣，有利于维护王权体制，那么就批准了他的请求。

类似的故事还在重演，建于清嘉庆二年（1797）的孝子牌坊，上面镌刻着“天鉴精诚”、“人钦真孝”等字，它的背后有一段非常悲壮感人的故事。

明朝末年，不愿继续忍受官僚压迫、剥削的农民，点燃了推翻王朝的火焰。

在这个动乱的时刻，棠樾村鲍逢昌的父亲，离开家乡多日，却不见他传来任何音讯。

到了清顺治三年（1646），14 岁的鲍逢昌，以沿途乞讨的方式寻找父亲。经历无数风雨吹打后，他拖着疲惫不堪的身躯，走到雁门古寺，幸运的是，他在这里找到了失踪几年的父亲。

在母亲病倒，又无钱购买中药的情况下，鲍逢昌又忍受饥渴，徒步走到浙江桐庐，登上险峻的山峰，在灌木丛中寻找治病的药材。

更让人惊叹的是，当他听说割下自己身上的肉，能治愈母亲的病后，为了表明自己的孝心，用刀子割下自己的肉，与采集的药草掺杂在一起，煮成药给母亲喝。

没有人告诉鲍逢昌，自毁身体不但救不了母亲，还会给自己带来更多的伤害。但坐在县衙的官员，不认为他愚昧无知，反而以辖区出了一个孝子，感到无比光彩，把他的慈孝之举，作为一个典型案例，奏请朝廷批准，修了这座牌坊。

明天启二年（1622），为鲍家第 16 代鲍象贤（1496—1568）修建的尚书牌坊，上面镌刻着“命涣丝伦”“官联台斗”。

它告诉鲍家子弟：一个人消耗宝贵的青春时光、闭门苦读经书，能否如愿以偿取得功名，要看皇帝能否用丝绸做成的圣旨，给自己传来封官的消息；如果得到赏赐，意味着荣华富贵降临到自己头上。

明嘉靖八年（1529），中进士的捷报传到鲍象贤手里，家人自然欣喜若狂。经过一段磨炼，他的官位升到兵部左侍郎。后带兵镇守云南、管辖陕西、防卫两广等省。

明嘉靖十七年（1538），云南元江土司那儿，有一伙人不满官府的压榨，点燃了起义的战火，先是知府被害，后来布政使徐樾带兵讨伐，被对方将士击败身亡。

鲍象贤接到平息战乱的命令后，没有立即与对方展开激战，而是到前线了解实情，发现当地人并没有推翻明朝的意愿，只是遭受土豪劣绅剥削、压迫，无法维持生活，想发泄心中的怒火。

鲍象贤想：如果只以暴力驱赶起义的人，不给他们一条出路，那么会激起他们更强烈的反抗。他以攻心为上，为当地老百姓提供资源，帮助他们恢复生产。

解除他们面临的生存危机，老百姓没有起来反抗，反而为鲍象贤的将士引路，攻破寨子击败起义首领，以比较低的伤亡人数结束战乱，让躲避战乱的人重新回到家园。

应该说，鲍象贤以效忠帝王为天职，在巡察边疆、平定战乱、维护地区稳定、消除冲突、改变老百姓的疾苦方面，立下了显赫的功劳，成为朝廷不可多得的忠臣，应该得到嘉奖、重用。

但皇帝明世宗为求长生不老，把道士的炼丹术奉若神明，除了浪费纳税人的钱财修建寺庙以外，还把大批良田赏赐给他们，甚至把官帽戴到道士头上。

不愿与贪官同流合污的鲍象贤，怎能不遭到权贵的排斥？又怎能实现执政为民的志愿？明隆庆元年（1567），他没有得到皇帝的提拔，以年老体弱告老回乡。

但鲍象贤无怨无悔：衡量做官的得失，不是取得了多高的职务，获得了多少报酬、得到皇帝多少表彰，当官要为老百姓带来实际利益、伸张正义，才有崇高的意义。

鲍象贤的超脱在于，鲍家先辈读书做官，要对得起朝廷与老百姓。如果自己争权夺利，有损家族树立的名声，那么就不能成为忠臣孝子，为成就这个愿望，必须超脱功利。

在许国等一批正直官员的极力呼吁下，明天启二年（1622），也就是鲍象贤于明隆庆二年（1568）去世39年后，皇帝为表彰他的功德，为他修建了尚书牌坊。

经历了380年的风雨吹打，当年被表扬的鲍象贤，早已消逝在茫茫黄土，但这座牌坊还在向人们诉说：一个沿着科举路奋力前进，得到了官位的人，为维护王权付出了心血，为何不能实现消除老百姓疾苦的愿望，反而遭到打击？

鲍志道回家乡救济父老乡亲

面对鲍象贤等先辈从爱家到爱国积累的忠孝资源，以盐业发迹的鲍志道深知：祖辈创业难，后人守业更难，如果子弟不坚守勤俭节约的美德，反而铺张浪费，无谓消耗祖辈创造的果实，造成家业衰落，那么他违背了以忠孝做人的准则。

为强化宗族的血缘关系、巩固家族经济共同体，嘉庆六年（1801），鲍志道耗资维修鲍家先辈于明嘉靖年间修建的祠堂。大堂悬挂“敦本堂”匾，为清大书法家王文治题写。让人惊叹的是，16扇黑漆屏风门上，有书法家邓石如书写的《鲍氏五伦述》，笔法雄厚苍劲。

全文追忆了宋朝鲍宗岩父子遇到盗贼时，相互争死的动人情景，赞扬前辈以忠孝感染子弟，永远遵循君臣、父子、夫妇、兄弟、朋友，不变的等级关系。

大学士纪晓岚高度赞扬鲍志道的举动，认为他天性豪迈、光明磊落、有大丈夫的志气与胆识，既努力做一个尊敬父母的孝子，又耐心教导子女遵守礼仪、勤奋耕读。

按规定，每年冬天祭祖时，鲍家8岁以上的子弟必须参加，聆听长辈的教导，如何做一个符合忠孝要求的人。如果不尊敬父母，或偷盗他人财物、损害家族名誉，那么将他赶出家门。

同是一个宗族，内部存在着贫富不均，而且容易受到灾荒袭击。据《棠樾鲍家宣忠堂支谱》卷二记载，从乾隆三十年至道光年间，鲍志道家族先后购买田1400多亩，给祠堂捐献田产，以所得收入救济孤寡、残疾、面临饥饿的族人，以及修建学校、道路等公共设施。

嘉庆五年（1800）六月二十五日，鲍志道在扬州给棠樾村一位家族弟弟写了一封信：

“你嫂嫂汪氏明年60岁，记得她18岁嫁给我时，我为谋生东奔西走，几乎没有安身之处，她没有任何怨言，独自承担了家务，饱经辛苦。我到扬州创业，寄回家的钱不够用，她勤俭节约，每天以绣花、给人缝补衣服维持生活，这就是与我患难与共的糟糠之妻！”

“幸运的是，我在扬州经营盐业，实现了发家致富，拥有别墅、园林的梦想，把她接过来一起享福，但她依然保持勤劳的作风，衣服穿破了舍不得扔掉，拿起针线补好再穿，或纺纱织布送给缺衣的居民。”

“我劝她不要再操劳，安心休息保养身体。她说：一个妇人嫁给丈夫后，不应该私自存钱财。前几年，我捐资修鲍家宣忠祠堂，及八间屋子，为三大房的族人，堆放农具、灰草，并修了巷子、道路、排水沟等，加上历年本金利息还剩余2000两。”

“你嫂嫂常想起妇女持家极其艰难，受了那么多委屈、艰辛无处诉说，请我转告你，你用这笔资金购买100亩田，分给宣忠祠堂这个房头的妇女，并特此告诉你，交税请报“鲍节俭户"，每年收取的租谷归宣忠祠堂，遇到青黄不接，开仓救济宣忠堂三大房的妇女，所有男童、未出嫁的女子一概不参与分粮，这是你嫂嫂只想惠及妇女。”

“虽然每年分到的稻谷不多，但你嫂嫂以此满足她的心愿，她一生节俭，已经进入垂暮之年，不敢忘记过去自己经历的苦难，想通过这个方式，表达她扶危济困的意愿！”

我们从这封信看到，鲍志道以经营盐业，积累了雄厚的资产，成为村子的巨富，妻子汪氏依然坚守勤俭持家的作风，她想到还有许多妇女，在贫困线上挣扎，并且在丈夫去世后，独守几十年空房，便委托族人以收租得到的收入，救济无依无靠、生活面临危困的妇女。

这封信也告诉我们：鲍志道不仅以忠孝，统一族人的思想，而且以家族经济共同体，维持家族各项开支、缩小贫富差距、唤起族人的认同感。否则，只有苍白的道德，没有物质支撑，那么宗族权威，就会受到削弱难以维持。

清朝大学士纪晓岚为鲍志道夫人汪氏撰写《墓志铭》说：“在志道的少年时期，家庭比较贫寒，20岁，他到扬州寻找改变命运之路，缺乏财力支持，行程异常艰难，不为人所知，而他与夫人重道义轻名利，极其难能可贵！现在人心隔肚皮，知人知面不知心，有些商人、官员表面愿意救济他人，内心却舍不得，或妻子乐意施舍，却受到外部因素的制约，这是人之常情，也是形势所迫，但志道与夫人不谋而合，互相配合、支持，做有益于提高公众福利的善事，这是尤为高尚的品德！”

鲍志道的弟弟鲍启运从小失去父母，嫂嫂汪氏没有排斥他，加倍关爱，抚养他成人，这份浓厚的亲情，让他铭记在心、毕生难忘。当时家庭缺乏经济来源，汪氏省吃俭用、任劳任怨，承担了维持家庭运转的重用。

作为一个富有的贵族，鲍启运发挥了带头作用，嘉庆十年（1805），他向鲍家宗祠捐献500亩田，此后又捐700亩共计1200亩。收入除了维持祠堂祭祖以外，遇到灾荒，向族人平价供应粮食。

由于鲍家男人在异乡经商，有时几十年不归家，面临难以想象的风险，留在家乡的妇女，被礼教禁锢在深宅大院里，几十年如一日，以坚守忠孝为准则，抚养孩子、料理家务。

既然她们在男人离家或去世后仍不改嫁，让离家千里的男人无后顾之忧，那么为了表彰妇女守节的美德，为了让她们走向生命的终点时，得到精神安慰，让后人怀念她们付出的爱，作为对她们付出的补偿，鲍家拿出一部分白银，在棠樾村为她们修建节孝的祠堂、牌坊。

嘉庆年间，鲍启运在棠樾村修建极为罕见的三进、五开间“清懿”女祠堂。大堂悬挂着曾国藩为鲍秀鸾守贞节殉身题写的“贞烈两全”牌匾。

建于清乾隆四十一年（1776）的节孝牌坊，上面镌刻了“矢贞全孝”、“立节完孤”。这是对鲍文龄的妻子汪氏，终生守节的赞美。

据悉，汪氏25岁时，丈夫因病医治无效去世。家法没有赋予她，以改嫁谋求幸福生活的权利；消耗了纳税人钱粮的县官，也不鼓励她主张婚姻自由、打破“夫为妻纲”的神圣教条，那样会动摇王权主导的封建秩序。

也就是说，无论从道德，还是从王法，她都得不到救济和支持，只能把全部精力放在孝顺公婆和抚养孩子身上，直至守到45岁病逝为止。

另一座节孝牌坊，于清乾隆五十二年（1787），为鲍文渊的妻子吴氏修建，上面镌刻了“节劲三冬”“脉存一线”等字。

据悉，吴氏22岁时，从江苏嘉定嫁到棠樾村。不幸的是，婚姻生活只维持了6年，丈夫离开了人世。按丈夫去世依附子女的家法，她把前妻留下的孩子鲍元标抚养成人。坚守到60多岁去世，换来了颂扬她守节精神的牌坊。

面对强大的家族力量，丧失了丈夫的鲍家妇女，等于婚姻的大门永远向她们关闭，只能背负着沉重的“守节”枷锁，在看不到阳光的屋子，从青年一直守到白发苍苍。

有些妇女不惜以舍弃生命，换来宗族和官方对自己守节的赞赏。明清两代，鲍家有59名贞节烈女，被县志记载，以立牌坊流传千古的只有两人。可以说，这是一种不健全有缺陷的文明。

一座节孝牌坊，就是一座最形象的道德丰碑，时刻照射到妇女身上，在赞扬她们无私奉献的美德时，却剥夺了妇女自由恋爱的权利，埋葬了她们宝贵的青春，即使她们发出了血与泪的控诉，却无力阻止悲剧重演！

作为建设家乡、维护宗族利益的榜样，鲍启运等人得到当时吏部尚书、安徽巡抚朱钰；体仁阁大学士、吏部尚书刘墉；两江总督、兵部尚书陈大文；翰林院侍讲梁同书等官员的赞扬。

陈大文说，追寻到宋朝，身为朝廷官员的范仲淹，捐良田建立救济族人的机构，遇到干旱、洪灾发生饥荒时，打开仓库，向灾民平价供应粮食，或无偿提供援助。

陈大文认为，鲍启运身为富商，却不奢华张扬，保持俭朴的生活作风，十多年以来，为消除宗族内部的贫富不均，以节俭积累的资本，购买耕地，设立救济族人的粮仓，他的道义超过了古人，让人敬佩。

梁同书（1723—1815）出生于杭州一个官员家庭，有幸通过进士考试，到翰林院任职。他是一个书法家，收藏了宋、元、明时期的书画。

以上几位部长级别的官员，出身于名门望族，得到皇帝的赏识，掌握了相应的权力，而且擅长书法、爱好收藏书画，有一定的影响力。通过他们的肯定，鲍启运提升了自己的声誉。

借此机会，他把官方的夸奖写进《鲍氏义田记》，镶在宗祠的墙壁，成为鲍家承担公益事业的见证，让一代又一代子孙，以此为做人的准则。

少年时期，鲍启运为谋求出路，改变家庭贫困，只接受了简单的识字教育，以后为经营盐业、结识官员奔波。结束为生存奋斗后，他从商人转为文化贵族，喜欢读书、写文章、绘画、练习书法。

有时，他请一些诗人、画家、书法家等学者，到家里喝茶，在轻松、愉悦、友好的气氛中，交流各自探求学问取得的进展，以互相支持、激励提升个人的品质。

鲍志道的公益举动，对儿子鲍漱芳起到了示范作用，他除了以官商结合谋求最大利润以外，还听从振兴宗族的召唤，把一部分白银输送回棠樾村，修建文庙、文昌阁、祠堂等设施。

嘉庆十二年（1807），他捐1400两银子，维修歙县学堂；嘉庆十六年（1811），鲍漱芳的儿子鲍均，看到大殿破损捐资维修。

经过数十年开创，鲍漱芳拥有官位结识王侯，有资本过优越的物质生活，不需要为养家糊口操心奔波。也不像其他商人出入扬州酒馆，随意挥霍钱财。

他觉得，一个人拥有财富过上体面生活，应该有精神追求，提升自己的修养与学识，因而他把资本转化为文化，喜爱收藏历代文人的书法、字画，并潜心临摹。

捐赠一万多两银子维持紫阳书院

忠孝指引鲍志道保障家族人的生存权，又怎样推动他到维护公共利益？

建于南宋淳祐六年（1246）的紫阳书院，曾得到南宋理宗皇帝题写的牌匾，明代中期，当地官员出资维修；进入清朝，它成为徽州地区享有盛誉的书院，康熙、乾隆先后题写“学达性天、道脉薪传”牌匾，赞扬书院培养了一批维护王权的人才。

据《歙县志》记载，到了乾隆五十五年（1790），歙县棠樾村鲍志道、雄村曹文植，成为经商、读书做官的代表人物，他们怀着自豪感，捐资在原址重建书院，规模比过去更大。其中鲍志道捐3000两银子。

为保障书院有持续的经费，乾隆五十九年（1794），鲍志道再次释放资本的力量，捐8000两银子，由徽州府官员贷给扬州的商人，按每月收一分利息，每年可获得960两利息，遇到闰月加收80两。收取利息后，每年分两次发给书院。

作为徽州地区有名的紫阳书院，背后联结着一批秀才、举人、进士，寄托着他们追求功名、施展才能的梦想，他们取得的成就又决定着徽州文化的影响力，对紫阳书院的认同，对文化提高身份的追求，是鲍志道前后两次捐资1.1万两的重要原因。

与鲍志道家族有交情的曹文植家族，同样以资本与王权合作、以读书做官取得了普通老百姓难以企及的荣耀，这是激励曹文植捐资修复紫阳书院的一个动力。

雄村与棠樾村相距10多公里，村口耸立着一座三开、三楼，四柱冲天、高10多米、气势壮观的“四世一品”牌坊，它清楚地告诉我们：曹家有四代人，得到了帝王赏赐的官职。

这栋高大、华丽的官宅位于歙县雄村，见证了曹文植、曹振镛等人，凭借祖辈在扬州经营盐业积累的白银，以读书获取高官、提高了家族的政治地位。

康熙年间，曹堇怡在扬州经营盐业，经过十多年奋战，实现了走向富裕阶层的梦想，成为八大盐商之一，并结识了一批王公贵族。

由于王权排斥资本家扩张，城镇依然以手工作坊为主，曹堇怡积累白银后，无法转向实业，只好把商业资本带回雄村，修建豪华的宅院、购置耕地、维护宗族利益。

乾隆二十年（1755），曹堇怡的儿子曹映青，为完成父辈的遗愿，提高子弟的教育水平、获取更多政治与经济资源，出资修建“竹山书院”，由清代大书法家邓石如题写。

就在这一年1月12日，俄国教育家、科学家罗蒙诺索夫（1711—1765），为适应俄国走向工业化的需要，在国王的大力支持下，创建有文、法、工、理为一体的莫斯科大学，主楼有39层、高240米。

作为俄国第一所大学，超越了家族、城市、国界，给学生传递的校训是：科学是对真理的清楚认识和心灵的启示。

经历250多年，莫斯科大学以先进的教学设施、雄厚的师资力量、高水平的科研成果、容纳2万多名学生享誉世界。其中前苏联的戈尔巴乔夫总统，揭示社会现状的作家屠格涅夫，先后有11位人士获得诺贝尔奖金，涉及文学、化学、物理等领域。

这一年4月，法国思想家、哲学家卢梭发表了《论人类不平等的起源与基础》，他发出的追问回荡在欧洲上空：为什么人类创造了丰富的物质与文化成果，还有那么多人受压迫、剥削？天赋人权是人类通向自由、平等的神圣选择。

对比当时曹家受小农经济与王权主导，不具有罗蒙诺索夫引领一个国家走向科学、民主的环境，他们建竹山书院以培养子弟读书做官，为家族增加应对风险的能量，不可能培养一个呼吁自由、平等的卢梭。

走进竹山书院大堂，柱子有曹文植题写的楹联：“竹解心虚、学然后知不足，山由篑进、为则必要其成”，横批“山中天”。

它提示曹家子弟：山外有山，人外有人，要出人头地、成就一番事业，必须心怀宏图大志，一旦走出被深山包围的雄村，就能看到更广阔的世界。

书院八角亭写有“贯日凌云”，度过10年寒窗的子弟，最终能穿过层层迷雾，看到一片光明吗？两根石柱悬挂曹文植写的：“扶君臣朋友之伦，心悬日月；证豪杰圣贤之果，道在春秋”对联。

当年曹文植推开书院窗子，眺望新安江边盛开的桃花与过往渔船时，即兴咏出一首诗：“寄语木兰舟上客，往来休作武陵疑”。这是提醒过往的客人，望着盛开的花朵，不要以为进入了桃花源般的梦境。

乾隆二十五年（1760），曹文植年仅25岁中进士，在翰林院给皇子讲课。凭借这种政治资本，他历任刑部、兵部、工部、户部侍郎，并出任《四库全书》总编之一。

乾隆五十二年（1787），曹文植任职27年，成为部长级别的高官，分享了帝国带来的权力、金钱后，觉得无愧于父老乡亲们的期盼，可以荣归家乡，以赡养母亲为由退休回家。

皇帝对他离休的评价是：你能秉公办事、不以权谋私，又能顾全大局，与我的意愿保持高度一致，我封你为太子太保。

乾隆五十五年（1790），皇帝过八十岁生日，没有忘记忠于自己的曹文植，为表示君臣之间的亲密关系，向他发出了到北京庆贺的信件。

“应邀参加帝王的生日宴会，是毕生难求的政治荣誉，表明皇帝还惦记着我，想为我的退休生活增加一份光彩。”

想到这里，曹文植立即回信：皇上，我非常感谢您的邀请，一定准时参加，虽然我退休回到乡村，但您的恩情，我终生铭记，并要求全体族人，忠实地维护您神圣的权威。

皇帝回信说：你能赶到北京，参加我的庆寿活动，我很高兴，希望我们见面后，倾心交谈。

宴会结束后，曹文植得到皇帝的奖赏：将绸缎、貂皮、珠宝送给他母亲，并为他及曾祖父、爷爷、父亲四代人，建一座气势恢宏的“四世一品”牌坊，让曹家享受他人难以得到的皇恩，在徽州地区极为罕见。

皇帝是实用主义者，让曹文植享受特权，也把至高无上的王权，移植到乡村，传递给老百姓一个信息：名利、富贵、荣耀掌握在我手里，只有服从我的领导才能获得。

科举释放的光彩还在闪现，清乾隆四十六年（1781），曹文植的儿子曹振镛（1755—1835），通过秀才、举人等考试后，接到了中进士的喜讯。

像他父亲一样，曹振镛经过翰林院、工部、吏部等岗位的训练，以及两代皇帝的考核，增加了自己上升的资本。嘉庆十一年（1806），皇帝提拔他任工商部长。在与王权的博弈中，曹家获得了经济与政治资源，巩固了一个大宗族的地位。

对比1794年10〈月30日,〉，法国议会表决通过一项法令：在巴黎设立第一家公立师范学校，向有志于从事教育的人敞开大门。从家族办学校转向政府，才能让全体国民受益。

重农轻商：亿万人承受贫穷、无知

从鲍志道、江春、曹文植等家族几代人与皇帝博弈来看，他们将商业资本带回家乡，形成家族经济共同体，保障家人的利益，与皇帝重农轻商、王权至上的执政思维有关。

嘉庆皇帝执政期间，正是19世纪工业文明在欧洲兴起的时期，英国、法国、德国、俄国等，在科学与民主的指引下，掀起了工业化、城市化扩张浪潮，造就了一批独立于王权的资本家、科学家、思想家，以及具有自知、自觉意识的市民阶层。

但掌握了25年政权的嘉庆皇帝，丝毫没有感觉到工业文明的到来，毫不动摇地坚守“封闭国门、重农轻商”的执政模式，以为有亿万农民向朝廷纳税，就能维护帝国的安全。

在他继承王位的1796年，意大利科学家沃尔兹经过多次试验，成功推出世界第一台畜电池机，为以后的汽车问世、变成一个走向全球的产业，发挥了动力作用。

然而，当1801年，有些商人找到矿产，调集人力、物力开采时，嘉庆皇帝担心人们采矿致富后，会离开土地到城市安家，造就一个无视王权的有产阶层。

当直隶总督胡季堂，请求在河北大名开设铝厂；大兴县商人张士恒自筹资金，恳请在河北平泉县四道沟开采铜矿时，皇帝没有选择以工业富民强国，反而作出与刺激经济增长相违背的决策：命令各地官员，宁可让老百姓在乡村过穷日子，也要封闭矿区，永远不得开采，否则严厉打击。

更为排外的是，嘉庆十年（1805），皇帝看到西方学者、传教士，在国内出版著作，并创办学校，给人们传播天文、地理、医药、自然变化等知识时，认为这是迷惑老百姓的异端邪说，会动摇大清帝国的统治地位。怎能让老百姓吸收知识，超越自己的权威？

他敦促相关官员：监督在国内的传教士、学者、商人，不准他们开办学校、出版刊物、向老百姓传授科学与民主，也不能与居民交往，否则，严厉惩罚。

1816年2月8日，英国国王派外交官访问中国，7月到达天津，皇帝认为，清朝位于世界中心，自己是天下唯一的君王，其他小国应该服从自己，要求英国人，到达北京之前，按照清朝的规定：向自己行跪拜礼仪。

出乎他意料，英国代表团在天津参加清朝官员举办的丰盛筵席时，没有履行这个礼仪；到达北京时，也没有按他的要求跪拜，并祝贺皇帝万寿无疆。

看到这个情况，皇帝异常愤怒：你们没有教养，不知礼节，冒犯了我的神圣威严，不值得与你们交往，拒绝你们英国提出开放港口、建立贸易关系的请求，我只能以驱赶送你们回家。

嘉庆皇帝离开人世的那一年，中国人口达到3.8亿，几乎超过了欧洲人口总数，这是他推行重农轻商造成的恶果：让饥饿驱赶亿万人开垦贫瘠的荒地，让荒地冒出来的粮食，刺激人口急剧膨胀，让膨胀的人口吞没有限的收益，让有限的收益，紧紧拉着农民的手，扩大开荒面积，继续在贫穷、开荒、再贫穷中循环。

如果说乾隆、嘉庆皇帝执政期间，对外封闭、强化农耕、排斥工业，没有把多年积累的财力优势，转化为工业强国优势，反而让亿万人品尝贫困与无知，那么这一时期，西方出现了三位推动国家走向富强的伟大政治家。

有贵族血统、具有军事天才的拿破仑（1769—1821），指挥战争的车轮摧毁封建专政，确定法国称雄欧洲时，用《民法典》《商法典》《刑法典》，为资本主义战胜王权、为人们享有独立的财产权开辟了道路。

除了有超人的军事才能，拿破仑还研究政治、经济、法律，支持学者创办大学、培养人才。他举行阅兵仪式时，将绣有“为了祖国，科学和荣誉”的锦旗，送给理工学院的师生。

曾打败了拿破仑的亚历山大一世（1777—1825），为构建一个强大、富有创新力的俄国，放开了对出版、言论、集会、示威等管制，引进西欧的司法体系，维护公民的人身与财产权。

起草了《独立宣言》、成为美国开国元勋的杰弗逊（1743—1826），后来出任美国第三任总统，他把维护公民的自由、平等以及其他政治权利，当做自己的天职。

作为美国最高领导人，杰弗逊既是维护人民利益的总统，又是法律、建筑、农业、考古、文学等方面的专家。

这三位领导人有共同的特点：有大智大勇、果敢、坚定的品质，知识结构宽广、视野非常开阔，心怀富民强国的远大理想。对比之下，乾隆、嘉庆皇帝的学识、才能，相当于刚识字的小学生，将国家视为自己的私有财产，任意挥霍浪费。

嘉庆皇帝去世后，王位的继承者道光皇帝，经历了鸦片战争、赔偿巨额白银的打击后，依然驱赶外国商人、紧闭国门，失去一次引领帝国走向工业的大好时机。

当我们凝视鲍家、曹家的祠堂、牌坊等古建筑时，它们激励子弟在忠孝精神的哺育下，在实现光宗耀祖的推动下，在“爱莫大于爱亲”的指导下，前赴后继高举不灭的宗族火焰，既维护族人的生存权，又检讨自己的行为，是否符合礼教的要求。

在他们看来，名门望族的子孙，能长期保持家族兴盛，在于他们遵守君为臣纲、父为子纲、夫为妻纲的神圣教条，并由贤能的后人继续传下去，不断增加可供燃烧的能量。

表面看，鲍志道等贵族的资本没有沿着培养工程师、科学家、资本家的方向前进，输送到乡村盖宅院、修祠堂、购买土地、延续小农经济，与西方资本家摧毁王权，主张自由竞争，扩大产业规模、获取超额利润背道而驰。

但他们的行动与王权主导的小农经济相适应，清雍正年间，皇帝发布了《圣谕十六条》，支持宗族盖祠堂祭拜祖先、设学堂教导子弟、购置田地救济弱者、修宗谱联结族人的情感。

当他们用资本继续制造小农经济的堡垒，并把自己套进去不能突破血缘关系，必然呼吸不到资本主义的空气，反而以坚固的等级主义，抗拒工业文明提倡的自由、平等。

让我们再回头看一眼：耸立在徽州歙县棠樾村的7座牌坊，在风雨中送走了500多年，如同一面巨大的道德镜子，激励鲍家后人秉承道义和忠孝，从乡村的青石板路走向城市、从原始耕种走向商业，从贫穷走向富裕，从平民走向显赫的贵族！

第三章

良知召唤查天铎为民谋福利

查济村秀丽的景色吸引李白来旅游

离开威严的帝王，离开险恶、狡诈、充满谎言的官场，查天铎回到家乡——安徽泾县查济村。

看到熟悉、亲切的族人，缓缓流淌的溪水、散发出泥土气息的田野、山上飘浮的轻烟，查天铎放松心情，结束惶恐不安、不敢讲真话的日子，尽情地呼吸从山林吹来的新鲜空气。

回顾查家的历史，查天铎想起唐高祖武德元年（618），也就是李渊建立唐朝当皇帝的那一年，先辈查文熙接到皇帝的任命：到安徽池州当刺史。路过泾县查济时，面对耸立在云雾的青山、清澈见底的溪流，不禁咏出南朝诗人陶弘景答谢中书的诗句：

“山川之美，古来共谈，高峰入云，清流见底，两岸石壁，五色交辉，青林翠竹，四时俱备，晓雾将歇，鸟兽乱鸣。”

这是一个难得的世外桃源，搬到这里隐居，能避开外面的喧闹、动乱，依靠山上茂密的树林、山下肥沃的农田、流淌不息的溪水，能创造一个安宁、祥和的生存环境。

唐武德八年（625），查文熙离开官场告老还乡，出于对查济山水的迷恋，带领家人迁居此地。

查济村古建筑保护协会编写的资料记载：唐天宝十四年（755），查家迎来了一位文学天才：时任中书郎的查师模，邀请有诗仙之称的李白（701—762）到查济做客。

查师模陪同李白漫步在充满鸟语花香的田野，看到淳朴的村民，在飘着薄雾的山坡采茶；回到农家，又品味散发着清香的碧山云雾茶。

“师模，查济除了碧山茶以外，还有什么特色产品，让我品尝一下，你不能让我光喝清茶，而没有美食填饱肚皮。”李白是一位美食爱好者。

“有，我们泾县的特色菜是红烧猪蹄、三鲜汤、粉蒸肉、山药汤、糊粉、子糕、红烧鱼块等，这是取百家菜之长，以本土原料，对工艺改进创新，形成富有营养的精品菜，包您吃了以后，回味无穷、终生难忘，请您跟我来。”查师模笑着说。

走进查师模的家，大堂上摆了一桌热气腾腾的酒席，香气扑鼻，让人食欲大增。查师模请李白上座，给他倒了一杯当地酿制的白酒。

看到从未吃过的美食，李白不讲客气，喝下一杯酒，拿起筷子先夹了一块红烧猪蹄，感觉味道鲜美、可口，不禁向其他菜席卷而来。

几杯酒下肚以及美味带来的舒适感，李白感到畅快淋漓，又觉得不能白吃查师模家人做的菜，那么应该留下什么纪念品，表达自己的谢意？他停下筷子，抬头向窗外看了一眼，山上桃花绽放，随即一首诗涌上心头：

“问余何意栖碧山，笑而不答心自闲，桃花流水杳然去，别有天地非人间。”

“好诗，一首生动传神的好诗！我这顿饭能激发您的灵感，引出这首诗非常值得，凭借您留下的赞美诗，我查济村必将扬名天下，吸引八方来宾光临，留恋而忘记归途！”查师模起身，竖起大拇指连声称赞。

李白来查济之前，泾县知县汪伦给他写了一封热情洋溢的邀请信，说泾县有飘香十里的桃花、喝不完的美酒、看不尽的奇丽山水，可以让您写出名扬四海的诗句。

李白喜欢与友人举杯狂饮，酒醉之后，找到一种喷涌而出、豪迈奔放的诗情，又喜爱登上山顶，遥望缥缈如梦幻的山川、奔腾如画的河流，释放丰富、浪漫的想象，所以他没有犹豫，立即骑马越过崇山峻岭来到泾县。

“终于把您盼来了，在您化渺小为伟大、化平凡为神奇的笔下，泾县一草一木、一山一水，都能变成美妙、富有感染力、令人神往的诗，所以我想借您的笔，为泾县的旅游开发作免费宣传！”汪伦握着李白的手表达了敬仰之情。

期间，汪伦带领李白遍游泾县的山峰、园林、楼台、河流，其中青弋江像一条飘动的彩带，江水清澈如明镜，不时有鱼跃出水面，增添了几分情趣，旁边有农民盖的宅院，简洁、实用。

青弋江流过万村，遇到一座奇形怪状的小山丘，转了一个弯，由南向北缓缓流去，形成一方幽深的水潭，周围有自然生长的桃树、杨柳等植物，等到花开时节，为人们编织一个繁花如梦的场景。

李白陶醉在山水中，不觉在泾县停留了10多天，分别时，汪伦送他到青弋江上船，人生有多少得意的时刻？能遇到多少相逢的知己？以后还有机会重逢吗？为感谢汪伦的热情招待，储存一个美好的回忆，李白送给他的礼物是《赠汪伦》：

李白乘舟将欲行，忽闻岸上踏歌声。桃花潭水深千尺，不及汪伦送我情。

伴随这句流传千古的诗，泾县政府不需要花钱为桃花潭宣传，自动变成一个享誉中外的名牌。

“乌林深处是谁家？隔河两岸共一查，渔郎不怕漏消息，相约明年看桃花。”

这是查天铎的侄子、嘉靖二十九年（1550）中进士、官至浙江按察司的查正绛，为家乡描绘的生活场景。

有一个桃花源般的查济村，有一个耕种可实现温饱、读书可获取知识的宜居环境，查天铎怎能不热爱自己美丽的家乡？怎能不沿着祖辈开创的功名路，登上政治舞台，实现治国富民的理想？

查天铎眼前浮现出查家先辈以科举取得的业绩：查诚曾被朝廷封为池州刺史，在安徽青阳县为平息黄巢起义时阵亡，消息传到首都长安，唐文宗为告慰捐躯的英雄，追封他一品官，并派人给他家送“忠烈”牌匾。

对于这位忠臣，查家后人为他写下了赞扬的诗：“一生历经艰与辛，走向辉煌君为先，苍天不负忠良命，留于后人常怀念。”

宋宣和元年（1119），查远通过进士考试，官至浙江都司等。他的后人除了以耕读博取官位以外，还有人将家乡的茶叶、板栗等土特产，运到浙江、江苏等地销售。

到了南宋理宗绍定三年（1230），查郁以经商完成原始资本积累，除了把白银带回家乡修书院、道路以外，还捐资救济贫困户。他的付出为查家后人，在明朝迎来了步入官场的高峰。

既然查家先辈以读书、做官、经商，给家族带来了物质与文化资源，查天铎又是受益者之一，他有什么理由，不遵守祖辈的遗训，承担振兴宗族的责任？

那么查天铎能给宗族带来什么？嘉靖二十六年（1547），他联合查家其他贵族，制订了10条家法。

家法规定：如果族人不尊重父母、伯父、叔叔、兄长等，反而犯上欺下、大逆不道，那么初次触犯打20杖，再犯责打40杖，决不宽恕。

族人逞强斗狠、行凶滋事、以强欺弱，酿成灾祸，对这种凶暴之徒，先打他20杖，再次触犯打40杖。

族人不务正业，以赌博谋求不义之财，那么不论是长辈，还是少年，先罚酒席三桌；如果他不改正，责打20杖，再犯打40杖。

族人盗窃他人的财物，败坏家族名声，初次触犯打20杖；如果他再犯，由家长、房长等人商议后，不经官府查办可直接处死他。

族人在始祖的坟地，强行安葬去世的家人，族长要立即召集其他成员，不仅要把棺材挖出来，而且要处罚当事人；如果他继续强葬，把他拉到祖宗的坟前，重打40杖。

族人砍伐祖宗坟前的树木，以不孝的罪名处罚；如果他只砍枝丫打20杖，倘若砍一棵树，除了打他40杖以外，还要他出资修坟祭祖。

族人贪恋女色、恣意妄行、嫖娼等，不仅家法难容，而且会触怒鬼神，初次触犯罚酒席一桌；如果与他人妻子通奸，那么责打20杖，倘若败坏他人的名节，要加重惩罚。

族人之间为利益发生争执，不在宗族内部化解矛盾，到县衙告状，那么家长、房长要训斥双方当事人。

对查家族人来说，有形的惩罚是重责40杖，背后是无形的宗法力量，与他们的名誉、尊严紧密地联系在一起：谁要是触犯、遭到责罚，谁就在族人眼前丢了面子、无地自容。

除了以家法约束族人的行为以外，查天铎还对他们提出如下要求：

族人以科举获取了官职，务必鞠躬尽瘁、坚守忠义，为国家效力、为老百姓实事；建立功勋后，既可以得到皇帝的赏赐，又能为家族带来荣耀。

一个人不论是做官，还是以耕种为生，都属于王权统治下的平民，以效忠帝王为准则。

族人以读书求上进，除了以送礼表达对老师的敬意以外，还要时常向他虚心请教；遇到学问深厚、讲道德的长者，应当加倍敬重，决不能傲慢无礼，只有这样才能受益无穷。

族人应该时常铭记，即使家族人口不断分支，但都来自一个祖宗的血脉，不论是对自己的亲人，还是对远房族人，应秉承互助友爱的原则，只有这样大家才能同甘苦、共患难。

为什么查天铎能在王法之外，制订约束族人的家法？他凭什么让族人接受他的政策？他是一个取得了功名的贵族，打开了联结王权的大门，就像翱翔万里、飞越九州的雄鹰，既能为祖宗争光，又成为子孙仰慕的楷模。

查天铎制订家法的用意非常美好：虽然皇帝出台了维护王权的法律，但他远离乡村，不愿意花钱培训法官队伍，那么以家族经济共同体制订家法，以简洁、高效、降低成本的方式，化解族人之间的冲突，保障家族不因矛盾激化而分崩离散，对管理族人、减轻诉讼费用、降低大家的生存风险，有极为重要的作用。

同时，查天铎凭借掌握的政治资本，为族人带来治安、救济、教育、封赏等资源，有利于提高家族的地位，保障大家的安全，而且他没有谋求个人私利，占据了道义的高度。

由于查天铎代表全体族人的利益，输送教育、救济等公共资源，又不违背王权，族人怎能公然挑战他制订的规定？就这样，一个贵族让族人接受了家法与王法，为国家输送了维持稳定的资源。

良知不是神秘之物，就在我们的心中

跨过山谷、平原、河流，走进京城，查天铎于嘉靖二十八年（1549），进入考场做完几道命题作文，主考官没有难为他，发榜时，他获得了举人身份，通过一关，他看到了做官的希望。

只有通过进士考试，才能得到皇帝赐封的官职。期间，查天铎倾注满腔热情参加应试，愿望一次又一次落空，青春就像门前的流水一去不复返，还有多少时间、多少资本可以等待？一时不能从皇帝手里接过任职聘书，还有其他渠道体现自己存在的价值吗？

以王阳明（1472—1529）、邹守益（1491—1562）为代表的文化贵族，打破空洞、僵化，与老百姓实际生活严重脱离的教条，在官学之外，创办了一批书院，让知识越过王侯将相的围墙，传递到平民阶层。

正德十三年（1518），邹守益怀着求知的渴望，前往赣州拜访知府王阳明，反复向他请教：怎样才能领悟良知。

“这个问题很简单，你读了中文、法律、经济、工程等学科，吸收了一定的知识，或许成为教师、律师、工程师等，那么你要为他人提供专业、高效、优质的服务，不以欺骗手段谋利，而是获得正当的回报，就是实现了良知。”王阳明轻松地说。

“啊！王老师，谢谢您的指点，我明白了，良知不是从太空飘来的神秘之物，良知就在我们的心中，把知识与行动结合起来，做有益于自己及他人的事，带动更多人释放善良、驱赶罪恶，维护一个公平、健康的社会，我将铭记您的教导，实现拯救这个国家的理想！”邹守益像从梦中醒来。

王阳明另外两个有作为的学生钱德洪、王龙溪，也把泾县水西书院作为宣扬良知的重要阵地。受此影响，查天铎拜他们为师，以“求知适应行动，以行动成就理想”。

钱德洪（1496—1574）出生于浙江余姚，正德十六年（1521），他得知王阳明请假回余姚探望亲人，带领侄子及学生 74 人，到中天阁列队迎接，并表达了拜王阳明为师的意愿。

嘉靖十一年（1532）中进士，钱德洪获得了留在北京当官的指标，这是许多人终生期盼的目标，如果他不违背王权体制，与领导搞好关系，那么可能会上升。

他为帝国操劳近 10 年发现：除了浪费青春时光以外，不能做有益于老百姓的事，而且皇帝只收税，消耗大量钱财，却不为人们提供公共服务。我不能改变这种体制，可以选择离开，做更有意义的事。

于是，钱德洪毅然辞职回乡，以王阳明提倡的为善去恶指导，把求知与行动结合起来，以书院为阵地，三十年如一日向学生传播：以善良驱赶罪恶、以求知提升品质、以道义战胜强权，并往返于江苏、浙江、安徽、江西、湖北等地讲课。

回想嘉靖二年（1523），绍兴人王龙溪（1498—1583）拜王阳明为师，与先生彻夜深谈，从认识人性的善良与罪恶，到以良知改变罪恶，扩大善良的社会效应。

嘉靖八年（1529），王龙溪前往北京参加考试途中，听说王阳明已经去世，他立即中止行程，掉头回绍兴为老师料理丧事：我从恩师的教导，领会了求知、去恶、行善的意义，成为取之不尽的精神财富，终生受益，那么王老师去世后，我作为学生，应该像儿子一样为他守孝三年。

通过王阳明、邹守益、钱德洪、王龙溪、王艮等人传播，书院讲学之风从泰州、扬州、南京、苏州、杭州、绍兴、金华，越过山岭、田野，吹进宗族势力强大的宣城、徽州、抚州、吉安等地，迅速得到当地秀才、举人、进士、官员的积极响应，形成一个接应、积累、裂变、再传播的文化走廊。

嘉靖三十一年（1552），监察教育的官员黄洪昆、宣城知府刘起宗、泾县知县邱时庸，筹集资金在泾县水西寺创办水西书院，既为培养人才服务，也是当地知识分子、官员、商人等人士，交流思想、结识朋友的场所。

由于查天铎拜钱德洪、王龙溪为师，为加深师生关系，他带领学生从泾县向东南方行走，穿过几段山路到达浙江金华，坐船沿富春江经杭州去绍兴拜访他们，也请他们到水西书院讲学。双方在交流与回应中，达到思想的传承与超越。

王龙溪去世后，作为学生，查天铎带领 100 多人到绍兴稽山，站在他的陵墓前默哀：王先生，您生前不计任何名利，高举弘扬良知的旗帜，在各地来回讲学，召唤一批有识之士站起来，加入到抗衡王权暴力，为老百姓传播知识、输送正义的队伍中，赋予更多人求知、成才、实现理想的机会，这是中华民族经历王朝崩溃、无数大灾难，还能消除冲突、走向融会、实现统一的原因，我们将继承您留下的宝贵文化遗产，以良知塑造这个民族的品质！

道德的失败在于：从来没有制服帝王的罪恶

通过讲学，查天铎结识了宣城知府罗汝芳（1516—1588），他出生江西南城天井源乡罗坊村一个书香家庭，16 岁到南昌跟随着泰州学派代表人物、他的老乡永新县三都中陂村人颜钧（1504—1596），学习阳明心学。

嘉靖四十一年（1562）罗汝芳到宣城任知府，把“教育兴市、培养人才、消除无知、帮老百姓脱贫”当作执政的重要目标，动员各方力量修复泾县、南陵、太平等县城墙、书院、水利等设施，并以教师身份定期到水西书院，给秀才、举人等人讲课，让大家不拘一格发表看法。

“罗大人，一个人进入社会后要主张自然权利，如吃饭、穿衣、治病、读书、找工作赚钱，满足后又有新的欲望出现，他实现自我价值时，有利于他人实现利益，如此各个主体优化配置人力、财力，追求自我利益最大化，让全体人受益，促进社会效益最大化，所以欲望是推动社会进步的动力，那么您对朱熹等前辈提倡存天理，灭人欲，有什么评价？”查天铎发出疑问。

“我同意你的观点，欲望是推动社会进步的动力，我想从两个方面看朱熹主张的存天理，灭人欲，当你作为儿子时，要履行应尽的义务，作为朝廷官员，要负起为民造福、惩处不法分子、维护公平正义；另一方面，必须承认人以欲望的面孔出现在地球，一个人实现住房、穿衣、吃饭、看病、孩子教育等需求，又带动人们提供相应的商品，所以人类在控制欲望与释放中，创造了辉煌的文明！”罗汝芳说。

“从西周至宋朝以来，留下一大堆教导老百姓提高道德修养的书，人成了被教化、被管制的工具，但帝王将相住豪华的宫殿、享受奢华的生活，去世又占有宏大的陵墓。但他阻止公众实现正常欲望，引发的恶果是王朝崩溃时，争夺权力的军阀、为生存起义的农民、乘机抢劫的土匪，把带有罪恶的欲望排山倒海倾泻出来，摧毁人们创造的物质与文化成果，变成周期性的大毁灭！”查天铎情绪高昂。

他这一说，在座的秀才、举人如听到雷声被震动，不约而同地转过头望着他，并送给他一阵热烈的掌声：天铎，你像一个心理学家，说出了埋藏在我们心中，却难以表达的秘密：中华民族积累的道德资源，被罪恶的洪流冲走了。

坐在他旁边的罗汝芳也不住地点头称赞：我青年时，受到程朱理学灭人欲的影响，走进一座隐藏在山林的寺庙，在桌子放一杯水，前面摆一个镜子，在内心默念，我要像水一样保持平静，如镜子保持平整，才能达到超脱世俗的欲望，成为圣人。练习了几个月，不但没有达到这个境界，反而搞出一身病，父亲让我看王阳明的《传习录》，我领悟到“存善去恶”后，身体恢复了健康。后来我去南昌拜颜钧为师，他告诉我，人具有天赋的道德观念，不会像树叶随着季节更换，被染成黄色变质，只要合理配置自己的时间、金钱等资源，获得相应的回报，并有益于他人，就达到了良知，所以我不提倡以“道德制欲望。”

“道德从来没有制服帝王的罪恶，从秦始皇、汉武帝、唐太宗、宋高祖、成吉思汗、朱元璋等垄断天下资源的帝王，都没有听从道德女神的指引，满足老百姓的物质与文化生活需求，所以一个不能让人们实现合理欲望的社会，必定是一个充满罪恶的社会。我们不强求道德制欲望，应该给道德的纯净水加上红糖、牛奶，让道德变得有营养、生命力，才能让人们听从良知的召唤！”查天铎说。

罗汝芳赞成查天铎的观点在于，他作为知府，看到农民生存资源极其有限，靠几亩薄田收一点粮食，难以维持住房、教育、医疗、穿衣等开支，遇到灾害等几乎得不到救济。应该鼓励农民把山林等资源变成物质财富，提高生活水平，缓解生存压力，才能让他们接受良知，从爱家到维护地方稳定。

查天铎依托水西书院这个舞台，以学识、声誉吸引泾县及周边县城100多人听他讲课，并结识了宣城的梅守德、沈宠等任不同官职的贵族。

梅守德与沈宠家族，作为宣城两大文化世家，支撑了这个城市的书院、学堂、文学、绘画、出版、藏书等，形成家族占有的文化资源，决定这个城市的文化兴旺。

梅家的名声可以追寻到北宋文学家、号称宋诗的“开山祖师”梅尧臣，即使声名显赫的王安石、苏轼、欧阳修等人，对他也极为推崇。

嘉靖二十年（1541），对梅家来说，是一个值得庆贺的日子，梅守德（1510—1577）跨过进士大门，得到了皇帝授予的官职，标志宣城梅家在获取政治资源上，又取得了一个大突破。

当了15年官，梅守德换来了厅级政治待遇，以办事果断、高效强干，回应皇帝赋予的权力，也是对嘉靖皇帝与严嵩互相勾结，把公权当作私人资源的抗议，他辞职回到家乡，研究历史、文学，并与钱德洪、王龙溪等人讲学、探讨王阳明思想的生命力。

此后，梅家后人梅鼎祚以明代戏剧家、梅膺祚以明代语言学家、梅朗中以明代书画家、梅清以清代黄山派画家、梅文鼎以清代天文学家、梅光迪以民国教育家出现。

据《宣城县志》记载，自北宋以来，梅家先后催生了29名进士、48名举人、84名贡士、160人获得不同级别的官职。

至此，我们看到，受王阳明“去恶从善”学说影响的邹守益、钱德洪、王龙溪、王艮、颜钧、罗汝芳、查天铎、梅守德、沈宠等贵族，心怀消除暴力政治、富民强国的理想，在长江中下游的江西、安徽、湖南、浙江、江苏等地，把知识转化为经济、文化资源，改变老百姓恶劣的生存环境。

给每个人发一两银子，就能让600万人受益

经历17年漫长期盼，嘉靖四十四年（1565），查天铎通过进士考试，实现了读书做官的愿望，现在他要进行一场试验，把储存了30多年的知识资源，转化为老百姓需要的生存资源。

但官场安全吗？能让查天铎实现治国富民的抱负吗？在他中进士的那一年，爆发了一起震动全国的大案，严嵩的儿子严世蕃任工部左侍郎，他为人阴险狡诈，依仗父亲的权势胡作非为，在北京强占100多亩土地，突破王权的规定，建造豪华宅院，并树立三开间的牌坊。

皇帝看到报告后，觉得严嵩父子损害了自己的执政形象，不能留在北京，

他发出命令：撤销严嵩、严世蕃一切官职。于嘉靖四十四年（1565）3月12日，将严世蕃等人押到刑场处决。消息传开后，北京居民拿着酒坛子，边喝酒、边观看他们的下场。

接着，皇帝命令相关官员搜查严世蕃在北京的家，其中没收黄金3万两、白银200万两、古玩珍宝价值几百万两。将财物装上车运走时，官员与老百姓震惊不已，如果给每个居民发一两白银，那么有200万人受益。

同年8月13日，江西检察官成守节接到朝廷指示，没收严世蕃在江西的财产。经查收，黄金32960两、银子2027090两、房产6600间、耕地27300亩，其他珠宝不计其数。另外，他对外放贷188000两。

查到严世蕃这些财产，明世宗异常兴奋：打倒一个贪官，等于为我增加了巨额财政收入，成本低，很划算。他当即指示，一半财产运到江苏太仓救济灾民；另一半运回北京充实国库，其他田地由当地官员处理。

把他贪污得到的财产全部加起来，大约有600多万两银子，几乎相当于明朝半年财政收入，让他独自占有，不能刺激消费，又扩大了贫富不均。如果给每个农民发一两，能让600万人增加收入，提高生活水平。

严世藩占有数量惊人的财富，告诉我们一个事实：明朝的监督体系形同虚设，皇帝被各级官员的谎言、赞美包围，对帝国出现的危机一无所知，只靠几个太监传递公文，给严世蕃提供了侵吞国有资产、霸占老百姓财物的大好机会。

只要他不公开反对帝王、与相关官员搞好关系，就没有人查处他，长期逍遥法外，后面的官员继续效仿，形成了掌握公权，最大化把权力转化成个人财富的官僚集团。

这就是明朝政权运行的基本特征！

查天铎向皇上提出富民强国的建议

嘉靖四十五年（1566），明世宗皇帝带着罪恶走向坟墓，明朝第12位皇帝明穆宗（1537－1572）继承王位，改国号为隆庆。沾新任皇帝的光，查天铎任刑科左给事中，享有核实、审查、建议、驳回、监察各部委、弹劾各级官员的权力。

查天铎在家乡读书、在水西书院讲学时，把富民强国当作自己追求的理想，虽然现在他只是一个七品官，没有部长、总督的职位高，但他官小权大，享有向皇帝、各部门官员提建议的权力，拥有这个大舞台，他要检验一下能否实现这个宏大的目标。

查天铎首先对皇帝直抒己见：皇上，您掌握了行政、立法、司法等大权，每天要看来自各地的报告，批复数以万计的公文，您的决策直接关系到富民强国，我向您提出如下建议：改变过去嘉靖皇帝与个别官员闭门操作、甚至让太监瞎指挥的做法，您定期召开决策咨询会议，听取不同的意见，便于您优化配置政治与经济资源，最大化为老百姓提供教育、医疗、法治、救济等公共服务！

接着，查天铎提出了如何选拔人才的设想：国家的成败取决于一批有远大抱负、锐意进取的官员，合理运用政治与经济资源，厉行节约、提高办事效率、减轻老百姓的经济负担，所以要不拘一格选拔人才，培养一支受过法律教育、具有专业素养的公务员队伍，同时建立考核部长、总督、巡抚、知府、知县的体系，发现他们不作为、危害公众利益，要立即让他们失业，并依法查处。

查天铎提出：从嘉裕关到山海关这条万里边防线，直接关系到我国的安危，从开国皇帝朱元璋到嘉靖近200年，为什么蒙古将士不间断越过长城，掠夺人们的财产，危害国家的安全？在您上任的第一年，蒙古王侯俺答很不讲信用，不是带人到京城祝贺您，而是率领将士攻破山西石州等，残害了知府王亮，疯狂抢劫20多天，给当地居民造成无法挽回的人员伤亡与财产损失。

皇上，这是什么原因？因为我们的防守思维是没有提高军事技术的被动防御，多年以来，军事设施老化、破损严重，却没有及时更换、修复，尤其是，边关将士年老体弱，装备极其陈旧，而朝廷每年花费大量钱粮供养他们，却不能形成有效、强大的战斗力，这不是资源配置无效、失败的表现吗？现在我们要调动大批工匠、技术员制造火炮，武装一支现代化的军队；开放长城沿线的边境贸易，让汉人与与蒙古人自由交易，以商品流通、城镇建设带动经济繁荣、满足当地人们的生活需求，化解武力掠夺。

隆庆皇帝上任才30岁，应该说血气方刚，有充沛的精力扭转帝国的虚弱，为争取民意、寻求支持，他接受查天铎、高拱等官员提出的为民执政建议，烧了几把火：纠正父亲遗留的过错，恢复一些被打倒官员的职务，减免老百姓拖欠的杂税，开放对蒙古、东南沿海的贸易，允许商人销售商品。

同时，给社会输送正义资源：撤销了一批浪费公共财产、不称职、不作为官员的职务，把一些危害老百姓、化公为私、只搞有偿服务的官员送进监狱。

查天铎有些惊喜：皇帝的决策打破了嘉靖封闭排外、重农轻商、任由严嵩等贪官横行霸道的做法，为富民强国注入了创新的活力，这是一个很好的开始，我应该给他鼓掌加油，让他进一步动员各级官员，落实我提出的建议。

但隆庆皇帝是一个高级导演，编排了几场精彩的节目，吸引观众的注意力，走完了形式主义后，又像他父亲嘉靖皇帝，被王权车轮的惯性力量，拉回到历史的轨道，没有动力建立清除腐败分子、约束官员行为的法治体系，继续吞服金丹做长生不老的梦。

那么查天铎没有制度保障，越正直无私、执政为民，越想揪出一批贪官，意味着他树敌越多，越容易遭到同僚的报复，随之风险越大，直至丢掉官职。

因为，有人不是为廉洁做官，想从一个山村平民，转换成安稳吃皇粮的角色；或者借官位捞取政治收益，实现升官发财梦；或谋求高人一等的功名，衣锦还乡受到族人的拥戴、仰慕。不希望查天铎触犯自己的既得利益，危及自己的地位。

高拱（1513—1578）曾得到内阁首席长官徐阶的扶持，获得上升的政治资本。隆庆三年（1569），皇帝很信任地把两个重要的位置交给他——文渊阁大学士、组织部长。

高拱欣赏查天铎的才干与品质，向他发出了与自己紧密合作的意向：我拥有调动官员岗位的权力，你与我形成一个利益集团，共同抗拒潜在的对手，你能分享权力带来的收益。

应该说，查天铎刚进入朝廷，结交高拱这位实权人物，能排除有些官员的阻碍，有机会得到皇帝的赞赏，从级别低的职务，获得更高的升迁机遇，节省通向核心权力的成本。

但查天铎清楚官场的游戏规则：你今天得到皇帝提拔成为部长级别的高

官，居万人之上，春风得意，明天可能被剥夺一切官职，成为下层平民，甚至还有生命危险。

想到很多官员的悲惨遭遇，查天铎保持冷静的头脑与做人的良知，回避名利带来的诱惑，有礼节地感谢高拱的提携、关照，又与他保持相应的距离。

看到不能拉拢查天铎，高拱怀疑他的动机：你为何不向我靠拢？是否想与徐阶、张居正结成帮派体系对付我？如果是这样，我要毫不留情地削弱对手的实力，不给他们可乘之机。

高拱举起手中的权力大棒，让查天铎离开权力中心北京，到山西当一名没有实权的参议，分管农田、粮仓、水利、防务等，给总督、皇帝提一些建议。

查天铎很坦然离开北京：我把这次调动，当作到基层挂职锻炼的机会，避开各部门官员搞的假大空，近距离了解、观察老百姓真实的生存现状，便于向皇帝提出可操作的富民政策，这不是我在水西书院，听钱德洪、王龙溪老师讲，要把知识转化为富民行动的表现吗？

到达太原，查天铎办完报到手续，谢绝有关官员的接风宴请，以及不必要的应酬、会议，直接背着一个布包，骑一匹马到周围县城、乡村调研。

越远离太原，越向忻州以北行走，查天铎看不到省城热闹的景象，暴雨把起伏的山丘，冲刷成纵横交错的沟壑，上面除了长久生长荒凉以外，还能制造什么硕果？只有走到山沟，才有零星简陋的窑洞告诉他，这里还有生命在寻找生存资源。

他看到了一个很奇怪的现象：有些村子的农民，将去世亲人的遗体装入棺材，长久不葬，幻想停放一段时间会复活，或者变成类似猴子的形体，帮助人们脱离苦难，获得用不完的财宝、无所不能的自由。

不文明的风俗催生了一个职业：打扮成道士、僧人模样的人，在村民门前敲锣打鼓，以助威、制造气氛的名义，祈求去世的人变成神，投来无数金元，帮助家人扫除贫穷，以此收一笔工钱。

迷信的背后有什么因素？他们在山坡开荒耕种。贫瘠的土地像一个苍老体弱的母亲，没有充足的养分，帮他们实现高产的愿望。资源短缺引发的贫困，造成村民越贫穷越开荒。

越开荒松散的黄土越流失，生存环境越恶劣，越恶劣越没有资本终结漫长的贫困，不得不以土窑洞安身，里面只有一个土坑睡觉及简单的生活用品，几乎看不到值钱的家具。

查天铎明白了：村民停放棺木不安葬的风俗习惯，与他们长期维持原始的农耕，得不到官方输送的科学知识及经济资源，无力消除无知、贫困，只能以迷信鬼神，消除恐慌、化解生存风险有关。

“一个人去世后，他的灵魂既不会升天，转化成神仙，帮你们过上富裕生活，上天也没有灵丹妙药让他复活，重回人间与你们团圆，这是生命新陈代谢、走向衰落，融入大自然，人类正常运行的表现，你们不能被谣言迷惑，造成新的不幸，应该让去世的亲人入土为安，尽自己的孝道。”查天铎对迷信神的村民说。

上帝把黄土高原送给了山西，却忘记了赠送肥沃的土壤、丰富的雨水、一望无际的森林，后果是十年九旱、土地极其贫瘠，村民的窑洞分散在山沟，单一的农耕导致生存资源供给不足，又不像徽州的村子，靠宗族的商人、官员、学者输送资源。

他在山西一些乡村看到，山上几乎寸草不生，更看不到粗大的树木，大风席卷后，留下漫天飞扬的灰尘。到了耕种季节，却不见农民赶着牛、翻开松散的黄土播下种子，甚至有些村庄人员稀少，那些破损、倒塌的窑洞，在诉说贫困如何摧毁了一个又一个温暖的家庭！

一个瘦弱的老年人告诉查天铎：因连续发生干旱，庄稼绝收，为生活所迫，有些家庭卖掉了耕牛，花完钱出外逃荒，官府不但不救济，反而要留下来的村民交皇粮，还要支付逃走人的税费，等于要承担双重负担，家里几乎找不到一点粮食，哪有钱交税？唯一的选择是逃离家园，所以很多村庄看不到人。

总督、巡抚、知府、知县有自己的生存法则：核查受灾面积、受灾人口，又要投入人力，谁来支付这笔费用？请求朝廷拨付救济物资，手续比较复杂，时间很漫长，得到的救济款又很少。

尤其是，向朝廷报告受灾状况，不能提升自己的政绩，反而给皇帝及掌握人事、财政的部长，留下一个无能、增加麻烦的形象，不利于得到升迁的资本，所以地方官员没有动力，代表灾民的利益向朝廷争取救助，或减免钱粮，相反隐瞒灾情，继续强行征税，造成灾区农民的生存现状更加恶化。

查天铎接受的“良知”发挥了作用：我作为一个参议，有义务调动政治与经济资源，帮助山西农民脱贫，动员当地秀才、举人、学者及富户，筹集经费创办学堂，这些农民的子女，不是生下来就擅长放羊、种地，让他们吸收知识摘除文盲的帽子，有可能转换成工程师、科学家、资本家。

我的职务虽然没有总督、部长高，但皇上让我掌握这份权力，消耗了纳税人的钱粮，就要代表这些生活在黄土高原的老百姓，发出利益诉求，让他们告别灾害、贫穷、无知，过上富裕生活。

夜以继日清理积压的案件，让受害者看到正义

万历元年（1573），朱翊钧继承王位，看到查天铎用知识与行动，在黄土高原帮助一些村民，远离了贫穷落后，应该给他一点政治激励，也是再次检验他的理想能为国家创造什么成果？一纸调动令，把他派到广西任按察司副使，主要巡察司法、兵备、教育、海防等。

对于查天铎来说，离开沙尘滚滚的黄土高原，越过泥沙淤积的黄河，跨过奔流不息的长江，走过看不到人烟的山路，气喘吁吁地赶到南海边的广西，又是一次艰难的扶贫旅程。

广西山多林密，大山拉长了人们交往的距离，东南方被扩展的丘陵占据，西北联结着挡住寒流的云贵高原，中间南宁占有宽阔的平原，维持了几千年自给自足的生存体系。

特殊的地理位置、远离经济中心、不同民族为生存资源争夺、官府长期没有输送经济、文化资源，压迫与贫穷，为农民起义及强盗抢劫，提供了相应的原料。

嘉靖、隆庆、万历年间，广西先后爆发了有万人参加的起义，大半个广西可以看到战火燃烧，有些战乱的时间持续几十年甚至百年，有多少生命、多少财产，在不为人知的山林消失？

据《明穆宗实录》卷五七记载，首领韦银豹带领寻求一碗饭吃的农民军，先后占领了古田、义宁、永福、临桂、灵川等县，有两次击败官军，攻占了省城桂林。

隆庆四年（1570），皇帝不想让动乱继续升级扩大，命令殷正茂与李迁谋等人，调集10万大军，分几路击破了农民军的防线，刹那间，7460个农民兄弟的头颅滚落，他们的鲜血染红了自己追求的小康之路。官军还抓获了1300人、烧毁了660所寨子。

上任第一天，查天铎走进办公室翻开案卷，他头皮发麻，差点坐不住：前任官员积压了一批没有了结的案件，有些是知县凭主观意识，搞有罪推定，逼迫当事人招供，制造冤案；有些人被超期关押，拖了几年却没有审判，亲人一次又一次地申诉。

错案的背后是，掌握司法权的官僚，没有接受过一天的法律教育，不可能按法定程序调查取证，暴力成为他们定罪、结案的工具，而受害者流着悲伤的眼泪盼着申冤，罪犯却逍遥法外。

等于前任官员拿了皇帝发的工资，却在玩渎职、失职、不作为的游戏，没有给前来告状的当事人，兑现依法处理的承诺，反而将他们拒之门外，让法律打了白条，这比犯罪还要严重！

我的职责就是除暴安良，让犯罪分子受到惩罚，让受害者看到正义，让老百姓的生命与财产得到保护，不负乡亲们的期盼、不负皇帝的聘用，以一腔热血干出一番事业。否则，朝廷养我们干什么？有什么理由占据这个位子，浪费纳税人的钱？

他热血沸腾，带领办事员加班加点、夜以继日清理积压的案件，张开罗网收拾行凶作恶的人，有罪的人被判刑、受冤枉的人无罪释放，权益受损的人看到了正义。

为犯罪分子提供保护伞、把法律当橡皮章，以收钱财办案的贪官，得到的待遇是：被撤销一切官职，就地惩处；平庸无能、不懂法律、不遵守规章制度的职员被解聘、分流。

刚开始，当地行政、司法部门的领导以及同事、居民，带着怀疑、不信任的目光审视查天铎：你是否像前任官僚那样，得过且过、混日子、走过场，开几天空洞的会议，提醒大家保持清正廉洁、端正个人作风、树立为民办事的意识，再捞一笔银子就走人？

这回他们判断失误，查天铎从侦察、取证、审问、处罚等环节不出现漏洞，持续不断地纠正冤假错案，输送公平、正义资源，压缩犯罪分子的生存空间、增加居民的安全感。

他们及时修改了判断：没有想到表面有些书生气的查天铎，坚持法律面前人人平等，把长期危害人民生命、财产安全的地痞、恶棍、强盗、贪官送进了监狱，我们怎能再用公款大吃大喝、请客送礼？

办理案件期间，查天铎到桂林、柳州、梧州等地视察，战争在他面前呈现出残酷的景象，由于接连不断的战乱，城墙残缺不全、房屋被烧毁，造成十室九空，老百姓逃到山林隐藏后，乡村看不到人烟、大片土地荒芜，仿佛回到原始时代。

万历二年（1574），广西巡案御史唐炼向朝廷汇报：广西夏秋两季税费，应交431357石大米、屯粮61200石，前几年能如数交纳，保障军需物资供应，近几年，战乱打破了人们的正常耕种、经商，许多人加入到逃荒的队伍，农户不断拖欠钱粮，能足额上交的家庭不到三分之一。

了解县城、乡村的灾情，及人们蒙受的损失后，查天铎缓解危机局势的对策是：治愈战争创伤最有效的药方是，赋予老百姓站起来创造幸福生活的机会，对于受灾严重的地区，无条件开仓放粮，先帮他们把饥饿赶走，再发放农具恢复农耕。

当灾民得到救济时，他鼓励秀才、举人、商人、地主集资修建书院，把文化资源从少数人手里分流出来，让更多人有机会走进学堂，以知识吸收改变命运的能量。

从经济学讲，博弈能让双方降低交易成本，获得相应的收益、维护一个公平的竞争体系，但官僚斗争的结果是：集体的平庸无能、不作为、安于现状、贪污受贿。最后又被对手告发、丧失官位、身败名裂，收益等于零，导致公共资源被大量浪费，国家资源配置失败。

查天铎很不走运：遇见了嘉靖、隆庆、万历三位智商低下、无知，没有政治抱负，不能有效配置国家资源的皇帝，一批像他这样有才能、有作为的官员得不到重用，反而受到排挤，无法进入核心权力层，只能凭良知进行治国富民的试验。

即使暴力挡住了我获取更高职位的道路，我也不会消耗精力、浪费时光，与卑劣无耻、毫无作为的皇帝、官僚，搞一场吞并良知、丧失人性的政治斗争，我遵守查家先辈忠义做人的教导，保持自己的名声。

为保存实力，查天铎收起雄心壮志，踏上辞职回乡的旅程。

为了保住书香门第的优势

“十里查村九里烟，三溪汇流万户间，祠庙亭台塔影下，小桥流水杏花天。”

这首赞美诗向我们展现了查家人，以农耕、商业、读书做官，取得的物质文明成果。

隐藏在山谷的查济村，靠自我吸收、更新、配置资源，延续自己的生命，祖辈开创家业时，沿着三条穿过村子的溪流修建宅院，许溪流向村子东边，汇入其他小河，直至流入青弋江。

昼夜流淌的河水，方便村民走出家门能淘米、洗衣，若发生火灾，容易取水灭火，冲走脏物流入农田，又浇灌庄稼。

查济村最古老的建筑是“明羲宫”，建于元顺帝元年（1333），主人查永德在元至元十九年（1282），取得了皇帝授予的官职。元朝灭亡后，他的才能得到朱元璋的认同，被封官。

明洪武年间，他四个儿子查继廉、查继善、查继福、查继和，分别任广西兵备使、湖北巡察使、两河漕运使、浙江按察使等。

由于家族人取得了显赫的官职，门楼为四层，一至二层的砖雕被砸毁，三层雕有鲤鱼跳龙门，显示主人经过漫长的官场之路，终于到达权力顶峰；四层镶嵌“圣旨”二字，表明富贵来自皇帝赏赐。

虽然拥有高官厚禄的主人一去不复返，但这栋铭刻了祖辈荣耀，又目睹了后人走向衰落的精致宅院，经历700多年的风雨后，奇迹般地保存下来。

虽然山丘随意展现它雄伟的姿态，没有给查济人留下宽阔的平原耕种，但大山无私地给他们奉献资源：让松柏、樟、杉、白果木等树尽情地生长。

大山又露出宽广的胸怀，让村民在山坡自由种植茶叶，并提供充足的养料、免费阻挡有害物质，保障茶叶正常生长又没有污染。

到了春天，雨水给青弋江输送了水源，河水上涨便于行船，他们把茶叶、木材、山货装上船，从青弋江运到芜湖、南京等地销售，居民消费他们的产品，也把银子装进他们的口袋。

查家人带回来的白银，转化为物质财富，以雕刻精美、宽敞、高大、舒适的宅院，取代狭窄、简陋的房子，青石板路代替了泥土路，光洁的绸缎更换了粗布衣。

自然资源转为商品，再转为经济收入，收益超过了农耕，提高了查家人的生活水平，有物质保障生存权，族人才有动力接受仁义忠孝的灌输，并把普世的公益文化从家族传向社会。

作为一个取得了功名的贵族，查天铎认为，族人把木材、茶叶等资源转为利润，有助于缓解耕地不足、生存资源紧张的矛盾，符合他提倡的富民强国。

但在与世隔绝的乡村，还有被疾病、贫困包围的族人，只顾自己过着无忧无虑的安稳生活，违背了让族人共享资源的道义，应该以自己的政治地位，维护宗族的公共利益。

为帮助族人消除灾害，查天铎登上村子附近的山，发现大约海拔300米的龙凤山、岑山，上面长有银杏、松柏等树木，起到了聚气挡风沙的作用，茂密的树林预示着生命长青，也为村民带来了充足的原料。

查天铎从官场回到家乡后，根据村子的地形，修道路、房屋、排水等公共设施，维持宗族的秩序

查天铎想：我在山上修几座宝塔，让宝塔射出耀眼的光芒，帮助族人化解灾难，保佑子孙有一个平安、稳定的环境，找到一种积极进取的精神支柱，成本比较低，以不变应万变。

有了从自然获取超人的力量，查天铎出资聘请工匠，在山上建了三座宝塔，塔顶像一支毛笔，溪流如墨水，寓意查家子弟读书成才。这就是小农社会的生存法则。

查天铎观察村子地形，利用地理优势又不违背自然规律，以三条小溪流为依托，为村子作了规划，用石板路将各家连成一体，明确各家的宅基地与房屋产权，做到互不侵犯，又互相帮助。

查天铎怀着不得志离开官场，回到家乡寻找精神安慰，医治心灵的创伤，看到族人只顾经商，延误了子弟读书获取官位后，充满了复杂的情感，感到很不安。

在官本位决定个人身份的时代，族人不读书、不向科举挺进、不谋求官职，那么查家子弟怎能找到建功立业、提高声望的机会？社会地位不是低于其他宗族吗？

即使科举只能把天才变成庸才，不能造就一批瓦特、爱迪生；即使像嘉靖、万历皇帝几十年不处理政务，让一帮贪官污吏操纵政权，排斥有抱负、有作为的官员。

但查天铎想到不能愧对祖宗，想到在小农经济时代，族人靠几亩薄田糊口，不能提高查家的社会地位，也想到在王权统治时代，子弟读书做官，可以把政治资源转化为富民的资源。

如果说查家商人把自然资源变成商品，换回银子增强了家族的财力，那么查天铎为培养子弟成才，毫不迟疑地组织人力、物力创办“济阳家塾”，修复书院，动员商人提供教学经费，并亲自制订教学规章。

他的意图非常明确：教育资源决定教育质量，教育质量决定人才优势，人人才优势决定查家，能否超越周围的宗族，占据更多的生存资源，进而在文化、商业、政治等方面发挥作用。即使家庭贫困，也不能让后人变成文盲。

当春天学生走进书院，推开窗户能看见层峦叠嶂的山峰换上了绿装，盛开的桃花，用粉色的脸蛋迎接他们，缓缓流淌的溪水提醒他们：生命如流水一去不复返，而从南方飞回的燕子，用欢快的声音告诉他们：新的一年开始了，发奋攻读吧，你们的努力将决定你们美好的前程！

这就是在群山环绕的宁静乡村，查天铎用理想，为族人营造一个诗意的居住与学习环境。

为建立保障教育经费的体系，查天铎动员富户、商人，将多余的土地或资金捐给祠堂，由祠堂对外出租，用这些收入支付查家子弟的读书费用。

据退休教师查克定介绍，从4岁开始，查家子弟接受《诗经》《礼记》等教育，再到村子办的义学读书；发现成绩优秀的学生，把他送到查家大祠堂，单独聘请教师给他上课。

祠堂支付他的读书费用，并有仆人给他提供生活服务；3年苦读结束，学生参加秀才考试，通过后离开祠堂，到查家修建的书院攻读。学生平时不能随便出去，到了春节才回家。

在书院读了几年，学生参加举人考试；如果获取举人功名，没有机会做官，还回到书院苦读，直到通过进士考试，从皇帝手里接过官职。

祠堂获得的收益除了支持子弟读书以外，还设置义仓、义学、义葬，发生灾荒时，为灾民提供救济，并安葬无人清理的尸骨。

明洪熙元年（1425），在查济溪流边建造的“宝公祠堂”，大堂以浮雕呈现“狮子滚绣球”，一个人抱不过的银杏柱子，下面石墩有精细的雕刻，墙壁刻有“仁义廉耻”四个大字，时刻提醒后人：不管你干什么事、职位有多高、取得了多少业绩，必须把忠孝、廉耻，贯彻到自己的人生信仰中。

查宝源为修建宝公祠堂付出了巨大心血，后人赞美他：“做人仁义应在前，百善首推孝为先，知廉知耻遵祖训，请看查家有宝源。”

当年这座祠堂为学生提供读书费用，一旦学生获得举人、进士功名，家族人欢庆的笑声如同开水，迅速在祠堂里沸腾起来。如今大堂显得很空荡，只有从溪流边传来妇女洗衣的棒槌声。

建于明嘉靖年间的洪公祠，耸立在查济村溪流边，见证了查家人读书做官获得的巨大荣耀，大堂粗大的柱子、40多个汉白玉石墩，高大的马头墙与错落有致的粉墙黑瓦，让人感受到它的壮观。

明嘉靖四十四年（1565），修建的“二甲祠堂”，成为查家人读书做官、经商发迹的象征，门前立着一对汉白玉石鼓，门楼刻有“仁让坊”，背面有“瑞凝午道”四个苍劲大字，意为吉祥之气聚集在查济村。

祠堂斗拱以镂空浮雕展现“喜鹊登梅”，形象逼真、生动；石墩、栏杆、抱鼓石等，雕有精妙的花朵、鸟、戏剧故事。当年先辈修建祠堂的开支清单，详细张贴在木板，供族人查询。

在家族经济共同体的激励下，查济人将田产分给子弟时，将一部分土地交给祠堂，以出租获得的收入，救济生活面临危困的族人；后人为了颂扬祖辈的功德，又出资修建小祠堂，小祠堂服从大祠堂，大祠堂服从宗祠，兴旺时，查济村有6个大祠堂、108个小祠堂、宅院大约万栋。

为了保住书香门第的优势，提高宗族的地位，表达自己对家乡的回报，在外经商、当官的贵族，源源不断地把银子汇回查济，修房子、祠堂、书院、桥梁等公共设施。这股无形的力量，将全体族人紧紧地聚集在一起。

只有理解我们承担的天理，才能更好地安身立命

除了给宗族输送公共资源以外，查天铎还到泾县水西书院讲学。

查天铎很超脱：既然皇帝不愿意采纳我的治国主张，我没有机会像徐阶、张居正当首席长官，也没有获得总督、巡抚的位子，那么我在乡村、在县城，有一个宽广的空间传播道义，唤起更多人不畏强权，坚守善良，把掌握的知识变成富民强国的原料，我们取得的成就、对社会的贡献将会超过他们！

查天铎具有威望、学识，曾在朝廷做官，拥有相应的政治资本，当地官员认同他的资历、声誉。在大家的推举下，他成为水西书院负责人。

站在讲坛，查天铎面对学生渴望的目光，以坚定的语气说：我们来到书院的目标是：立大志、求知识、抛旧习、交良友，做一个有所作为的人。一个宗族有老弱病残、贫富不均，还面临难以预防的天灾人祸，那么取得了优势地位的知识分子、商人、官员，应该发挥他们的影响力，在宗族内部合理分配资源，维护全体成员的生存权。

比如，出资修建学校，支持子弟读书；将粮食储存在仓库，遇到灾荒，救济无钱购买粮食的灾民，通过建立互助共济体系，宗族成员能分享文化与物质成果，那么仁义忠孝才有生命力。

当你们有幸通过举人、进士考试，成为朝廷的官员，不应该陶醉已经取得的成果，应该怀着神圣的职责，将团结互助的精神传向社会，影响更多人维护正义，这就是道义的力量。

只有理解良知是我们应该承担的天理，才能更好地安身立命，只有立下大

志向，才能成就大事业，只有与人为善、以诚相待，才有可能达到圣人的境界。

在查天铎的推动下，水西书院敞开大门迎接有志于求学的人，并请各地名师讲课，名气不断扩大，成为泾县的文化中心，培养了萧彦、萧雍、赵士登等一批人才，他们进入官场后，把查天铎“道义至上，以善抗恶”的观点，贯彻到为民谋利。

来自泾县漳渡镇萧村的萧彦，明隆庆五年（1571）中进士，官至兵部右侍郎、两广军务等职。他在财政部任职去陕西延安、榆林、靖边等地视察，发现老百姓开垦荒地，官府以增加耕地为由多收钱粮，抵消了农民开荒带来的收益，投入劳力没有收入，他们怎能摆脱贫困？

他立即向朝廷报告：农民开垦荒漠地极其贫瘠，容易发生干旱，产量比较低，难以养活一家人，多收税会增加他们的种植成本，造成生存环境更加恶劣，不利于他们提高收入，只有让利于民、不加重负担，才能让他们安居乐业。

萧彦还看到一个严重损害老百姓权益的规定，隆庆五年（1571），朝廷发出一份红头文件：凡征收钱粮没有达到八分的官员，停放工资以示惩罚；到万历四年（1576），收税达到九分以上的官员，年终考核视为合格公务员，但仍要收回拖欠的税款。

不放工资，我们靠什么应对饥饿的干扰？又怎能养活妻儿老小？难道要我们给皇帝当义务工？我们没有这么高的觉悟，皇帝蛮不讲理，不顾实际情况，我们只能逼迫农民。

这个苛刻、丧失理性、违背人性的规定，把官员逼上暴力征税的道路，看到农民不能按时交税，不是抓捕就是抄家，导致农民有家不能回、有田不能种，搞得家破人亡。

他向朝廷汇报：我认为，发生灾荒农民无力支付钱粮时，不应该要求官员征收八分以上，而是要全部免除税收，少收一分钱的税，农民就多得一分利。上级领导采纳了他提出的一部分建议。

通过水西书院，查天铎在官办学堂之外，在县城、乡镇，集聚一批有作为的精英分子，以良知为老百姓输送文化资源，以文化资源帮他们吸收经济资源，实现富民强国。

与查天铎、王艮、颜钧等文化贵族，围绕老百姓的生存传播知识相比，嘉靖、万历时期，皇帝不承担为国民输送文化与经济资源的责任，对政治与经济资源的无效、失败配置，滋养了一大批无能无德、智商低下、损公肥私、唯利是图、最大化把权力变成个人收益的官僚，浪费了全体人民创造的成果。

明万历九年（1581），将才能奉献给家族、社会的查天铎离开了人世。在一些官员的极力主张下，为追忆他的功劳，皇帝送了一块“理学名臣”牌匾，后来又批准，为他建一座汉白玉牌坊。

因为，查天铎主张扬善去恶、给社会输送正义能量，维持一个等级有序、各负其责、互相依赖、患难与共的自治体系，以克制人过分膨胀的欲望，为宗族、为国家承担责任，影响了各界人士。

他传播的思想没有违背王权的意志，有助于人们提升道德水平、唤起良知，维持国家健康运行，那么皇帝送给他一块牌匾，除了赞扬他、起示范作用以外，以比较低的成本，实现统治亿万人的目标。

既然皇帝以一块牌匾抬高了查天铎的政治地位，那么地方官员就有动力，将他的事迹记载于县志、省志，让更多人向他学习，以他为标准做一个维护地方稳定的人。

由于王法、宗法没有被法治取代，小农经济没有被工业文明代替，官方还要放大查天铎的政治效应，让他超越时空，进入另一个王朝，继续成为维护宗族与国家利益的代表。因而康熙二十四年（1685），朝廷将他的画像、个人经历，放进北京忠臣纪念馆，供观众瞻仰！

查天铎的付出，在查家子弟通向官场、提高宗族的文化与经济地位上得到了精彩的体现。

从村民查全俊整理的官员名录看，明清两代，查家走出了 15 名进士、55 名举人、2 名翰林、4 名荣禄大夫、4 名将军、山海关副总兵 1 名，以及大小官员 129 名。

查克定以勇气与智慧保护文化遗产

在科举时代，得益于查天铎等文化贵族输送教育资源，为查家培养了一批又一批人才。

民国时期，军阀为争夺权力混战，不可能为乡村输送教育、治安等资源。许多村子只能靠宗族力量，向新式教育转变。1923年，查济的文化贵族，利用祖传的学堂创办小学，为子弟提供了吸收现代教育的养分。

清朝末年，查克定的爷爷是一名秀才，与家族人到南京开杂货店。父亲去世时，他才7岁，家族兄弟分家时，他得知，自己应继承4000块银元。

当时一块银元能买100斤大米，但资金作为股本投入他父亲开的布店，由家族人代为经营。不幸的是，日本军侵略中国，炸毁了他家的布店，资产在战火中消失。

当时查克定在绩溪县读高中，战火摧毁他家的店铺后，家庭失去了经济来源，没有资本支持他走进大学。他回到家乡，在查济小学当教师，由家族的商人、官员、文化人士等，捐资支付报酬。

土改后，村子教育资源严重供给不足，同样依赖宗族的文化人士办学。

当时查济村没有中学，孩子读完小学要到泾县上中学，路途遥远增加了学生读书的成本，有些无力支撑的家庭，只能让孩子放弃继续求学的愿望，受教育水平低不利于他们改变贫穷落后的命运，反而拥挤在乡村，造成生存资源更加紧缺。

看到这个现状，有家学背景的查克定焦虑不安：祖辈靠读书、经商，提高了族人的教育水平与生活条件，为什么我们不超越前辈反而倒退？我要承担振兴家乡教育的责任。

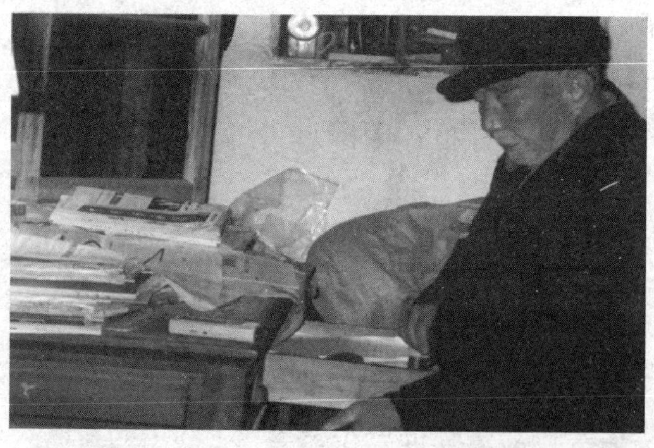

查克定继承了祖辈的贵族血统，退休回到村子后，发起修宗谱、维修祠堂、办学等，激励子弟和睦相处

查克定冲破官员的麻木不仁，凭借个人的勇气与智慧在祠堂创办中学，他请求不识字、教育水平极低、掌握着教学权力的当权者，不要制造障碍，给予支持。

查克定办中学，只有一名语文与数学教师，给孩子们传授知识。背后是“文革”造成教育断裂，大部分青年人没有得到完善的教育，对他们来说，上大学是极为稀缺的资源。

直到1990年，厚岸乡建起一所能容纳几百名学生的中学，此时，离查家祖辈自唐朝迁移到此居住，已有1300多年。

山上的古树曾经由祠堂派人看管，不经过族长同意，谁不能擅自砍树，否则，会受到严厉处罚。财产所有权的明确界定，保障古树生长几百年，无人随意砍伐。

土改时期，查家丧失了对古树的所有权与看管权，古树分给村民后，他们觉得天上掉下一个面包，任意砍伐；大办钢铁，古树几乎被砍光，当做炼钢的原料烧毁。经过这场惨痛的摧毁，一个沉淀了千年文化的古村，失去了昔日的光彩。

退休教师查克定说，1994年11月的一个夜晚，他与10多个老人，在查济学校召开会议，70多岁的查述望说：

“我们村子规模比较大，一些古建筑在无人管理中日益破损，我们有义务保护这些文化遗产，如果让它毁坏下去，不仅有愧我们的先人，而且无法向我们的后人交代，因此保护古建筑是我们的神圣职责，是每个居住在查济村的人义不容辞的责任！”

在保护文化遗产的感召下，查克定等人成立了查济古建筑保护协会，他们以协会的力量，阻止当地有关部门出卖祠堂。

协会成立时，没有一分钱的运作经费，第一笔钱来自协会成员捐款共计350元，他们制订了不允报销一根香烟，一餐饭和一切不合理开支的财务制度。

但查克定等人观察毁坏严重的祠堂后，发现这微薄的几百元，无力维修破损的祠堂，解决不了古建筑面临倒塌的危险，不得不向泾县文化局申请维修资金。同时动员在外的查济人捐款，在协会老人的努力下，长期破损的二甲祠堂得到修复。

从查天铎、查秉钧到查克定，一个古老的村子一直靠贵族，输送资源维持宗族自我更新、自我应变的生命力！

第四章

童佩与王世贞等官员的君子之交

童佩看到天下独绝的富春江，想起了什么

告别了母亲与奶奶，童佩（1524—1578）跟随父亲童彦清从龙游县码头，踏上了一艘开往杭州的帆船，到苏州、无锡等地，销售他家出版的书。

他穿着一件青布衫、肩背一个小布包，站在船板向富春江沿岸眺望，江面烟雾消散、空气显得很清新，湛蓝的天空飘着白云，似乎向沿岸的居民送来了洁白的毛巾。

扎根在山坡的松柏，经历了无数风雨的吹打，没有给衰老让步，依然在延伸自己的生命，那些突起的巨石，凭借险峻的山峰展示自己千奇百怪的姿态，并极力向上伸展。

攀爬在树枝上的猿猴，互相追赶、嬉戏，不时地扭作一团，发出几声欢快的叫声；从悬崖飞落下来的瀑布，撞到岩石后激起千百朵浪花，像晶莹透亮的宝珠随意散落。

船继续向前行驶，驶过轻烟飘浮的山峰，童佩看到岸边的农田被盛开的油菜花，染成了金黄色，一眼看不到尽头，掩映在树林的村庄，以白墙黑瓦的形象出现，村民靠漫长的农耕，维持与世无争的生活。

这是被豪情奔放的李白、先天下之忧的范仲淹、渴望收复中原的陆游等

人，热情歌颂过的富春江；这是饱受人世艰辛、钟情山水的黄公望，隐居富阳7年，潜心描绘、流传千古的《富春山居图》。

面对山水奇丽、天下独绝的富春江，作为一位书商，童佩要告诉我们：他怎样从经商、积累白银，变成收藏历代书画的文化贵族？他与一批绅士、文人，如何改变那个时代？

2006年7月19日，我从龙游县塔石镇桐冈村支书童仕斌提供的《童家宗谱》发现：元至正八年（1348），童佩的先辈童四珍，为避元朝末年的沉重税费，从浙江寿昌县迁到塔石镇桐冈居住。

定居后，童四珍娶胡氏为妻成家，以耕种、卖鱼、山果、布匹等积累资本，随后他给子孙修建了一些宅院，为家族的兴起提供了物质保障。

前辈为后人，营造了一个桃花源般的世界，奇美秀丽的杜峰山上，似有清雅吉祥之气萦绕，山上盘根交织的青藤向附近村子蔓延，唐朝名士杜如晦曾隐居于此，后人取名杜山。又因绵延的山冈生长着桐树，故取名桐冈。

有一条小河流向桐冈南面的农田，上游居住着翁家，他们民风纯朴与童家和睦相处；下游平地聚居着徐家，与童家相邻犹如唇齿，附近有一座山，长有紫荆花，花开烂漫繁华似锦，山下的村民，过着安稳、自足的耕种生活，忘却了外面浮华的世界。

由于桐冈村西北以杜山依托，山上高大挺拔的樟树在云雾中时隐时现，引来文化人士观赏，古往今来，多少名流人物化作尘土，让后人感慨万千。其中一位诗人以“杜峰钟秀”为背景，题写诗句：

山有名贤姓可珍，云奇当似狱生申。扶兴磅礴今犹昔，何用登攀问古人。

村子后面有一座乐山，热心公益的村民在山上栽种石榴树、柏树，当秋天来临时，落叶缤纷，让游人赏心悦目、流连忘返，前辈以此题有“乐山榴夏”诗句：

乐山行乐比融比，照眼榴花似火红。夏日相看能不厌，都缘身在绿萌中。

村前有一座案山，先辈童谷泉曾建有一座亭子，每到春天，青草萌芽如丝如茵，独自漫步在绿草中、逍遥自乐，何必追忆消失的王侯。前辈以此题写“案山春绿”诗句：

案山遗址旧名园，芳草春来绿有痕。履齿折时游自乐，不须远道忆王孙。

村子东面有一座形状奇异的山峰，先辈童樊在山上栽种青竹并经常修理，抒发自己高洁自清的志向。夜晚一轮明月映照在竹枝，见此情景，容易对世事变化发出许多感叹，前辈以此题有“东山翠竹”诗句：

安石东山不厌游，此间沟壑似水渠。但看修竹多留恋，何必当年王子猷。

根据桐冈的丘陵地形，童家修建了方形、圆形的水塘，当春天冰雪消融、雷声震醒池塘沉睡的鱼虾时，它们纷纷跃出水面，前辈以此题有“池翟春鳞”诗句：

绿树掩映下的宅院，给人一种宁静、优雅的美感

小比陂塘绿映轩，桃花水暖锦鳞飞。看渠活泼从空翟，却腾飞腾过万门。

村子小溪边有杨柳迎风飘荡，不时有黄莺从云烟飞过，发出几声清脆的叫声，划过宁静的乡村，前辈以此题有“柳岸啼莺”诗句：

清泠涧水尧花溪，垂柳丝比覆小堤。雨细烟轻风婉约，绿荫深处啭黄鹂。

村子西边有一栋西楼，那些渴望博取功名的童家子弟，在此潜心苦读，当夜晚明净的凉风吹进书屋，让人在清幽的月夜浮想联翩，前辈以此题有“西楼明月”诗句：

老房子边的水塘，给人一种开阔的空间，美化了村子的环境

西楼夜半读书时，明月穿窗鉴董帷。好向姮娥问消息，秋来谁折最高树。

紫荆山下有一座建于明朝中期的紫荆庵，周围盛开的紫荆花引来各种鸟禽争鸣。清晨僧人敲响铜钟，声音回荡在周围，唤醒了沉睡的村民，紫荆晓钟成为桐冈10景之一，前辈题写“紫庵晓钟”诗句：

碌怀扰比意何浓，月落前山不见峰。梦觉好将人事省，紫荆林外几声钟。

西山隐隐抱烟村，松桧千年盘古根。木落园林萧索尽，独输翠色到柴门。

经过200多年，紫荆庵因风雨吹打和虫子侵蚀出现破损。清嘉庆十六年（1811），童家召集族人捐资修复紫荆庵，春天村民播种时，到庵堂烧香求神灵保佑丰收；秋季收获粮食后，又去庵堂感谢上天降福。

归有光称赞童佩：你把银子变成知识，让更多人创造财富

对于童佩来说，他生活在明嘉靖皇帝统治的时代，他出生的那一年，工匠试制出具有一定射程的火炮，但皇帝不感兴趣，没有把它转化为现代军事装备，每天与一帮无知的道士鬼混，让他们从石粉，研制出长生不老药，保障自己永远长寿，占有王权。

从地理位置看，衢州与安徽、江西、福建交界，南宋时期，定都杭州的帝王，为了统治的需要，调动人力、财力，修通了杭州、桐庐、金华、衢州、龙游，至江西南昌的道路，有利于商人与外界进行商品交换。

另一条水路，龙游商人从码头装船起航，沿富春江将木材、茶叶、布匹、丝绸、纸张、书籍等商品，运到杭州、吴江、苏州、常州、南京等地销售。

嘉兴、绍兴有肥沃的平原，地主靠大规模出租耕地获取粮食，除了满足家庭消费以外，以出售剩余的农产品积累财富，对比龙游分布着山峰、丘陵、河流，耕地稀少，决定了他们要利用富春江、新安江的河流优势经商。

改变贫困的动力，推动龙游石佛乡三门源村叶家、塔石镇童岗坞童家、横山镇儒大门村王家等，沿着乡村小路，穿过田野、丛林、湖泊，到城镇敲开财富的大门。龙游商帮成为中国十大商帮之一，与这批经商的群体有密切的关系。

在商业力量的推动下，童佩在家乡读完几年私塾后，跟随父亲童彦清坐船，沿富春江到杭州、苏州等地，向书院、学堂，以及地主、富户、商人、官

员、学者，推销他家出版的书籍。

一方面，这些城市集中了知识与商人阶层，有利于童佩扩大销量，获取相应的利润；另一方面，他接受过礼制教育，赚钱除了养活家人以外，应该把钱变成一种能量，为社会输送公平正义，让更多人看到希望，实现仁义与利益并重，如果见利忘义，丧失职业道路，损害他人正当权益，那么心中就有罪恶。

他发现，一些富有的家族，把书当做自己的专利，只供家人欣赏、阅读，不轻易外借，形成几代人对知识的垄断，让普通人望而却步。当家庭经济危困时，后人出售珍藏的书维持生活。

现在童佩有资本，收购流失到市场的稀有书本、字画，随着收藏量上升，家中藏书大约有 2 万多册。但他不独占这些资源，敞开大门迎接看书的人，让知识从富户人家走进老百姓家。

童佩是一位书商，却不唯利是图、守着银子睡觉，他会停止追求利润的脚步，在书房内考证书画、碑帖、诗词的来历，并经常与一些文人交流读书、写文章的感想。

他对名利的超脱，与追求博学的风范，得到了当时名声显赫的昆山人、散文家归有光（1507—1571），太仓人、南京刑部尚书王世贞（1526—1590），兰溪人、文学家胡应麟（1551—1602）等人的赞赏。

归有光对童佩说：我发现了一个现象，有些商人挂着读书的招牌，对内却不能提高自己的学识，进入商业，又缺乏职业道德，每天只想着如何谋求名利，显得极为庸俗，虽然您是一个书商，却认真研读古人留下的著作，探寻里面包含的伦理，而且极为专注、投入。

“谢谢您的夸奖，我认为，经商积累财富只是谋生的一种方式，读书、吸收知识、探寻真理、让更多人告别愚昧无知、做有益于社会进步的事，才是人生追求的终极目标。”童佩说。

“我敬佩您除了银子以外，还保持理想的高度，把银子变成知识，帮助更多人致富；有些商人只知将 1 两银子变成 10 两，再扩大到百两，拥有财富后，又只知吃喝玩乐，却不知文化的价值；有些人读书是为了做官，做官是为了凌驾于他人之上，变成一个特权阶层，却不知把权力变成公共福利，提高人们的生产水平。”归有光说。

“我更敬佩您，在没有获得朝廷赋予的官职、未能登上政治舞台的情况下，您以宽广、开放的胸怀，承担了启蒙的任务，几十年如一日，不计名利、不问得失，在乡镇创办学堂、四处讲学，帮助人们分清是非、善恶、礼义，关注老百姓的生存现状，这种强大的正能量，如穿过茫茫黑夜的光亮，指引人们越过荒漠、山谷、田野，把野蛮、暴力转化成文明，维持社会健康运转。”童佩说。

出生于书香家庭的归有光，经历了八次落榜带来的冲击，依然没有磨灭自己报国的理想，不向主管考试的官员送礼，请求给予照顾，不巴结有权势的人物，缩短通向功名的距离。

他在嘉定安亭镇居住时，妻子王氏为了让他安心读书、研究、取得功名，以积蓄的银子购买了 40 多亩田，指挥仆人耕地、播种、浇水，收获的粮食能保障家人不受饥饿的威胁。

在承受了慈祥的奶奶、忠厚的父亲、善良的妻子先后去世的悲痛，度过了人生艰难的时期后，嘉靖四十四年（1565），归有光在 60 岁时盼来了中进士的喜讯，皇帝批准他到浙江长兴任知县。

到长兴后，他发现：前任知县为扫除盗贼、树立政绩，不以事实为依据、不以证据作判断，凭感觉抓捕嫌疑人，制造了一批冤假错案，不仅没有给人们带来安全感，反而造成人心惶惶。

每个冤案的背后，是一个无处申冤的受害者，在等待恢复人身自由；是一个被强权离散的家庭，在等待亲人平安归来，如果不能及时纠正，将会制造新的冲突、仇恨。

他顶住压力，发起了纠错行动，让无罪者得到释放，犯法者必须得到惩罚，只有主持公道，才能让司法的阳光，公平地照耀到每个人身上。

来自兰溪的胡应麟，是一名举人，曾跟随做官的父亲游历名山大川，结识了一批志趣相投的文人，对官场失望后，他返回家乡，修筑书房，藏书达到 4 万册。

兰溪与龙游相距比较近，胡应麟与童佩交往密切，他参观童佩的书房时发现，书架上陈列了历代的历史、经文、诗集、书画，而且有许多秘籍珍本，上面留有看书写的体会、感悟。

“您把经商得到的金银转化为书籍，最终你从知识得到的财富超过了白银，并让其他人分享知识带来的果实，这是您人格升华的体现，大家应该向您学习。”胡应麟以赞赏的口气说。

“如果我们不能把银子变成知识，让更多人有能力创造财富，并提升个人的品质，仅代表自己拥有房子、票子、位子、车子、耕地，那么我们追求财富只体现个人成功，却不代表社会进步，如此下去，财富造成的巨大差距，又会制造出罪恶、失败，演变成社会的灾难。”童佩以谦虚的语气说。

可以说，对道义的认同，激励童佩、归有光、王世贞、胡应麟等贵族走到一起，保持君子之交，他们有一个共同的背景：出身于书香世家，拥有一定的财产、学识，以读书、藏书、写作、书法提升自己的品质，不为权势、金钱改变自己的信仰。

您以天下为公，国家以您为荣

童佩在无锡销售书籍期间，到太仓弇山园拜访过王世贞。

来自名门望族的王世贞，拥有一个显贵的家庭，祖父王倬、父亲王抒（1507—1560），分别于明成化十四年（1478）、嘉靖二十年（1541）中进士，他们先后从一般官员起步，直至升为掌握兵权的部级高官。

继承先辈的志向，明嘉靖二十六年（1547），王世贞通过进士考试，为家族创造了三代人中进士的荣耀，经过 20 多年奋力追赶，他从刑部一名科员，不断升迁，直至登上了南京刑部尚书的位置。

王世贞的学识、品质是一笔无形资产，发挥了引领文化贵族的作用。嘉靖三十一年（1552），他与取得了进士功名、获得官职、有作为、有抱负、意气相投的李攀龙、宗臣、梁有誉、徐中行、吴国伦、谢榛，相会北京成立诗社，结成江南七子。

通过诗社，王世贞创造的诗词、戏剧在官场、文人圈流传，树立了他才华横溢、勤奋好学的美誉，吸引参加科举考试、进入官场、渴望获得支持的青年官员，团结在他的周围。

他们意气风发，才高气盛、自我标榜、以诗社形成一个有影响力的文坛群体，幻想以自己的智慧，改变天下百姓的苦难。

七子之一的吴国伦（1524—1593），出生于湖北阳新县浮屠镇吴智村，嘉靖二十九年（1550）中进士，先是协助皇帝处理机要文件，传达各种指示。如果他不得罪严嵩，凭着他的实干与机遇，可能有一个升迁、掌握实权的平台，实现为民办事的愿望。

嘉靖三十二年（1553）刚任刑部员外郎才一个月的杨继盛（1516—1555），联合其他正直的官员，向皇帝递交了一份报告，控告严嵩以权谋私、任人唯亲、结成帮派、诬告他人、制造冤案、侵吞公款等十大罪行。

这份报告列举的证据比较充分，十分切中要害，对严嵩极具有杀伤力。可惜的是，他哪里知道，皇帝把严嵩当成自己亲密的朋友，并提供了最大的保护伞。

严嵩借皇帝的名义传了一道圣旨，指挥亲信抓捕杨继盛，先是毒打他100板，让他品尝专政带来的待遇，逼迫他悔过自新，与自己站到一起。

但杨继盛没有向暴力举手投降，靠道义战胜罪恶的信仰，支撑受伤的躯体，在监狱坚守了两年。不过，严嵩不会给他继续抗争的时间，向皇帝发了一份请示，就让刑部结束了他的生命。

这是为冲破专政的大门，捍卫正义、希望铲除腐败流的血！这是不经合法程序审判，不经当事人申诉，由集权处置流的血！这是驱散黑暗、暴力，保持人格独立流的血！这是流向乡村、田野、流向中华大地，呼唤民主、法治的血！

面对这血，王世贞不由得发出呼喊：杨继盛，您以天下为公，支撑了大明帝国的稳定，国家以您为荣，又以您承受不白之冤、付出了宝贵的生命，感到莫大的损失与悲痛！可惜君王不理解您的一片赤诚之心，还没有将作恶多端的严嵩送上审判台，但您丹心如日月照耀、浩气长存、名留千古，值得我们每个人学习、敬仰！

于是，王世贞与吴国伦冒着危险，购买棺木安葬杨继盛，并筹集资金救济他的妻子、孩子，让受害者家属得到安慰。

这无疑向严嵩发出了一个强烈的信号：我们不愿与你同流合污，即使你拥有通天的权力，我们也要抗衡到底，决不让你的阴谋得逞！

严嵩对他们的举动看得一清二楚，心想：我欣赏你王世贞的才能，但我掌握了仅次于皇帝的权力，决定着你的政治前途，如果你能为我所有，不唱反调，那么我创造机会让你升迁，共享王权带来的荣华富贵，否则，你不与我合作，反而对抗我，揭露我的黑幕，那么我有什么理由不打倒你？

与老谋深算、阴险狡诈、深得皇帝信任的严嵩相比，王世贞显得比较纯真、忠厚、儒雅，对官场的生态环境认识不深，以为忠实履行职责、保持清廉，就能得到皇帝的认同，却不知危险正向他逼近。

嘉靖三十八年（1559 年），王世贞的父亲驻守栾河时，敌军突破防线，消息传到北京，严嵩觉得反扑对手的机会到了，以失职等罪名，将他父亲投进监狱。

对于王世贞来说，维护孝道比做官更重要，即使舍弃自己的生命，也要营救父亲，否则，不忠不孝，做官有什么意义？

怀着这个想法，他辞去官职，与弟弟王世懋急匆匆赶到北京，站在严嵩家门前发出了一个诚恳的表白：我父亲作为朝廷的忠臣，为保卫国家与人们的生命安全，曾带兵防守浙江、山东、山西、河北，多次击败强盗、敌军的进攻，几十年如一日坚守岗位、毫不松懈，承担了应尽的职责，应该得到公正的对待，请求您宽待释放我父亲，我们愿意代父受罚，这是作为儿子应尽的忠孝！

一连站了几天，兄弟俩人的真诚没有换来对方的回应，严嵩依然冷酷无情、闭门不见，他背后有皇帝支持，随时能将威胁、不听自己调配的对手，给以毁灭性的打击。

皇帝为什么不宽待王世贞的父亲，反而纵容严嵩行凶作恶呢？他想：我与严嵩相处了 10 多年，他一直忠诚于我，没有发出反对我的声音，维护了我至高无上的权威，身边需要这个打手执行我的意志，而他想清除的官员，可能也是不听我话的人，有什么理由不相信严嵩的判断？

有了这种逻辑思维，皇帝接到严嵩递来的处决名单，当然不看是否合法，也不派人核查真相，作为对严嵩忠于自己的回报，他签下了批准二字，刑部接到命令后，处决了王世贞的父亲。

剥夺一个生命的过程就这么简单，这就是王权体制的游戏规则。

昨天父亲还是朝廷的忠臣，今天就变成了刀下鬼，血淋淋的事实呈现在王世贞眼前，他怎能接受？悲愤涌上他心头，又能向谁诉说这莫大的不幸？刹那间，他看到了残酷的政治斗争、看到了王权体制的罪恶、看到了一个黑暗的朝廷，不可能有公正廉明！

安葬父亲后，他履行一个孝子守墓的义务，陪伴他的是悲伤，悲伤又在狠狠地撕咬他的心，要求他勇敢地站起来，擦干眼泪，以扫除邪恶的名义，举起复仇的利剑，刺破严嵩建立的腐败集团。

苦苦等待8年后，迟到的正义到来了，明隆庆元年（1567），也就是严嵩去世的这一年，王世贞向皇帝递交了申诉书，终于为父亲平反、恢复政治名誉。

以后，他得到皇帝任命，先后去浙江、山西、广西、湖北等地，出任监查官员、财政、司法的职务，秉承做一个忠臣、造福于当地百姓、履行义务的职责，向朝廷提出加强边防、开垦荒地、降低人们负担的建议。

由于政见不合，王世贞遭到掌握臣相大权的张居正排斥、打击，被罢官。

童佩拜会王世贞，他们批评皇帝不作为、官场形成黑帮化

回到家乡后，王世贞没有消沉、虚度光阴，家族拥有房产、白银、耕地，以及几万册书，能支撑他保持优雅、开明、包容的贵族风度，不需要官位，能找到一个实现理想的舞台，那么他还有什么担心？

他出资购买70亩土地，按自己的意愿设计：分为东、中、西三个区，以三座假山、湖泊、水池、亭子、藏书楼构成，以花朵、水流、月光、细雨、白雪、春风、夏凉、秋艳，呈现园林不同的绝胜美景，并请有名的工匠张南阳精心装修，取名为“弇山园”。

得知老朋友童佩来访，王世贞异常高兴，他头戴一顶软面黑毡帽，身穿浅黄色的绸缎长衣，站在门外迎接。

“我盼着您早点到来，您来了以后，我们能海阔天空、挥洒自如、任意畅谈，激发我的思维像江水奔流，把我带回到充满梦想的青春时代，重新点燃生命的火焰！”王世贞握着他的手说。

“谢谢您的接待，我有那么大的作用吗？我想从您修建的园林，看到您穿越险恶的官场、追求名利、经历得失后，对人生还有什么期盼，是否还保持着

理想的高度?”童佩说。

从弇山园外部环境看，一条小溪沿园林流向田野，岸边有一排杨柳，南边分布着肥沃的农田，秋天成熟的稻谷如黄色地毯展开，给视觉带来一种美，西边有几座古墓，被青翠的松柏环绕，旁边有一座青瓦红墙的关帝庙，引来村民烧香祭拜，祈求神灵保佑。

他们从大门走进去，一个碧波荡漾的湖泊出现在眼前，湖水清澈，能看见下面的石子、细沙，甚至鱼虾游动，几只鸭子来回游，把平静的湖面划出几道波纹。

春风染绿了湖边低垂的杨柳，它们抽出了细细的嫩叶，迎风招展，像少女那样，展示自己多姿的身材。

从湖边弯曲的石板路走过去，对面有一座八角形的亭子，斗拱向外伸展，窗板涂上了红色油漆，里面摆有红木桌子与椅子，客人到来后，一边品茶、交流、一边欣赏湖景，或拿起渔竿垂钓，任由时光自由溜走，给心灵一个宁静、忘却名利的空间。

亭子周围，绿草如茵，它们吸收着春雨带来的养分，以洁净、鲜绿的形象迎接客人到来；旁边立着一块奇形的镂空假石，像一位老人遥望远方。

走廊一块石碑有唐朝书法家褚遂良刻的《枯树赋》：昔年种柳，依依汉南。今看摇落，凄怆江潭。树犹如此，人何以堪。

过去前辈在汉江南边种下柳树，曾经柳枝茂密迎风飘扬，多年以后再看到时，它们已经枯萎飘落，像江水一样流走，让人感到无限悲凄，枝繁叶茂的树要凋零，人也会从青年走向衰老。

越过草地，有一栋两层楼的房子，大堂有一个四合院，栽种梅、桃、兰、桂、竹子，一年四季飘散着芬芳，体现了主人保持洁身自好、卓然独立的风格。

窗板上有福寿、喜庆、下棋等精细雕刻，呈现灯下阅读、骑马进京参加考试、获取功名后，被父老乡亲们热情迎接、庆贺的隆重场面，表现了读书人的优越感。

大堂二楼有一个藏书楼，书架上摆满了各个朝代的著作，如《周易》《春秋》《左传》《汉书》《三国》《宋史》等，这些典籍把人带回到遥远的历史中，去回味那波澜壮阔的画面。

王世贞将他带到二楼书房坐下来后，一边喝茶，一边叙谈各自对时局变化的看法。

“您在朝廷为官20多年，看到了威严无比、居天下人之上的皇帝、出入宫殿的文武百官，他们围绕王权经历了荣辱与悲欢，权力让他们迅速升起，也让他们猛然坠落，最终除了空头名声以外，对提高老百姓的生活水平、消除贫富差距，没有任何帮助，对此您有什么看法?”童佩品了一口茶问。

“一个国家是否强盛，与一位皇帝的执政思维有紧密的关系，明朝自朱元璋开国以来，至嘉靖、万历，没有选择以工商业推动国家富强的战略，一直以小农经济维持帝国的稳定，我们遇到的嘉靖皇帝，缺乏学识、品质，无能、封闭、极端自私独裁，这是明朝所有皇帝共有的特征，他们让品质极其低劣的道士、太监、贪官，代表自己发号施令，我们这一代人的不幸在于，遇到这批人后，无法施展治国的抱负。”王世贞说。

“您分析得很对，我作为一个书商，深知商业带来的利润超过了农耕，除了养家以外，还有钱藏书、研究书画，并支持孩子读书成才，如果皇帝树立工商业为主导的执政思维，鼓励人们不再守几亩薄田，以经商积累资本，有钱接受教育，获得更多实现理想的机会，有利于一个家庭、一个乡村、一个城市、一个国家走向繁荣。”童佩说。

“您的愿望非常美好，但皇帝的执政思维，不从维护人们利益最大化出发，他从政治上控制亿万人，从经济上源源不断地占有老百姓上交的果实，他变成了世界最富有的人，天下百姓却变成了最贫穷的人。所以做一个正直、有良知、有作为的官员，得不到正常的提拔，面临不可测的巨大风险，相反做一个顺从、吹捧、投其所好、维护皇帝面子的官，职务不断上升。”王世贞说。

“您对严嵩的发迹有何看法，为什么他毫无作为，却得到皇帝的信任，掌握臣相大权，操纵王权20多年，导致一大批有能力的官员惨遭打击，形成了仅次于明洪武年间，最黑暗的统治时期?”童佩问。

“严嵩是王权体制创造的产物，他时常揣测、迎合皇帝的想法、意图，当严嵩满足了皇帝的精神需求时，作为交换，他必然要把官位、金银赏给严嵩。

通过交换，严嵩的官位与财富，得到了爆发式上升。为维护这种特权，他必须借王权打倒一切反对、阻碍、不利于他占有权力的人士，所以不服从的官员，成为他谋求政治地位的牺牲品。”王世贞说。

“通过您的分析我看到，皇帝与严嵩等官僚，严重扭曲了正常的行政功能，形成了黑帮化的官场生态、黑帮化的社会结构，不利于商业种子萌芽，不利于人们遵纪守法，走勤劳致富的道路，导致许多人无力改变贫穷的命运，又丧失对国家的认同，对皇帝的统治极为有利，对亿万劳苦大众，却是一个漫长的黑夜！”童佩发出了感叹。

“在王权体制下，皇帝就是最残暴的黑帮头子，他把国家一切资源，变成巩固权力、牟取暴利的工具，他收到老百姓交的粮食、金银、布匹等，在不断增加，但依然维持一个落后的农耕国家，治理能力不是上升而是下降，老百姓的生活水平没有明显提高，反而继续恶化。直至皇帝不能维持时，帝国就拉开了走向灭亡的序幕。”王世贞说。

“我发现了一个违背社会进步的现象，从西周开始，至汉、唐、宋、明1000多年以来，历代学者、官员，建议君王以仁义忠孝治国，但深厚的仁义资源，没有推动帝王开启自由、平等的大门，反而让专政的围墙变得更加坚固，人们的权利没有得到保障，反而面临更大的风险，您怎样看待?”童佩发出疑问。

“经过历代文人的修补、包装、美化，仁义忠孝变成了一件精美的礼品，外表看起来极其华丽、美观，但皇帝把它当做装饰品，欺骗了全体国民，为什么？权利不对称，要求所有人忠于他，却不为公众提供最大福利，形成王权主导的暴力经济，不受监督的权力必然会转化成暴力，阻碍所有人实现正当权利，所以在王权的暴力面前，忠孝像一只温顺的绵羊，对帝王不起任何制约作用。”王世贞说。

王世贞退隐园林，仍然保持理想的高度

随着交谈的话题越来越深入、展开的角度越来越开阔，童佩与王世贞谈得越来越投机、兴奋，为了放松一下紧张的神经、活跃气氛，王世贞把他带到二

楼走道俯视全园，并向他描绘了园林营造的意境。

每到花开的季节，王世贞与友人漫步在花丛，园内鲜花尽情绽放、争奇斗艳，伴随一阵轻风，芳香飘散到园林各个角落，让人如醉如痴、流连忘返。

◉ 想当年王世贞向皇帝辞职后，以修园林、与朋友聚会、写诗抒发情怀等，保持一个贵族的独立人格

到了傍晚，他让家人炒几个菜，一边与友人痛快对饮，一边尽情交流天下大事。喝醉后，忘却一切烦恼、忧虑，自然进入梦乡。

遇到雨天，他站在楼台上，欣赏细雨飘飞、烟霏云漫、恍惚如梦的景象，雨水像一个不需要付工钱的清洁工，高效简捷地把屋顶、窗台、树林、草地上的灰尘，清扫得一干二净。

当一轮明月照映到园林，他沿着小路散步到湖边，月光投影在水面、波光闪耀、晶莹清澈，构成清雅别致、飘幻如梦的画面，一条鱼跃出水面发出的哗啦声，显示四围万籁俱寂。

在宁静的夜晚，王世贞披着淡雅的月光，远离那个浮华、拥挤、虚伪的都市，悠然地向一个充满灵气飘逸的乡土世界走去，寻找一个真实的自我，感受精神的飞跃。

早上，一轮旭日照耀到窗前，小鸟传来的叫声，像免费的闹钟把主人唤醒，推开窗户，呼吸几口新鲜的空气，仰望远处云烟缭绕的山峰，给生命一种新的活力。

从《山海经》，王世贞读到一个令他神往的传说：弇州山上栖息着一只长有五色羽毛的大鸟，喜欢仰天长鸣，仿佛想把亿万人从沉睡的黑夜唤醒，去开辟一个没有压迫、没有剥削、充满光明、自由、平等的世界。

面对这个传说，他浮想联翩：那只鸟在弇州山鸣叫了许多年，周围又是茫茫荒漠，也许山上有仙人居住，没有人与人之间的挤压、排斥，能逍遥自由，这个世界让他向往、仰慕，像那鸟延长800年。

“您创造了一个充满诗情画意的居住空间，为生命找到一个理想的归宿，这是许多人经历社会动荡、个人权益得不到保障，无法施展才能、失落后，梦想的桃花源，让人来了以后不想离开。”童佩赞叹。

“从杨继盛到我父亲等人，为国立下功劳，却得不到皇帝的重用，反而含冤倒在血泊中，给我留下了巨大的创伤，他们的血我向提出一个疑问：难道上天不惩罚罪大恶极的人？难道行善积德的人，得不到公正的对待？所以我回到乡村，修筑这个园林，给生命一个医治、休整、反思的空间，重新聚集能量后，再次扬起济民救世的旗帜！”王世贞说。

“您告别官场回到乡村后，还要达到什么目标？在昏庸皇帝与无能官僚主政的时代，您还能实现什么理想？难道您还没有看透人生？”童佩带着疑惑问。

“嘉靖皇帝迷信鬼神，几十年不上朝处理公务，能为老百姓消除贫困、带来福利吗？历代皇帝是反智慧、反理性、反科学、反民主的代表，不让知识越过皇宫的围墙，输送给亿万人。但乡村、集镇、县城，还有许多人一字不识，给我们提供了办书院招收学生、传播知识的广阔空间，我有三万多册书，如果让每个人看一本，就能让三万人受益，因而我们要保持理想的高度！”王世贞以乐观的语气说。

“您年轻时，热血沸腾、激情澎湃、志向高远，有乘长风破万里浪的豪情，渴望成就一番大事业，不愧对江东父老的期盼，经历那么多的打击后，您的人生观发生了什么变化，有什么感悟？”童佩问。

“一方面，面对王权释放出来的暴力，我们不容易实现富民强国的理想，我们只能退一步保存生命，寻找其他突破口；另一方面，我们回到园林，不自暴自弃、熄灭自己的志向，在精神世界保持超脱升华，既然社会存在丑恶、贫富不均，还有人在贫病交加中挣扎，那么我们要发出批评的声音，清除隐藏在社会肌体的毒瘤。”王世贞说。

王世贞为《本草纲目》写序言，成就一部划时代的著作

生前，王世贞在官场积累的政治资本，以及在藏书、诗词、书画、戏剧等

方面树立的影响力，吸引苏州、无锡、常州、嘉兴，以及其他地区的文人、学者，纷纷涌到太仓拜访他，请他给予提携、支持。

对于他们的请求，王世贞来者不拒，慷慨相助，尽可能帮对方实现建功立业的愿望。

明万历七年（1579），李时珍（1518—1593）携带消耗他大半辈子心血完成的《本草纲目》，从蕲春坐船沿长江行驶，10 多天后他在南京上岸，先找一家旅馆住下，再去各大出版社拜会负责人。

李时珍想起了太仓人、万历元年（1573）任湖北按察使的王世贞，曾与他有一面之交，请他为这本书写一个序言，以提高它的影响力。怀着一线希望，李时珍于万历八年（1580）坐船到太仓，对于他的来访，王世贞张开双手热情迎接，让他在家住了几天，倾听他如何呕心沥血写完这部著作。

“我从 1565 开始，为分清药物的功能、消除前人留下的误差，到庐山、黄山、九华山、大别山、武当山、牛首山等地调研，并跨过长江、黄河，采集药材、处方，走访了农民、渔民、樵夫、药师、车夫，通过现场调查、核实、判断，我获得了大量第一手资料，对完成这部药典极为重要。虽然我 30 年以来，经受风餐露宿、日晒雨淋、劳累不堪，甚至还有生命危险，没有得到一两银子的回报，但我自豪的是，做了一件前无古人、后无来者、利在千秋、惠及亿万人的大事！”李时珍激动地说。

“您背着药箱探索中医原理的时代，正是嘉靖皇帝不信科学却迷信鬼神，在皇宫与道士一起从水银、丹砂提取长生不老药，浪费千百万纳税人的钱粮，得到的却是一堆毒害身体的废渣，这是一个多么巨大的讽刺！不同的是，您冒着危险走遍山川，品尝百种药草，用科学的方法，证明一种药物的特征、功能，如何消除疾病，我对您取得的成就，表示由衷的敬佩与赞赏！”王世贞说。

虽然王世贞承诺写序言，但他没有立即动笔。一晃过去了十年，也就是万历十八年（1590）正月十五，他怀着激情，写了一篇高度赞扬李时珍博学多才、锐意进取、突破创新的序言：

“我从古书发现，龙泉宝剑发光，就知道这利剑来自哪里，从珠宝的光泽判断这是上清珠，以后全面了解事物的有张华、擅长分析文字构造的首推嵇康、识别宝玉的要看倚顿，但这些人比较稀缺。”

“从湖北蕲春来的李时珍，有一天到弇山园拜访我，他脸上透露出刚毅之气，身材清瘦，以富有激情的神态，介绍了他越过高山峡谷，收集药材、配方、考证药物原理的经历，可以说，他是一位举世无双的英才。”

“他从行李里取出几十本《本草纲目》，以谦虚的语气对我说：我是蕲春人，童年时，因缺乏营养，身体比较虚弱，又容易生病，长大后，虽然不是很聪明，但我喜欢读经典著作，如同吸收到甜蜜的果汁，以后广泛阅读各方面的书，如历史、诗词、传记、经文、中医、看相、地理等，并写出自己的感想。”

“自古人完成《神农本草》以来，经周、汉、唐、宋、元至明朝，不断有人对这本书进行解释、分析，但我发现，他们没有到现场深入调查研究，只作重复、简单、低层次的说明，没有改变药名混杂、功效误差、药方遗漏等问题，而且比较多，如果不及时进行修正、增补，那么可能会误导医生开处方，危害人们的身体健康。”

“作为一名医生，我有责任证实药品的功能、纠正不正确的配方，指导患者对症下药，有效消除病情，减少不必要的伤亡，为实现这个目标，我立下一个宏大的志向，排除万难，打破古人沿袭千年、不科学的药物分类法，重新编写一部清晰、准确、实用的药典。”

“为此，我经历30年奋战，阅读了800多本相关著作，并研究了他人的观点，前后三次修改书稿，删除了不必要的章节，增加了一些被遗漏的药方。旧本列举了1518种药草，我修订后增加了374种，分52卷，取名为《本草纲目》。”

“虽然这部书稿离中医药之大成，还有一段距离，但收集的药材、配方、用途等比较齐全，统一了名称，消除了前人留下的失误，有利于病人合理用药、高效康复、节省医疗费用。”

“您从政多年，又在文坛树立了很高的声誉，结识了各方面的朋友，我请求您为这本书写一个序言，让它借着您的名声传向五湖四海，帮助千百万患者告别疾病，实现拥有一个健康身体的梦想！”

“听完他的表述，我收下稿子仔细阅读，里面记载的药草、配方都有名称，附有纠正药物误差的解释、来源，对每个药草的产地、形状、气味、功能，作了详细的介绍，让人仿佛走进了石崇的石谷园，感到耀眼夺目，像跨进龙王的宫殿，看到了奇珍异宝，又如冰壶玉镜，能数清每一根毛发。”

“这本书的内容广博却不杂乱，细致却突出了重点，既站在一个高度作全面的考察，又对药草的功能作深入的分析。我不禁发出疑问：难道只能从治病救人的角度看这本书吗?”

“我认为，作者编写《本草纲目》，对生命与自然界的关系，作了最精华的论述，是一部探寻事物真相的《通典》，可以指引帝王按科学规律执政，应该成为老百姓收藏的宝物，包含了李时珍尽力给人们提供最大的实惠。”

“这个世界有美玉与砂石，有真实与虚假的区别，有时互相冲突，让人分不清真假，给人们带来了很多疑惑，因而要认识织女如何用支机石，可能要向算命的严君平请教。”

“我正在写一部反映人士风情的著作，担心以后认识古物的人越来越少，但我看到《本草纲目》，感到异常幸运、欣喜，因而不能让这本书沉睡在深山乡村，应该迅速出版，让它越过千山万水，供天下人分享，如扬雄研究《太玄经》那样认真阅读!”

又经历几年等待后，万历二十二年（1596），也许是王世贞这篇序言发挥的影响力，南京出版家胡承龙慧眼识珠，派工人加紧印刷《本草纲目》，一部凝聚了李时珍智慧的巨著，终于走向公众。

它标志着科学的女神，正在冲破16世纪王权对知识的垄断，向探索人与自然的关系、寻求真理的时代挺进!

遗憾的是，此时，李时珍已经离开人世三年，没有看到散发着墨香的书，更没有得到一分钱的报酬。但他应该感到欣慰，400多年以来，这部书反响巨大，称为“东方医药巨典”，成为学中医的必备书，一版再版，长销不衰，它折射出的科学光芒，驱散了环绕在人们头上的无知，为帮助亿万人摆脱疾病，发挥了不可估量的作用。

童佩结识太守韩邦宪，双方如同良师益友

与有学识、有道义的人交往，成为童佩获取知识、提升精神境界的一个重要选择，即使失去赚钱的机会，也要如期而至。

江苏高淳凤桥人韩邦宪（1541—1575），出生于一个书香、官员家庭，父亲韩叔阳于嘉靖二十六年（1547），为家族带回了第一个中进士的桂冠，官至副省级。

以父亲为榜样，十年以后，也就是嘉靖三十七年（1558），韩邦宪18岁中进士，创造了当地最年轻进士的纪录。知识变为官位的奇迹还在出现，他弟弟韩仲雍万历三十二年（1604），名列进士榜，韩家诞生三位进士的美誉，成为高淳人的光荣与自豪！

刚开始，朝廷派韩邦宪负责清查土地，阻止富户、地主，随意侵占农民的耕地。因政绩突出，官职得到了提升。

父亲去世后，他回家料理丧事、守孝。期间他发现：农民租官方、地主的田种，因土地贫瘠、产量有限，交租后剩余的粮食难以维持家人生活，遇到灾荒，不得不逃荒。

他想：我是一个有产阶层，又掌握了一定的权力，但成长在乡村，农民终年忍受风雨辛勤耕种，只能勉强糊口，自然灾害或人祸，会给他们带来难以承受的打击，甚至造成家破人亡。作为一个官员，我有责任避免悲剧发生。

怀着为民争取权益的美好想法，他向知县、地主说：你们帮农民降低租谷，让他们生存下去，才能给你们带来收益，否则，你们继续加重负担，导致农民无力耕种，就会危及你们的收入。

韩邦宪的政治地位与威望，以及存在的利害关系，他们不可能不认真考虑，权衡后接受建议，为农民减免了一些租谷，创造一个双方都能生存的环境，有利于各自获利。

爱好读书、写诗词、散文的韩邦宪，有一次在一家旅馆与童佩相逢，发现对方喜欢历史、经书、书画，与自己的兴趣非常接近，因而两人一见如故，各自发表不同的看法。

“认识您很高兴，您是一个书商，为什么对历史、书画、诗词等感兴趣，而且涉及的领域很广泛，有许多独特的见解，显示您博览群书，好学上进、追求卓越，对比其他商人只顾赚钱，没有时间，也没有动力读书。”韩邦宪说。

“谢谢，我结识您如同找到一位良师益友，受益无穷，我童年时，家庭缺乏收入，为生活所迫，跟随父亲到外地经商，经济好转后，我坚持自学，大量阅读名家著作，并拜归有光等人为师，在写诗、书法、研究经史等方面，得到他们的细心指点。我想一个人过上温饱生活后，要多读有价值的书，以知识开启自己走向创新、突破、超越的大门，如果金钱不在提升一个人的学识、品质、理想得到体现，那么金钱就会让人变得贪婪自私、扭曲人格、变得丑恶，不仅不会造福人类，而且会危害他人。”童佩说。

“您分析得非常精彩，当今像您这样经商有钱后，仍然把读书放到重要的位置，注重自身修养，并给他人提供成才机会的人太少了，大部人有钱后，几乎不读书，满足于吃喝玩乐，素养极低，言谈举止粗俗不堪，既不对他人负责，又不维护公共利益，造就了一个被金钱异化的痞子群体，对社会极为有害。”韩邦宪说。

由于双方互相欣赏，又谈得比较投机，他们相约下次会面再谈。

万历三年（1575），韩邦宪调到衢州任太守，因仰慕童佩的学识、人品，到龙游桐冈村拜访他。乡亲们长年在山村耕种，几乎没有看见过官员来访，出于好奇都到童佩家看韩太守来干什么。

他们以为，对于这位贵客，童佩会请厨师办一顿丰盛的酒席，并请有名望的人士陪同，给这位官员留下一个热情、隆重接待的印象，便于以后拉关系、走后门。

这是龙游桐冈村的一棵古树，它仿佛在默默诉说，童佩等人在那个农耕时代，如何以经商、读书振兴家族

出乎他们意料之外：桌子上没有出现精心制作的东坡肘子、红烧鲤鱼、气蒸圆子、瓦罐鸡汤等，只摆了几碗小白菜、萝卜、豆腐等，以及当地作坊生产的一瓶白酒，仿佛是与普通人一起吃饭。

再看场面，童佩与韩邦宪像久别的朋友那样亲密，一边喝酒，一边随意交谈，一切显得那样平淡、自然、真实。

“我初到衢州任职，不熟悉地方风俗习惯，以及老百姓需要得到那些帮助，请您指点，我应该先从哪里开始帮人们办实事，让他们减轻负担、提高生活水平?”韩邦宪问。

“您来得正好，衢州人需要您这样有责任、有作为的官，当地大部分是丘陵，平地比较少，地主、富农占田多，加剧了人多地少的矛盾，又因灾害袭击，给许多人造成了经济损失，甚至还有人等米下锅，需要您合理分配土地、调集粮食救济灾民，并筹集资金办学，让老百姓分享您执政带来的成果。”童佩说。

“您提出的建议与我不谋而合，我上任后，发现一些寺庙、富户、商人，利用他们拥有资本的优势，兼并农民的耕地，造成失地农民增加，扩大了贫富差距，引发阶层之间的冲突。为此我采取措施，敦促他们将多余的耕地让给无地农民种，把一部分官田分给贫农，向上级申请减免灾民的赋税，并开仓放粮。”韩邦宪说。

“您做得很好，有您主持公道，给当地输送公共资源，衢州人就能摆脱不应该承担的沉重负担，消除过去积压的矛盾，让老百姓过上期盼已久的好日子，为此我向您表示感谢。”童佩说。

“谢谢您的理解，这是我应该承担的职责，我发现您过着俭朴的生活，是缺乏收入来源吗？您有什么困难尽管提出来，我尽力帮您解决，请不要客气。”韩邦宪问。

“谢谢您的关照，我经商多年，积累了一定的资产，修建了住房、还有10多亩田，能过上小康生活，我们祖先有规定，后人有钱，要勤俭节约，不可铺张浪费，否则，消耗家产，走向败落，会连累妻儿老小，所以我遵守祖辈的教导，不张扬、不浪费，过节俭的生活。”童佩说。

听到这纯朴的表白，韩邦宪暗自惊叹：我到衢州当官，需要一大批像童佩这样，勤俭持家、遵纪守法、有品质、维护公众利益的人，协助我维持地方公共秩序。如果向皇帝申报，把他作为一个讲仁义的典型，赋予“模范公民”的政治荣耀，就能激励更多人向他学习。

但童佩不想给人们制造一个错觉：我结识了韩太守，就要攀龙附凤，把他掌握的权力资源，变成我的经济资源，以请客送礼、互相拉拢、利用，形成一个特权集团，损害公共利益。我有房子、耕地，能过体面的生活，又接受了忠孝为上的教育，为什么还要谋取虚名、搞恶性竞争、加剧人与人之间的对抗、仇恨呢？如果只有政治等荣耀才能诱惑一个人做诚实守信的公民，那么人们就会披着虚伪的外衣，制造更大的虚假、欺诈、阴谋、罪恶，因而他婉言谢绝了韩邦宪的好意。

"您达到了许多人难以实现的境界，与您相比，有些人千方百计要一个职称、搞一个荣誉称号、树一块牌子，他们用这些资源换来了票子、房子、位子，却不承担公益责任，依然争权夺利、互不相让，搞得家庭、邻里、同事、阶层之间的关系极为紧张，收入增加后，却没有安全感。"韩邦宪说。

一个是有资产依然保持独立人格的商人，一个是取得了功名、想为公众谋利的官位，他们不知不觉地从中午谈到下午，直到晚霞染红了西天，韩邦宪才与童佩握手告别。

按照做官为民办事的理想，韩邦宪调动政治资源，为衢州人减轻了许多经济负担，缓和了阶层之间的对立，不幸的是，上天给他的时间比较少，不久便因病去世。

得知亲密朋友去世后，童佩不顾年老体弱，穿着孝服到灵堂，面对他的遗像三鞠躬。

对于这位两袖清风的官员，当地居民纷纷来到灵堂悼念，并自愿捐银子给他办葬礼，韩邦宪的弟弟韩邦本说：谢谢各位父老乡亲的支持，您们的心意我领了，但这钱我不能收，否则，有损我哥哥的名誉！

出于对韩邦宪的感恩之情，居民还是自发募集资金，为他树立铜像、修一座祠堂，让子孙后代永远对他表示深切的怀念。

以勤奋、节俭、忠诚体现爱国

作为一个贵族，童佩回到乡村后，不仅盖几栋宅院、提高家人的生活水平，还将一部分田捐给贫民，让他们有田可种，维持一家人生存；以出租耕地得到的收入，创办学堂，让贫寒无钱的子弟跨进学校。

为让族人祭拜祖先、强化血缘关系、实现互相帮助，童佩联合其他有资本的族人，筹集资金修祠堂。并立下规矩：每年冬至前 3 天，看护人必须打扫祠堂。祭祖时，全体成员着装要整齐，由一名子弟高声诵读家训：

作为父母，要明察是非，不能徇私偏护一方；作为子女，必须孝顺父母；作为丈夫，不能听信妻子的挑拨，伤了家庭和气；作为妻子，必须敬爱丈夫，不能丧失礼节；作为兄长，必须爱护弟弟；作为弟弟，必须尊敬兄长；作为族人，不得损害宗族的公共利益。

最后，主持人命子弟诵读遵守忠孝的故事才能退出。

如果在祭祖过程中，子孙有失礼节、不敬重或随意离开，负责人要罚他面对祖宗的牌位跪拜。

如果管理祠堂的首领，公正办事不徇私情，那么他去世后，可以把他的牌位放到后堂，与始祖一起被子弟祭拜；一旦发现他危害宗族利益，要击鼓告诉族人并开除他，另选正直的人管理。

参加祭祖时，无故不到者不给食品；因病不能参加，声明在前仍给食物；秀才、举人等因事不能参加祭祖，仍给猪肉以示优待。

祭祖结束后，每人能分到猪肉 1 斤、大馒头 1 对；60 岁的老人，另加肉 1 斤、大馒头 1 对、备 1 桌酒席招待；70 岁的老人加肉 2 斤、大馒头 2 对、熟食品 1 斤；80 岁的老人加肉 3 斤、大馒头 3 对、熟食品 2 斤。

主持祭祖仪式的人，给猪肉 5 斤、羊肉 2 斤；为管理祠堂付出劳动的人，给猪肉 3 斤、羊肉 1 斤。

取得功名的人，比一般族人能分到更多食物。其中秀才给猪肉 3 斤、羊肉 1 斤、大馒头 3 对、熟食品 2 斤；对贡生以二倍给予；举人以三倍给予。

为鼓励子弟以科举提高宗族的声望，给秀才 1 两 2 钱银子，购买灯油；参加举人考试，给 2 两 4 钱银子作路费，并备酒席一桌。

通过祭祖配发食物的差异，我们清楚地看到，每个族人因身份、地位不同，得到的待遇不一样。这是等级制的种子从乡村萌芽后，又把它的威力扩散到社会的原因。

通过庄严、具有程序的集体祭祖仪式，宗族权威和官本位意识，渗透到每个成员的心中；不允许挑战君臣、父子、夫妻、兄弟之间的等级关系，个人的意愿已经被宗族这棵大树掩盖。

即父母养育了我们，他们的恩情如天高地阔，我们应当尽力报答；即使我们能数出多少根头发，但恩情却无法数完，必须竭力尽孝，直至送他们离开人世。

夫妻关系需要以恩爱维持，夫妇和睦犹如阴阳相配、雨露降临，只有相互信任家庭才能兴旺。否则，听信诬蔑之言，导致妻子、儿女失去礼节、反目成仇，就会造成家庭破裂。

虽然子女有长幼、贤能、愚钝之分，但他们同为父母所生，薄兄弟也就是薄父母；如果妻子挑拨离间，导致家庭分崩离析，那么会祸及子孙；有些家庭因财产分配不公平，引发骨肉相残、怨气难消。

一个人在旅途会结识一些朋友，要把交友看成像黄金一样珍贵，珍重才能留住长久的友情；交一些品行不端正的人，会给自己的前途带来不利影响；对于失误者要劝告，看到穷人要给予救济，才是真正的朋友。

族人取得官位后，除了效忠王朝以外，还要惠及宗族的子孙，如此才能流芳百世，并激励后人保持道义；告老还乡后，应当教导子弟发奋读书，一字不识的文盲，即使有通天的本领，也不过是为他人效力。

为了唤起全体族人的责任感，敦促他们自觉履行应承担的义务，并在内部达成契约，实现低成本的利益交换，童佩与族人商议后，制订了10条规定：

第1条热心爱国，国家以人们的认同存在，国家的兴衰和老百姓的利益有密切的联系，国家兴亡匹夫有责；爱国之道，当以勤奋、节俭、忠诚为国家增强实力；在国家遇到灾难时，要急公好义、慷慨捐资。

第2条缴纳税粮：家族需要国家保护，国家取之于民、用之于民，子弟又怎能不按时交税？如果拖欠税款被官府拘押，不仅连累妻儿老小受罪，而且让族人的脸上无光。所以子孙务必恪守家训，尽早交完钱粮。

第3条清理账本：每年必须清算祠堂的田产，所有收入或支出都要记账，并定期对外公布；开仓放粮时，必须有3个首领到场监督；如果管账的人隐藏收入、贪赃不报，那么要追究责任，并告诉族人不再录用。

第4条照顾孤寡：随着家族人口分支，必然会出现亲密、疏远、贫富差距，作为同一个宗族的子孙，看到生活没有依靠的孤寡老人、失去父母的幼儿、饱受饥饿的人，要伸手援助。

第5条崇尚节俭：节俭是一个家族走向兴旺的保障，奢侈是子孙步入贫困的一个原因。但有些族人刻意夸耀门庭，无论穿着打扮，还是饮食都注重华丽，他们争一时的面子背上债务后，将会饱受穷困和饥饿。

第6条鼓舞进取：一个宗族有读书人，犹如山上有古树和龙气。古人说，山不在高有仙则名，水不在深有龙则灵。一个宗族要以尊师重教、激励孩子发奋求学为荣。

第7条整修祠庙：先辈迁移到桐冈开创基业历经艰辛，他们修建了祭祖的祠堂、供子弟读书的书院，承载了祖辈振兴家族的梦想。如果后人不加倍珍惜，反而让它们倒塌，那就是不肖子孙。

第8条修筑池塘：宗族的田地在山坡下，溪流从山谷流入水塘，为避免水塘被泥土堵塞，每年春天各房头要派人修筑；为维护灌溉秩序，放水时先远后近，如果有人独霸水源，要按宗法惩罚。

第9条平息争讼：一个家族有兄弟、叔侄等，何必以告对方造成不共戴天之仇？为小事诉讼到县衙，要花费大量钱财，甚至导致家破人亡，犹如获得一只鸡，却赔了一头牛，得不偿失。

希望子弟听从劝告："莫入县衙与州衙，劝君勤俭作生涯。池塘积水须防旱，田地躬耕足养家。教子教孙多教艺，栽桑栽柘胜栽花。是非不入东风耳，渴饮清泉心饮茶。"

第10条捐资救济：每个人都想得到更多财物，劝子弟救济穷人，似乎不近人情，但遇到灾荒时，捐粮食能挽救一些人的生命；看到受冻的人，给衣服能让人抵挡寒冷；借钱给他人买药，能帮助一个人恢复健康。

既然童家先辈以祭祖维护宗族尊严，确定了每个成员的辈分、地位，那么子弟有以下行为，要严厉惩罚：

大逆不道：父母为抚养孩子、办理婚事、创造家产等，倾注了大量心血，如果子女不报答劳碌了大半辈子的父母，反而以强暴的态度对待，那么就是与礼教背道而驰。

大逆不道的人，不仅难以逃脱王法的惩罚，而且天理难容，会让他遭五雷轰顶以绝后代。如有这种不肖子孙，应立即将他赶出村子。

窝藏盗贼：把盗贼窝藏在家实为土匪，这是父母过于姑息儿子，让他们衣来伸手、饭来张口、不务正业酿成的恶果。

当他们被官府判刑入狱时，不但毁了自己的前途、连累儿女蒙受耻辱，而且损害了宗族的名声。如果发现族人和盗贼串通一气，当严惩决不宽恕。

开场赌博：以赌博牟求不正当利益，只会把家庭搞得倾家荡产，进而让父母憎恨、妻子抱怨；在输光了钱财、身无分文时，还会走上犯罪之路，因而决不容许这种人存在。

私宰耕牛：六畜之中惟有牛的功劳最大，没有它默默无声地拖着铁犁翻开黄土地，农民怎能播下种子？如果发现有人私宰耕牛，应当迅速告知官府惩治，决不姑息。

表面上看，这些规定强化了一个宗族的权威，其实也帮助皇帝及各级官员，以比较低的行政成本，巩固了王权。所以贵族维护宗族公共秩序、保障族人利益时，也支撑了一个国家。

明万历六年（1578），童佩走完了他的人生旅程，他去世后，王世贞发出了悲叹：我失去了一位千古难逢的知音，以后到哪里寻找？我要写一篇传记，追忆、怀念，我们过去无比珍贵的友情！

“我们过去如同钟子期与伯牙，相识相知、携手并肩，情谊像高山流水，绵延流长，以后还能重现吗？”胡应麟以悲痛的心情说。

有如此真诚的朋友，表达不渝的情感，童佩应该感到莫大的满足，并安心无悔地与大地融为一体。

第五章

叶家贵族从治家转向为国

回到家乡，叶克诚承担了规划村子的责任

当叶克诚（1250—1323）看到最后一位皇帝，带领800多名皇室成员，从海南雷州的悬崖集体跳进大海，维持了152年的南宋王朝彻底灭亡后，他恢复大宋帝国的梦想破灭了！

这个充满悲壮的时刻，发生在1279年3月19日。

作为南宋的公民，叶克诚曾任金华判官，让他感到悲哀的是，南宋传了10位皇帝，却没有一位帝王具有政治智慧与勇气，能有效地调动兵力、物力，收复黄河以北被金军占领的领土，反而在敌军的穷追猛打下，跨过长江一路逃到杭州。

对叶克诚来说，他怎能相信掌握了火药技术、拥有雄厚财力与庞大军队的南宋，竟然无力抵挡一个不从事农耕、商业，以掠夺为主，在文化、经济上又不占优势的游牧民族？

也许叶克诚不知道：以周敦颐、程颢、程颐、张载、邵雍、朱熹为代表的人士，是一群闭门造车、纸上谈兵、毫无实战经验的空想家，没有在专制的铜墙铁壁挖开一个孔，让人们呼吸自由、平等的空气，反而把他们的智慧变成“存天理，灭人欲”的教条，以维护王权统治，直至窒息中华民族的创新活力。

既然故国已经远去、政治理想已经破灭，又不愿为刚建立的元朝效力，那么家成为他延续生命的支点、成为他人生最终的归宿，为了这个家他要奉献剩余的智慧、精力、钱财，因而他选择了落叶归根。

从新叶村小学退休教师叶昭镖出示的《叶家宗谱》发现，南宋嘉定十二年(1219)，叶坤从浙江寿昌迁到新叶村安家，至今传了近800年。

虽然新叶村地理位置有些偏僻，离城区有一段距离，不靠近大集镇，但它位于兰溪、金华、建德交汇处，周围的山脉将它包围，中间有一个平地，便于叶家人居住、耕种。

叶克诚回到新叶村后，召集有威望的族人，表明了他的理想：既然南宋已经消失、元朝统治了天下，那么我们应该面对现实，以耕读传家振兴家族，维护全体族人的生存权、发展权，提高我们的地位，再以我们的力量扶助老弱病残的群体，改变社会。

得到大家的赞同与拥护后，他根据新叶村的地理位置，以附近的道峰山为依托，为村子的建筑、通道、水塘、园林作了整体规划，形成了坐南朝北的格局。

同时，他动员族人挖水塘、渠道、清除杂物，将道峰山和玉华山的溪水引进村子，既方便了村民洗衣、淘米，冲走了脏乱之物、美化了居住环境，又有充足的水源灭火。

规划形成后，叶克诚又以监督者的身份出现：族人建房时，不得占用公共通道阻碍他人出行、影响他家采光，或破坏村内的景观，所有人必须接受约束，以维护共有的生存环境。

他在会上，作出了修建祠堂的决定

元大德七年（1303）8月，元朝第二位皇帝元成宗铁穆尔，已经掌握了7年王权，对减轻老百姓沉重的税收、救助无家可归的人，没有提供什么实质性的帮助，相反他把纳税人交的金银、绸缎、珠宝，慷慨地送给王公、大臣，以巩固自己的权力。

当年，华北发生了一次特大地震，波及山西平阳、大同、太原等地，除了大量房屋倒塌以外，还有数万人被灾难夺走了生命，而皇帝却没有向他们提供有效、及时的援助。

这一年，叶克诚怀着维系宗族的安全比维护帝国还重要的愿望，邀请10多位老人，到他家开会，会上他宣布了一个重要的决定；

“我们的祖先搬到这里定居，至今过去了90年，时光流逝、物换星移，有些老人已经离开了人世，但青年人不了解祖辈的发源、创业以及为家族做出的贡献，为此，我提议，在村子中心修建一座祠堂祭拜祖先，让后人铭记祖辈的功德！”

他说完后，在座的人纷纷发言，表达了各自的想法，有些人认为修建祠堂意义重大，既强化了族人的血缘关系、团结互助意识，又教导叶家子孙尊宗敬祖，值得推广。

“我认为在动乱年代，土匪、强盗横行霸道，无恶不作，坐在衙门的知县，远离乡村，他官气十足，只知牟取不义之财，那有动力维持治安？那么我们受到伤害后，找谁诉说？又有谁帮我们消除灾害？我们修建祠堂祭拜祖先，就能集中族人的力量自卫，因而我赞成您提出的决定。”一位老人说。

◉南宋被元朝灭亡后，叶克诚怀着不能忘却的家国情感归隐乡村，他以规划村子的建设、出资修书院、聘请教师培养子弟等，在乱世中保持一个家族适应社会变化的生命力

共同的利益让他们找到了共同的目标，共同目标让他们把手紧紧握在一起，在热烈、祥和、自愿的气氛中，达成了建祠堂的协议，并取名为“有序堂”，意为遵守尊老爱幼的传统美德，维护村子的公共秩序、保障族人的权益不受侵犯。

会后，成立了建祠堂的理事会，由叶克诚任负责人，协调筹款、采购、施工、监督事宜。

查看村子的地形后，叶克诚设计了一个方案：避免与道峰山的火气相遇，除了在祠堂侧边开一扇门以外，还挖一口水塘防火灾，并规定：即使遇到干旱也不能抽干水塘，否则要受到惩罚。

祠堂建成后，叶克诚带领全体族人，按辈分依次排列，面对神台上供奉的祖先牌位，举行了庄重的祭拜大礼，将宗族至上、为国争光、精诚团结的理念，灌输到每个人心中。

不幸的是，以后有序堂没有躲开火灾，从明、清至民国遭遇了 3 次大火。第一次失火后荒弃了 60 年，至明弘治十七年（1505）修复；清乾隆四年（1739）再次发生火灾，至嘉庆十二年（1807）重建。

走进“有序堂”，能看到大堂悬挂着“道学正传”牌匾，它告诉我们：叶家前辈秉承道义，带领族人以勤奋耕种走向兴旺；不管子弟取得了多么高的官位，也不超越宗族制订的家法。

正是来自道义的召唤，叶家人走进祠堂祭祖时，无形地感受到，祖辈像一面镜子在照耀自己，必须以他们为榜样，做一个符合礼制要求、不违反忠孝的人，并紧密团结在一起，共同抵御各种灾难。

站在有序堂门前，能望到对面的道峰山，呈现在眼前的是一幅安详宁静的田园画面，人和自然和谐相处，在叶家宗谱记载的一首诗得到了体现：

雨过千山后，风来满院凉。吟残半窗月，坐尽一炉香。

京国原无梦，林泉旧有狂。堪堪见东白，犹未罢壶觞。

由于有序堂成了叶家人活动的公共场所，到了傍晚，他们从狭窄的巷子走到这里，视觉一下子变得很开阔，而一轮明月投映在水塘，又给夜色增加了几分诗意。

重乐书院的演讲：你们的理想决定国家的繁荣

叶克诚振兴宗族的另一个重要举措是：修书院、让子弟读书成才。

他相信：虽然骑在马背上的游牧民族，夺取了统治天下的大权，但他们不可能稳坐江山，一旦朝代更换、时来运转，叶家子弟还要走出深山，以科举谋取官位。

为此，叶克诚联合叶家有知识、有财力、立志于办学的人，筹集资金、召集人力，在道峰山修建了重乐书院。

虽然书院没有华丽的装饰，规模也没有官办学堂大，远离繁华的县城，但它依偎在大自然的怀抱，学生抬头能看见天空飘浮的白云、不出门能呼吸到新鲜的空气，推开窗户，能闻到不同季节鲜花送来的芳香，甚至有鸟儿飞来，免费为他们唱几首歌，到哪里寻找这美丽的读书环境？

书院建成后，叶克诚在开学典礼上，面对学生发表了极富号召力的演讲：

“我们处在一个急剧转变的时代，需要一批有理想、有学识的人，打破阻碍社会进步的体系，为国家走向强盛、老百姓过上富裕生活提供能量，也就是时势造英雄，你们只有发奋读书、吸收知识，提高自己观察、分析、解决问题的能力，才有可能实现这个伟大的理想。”

“你们离开书院后，也许通过考试进入朝廷做官，施展政治抱负；也许到各地开拓商业积累财富，改变贫穷的命运，让家人过上幸福生活；也可能留在乡村，像祖辈那样辛勤耕种，过安稳自足的日子。”

“但不管你们走到哪里、想做什么事、取得了多高的地位，首先要问自己：我要做一个什么样的人？对父母、对家族、对国家应该承担哪些责任？你们的理想，决定你们的竞争力，你们的竞争力又决定这个国家能否走向繁荣昌盛！这就是我们办书院、培养人才的目标，相信你们能理解，并从这里放飞你们的梦想！”

书院开学后，能否扩大影响力与知名度，除了有经费保障以外，还取决于是否拥有优质的师资队伍，这一点叶克诚比较清楚。

他把目光投向金华、兰溪、东阳、浦江、义乌等地，这里有许多名门望族，保持了读书提升个人品质的良好风气，诞生了吕祖谦、陈亮、何基、金履祥、许谦、吴莱等一批知识精英，构成了金华学派。

让他惊叹的是：元朝掌握政权后，金华地区一批学者，因对南宋保持美好的回忆，不愿到朝廷做官，甚至拒绝了官方发出的邀请，以隐居、读书、写诗、绘画表达自己的志向。

他们停留在宁静的乡村，是一种优质的教师队伍，如果将他们请到重乐书院，对提高子弟的水平极为有利。怀着这个想法，叶克诚请许谦（1269—

1337）、柳贯（1270—1342）等知名学者到书院讲课。

号称“白云山人”的许谦出生于东阳，曾跟随金履祥学习理学，对文学、地理、天文、医术感兴趣。回到家乡后开馆讲学，除了附近的学生以外，还吸引了杭州、苏州、吴江的人听课。

◉叶家修文昌庙、宝塔，寄托了他们希望子弟以读书，施展政治抱负的理想

许谦等学者到来的那天，叶克诚带领学生站在书院门前，列队迎接，并鞠躬敬礼，显示对老师的尊重、对知识改变命运的渴望。

他们缓步走进书院参观，前堂一个院落的空地上，栽种松树、桂花等，随着季节变化，呈现不同的颜色，达到自然调节生态，中间是一个大教室，讲台上悬挂着历代学者的画像，并写有激励学生发奋攻读的格言。

两边建有厢房，供老师、学生休息，窗户雕有耕读传家、树立孝道的图案，后面大堂是一个图书馆，收藏了不同朝代出版的著作，给学生营造了一个舒适、安静的读书空间。

在一间清雅的客厅入座后，他们边喝茶，边互致问候。

“许先生，我们创办的重乐书院没有县城的华丽、气派，但您到来后，给我们增加了夺目的光辉，提高了我们的美誉度，非常感谢您给我们送来了比金子还宝贵的知识。”叶克诚说。

“叶先生，谢谢您的赞美，您的书院扎根于乡村肥沃的土壤，自由地吸收养分，让学生不拘一格，发挥想象力、创新力，远离官方强加的政治教条，对培养开创型的人才极为有利，这是一种多么美好的境界，我能成为重乐书院的一名教师，深感荣幸！”许谦笑着说。

“我发现，您研究的领域涉及文学、哲学、历史、诗词、散文、书画等，具有宽广的知识结构，并且出版了多部著作，享有很高的声誉，现在元朝急需您这样的人才，为何不到这个大舞台，展现您的才华？”叶克诚问。

“我认为，通过乡村书院讲学，既找到了传播知识、培养一批人才、自由展现思想、提高自身修养的舞台，又继承老师金履祥，君子以弘扬道义、不为名利降低志气的精神，对一个地区文化的形成、造就一批有品质的人才极为重要。而进入一个腐败的王权体制做官，不允许你保持独立的人格，更不允许你发出批评的声音，否则，就会丧失生命，你只能被动地套进去，被集权化、黑帮化、痞子化的官场异化、扭曲、压制，变成一个投机取巧、只会撒谎的工具。”许谦说。

“您分析得极为精辟，现在元朝对书院推行控制政策，想纳入他们的统治范围，一旦官僚主义渗透到书院，体现他们的意志，书院就失去了传播知识、消除无知、输送正义的生命力，我们办书院是想独立于王权体制之外，给思想一个自由生长、裂变、突破的空间，培养学生独立思考、分析、批判的能力。”叶克诚说。

许谦的独立气节与金履祥（1232—1303）的教导有密切关系。

当1276年2月4日，元军大将伯颜率兵包围了杭州后，可悲的是，每年征收到巨额白银的宋恭帝，竟然找不到将士迎敌，除了打开城门举起双手投降以外，别无选择。

看到游牧民族不费吹灰之力摧毁了南宋，金履祥怎能相信这是事实？他的情感又怎能接受？内心充满了极度的痛苦，他依然自称是大宋的公民，不可能违背道义为元朝效力。

于是，他主动向元朝关闭了大门，为给生命寻找一个精神支柱，他先后到桐庐钓台书院、建德重乐书院、齐芳书院、丽泽书院等，传播自己的学说。

回到兰溪后金村后，金履祥创办了仁山书院，这是他晚年宣扬自己思想的主要场所，吸引许谦、柳贯等人到书院求学。在他看来，君子以庄重敦厚交友、以勤勉独立养身、以刚毅弘扬名节、以忠孝成就志愿。

他曾向王柏学习，王柏告诉他：读书做学问要立大志，坚守自己的志向，不要停留在表面，一知半解，要多角度、多方面观察，深入揭示天地万物发生的真相，而王柏曾向何基（1188—1268）请教。

在溪水缓慢流淌、充满鸟语花香、远离险恶官场的乡村，金履祥对《尚书》《朱子集注》进行了考证，编写了《尚书表注》《孟子集注考证》《仁山文集》等。

虽然他的著作不能帮助老百姓解决温饱、消除贫穷落后，但提高了他保持独立人格、传播忠义的声誉，与何基、王柏、许谦，吕东莱等形成了一支文化贵族队伍，确定了金华学派的影响力。

元大德七年（1303），病魔夺走了金履祥的生命，享年 72 岁，各级官员送来了赞美他的牌匾，以行政权力肯定一位贵族的功绩。

柳贯疑惑地问叶克诚：是什么理想支撑您办学

来自浦江的柳贯，爱好研究文学、经史、教育、书画，并出版了相应的著作，在文化界具有一定的影响力。至正元年（1341），皇帝发现他是个人才，请他到翰林院，为皇家编修历史。

对于叶克诚不进官场，一心办学、提高子弟文化素养的风格，柳贯极为赞赏，他在重乐书院讲学期间，与叶克诚探讨民间书院，在培养学生独立人格上，为何超过了官办学堂。

“元朝帝王只为满足自己的统治，占有天下资源，根本不考虑公众的安危，学者为了寻求出路，想法到官场谋求位子，商人为了利润，到处奔波，老百姓为了生存，在黄土地上辛苦耕种，还有许多无家可归的灾民，踏上了逃荒路，随时可能倒在沟渠中丧生。您既不做官，也不经商，却隐居乡村，安心办学，您在追求什么？是什么理想支撑您？”柳贯问。

“既然我们在乱世看不到一个英明的君王，与我们一起治理国家，也可能看不到乱世结束，我们就离开了人世，但我们不悲观失望、可叹上天不公平，我们要调动人力、物力、财力办书院，塑造一种独立的人格、提升他们的精神境界，一旦改朝换代，他们就能发挥扭转乾坤、引领社会前进、造福于老百姓的作用。所以我们隐居乡村，看似远离政治舞台，实际以书院聚集精英分子，为构建一个新的国家提供能量！”叶克诚说。

在元朝中后期的黑暗时代，叶克诚以重乐书院，吸引一批不畏权势的文化贵族讲学，并与他们保持密切的交往，在王权之外，高举自由传播知识的旗帜。

1323年，为宗族输送公共资源的叶克诚离开了人世，这一年元朝宫廷发生政变，第五个皇帝元英宗，被反对他的蒙古贵族处决，各地点燃了推翻这个王朝的火焰。

后人铭记叶克诚的教导，继续以家族经济共同体，提高族人占有经济与文化资源的地位。至明朝后期，叶家迎来了一个兴旺时期，大约有600人。

当小农经济没有改变，叶家的商人、文化人士等贵族，能决定村子的公共事务，明天顺二年（1458），叶家人筹资在村子东南方修建了文昌阁，阁楼四面有16扇雕刻精美的花窗。他们祈求文昌帝，保佑子弟文运昌盛，不断传来获取功名的消息。

明隆庆元年（1567），叶家人在文昌阁旁边修建文峰塔，至万历二年（1575）历时八年完工，一共七层、高30米，高耸的尖顶如同一支笔，倒映在有序堂门前的半月塘，水塘又如一个取之不尽的墨水池，源源不断地为子弟提供原料，也是召唤他们发奋苦读、展翅高飞直冲云霄。

令人惊叹的是，在没有任何仪器、吊车等设备的时代，他们凭借一双手修建高塔，而且没有出现倾斜，几乎是一个奇迹。这些公共资源，为叶家的兴旺奠定了坚实的基础。

在起伏的山谷里，文峰塔、文昌阁、道峰山组成统一的格局，不仅美化了新叶村的环境，而且它们端庄、挺拔的姿态，又给叶家子弟注入了积极进取的精神。

老板一去不归，叶珪初意外得到药材经商

只有依托一定的物质财富与文化资源，一个家族才能获得成为贵族的营养并对外扩散、发挥影响力。

进入清朝，叶家以经商成为富有的大宗族。族人分支后，“种德堂”这一支的族人财力最为雄厚。据居住在上海的后人、退休教授叶海标介绍，他曾祖父叶珪初（1827—1901）为改变家庭缺乏收入来源的困境，到金华孝顺镇一家

中药店当药工。

太平军占领金华后，点燃了仇恨官僚、富人的火焰，一些居民的房屋以及街上的商铺被烧毁，治安体系也被打破，土匪、强盗乘机抢劫，人们恐慌不安，逃难成为他们求生的一个选择。

开中药店的老板想：现在知县等官员逃跑了，城内只剩下手无寸铁的居民，上天给每个人的生命只有一次，没有转世再生的机会，丧失财产可以重新创业，丧失生命不可重来。

于是，老板携带家人及钱财到其他县城避难。出门时，他对叶珪初说：你提高警惕，在家用心看守店铺，等我回来后，加倍给你报酬。

接受老板的重托，叶珪初紧闭药店大门，保持高度警觉，提防可能出现的危险。

战乱平息后，城内居民恢复了正常的生活，叶珪初在店铺等待老板归来。等了一段时间，老板一直没有回来，是在逃难途中发生什么意外？还是遇到强盗抢劫丧生？

作为员工，叶珪初要对老板负责，可他四处打听，没有听到任何有关老板的消息，如不尽快卖完积压的药材，就会过期变质，而且他没有拿到工资，家人盼着他寄回生活费。

生存压倒一切，先把中药卖掉，万一老板回来，再把钱还给他。叶珪初把店内剩余的中药装进袋子，一边走村串户卖药，一边给老百姓看病，收益超过了他过去拿的固定工资。

经过 10 多年积累，叶珪初提高了救治病人的医术，又有可支配的资金，回到新叶村开设“种德堂”中药店。那时官府不为人们提供卫生服务，掌握中医秘方的人不轻易外传，造成乡村医疗资源极为短缺，农民得病有钱也找不到医生，贫病交加的人只有忍受病痛的折磨，直到死神为他们永远合上沉睡的双眼。

叶珪初回到村子开药店，又是一名有经验的医生，等于把稀缺的医疗资源输送到乡村，附近村子患病的农民慕名而来。随着门诊量及药品销售额增加，他的收入不断上升，变成村子的首富。

不过，叶珪初没有忘记那位一去不归的老板：是他给我留下了创造财富的种子，成全了我从一名站柜台的员工，到开药店发家致富的愿望，也许这是上天给我的回报，那么我要坚守医德为上，帮助更多患者摆脱痛苦。

叶珪初的人生旅程跨过道光、咸丰、同治、光绪年间，期间发生了鸦片战争、太平军起义、甲午战争、义和团运动、八国联军等战乱，而掌握了帝国最高权力的皇帝，还沉睡在小农经济的梦乡，没有意识到制定法律保护商业交易，对富民强国的重要意义，导致商人的经营环境越来越险恶，甚至破产。

此时，万里之外的英国维多利亚女王（1819—1901），掌握了64年王权，她以法治维护大英帝国资本家的财产权，激励他们沿着扩张的道路，走向太平洋、印度洋，从全球获取经济资源。

她把智慧与财政收入变成英国人的福利：修建大学、医院、街道、公园、铁路等，所有儿童可以免费接受教育，所有人有机会分享英国经济增长带来的果实。

对比道光、咸丰、同治、光绪四位皇帝，像一个没有开启智商大门的孩子，无论是胆识、学识、志向，还是治国富民、面向全球化的视野，不如一个英国女王，这是当时亿万中国人的悲哀！

叶珪初生活在王权高于一切的清王朝，没有机会遇到以法律保障商人权益的维多利亚女王，决定了他与国内许多商人要付出比英国资本家更高昂的经商代价。

当时清王朝为筹集资金，支付一系列的战争赔款，向有钱的人出售官位，只有交纳一笔银子，就可以得到相应的官帽，享有一定的政治优待。这等于说，你只有花钱购买权力，才能得到官方的保护。

叶珪初卖药行医积累资本，除了修建华丽的大宅院，提高家人的生活水平以外，捐资购买了一个“儒林郎”，以政治荣耀保护家族的财产安全。

1901年，在对清王朝无能的愤慨中，叶珪初走到了人生的尽头，他养育了三个儿子：叶佳喜、叶荣春、叶文荣。

离开人世时，叶珪初叮嘱儿子：国门被打开后，靠仁义忠孝积累的规则，已经不能解决跨地区的经济纠纷，需要法律及政治资源保护家族的产业，你们要让后人进大学读法律，这不是为了升官发财，而是为了提高子孙适应社会变革的能力！

叶珪初为子孙留下了可观的房产、田地、店铺等资产，是支撑子弟成为贵族不可缺少的物质财富。到民国20世纪30年代，他这一支的儿子、孙子等不断分家，分成七个房头，大约100多人。

叶文荣经营“种德堂”药店，又以礼制建立合作关系

叶珪初的大儿子叶佳喜，养育了5个孩子，看到辛亥革命摧毁了清王朝，诞生了民国政府，为适应外面世界的急剧变化，出资支持四儿子叶肃茗走出乡村，到日本法政大学攻读法律。

这是第三代从接受家法教导，到接受国家法的表现。不知什么原因，叶肃茗回国后没有到司法界谋职，却回到乡村守着祖传的宅院、土地，过着安稳、舒适的田园生活，他的血液里似乎流淌着维护家族利益至上的意识。

土改期间，叶肃茗被划为地主，他受过法律教育，却生活在缺乏法治的时代，得不到机会为自己辩护，不经法院审判被处决。

受此打击，他的5个孩子没有一个接受大学教育，读完小学不得不回家务农。他们在没有个人选择权的大集体时代，难以提高学识并积累资本，不可能创造超越前辈的业绩。

二儿子叶荣春，于同治五年（1866）出生，在村子经营“种德堂”药店，以一部分资本购买土地出租，以商业与农耕结合，维持家族生存平衡。他创造财富时，承担了修复文昌阁、祠堂、小学等责任。

为支持子弟谋求功名，叶家制定了奖励办法：到县城参加考试的子弟，给2钱5分作路费；成为贡生给四石稻谷，通过举人考试给六石稻谷；中进士给八石稻谷，并在祠堂门前给他插旗子。

太平军烧毁叶家有序堂、文昌阁等建筑后，如果不修复，有损一个宗族的声誉，以及族人对宗族的向心力。叶荣春率先捐资，并动员族人出力修复。

他很清楚：乡村很难得到官方输送的公共资源，靠个人的力量，不可能完成造房、耕种、救济、抗击灾难、修复道路、办理丧事等，需要通过祠堂、宗谱、土地、文昌阁等输送自治资源，建立家族经济共同体，共同抵御外部的威胁，保障每个人的生存权。

1905 年，科举废除后，叶荣春等贵族在无儿女的老人，捐献的房子办起新式学堂，由祠堂提供一部分办学经费；到了 1913 年，叶家又在祠堂创办了华山小学。

虽然叶家存在贫富不均，但他们拥有一个共同的祖宗，有不可分的血缘关系，经济困难的族人，能向富户借钱渡过难关，这种互助友爱的精神，让他们没有走向分裂，不断改变恶劣的生存环境，提高自己的地位。

二房头“旋庆堂”的族人，有一块田在三房头“荣寿堂”对面，庄稼经常被荣寿堂养的鸡吃掉；荣寿堂的族人，有一口水塘在“旋庆堂”旁边，塘里养的鱼被他们放的鸭子吃掉，双方经常发生争吵。

后来荣寿堂的族人叶元锡，经历秀才、举人等考试，于清康熙三十年（1691），终于出现在进士榜，得到皇帝授予的官职，给叶家带来了至高无上的荣耀，消息传到新叶村，族人洋溢着难以言表的喜悦，大摆酒席庆贺。

叶元锡成为吃皇粮的官员，也意味着他在宗族享有威望。旋庆堂的族人看到这个情况，把这块地送给荣寿堂。

荣寿堂的族人看到对方以礼相待，作为回报，将自己的水塘送给旋庆堂，双方以礼节化解矛盾，将水塘取名为“礼塘”。

叶荣春养育了叶肃昌、叶肃芦两个儿子，从优化配置家族人力、财力资源的角度出发，他让老大守着祖传的田产收租，让老二叶肃芦，到日本法政大学接受法律教育，便于进入政界、司法，推动国家从人治向法治转变。

叶肃昌有一儿一女，女儿叶凤莲从浙江法政学校毕业；儿子叶凤朝读完高中后，没有进一步接受教育，回家以收租过着安稳的日子。

为防盗，叶凤朝家宅院的大门，包扎了白铁皮，100 多年过去了没有生锈，门楼写着“耕读传家”四个大字，旁边有精细的雕刻，门外有青石板建造的鱼池，地下铺设鹅卵石。

走进大厅，柱子雕刻着读书兴家的画面，后院有供休闲、观赏的花园，显示了一个乡村贵族，拥有财富与文化资源的优越感。

土改时，叶凤朝因拥有土地被划为地主打倒，大宅院被没收，不过，他的儿子叶同宽，有幸从建德师范学校毕业后，当了一名教师。

叶肃芦回国后，赶上了一个机遇：民国政府需要受过法律教育的人才，参与法律起草、行政执法、司法审判、地方治理等，以专业化、程序化，代替个人的主观意识。

在这种背景下，叶肃芦先后任浙江绍兴地区审判厅推事、浙江宪法议会制宪议员、宁波警察厅秘书、国民第七军南京司令部少校参谋、泰顺县代理县长等职。

他的专业优势，在立法、审判、司法、行政、军务、政府等得到了充分的体现，对提高公正执法、行政效率、保障居民合法权益等，发挥了重要的作用。

叶肃芦养育了三个儿子，老大叶永庄从浙江省立八中毕业，当过小学教师，并请人经营种德堂药店；老三叶永前毕业于南京中央警官大学，曾在上海警察局任职，他的儿子叶颂旗现任上海水上公安局副局长，这一支三代人从事司法。

叶佩茵创办小学，维持村子的公共秩序

叶海标的祖父叶文荣（1879—1908），先娶兰溪柏树园村唐氏，妻子生育了二女一子后，于 1904 年因肺病去世；他再娶女埠镇吴冈村吴仁妹（1881—1952）为妻。

吴仁妹父亲有几亩田，出租给农民耕种，再到集镇、县城以商业谋取收入，她成长于这个有产家庭，有机会进私塾识字读书。

虽然叶文荣继承了父辈留下的家产，没有生活压力，但肺病抓住他不松手，当时兰溪的医院没有先进的医疗设备，私人诊所仍以祖传的中药秘方行医，他有钱请不到接受医学教育的医生治病，服了几次中药不见效果，30 岁告别了这个世界。

“我祖父去世时，祖母吴仁妹只有 28 岁，家务事由她料理，为寻求精神寄托，她经常到附近的寺庙烧香拜佛，她用布缠着一双小脚，有时一天走 10 多里路，她很疼爱我，每次她去烧香念经，总要带着我。”叶海标说。

叶海标的父亲叶佩茵（1907—1953），凭借前两代人创造的物质财富，享有优质的教育资源，先在种德堂创办的私塾读书，1913 年，转到家族出资成立

的华山小学，后进入杭州私立惠兰中学，毕业后，考入上海法政大学读法律。

拿到大学文凭，叶佩茵没有依赖家族的资本经商，法治在改变他的思维：家族富有不代表国泰民安，走出家族，推动国家走向法治，让更多人在法治的保障下创造财富，保护私有财产权不受侵犯，才能迎来一个成功的国家。

怀着从治家转向治国的理想，他跟随堂兄叶肃芦，到福建第三行政公署任职，协调有关行政方面的法律事务。

叶佩茵来自富有的家族，婚姻自然是门当户对。他妻子翁种梅（1909—1970），出生于寿昌县一个富户大家庭，怎么形容她家的富裕？据说翁家拥有县城大约一半的房子。

他们占有更多物质财富与文化资源，当然有资本造就一批贵族，先后有人读大学，成为教师、画家、工程师、官员。

翁种梅的二哥毕业于复旦大学，曾任寿昌县一所中学校长；三哥翁行健与叶佩茵一起毕业于上海法政大学，先后任衢州军法室主任、寿昌县政府秘书、寿昌简易师范校长。

翁种梅出身富贵家庭，又进入学校读了几年书，是一个知书达理、为人忠厚的淑女，与叶佩茵结合，两个家族在人力与财力形成优化配置。

1937 年 12 月 24 日，日本军接连击溃国民军后，占领了杭州，仅过了一个月，相继突破国军防线，侵占了嘉兴、富阳、湖州；第二年 5 月，又打败这一地区 10 万国民军，攻占了绍兴、宁波。每个倒下的中国人、每个受害的家庭，每个逃难的老百姓，都在控诉日军制造的罪恶。

溃败到重庆的蒋介石，在山洞躲避敌军飞机的轰炸，他哪有动力给乡村小学安排教师、提供经费？

在这个战乱时刻，政府需要大笔经费维持军费开支，财力吃紧，许多行政机构被撤销，到处可以看到失业、为寻找一碗饭仓皇奔波的人，为一个位子、几张糊口的票子，争得面红耳赤。

叶佩茵不像其他官员跑到重庆，为谋职四处活动，他家有宽敞的房子、有 100 多亩田出租、有商铺带来收入，有资本支持他维持贵族的尊严。

从叶佩茵家“世美堂”宅院，可以看到他家拥有的财富，这栋四合院式的楼房坐南朝北，对面是道峰山，门前有一个精致的庭院，栽种月季、风仙、美人蕉、樱桃等，门楼写有“群峰会秀”四个大字。

中堂摆有八仙桌，上面悬挂“世美堂”牌匾，两边挂有代表福、寿、喜以及求富贵、吉祥的字画，中间为主人休息的正房，两边是偏房，设有厨房、柴房、粮仓等。

叶佩茵回到新叶村，当时村子只有一所初级小学，无法满足子弟求知的愿望，他回想祖辈叶克诚以创办重乐书院，为家族输送了文化资源，那么自己接受了大学教育，掌握了一定的财力与政治地位，为什么不能继承先辈的办学精神？

于是，叶佩茵与堂兄叶肃芦等知识精英，萌发了办一所小学的愿望，他又与兰溪水亭乡下方村方庆元等热心教育的人士商议，决定联合两村的人力、财力办一所小学。

经过一段时间筹备，他们的办学方案得到兰溪教育局长批准，以新叶村一所祠堂，于1940年春天创办了私立儒源小学，叶佩茵被推选为校长，向家族子弟及周边的孩子打开了求学的大门，高峰时学生达到400人。

在日军入侵、国破家亡的时刻，叶佩茵等人筹集经费在新叶村办小学，扫除文盲、让子弟获得成才的机会，以礼制协调村子的耕地、浇灌、商业、纳税、救济等公共事务，等于帮助民国政府节省了财政开支。

1942年5月，日军占领兰溪，原兰溪警察局迁到新叶村办公。为保护村子周围的生态不被破坏，叶佩茵凭借自己的政治地位，得到局长马中烈支持，自筹资金于1943年，成立森林会，规定封山育林，不能砍伐村子山上的树木，要精心看护。

他的行动符合祖辈的规定：山上的古树代表了叶家的兴旺，任何人无权随意砍伐，否则，破坏风水，会遭到上天的惩罚。

在叶佩茵的领导下，叶家人自始至终保护村子的树木，留下了一人抱不过的松柏。良好的生态又给他们树立了一种信心：以家族力量开拓生存资源。

与“种德堂”叶佩茵这一支取得的成就比，其他叶家人靠经商、土地出租等，积累了相应的物质财富，随着子孙繁衍，他们盖起了三进大宅院，尽可能在门楼装饰雕刻，并写有激励子弟进取的对联：

“读可荣身耕可富，勤能创业俭能盈。门外青山水流秀，户内人家财源兴。”

看到先辈盖起雕饰华丽、壮观的宅院，叶家后人发出了这样的赞叹：

“登其堂，栋宇巍然，入其室，厨灶仍然；庭前槐树成林，阶下兰荪罗列，庆豫顺之休；父言慈，子言孝，兄友弟恭，夫妇和顺。”

这是叶家贵族以家族经济共同体维持的农耕体系，有专人管理祠堂、房产、土地、山林、水塘及祖辈的坟墓。产权作了清晰的界定，每个族人不能侵犯另一个成员的利益，并有责任遵守家法。

产权越明晰，越能充分保护个人的财产权，越能激发每个人维护宗族公共利益的积极性，形成合作的契约关系，即使知县任命的保长，也不能渗透到宗族的公共事务中。

叶海标告别家族，踏上了建立现代国家的道路

贵族精神传到叶海标身上，他有什么表现？1933 年，他 7 岁时进入家族办的华山初级小学读书，当时小学设在有序堂，只有两名教师教一至四年级，两个年级共用一个教室。

每天放学时，学生要唱放学歌，并排列成两队，唱到先生们再见时，向老师一鞠躬，然后学生向后转，互相鞠躬、问候，以此培养一种相互配合、尊重的友爱关系。

抗战爆发后，日军以优势兵力击溃国民军，占领了大半个浙江，叶海标翻山越岭，历经艰难险阻，步行到福建武夷山一所公办中学读书，后回到金华一所简易师范学习。

1947 年元旦，叶海标在父母的安排下，与兰溪水亭乡下方泉村方忠杰的女儿方郁华结婚，之前，他与女方没有见面交谈，不知对方的容貌是否符合自己的审美观。

方家与叶家相似，靠出租土地、经商、读书做官兴起，在当地是一个富有的大族。叶海标的岳父方忠杰（1904—1971），在家族资本的支持下，到杭州法政学校读法律。

毕业后，1931 年至 1938 年，方忠杰先后任黑龙江海拉尔、南昌高等法院

书记官、金湖乡长、甘溪区长、兰溪参议员等职，凭借这些经历，他在官场建立了人际关系，可以谋求更高的位置。

也许是看到以蒋介石为代表的官僚集团，难以带领国民党建立一个民主、法治国家，他离开行政机构回到兰溪。

抗日战争爆发后，方忠杰与兰溪地方官员、商人、学者，及新叶村叶佩茵等富有的文化贵族，怀着以教育救国的理想，动用各种关系筹集资金创办中学，并任校长。他顶着家人的反对，捐献了 20 亩耕地，以出租得到的收入，弥补教学开支。

在国家处于战乱、老百姓面临饥荒、个人生命难以保障的险恶时期，方忠杰等人以舍弃个人财产、承受经济压力，维持学校运转，给学生提供了接受教育、走向成才的机会。

方忠杰在兰溪办中学时，国民党的特务也在搜集情报、清除潜伏在学校的中共党员，他以奉公守法的职业素养，保护了一批学生及地下党员，树立了声誉，得到了各界人士的赞扬。

土改时期，方忠杰被划为地主分子，他过去在国民政府任职的身份，可能要遭到严厉处罚，在许多师生、政府有关官员的联名声援中，没有像其他地主遭到惨痛的打击，只被劳改了五年。

方忠杰养育了五个儿子，老四方季和与五弟身体健康，得益于父辈遗传的书香基因，有幸从小学读到高中。后来他们承担了维持村子耕种、排水、道路、绿化等责任，动员村民集资修建公共活动大堂、修订方家宗谱，唤起族人铭记祖辈的功绩、热爱家园的意识。这就是贵族精神，在他们身上得到传承的表现。

方郁华出生于 1927 年，在兰溪简易师范接受过教育，与叶海标结合，在智力与财产上形成优化配置。

由于叶家与方家，有人在政府、工商、司法、教育等部门任职，在当地具有影响力，兰溪县长范文质、法院院长张耀海、国民党兰溪党部书记吴炳光、警察局局长马中烈等达官贵人，参加了叶海标与方郁华的婚礼。

经过三代人的积累，叶海标是一个拥有房产、田地、家有存款、享有优越物质生活的贵族。如果局势稳定，不打破这种体系，他继承祖传的财产，还能扩大产业。

但时代的风云，把叶海标推到为共产主义奉献的道路。1947 年，他从金华师范毕业后，经岳父介绍到兰溪云山镇第二小学当教师。当年 9 月 26 日，他的大儿子也就是叶建农降临人世，让他品尝到做父亲的喜悦。

第二年九月，学校来了一名叫徐聚棠的老师，与叶海标一见如故，谈得比较开心、投机。他们经常交换对局势的看法，评论国民军如何腐败，不可能承担拯救中华民族的重任。

经徐聚棠引见，叶海标结识了兰溪女埠小学教师何绍棠，双方多次接触了解后，何绍棠介绍叶海标、徐聚棠成为共产党员，加入到推翻蒋家王朝的队伍。

叶海标认为，家族拥有物质财富，不代表社会进步，从治家转向救国，要让耕者有其田，每个人享有平等、自由的权利，那么就要推翻国民党的统治，打破小农社会的等级制度。

据叶海标回忆，1949 年 3 月 20 日，他跟随部队在兰溪厚仁，击毙国民党警察局刑警队副队长赵宝华等人，当天下午挺进永昌镇，敌人闻风逃窜，随即捣毁敌军警察公所，烧毁了地方政府编制的壮丁册、钱粮册等，并打开粮仓向平民百姓分粮。

作为父亲，叶佩茵又怎样想？这个体制没有剥夺我们的财产，允许我家族出租土地、经商，获取正当收益，成为富有阶层，我靠家族提供的经费接受大学教育、进入政界施展才能，成就了一个贵族的理想，希望这个让私人扩张资本的体制，像常青树永不枯黄，永远延续下去，永远不损害我们的财产权，那么儿子为什么不认同这个体制？

劝告无效后，为尊重各自的选择，也是不给宗族带来政治风险，他在浙江《东南日报》，刊登了与儿子决裂的声明。

亲情关系被不同的政治信仰撕破，冲突和分化不可避免，年青一代义无反顾地冲破宗族看守的大门，告别祖辈制订的家规，放弃优越的物质生活，踏上了为中华民族寻求自由、平等、富强的道路。

叶佩茵与家族有不变的血缘关系，是最大的受益者之一，又接受了忠孝教导，为了祖辈的荣耀，为了几代人创造的财富，怎能不热爱家园，逃到遥远的异乡？

叶佩茵占有土地被划为地主，1953 年，伴随一声枪响，他的贵族身份结束了。不可预测的时代变化，让他们几代人积累的财产，几乎在一夜之间归他人所有。

他与大地融为一体后，家庭地主成分还连累他的妻子、孩子受打击。他养育了 5 个儿子，据大儿子叶海标回忆，1970 年 7 月 29 日，太阳像火一样燃烧，把大地烤得冒烟，生产队长却叫他母亲翁种梅到地里采摘绿豆，里面极为闷热，汗水湿透了她的衣服。

她无力支持下去，想回家喝点水，滋润发干的嗓子，恢复一下体力，在回家的路上，她头昏难以支撑倒在地上，当时没有人发现她，等到傍晚村民收工，看到她已经身亡。

叶海标从部队转业后，遇到一个机会：政府急需要航空人才，选拔有高中学历的人到航空学院培训，因而他进入南京航空学院读了三年。

毕业后，学校发现叶海标来自地主家庭，不让他到黑龙江一家飞机厂，作为内部使用对象，被分到上海航空工业学校当教师，后调到杨浦区工业大学教书。他获得的教育资源，对他孩子读书成才、保持家族的贵族血统极为重要。

儿子叶建农 1947 年 9 月出生，1965 年他高中毕业的成绩，在全校 200 名学生中并列第一名，班主任发现他来自地主家庭，以不宜录取为由，向他关闭了通向大学的大门。

“文革”爆发后，叶建农到一所子弟小学当教师。10 年以后恢复高考，他以良好的天赋，考取华东师范大学化学系。1982 年，他毕业时获得刘佛年教育奖学金。

他留校工作几年，作为培养青年教师的对象，机会向他招手，去美国路易威尔大学获博士学位，后任华东师大教授、副校长，全国政协委员，上海市政府参事。

取得了这些政治荣誉，叶建农依然坚守公正、服从真理、追求真理，不为获得个人利益搞权术，排斥他人，而是以道义为重。这是贵族奉献精神在他身上的体现。

叶建农取得的地位，又给儿子叶昀创造了施展才能的空间，叶昀获美国马里兰大学计算机硕士学位，成为这个行业的英才，现定居加拿大。

虽然叶海标的弟弟叶震标，受家庭成分影响，只接受了小学教育，在家务农，但他长子叶立军有机会打开大学之门，获南京师范大学博士学位，现任杭州师范大学数学系教授。

经历不同时代带来的冲击后，为了不能忘却的乡土情感，2006 年 4 月清明节，叶海标在父亲叶佩茵诞辰 100 岁、自己迈进 80 岁时，带领儿子叶建农，回到久别的新叶村，祭祖并修复父母的坟墓。

从叶海标到叶建农、叶立军及叶昀，延续了接受大学教育、传播知识、探寻真理的贵族精神！

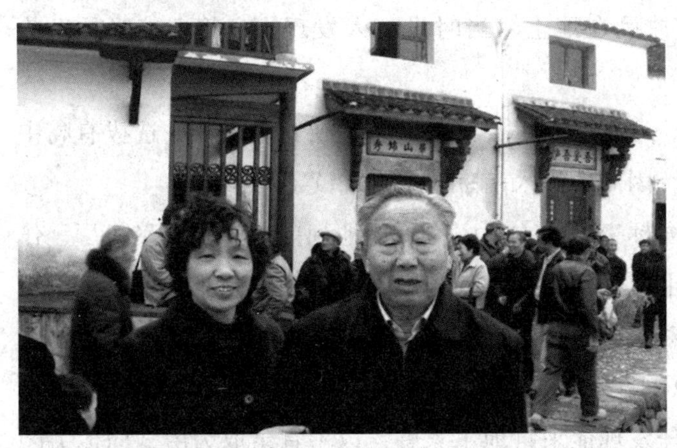
◉经历了不同时代的冲击后，叶海标从上海回到新叶村，重温家族创造的辉煌

民国时期，叶佩茵的大哥叶佩蓁任兰溪县参议员、地方保卫团等职，他背靠叶家这个大宗族，自己又有学识与财力，当然有资本与县长、警察、法官，及工商界人士协商，为当地老百姓争取治安、救济、教育、医疗等资源。

他除了继承父辈的田产，以收租过着悠闲的生活以外，还筹集资金修复破损的叶家宗祠、有序堂，并承担了维护宗族秩序的责任。

叶佩蓁以财富提高自己的政治地位，也给四个儿子带来了成才的条件，老大叶凤标，就读于上海暨南大学，曾任建德严州中学教师、副校长，市人大代表；老二叶凤新，毕业于寿昌师范学校，任小学教师；老三叶云标，毕业于杭州中央美术学院，曾任青岛纱纺九厂高级工程师、市政协委员，他有一个女儿从青岛电大毕业；老四叶云林，从浙江教育学院毕业，他女儿叶菲毕业于浙江大学，现在北京从事软件行业工作。

这一支子弟接受大学教育，获得了到城市施展才能的机会，传承了家族的贵族血统。

从“种德堂”这一支的兴起看到：叶珪初意外得到中药材开药店发迹，为家族开辟了从农耕走向商业的道路；第二代叶荣春、叶文荣等人继承家产扩大商业，为宗族输送物质财富与文化资源；第三代叶肃芦、叶佩茵等人，得到家族财力支持，进入大学接受法律教育，从治家转向为国，幻想从宗族维系的社会结构，向法治国家转变；第四代叶海标、第五代叶建农等人，为建立一个富强、平等的现代国家，贡献自己的智慧。

这就是贵族精神推动他们从爱家到支撑国家运转的体现！

叶洪富带头保护祖传的文化遗产

老年协会给新叶村输送了道义资源，成员来源于退休教师、医生、官员、工人等，他们不仅有一定的文化水平，还有稳定的退休费，自觉承担了保护古建筑，唤起子弟认识传统文化的责任。

在新叶村调查时，我与叶洪富进行了深入交谈。据他介绍，20 世纪 80 年代，有关专家到新村叶考察，给他分析了古老建筑存在的价值与意义，开启了他认识文物的大门。

“我意识到，祖辈留下的古老建筑，包含了浓厚的伦理、宗教信仰，成为叶家几十代人前赴后继创业的文明史，如果让它毁灭，那么愧对祖宗的养育之恩，也对不起子孙后代。”叶洪富说。

象征叶家子弟获取功名的文昌阁，在风雨中为叶家守望了 400 多年，见证了一代又一代人读书做官取得的成就。1937 年，叶蔚文、叶佩秦等富户捐资维修。土改时，文昌阁变成村民的养猪场。

分田单干后，村民将文昌阁当成牛栏，长年堆积的牛粪和腐烂的稻草，将这座铭记了文人聚会的建筑，变成一个垃圾场。

文昌阁的旁边是抟云塔，1958 年，一场狂风席卷后塔身出现倾斜，作为旧道德、旧思想的代表，村民不可能向它投来保护的目光，任由荒草、灌木包围它。

“老年协会成立后，我组织老年人清除文昌阁、抟云塔里面的垃圾，再向建德文化局反映，最终争取到3万元经费，加上村民集资共5万元，于1990年，修复这些古建筑。”叶洪富说。

在重振宗族声誉的感召下，叶洪富等人筹划修复宗祠，1950年以后，新叶小学设在祠堂，1958年一场狂风吹倒了中堂，后来大梁腐烂随时有断裂的可能，但生产队收入增长缓慢无力修复。

考虑到有可能危及学生的人身安全，2003年，新叶小学搬到新教学楼。叶洪富等老年人认为，历经几个朝代的叶家宗祠，决不能在自己这一代人手里倒塌，一个拥有800多年历史的村子，应该有代表自己成就的文化遗产。

在互助精神的感召下，他们从浙江省文物局争取资金，还动员叶家人捐款，从村子的山场砍伐所需木材，凭借多方面的资源支持，叶家启动了修复宗祠的工程。

完工后，叶家男女老少到祠堂，举行了自1950年以后，第一次大型隆重的祭祖活动，他们面对祖宗的牌位焚香跪拜，在“破四旧”过程中消逝的礼仪，仿佛又复活了。

祭祀结束，为树立讲忠孝的榜样，协会请叶家80岁以上的老人，聚在一起吃饭，并请戏班子唱了6晚上的戏。

接着，协会修复代表叶家尊严的有序堂。“破四旧”时，他们用泥巴掩盖大堂柱子的雕刻，避免被红卫兵铲除。后来供销社在有序堂开办商店，将大堂分隔成许多小间。

供销社搬走后，老年协会发动村民捐款并义务出工修复。有序堂竣工后，他们举行了因“文革”中断30多年的庙会，当古老的风俗重新回到村子时，一种被淹没的道义，又从这片土壤吸收养分。

修复的动力在于，他们在封闭的乡村，时常面临不可预测的灾害，只有损耗却得不到公共资源补充，外人只是冷眼旁观，远离乡村的官府，不可能提供救济，惟有家族子弟能竭力相助，那么以祖辈的荣耀，给子弟带来奋发向上的力量，并建立与自己相适应的信仰，凝聚分散的亲情关系。

这表明，他们以血缘关系形成家族经济共同体，让族人在内部实现利益交换；由于彼此了解对方情况，能以比较低的成本互相监督、达成合作，分享宗族的公共资源。

宗法依赖小农经济，维持千古不变的等级秩序；小农经济又靠宗法支撑，让广大农民延续刀耕火种。双方形成互补关系，保障族人的生存权，也支撑了国家运行。

很显然，从叶克诚到叶洪富，跨过几个时代、相隔800多年，维护宗族公共利益的贵族精神没有消失，依然在激励新叶村焕发出新的生命力！

但家族编织的信用关系，只对内部成员发挥作用，族人离开宗族构造的熟人关系圈，进入陌生的城市，面临信息不对称，又缺乏法治约束，就会因互不信任出现违约风险，增加交易成本并带来沉重的损失。

因此，我们透过新叶村15栋壮观的大祠堂、150栋明清古建筑，能看到他们在远离城市的山谷，靠一批具有道义的贵族建立家族经济共同体，唤起大家的合作意识，历经宋、元、明、清、民国改朝换代的政治风暴，至2015年有796年、传了30代、3900人。

第六章

郑家为何得到帝王将相的赞赏

为治愈瘫痪的母亲：郑绮向老天爷发出呼喊

“金军攻破了开封，皇帝被他们抓走了，可能敌军还要南下，局势比较严峻，从此我们只有集中全体族人的力量，才能保护自己、避免灾难，所有郑家子孙，不论贫富、地位高低，都要在一起居住、吃饭、劳动，做到有难同担，有福同享，请大家务必遵守！”郑绮挥着手说。

郑绮建立家族经济共同体的决定与南宋建炎元年（1127），开封爆发的一场政治危机有关，随着金太宗一声命令：宋徽宗、宋钦宗父子，脱下了身上穿的皇袍，从皇帝变成了平民，与皇室成员及大小官员3000多人被押往金国。

随即，北宋灭亡的消息，从黄河传到了长江中下游地区，对于流亡到南京的赵构（1107—1187）来说，上天给他送来了一件千年难遇的好礼物，在一群无能官员的簇拥下，他登上了王位，名为宋高宗。

但赵构身上流淌着目光短浅、畏缩不前、自私自利、昏庸无知的血液，当了36年皇帝，留下了逃跑、投降、求和、排除忠臣、任用贪官污吏、毫无作为、浪费纳税人钱粮的纪录。面对金军的进攻，他没有调集优势兵力抵抗收复国土，反而剥夺岳飞、韩世忠等人的军权，每年拱手向金朝交纳25万两银子、25万匹布，维护自己的王权。

面对可能南下扫荡的金军，郑家人感到惶恐不安，为应对危机，在北宋崩塌的这一年，郑绮对族人发出了同居不分家，共同应对外部威胁的召唤。

那么他的威望来自哪里？大家为什么响应他的号召，用一口锅吃饭？

回想北宋元符二年（1099），郑淮从浙江遂安迁到离浦江县只有12公里的山谷，也就是现在的郑宅，拉开了以耕读开创家业的序幕。

生于北宋重和元年（1118）的郑绮，从小在家人的指点下，熟读《春秋》等经书；他有一个信念，一个人进入社会后，要变成一个文明人，以友善、公正对待他人。

灾荒时，有些人到他家讨饭，他没有拒之门外，叫妻子给饭吃，甚至让他们住下来，分田给他们耕种，成家立业。

他到田野耕种时，将书挂在牛角，以便休息时吸收知识；晚上回家，又在油灯陪伴下读书到深夜。

父亲郑照遭人陷害入狱时，郑绮想：如果知县听信一面之词，不能公正审判，用酷刑逼供，那么父亲就有生命的危险，我作为儿子，不能视而不见，必须挺身而出，尽力营救。

为此，他来到县城向郡守钱端礼说：我父亲遭到他人诬告，请您明察，还一个公道，如果调查案件需要一段时间，那么请先放我父亲回家，由我替他受罚，尽一个孝子的义务，希望您能理解，给予支持。

钱端礼坐在太师椅上，望了一眼郑绮，眼前这位青年人穿一身青布衣，虽不华丽，但显得朴实、忠厚，眉宇间流露出刚毅之气。

他想：郑绮出于一片孝心，甘愿为父亲受苦，让人敬佩，我的辖区有这样一位孝子，我应该感到高兴、自豪，对于他的忠义之举，我应该给予鼓励，符合朝廷提倡忠孝治国的要求。如果将郑绮作为一个履行忠孝义务的典型，向全县人推广、宣传，让大家以他为榜样，自觉做一个维护家庭和谐、不损害他人权益的人，那么就能减少打架斗殴、违法乱纪的现象，节省我办案的人力、费用，得到上级领导的赞赏，提升我的政绩。

“难得你有一片孝心，孝心可以感动天地，我怎能冤枉你父亲？我会秉公而断，不让小人制造的阴谋得逞，成全你的心意，让孝心像阳光放射出夺目的光彩，鼓励人们对家庭、对社会承担应尽的责任。”

在实用主义的支配下，这位官员重新翻阅了案卷，又传讯双方当事人，听取他们的陈述，最后发现这是一起冤案，当庭释放了郑照，并握着他的手说：“让您受委屈了，我祝贺您培养了一个孝子，值得全县人学习！”

郑绮母亲患病后，长期瘫痪在床，不能自由行走，需要人帮她梳洗、穿衣、喂饭，俗话说，久病床前无孝子。但孝道如一面镜子，时常照射到他头上，让他检点自己的行为，是否尽到了一个孝子的义务，为了完成这个义务，他30年如一日，毫无怨言地给母亲端茶送饭。

有一天，母亲突发奇想，要喝门前的溪水，当时发生干旱，溪水已经断流，河滩干裂，只剩下砂石，到哪里去找水呢？孝道指引郑绮冒着炎炎烈日，在白麟溪挖了几天，手指被沙土磨破了皮，却不见泉水涌出来。

想到母亲在床上发出呻吟，还在焦急地等待，他不由得放声痛哭，举起双手向上天祈求：请您发一下慈悲吧，给我一点泉水，让我能改变母亲的病痛！

也许是他的孝心感动了老天爷，不久地下冒出了清澈的泉水，让他实现了为母亲排解病痛的愿望。后人为纪念他，取名“孝感泉”。

清朝诗人戴望峄到此游览后，写下了一首赞美诗：

孝子起彷徨，呼天为号泣。一号土膏动，再号土脉裂。一从泉涌后，终古永不竭。

◉从南宋至明朝后期，郑家秉承忠孝，一起同住生活不分家

妻子丁氏与他母亲的关系不融洽，有时为家务事发生争吵，一个是他心爱的妻子，另一位是养育他的母亲，他作了一些调解，却难以化解双方的对立情绪，长久下去，他感到很为难。

为了顾全忠孝，郑绮不得不休妻另娶阮氏；后来阮氏和他嫂嫂难以相处，不时为洗衣、做饭、打扫卫生、带孩子等发生纠葛，为维持家庭和谐，他以身作则，放弃自己的幸福，忍痛与夫人分手。

通过忠孝不渝的行动、通过起模范带头作用，郑绮在族人心中树立了孝道优先的形象，维护了全体族人的生存权，也符合官方的要求，那么大家有什么理由不听从他的号召？

宋光宗绍熙四年（1193），郑绮离开人世之前，将子孙招到床前，用针刺破手指让血流进酒杯，再命令大家喝下去，并发誓说：我子孙如不遵守忠孝，不在一起居住生活，将会遭到老天爷的诛灭。

他的誓言等于变成了一条规则：郑家子孙必须聚集在一起，以家族经济共同体生存，如果有人不在一起同住吃饭，为牟取个人私利分裂家族，那么他将受到众人的惩罚。

哥哥放弃宝贵的生命，弟弟郑德璋哭昏几次

经过郑绮的训导后，忠孝精神在郑家人心中扎下了根，开出了绚丽的花朵，结下了丰硕的果实。

郑家宗谱记载了一个感人的故事，第五代郑德璋执掌家族家长大权时，一些强盗、土匪四处抢劫，危害到人们的生命与财产安全，有些村子几乎看不到人烟，为保卫郑家人的安全，他组织族人抵抗敌人的袭击。

由于郑德璋行侠仗义、爱抱打不平，不能容忍恶霸欺压老百姓，遭仇敌诬陷后，县官不调查取证，获取有效证据，搞有罪推定，派人到村子抓捕他。

哥哥郑德圭得知后对他说：

“我们从小一块长大、一口锅里吃饭、一张床上睡觉、一起读书，几乎无话不谈，情同手足，现在有仇人设计要谋害你，我怎能看着你受难？按照祖辈规定的孝道原则，我作为哥哥，应该保护弟弟，你在家里休息，我先去官府说明真相，消除对你的误会。”

说完，郑德圭离开家乡到县衙，德璋又怎能眼看哥哥惨遭毒手呢？他不同意，追到诸暨见到哥哥说：“您年纪比我大，由我承担责任。”

他们互不相让，希望对方活下来，想到同为父母所养，又面临生离死别，不禁抱在一起放声痛哭。当天夜晚，德圭走小路去官府，等第二天德璋赶到扬

州时，发现哥哥已经被官府处决在监狱。

看到哥哥为自己放弃了宝贵的生命，德璋哭昏了几次，醒来后发出悲诉：阎王爷，您为何要夺走我哥哥的性命，您为何不把灾难降临到穷凶极恶的人头上，让他们受到应有的惩罚？您为何不显示威力，打倒贪赃枉法的知县？

德璋怀着无限悲痛，把哥哥的棺木运回村子安葬后，在坟墓前守了几年，他有时忍不住发出哭声，那悲凉、凄怆的声音，感动了树上的乌鸦，围绕陵墓不断盘旋，表达无尽的悲鸣！

郑德璋反思：为什么我遭仇人陷害？这是知县靠专政支撑，不分是非、对错、真假，凭个人意志决定，剥夺我哥哥生命的表现，难道是他接受了别人的钱财，抛弃了对公正的追求吗？

官府只是一个摆设，花了纳税人的钱，却不秉公办事，只为权贵提供优质服务，任由黑恶分子猖狂、逍遥法外，欺压百姓，这不是世道黑暗、缺乏正义、无处维权的表现吗？

反思后，郑德璋筹集资金，动员族人在村子附近修建了东明书院，并规定，达到入学年龄的子弟，必须进入书院读书，以孜孜不倦、勤奋攻读成就自己的志愿。

在杭州苟且偷安的宋度宗皇帝（1240—1274），只要老百姓向他交钱粮，维持皇室成员的豪华消费，以及对金军赔款，却不给村民提供保护。乱世中，强盗、土匪大显身手，以抢劫为生，直接给人们带来了灾害。

不能指望漠视人权的皇帝向苦不堪言的农民伸出援助之手，只能依赖家族力量自救。郑德璋带领族人，召集附近村民，组成了一个自卫队，白天防守、晚上巡逻，抓捕强盗后，送到官府追究责任。当地官员王霖龙以护卫有功，请求朝廷让他当一名军官。

去世前，他把子孙叫到床前，重申祖先的遗训：你们一定要遵守祖辈的教导，坚持同住不分家，不要听信他人的谣言、挑拨离间，伤害大家的和气，只有团结在一起，才能战胜灾难，走向兴旺发达。

他的侄子郑文嗣，当家长主持宗族公共事务时，不敢私自隐藏一个铜板、一匹布，他起了模范作用，同居的族人不可能提出分家，另起炉灶做饭，也不可能私自存钱。

郑文融用行动告诉子弟：节约光荣，浪费可耻

郑德璋的儿子郑文融从东明书院毕业后，先后到建德、绍兴任知县。虽然他成为一名吃皇粮的官员，享有比老百姓高一等的政治地位，但他认为：我们家族聚居在一起劳动、生活，已经有100多年，我长期在外处理公务，不能为家乡出力，与他们产生了距离，以后我老了，他们不认识我怎么办？

经过一段时间的思索，郑文融放弃许多人羡慕的官位，踏上了回归乡土的路，以自己掌握的知识优势，专心研究古往今来显贵家族治家积累的经验，为郑家制订了58条《郑家规范》，涉及耕种、读书、婚嫁、丧事、祭祀、救助、应酬等。

通过家规，他强化了家族经济共同体，给族人树立一个正统观念：以仁义忠孝治家，抛弃一切歪门邪道，不信妖魔鬼怪、不信巫术咒语，也不与僧人、道士往来，按祖辈制订的礼仪办事。

他的意图是，让子弟在互相帮助、充满友爱的宗族共创家业，不愧对祖辈的恩德。同时，便于管理宗族的房屋、田地、收租、开支，以及家人的婚丧、饮食等。

条例规定，每天早晨有专人击鼓24响，族人听到鼓声起床洗漱后到祠堂集合，男女分坐两边，听一名年满16岁的子弟诵读家训：

一个家族的兴旺、衰落，与积德行善有很大的关系。

什么是积善？在家遵守孝道，宽容对待，看到他人处于危难，伸出援助之手；什么是积恶？逞强好斗、欺压弱者，掠夺他人的财产。所以爱子孙应让他们选择从善。古人说，积善之家必有余庆，积不善之家必有余殃。

对妇女的训导是：

一个家庭是否和睦，在于妻子是否贤惠。什么是贤呢？对待姑婆要和气，侍奉丈夫要恭敬，与妯娌相处要温和，对子孙要慈爱；何为不贤呢？妒忌、恃强凌弱、散布谣言、牟求私利，应该引起妇人的警戒。

通过这些仪式，郑家先辈提醒子弟：团结互助、永不分居、齐心协力、勤俭持家、坚守孝道、遵守家法、对人忠诚、富有同情心、知书达理、不以恶语

伤人、为官清廉，战胜艰难险阻。

显然，郑文融将家法的功能发挥到了淋漓尽致。

郑文融去世时，他身边没有一件华丽、高档的衣服，一双粗布袜子穿了12年，上面留下了补丁，却没有扔掉，用这种行动告诉子弟：节约光荣，浪费可耻！

儿子郑钦继承了他的遗志：当母亲去世后，三年不沾一滴酒、不吃一块肉、不参加任何娱乐活动，保持孝道、恭敬，将宗族的耕地面积扩大到2000亩，保障2000口人有饭吃、有衣穿。对附近乡村无粮食的人，无偿给大米，贫困的病人，免费送药，无钱安葬的人，购买棺木。

郑文融的弟弟郑文泰，主持家务时，他苦心经营，除了购买土地、多收粮食以外，在街道开设店铺，以农业与商业带来的收入，支持宗族积累更多的钱粮，提高大家的生活水平。

他家挂了一块牌子，上面写有：忍让。我们是一个同胞，他人的病就是我的病，他人遭到不幸、痛苦，就是我的苦痛，设身处地、将心比心，为他人着想，他人有难，我奋力相助，保一个县如同保一个家。

元大德十一年（1307），浦江发生大干旱，太阳敞开宽广的胸怀，给大地释放了超量的热能，却不给农田带来雨水，挽救奄奄一息的禾苗，庄稼绝收后，给人们留下了荒芜。

随即饥饿开始发挥威力，张开血盆大口吞没找不到食物的人，逃荒的灾民无力支撑，倒在路边、沟渠，后面的人为活命，只好吃倒下的尸体，形成人吃人的惨剧。

遵守仁义教导的郑文泰，怎能看着同胞倒下？他召集族人买了一口大铁锅，摆在门前煮稀饭，这救命的饭阻止了饥荒继续扩大，保住了1000多人的生命。县官看到后，向朝廷递交了表扬他的报告。

村民上山割野草当肥料用时，遭到豪门富户的强势阻挡，只得向享有威望的郑家求助，为了给大家讨回公道，创造一个充满和谐、安宁的生活环境，郑文泰带领族人与豪绅讲理，对方却置之不理，他们又告到官府，迫使这些地主允许乡亲们割草。

进入元朝后期，郑家不仅人口增加，而且在乡村建立了稳固的经济基础。

但元朝末年皇帝不作为，及各地爆发的起义，又将他们推向了危机的边缘。

为应对日益恶化的局势，郑家不得不将一部分族人，分散到附近的金华、东阳等地避难。分流到东阳的族人，吃完了携带的干粮后无处求生，郑家又派人带着食物赶到东阳搭救。

显然，灾难不仅没有摧毁他们的宗族意识，反而如同一副黏合剂，将郑家子弟凝固在同一条船上，越过前面的激流险滩。

有一天，一位元朝将军带领五万士兵占据浦江，沿途居民的财物、家畜等，被他们一抢而光，许多老百姓没有来得及躲避，就倒在他们流着血的枪口下。

面对危机，郑铉冒险进入军营对将军说：我们是忠义之家，曾得到皇帝的赞扬，并有人在朝廷任职，您能否以维护地方安宁为重，带兵退走？请您给予支持！

将军看到，皇帝赐予郑家为孝义之家，在这里制造动乱、引起老百姓的恐慌，有损皇上的神圣威严。分析利害关系，他带兵撤离了浦江，避免了一场可能爆发的大灾难。

对外排忧解难、对内忠孝至深，郑铉的妻子去世后，他 8 天沉默不语，以默哀、静坐，表达内心的悲痛；父亲逝世时，他接连痛哭 10 多天，连续 3 天茶饭不进，因悲痛过度，他的头发一下子变成了白色。

兄长看到他只有 40 岁，身边需要人照料，劝他再娶妻生子。可他担心会伤骨肉之情，一直坚持独身到 70 岁离开人世时，宗族男女老少、附近村民、县城的官员，无不表示哀悼。

“您大道之行，天下为公，从不牟取私利，为人们创造了安居乐业的家园，如果周公生于此地，也会感到这是一处乐土，所以您如圣人，让后世万代追思、仰慕！”这是宋濂为他题写的墓志铭。

吴莱跟着道义走，开启郑家子弟求知的大门

一个贫困、不能让子弟接受教育、告别无知的家族，不可能走向兴旺，也不可能发挥影响力。

元成宗元贞二年（1296）至大德四年（1300），郑德璋的儿子郑文融，以宗族积累的银子，将东明书院扩大到21间。

在郑宅镇上郑村调查时，我有幸结识居民郑期康，从他父亲郑定楠编写的资料看，元顺帝元统二年（1334），浦江人吴莱（1297—1340）接受郑家邀请，到东明书院执教。

他父亲吴直方（1275—1356）曾跨过黄河，游历河南、河北、山西、北京等地，与蒙古王侯马札儿台相识，对方请他到王府做客，请他介绍自西周至汉、唐、宋以来，汉人如何以礼制维持家庭关系与治国。

“吴先生，我很欣赏您的学识、谋略，也赞同您建议元朝皇帝以礼治国，消除民族之间的不平等，我请您留下来当家庭教师，教我儿子脱脱读经书、学习汉人的礼仪，以后我向朝廷推荐您，给您一个适合的位置施展才能。”马札儿台对吴直方说。

凭借与王侯马札儿台建立的私人关系，他进入元朝的政治舞台，任集贤殿大学士。

得益于家庭提供的教育资源，吴莱从小喜爱读书，阅读了《孝经》《论语》《尚书》《春秋》《汉书》等名家大作，并对法律、兵法等感兴趣。

24岁时，吴莱受邀为元朝编写历史，他看不惯元朝官员的暴力执政，想给他们灌输仁义，却得不到对方的重视，投来了轻视的目光。为维护一个学者的尊严，他辞职隐居乡村教书。

站在东明书院前，吴莱向四周遥望，只见阳光明媚、山峰起伏、层峦叠嶂、松柏苍翠，溪水从山坡顺流而下，给农民春耕送来了免费的水，农田边有几排青砖黑瓦盖的房子。这是一个远离喧闹，适合居住、读书的环境。

任教期间，吴莱为郑家培养了一批人才，让他们有机会打开通向官场的大门。其中郑涛得到元丞相支持，取得了奉议大夫、国史编修等职；郑深曾跟随元朝丞相出巡江南，提出了减轻农民负担、消除阶层之间对立的治理建议。

由于仰慕吴莱的学识、名声，金华人宋濂（1310—1381），到东明书院拜他为师。期间，他们经常在山林、乡间小路散步，一边观赏自然风光，一边对个人的理想、治学、做人、时局变化等，交换不同的看法。

“吴先生，您接受元朝的邀请，承担了编写国史的任务，借这个机会，可以阅览大量官方收藏的史料，认识前代王朝执政的得失、兴衰，把您的评论、分析写进去，给后人留下启示，如果您得到皇帝的重用，还能改变老百姓的苦难、实现以仁义治国的理想，您为什么不愿与他们合作，而选择隐居乡村讲学?”宋濂说。

“我进朝廷时，正是元朝第五个皇帝元英宗执政，他消耗大量精力，与王侯、太后、丞相、官员展开权力斗争。他们成长于草原，以掠夺、征服获取生存资源，认为我们汉人提倡的仁义、忠孝，像涂上了艳丽色彩的花架子，经不起暴风雨的摧毁，他们不读那么多的圣贤书，却打败了拥有几千万人的汉族，胜利在他们脸上描绘了傲慢自大、目空一切、蛮横无理的形象，对我们的自尊心是一个极大的伤害，只能以辞职表达无声的抗议!”吴莱说完，发出一声长叹。

“您在宫廷任职一段时间，与各级官员有接触、交流，发现他们占有花不完的银子、享有高于汉人的特权后，治国思维发生了什么变化?对我们祖辈千年积累的忠孝有什么看法，是挥霍浪费、坐享其成，还是有所作为、维护国家的安宁?”宋濂问。

“虽然元朝的官员穿着华丽的官服、走进了装饰豪华的宫殿，但他们对文明社会的规则一无所知，我曾提出以仁德治国，代替野蛮的刑罚，但他们不相信描绘在书本上的仁义可以战胜流血的暴力，只相信强权，这决定了他们只是一群浪费纳税人钱粮，满足原始欲望的动物。”吴莱有些愤慨。

“您心中藏有万卷书、有宏大的志愿，却遇上了一个游牧民族占有天下的时代，在暴力支配下，元朝从建立至元惠宗执政，不到60年，已经换了10多位皇帝，从天顺帝到宁宗，五年内更换了五位皇帝，只任一年就被推翻，他们为权力打天下，又为权力分配不公，发生激烈的内斗，最终打垮自己，他们的失败在于：没有建立忠孝至上的共同信仰。”宋濂分析。

“我们看起来生不逢时，但郑家同住生活，以忠孝治家，说明道义不在朝廷在乡村，那么我们回归乡土、传播知识，开启下一代人的智慧大门，为建立一个新国家发挥作用，因而不要问我们得到了多少银子，要看我们能否举起火炬，照亮治国安民的道路!”吴莱表现了一种乐观。

这富有激励的语言，像喷射出来的暖流，激荡宋濂的心、为他发出召唤，要他自觉地承担这个时代赋予他的任务，要他忍受寂寞、孤独、积累能量，为拯救天下释放爆发力。

1335年，吴莱感觉身体不舒适，需要一段时间治病调养，为不耽误郑家子弟学习，辞去院长、教师职务，推荐学识渊博、只有26岁的宋濂，任书院负责人。

吴莱因病去世后，为了不能忘却的师生情感，为了颂扬他崇高的师德，为了给后人留下一份宝贵的文化遗产，宋濂怀着敬重的心情，整理他留下的书稿，编成《吴渊颖集》，请富有声望的刘伯温写序言。

刘伯温饱含深情地说：我第一次读吴莱先生的稿子，觉得他的诗句绮丽高远、纵横奔放，如大江奔流、激起巨大的回响；再次读他的文章，敬佩他心怀远大的壮志，不为名利丧失君子的风格；第三次读他的著作，我仿佛得到了一种神秘的力量，有一种透彻的领悟，内心洋溢着无法形容的乐趣，不得不反复咏叹、品味他的诗。我想宋濂在学业上取得了很大的成就，有超人的才能，与吴莱的教导有密切的关系。

宋濂天资聪慧，6岁能提笔写诗，被乡亲们称为神童。他先后跟随有名望的学者刘梦吉、吴莱、柳贯等求学，幻想从《大学》《中庸》《春秋》等经书中，为老百姓寻找一条告别饥饿、压榨、黑暗，走向光明的道路。

郑家以礼待人、以忠孝传家、收藏了大量书籍，又具有一定经济实力，对宋濂等贵族有很大的吸引力。他们带来的知识资源，对郑家成为名门望族，起到了极为重要的推动作用。

接受郑家邀请后，宋濂担任东明书院负责人，以他的学识和人品，提升了这所书院的声誉。

“同学们，我们学习是为了什么？明道致用，认识大自然变化的规律，把自然资源转化成人类生存所需要的资源，这个过程会产生分配不公、贫富差距、阶层冲突，甚至战争，那么一个人进入社会后，不可能孤立存在，要变成一个文明人，以道义为纽带，联结每一个陌生人，不问他的出身、地位、贫富，形成互帮互学、互助友爱、互利互惠的生存环境。”宋濂站在讲台上，对一群求知的学生说。

忠孝治家可以转化为忠孝治国

除了给学生讲课以外，宋濂成为郑家的法律顾问，帮他们起草家法、修订宗谱，提出治家建议，巩固他们在乡村的地位。

元至元五年（1339），作为宗族的家长，郑钦（1295—1364）带领分管族谱、钱粮、仓库、耕地的族人，将宋濂请到郑家祠堂，商议如何修订家规。

郑钦的举动与元朝宫廷政变、权力斗争、排斥汉人参政、各地不堪忍受压榨的农民起义有关联。他要以家规维系族人的生存安全，应对可能出现的风险。

因为，在这一年，元顺帝发出了充满排斥色彩的命令：汉人、黄河以南的人，不准携带刀枪、弓箭；男人头上可包一条青色围巾，但不能戴斗笠，也不允许骑马。

对于强调忠孝治家的郑钦等人来说，元朝否定仁义、推行排斥汉人的政策，深深地刺痛了他的心。他不能改变皇帝的独裁，也无力号召千百万人团结起来，推翻这个充满暴力的王朝。

但他手里紧握一张牌：家族经济共同体。这是他们几代人，在强大的王权之外，精心营造的理想社会：让全体族人共享生存资源，一个王朝可以灭亡，但宗族的生命之火不会熄灭。

他修改家规、增加内容、扩大书院规模、聘请宋濂等志同道合的精英，汇集到郑家讲学，给宗族输送新的能量，保持强劲、旺盛的应变能力，维系一个族群对中华民族文化的认同，也是对元朝皇帝限制汉人正当权利、制造差别、不公正的无声抵制。

“宋先生，我与族人商议后，想将我父亲郑文融制订的56条家规，增加到92条，原因是家族人口不断增加，要修建房子、提供服饰、购买田地、开设店铺、保障养老等，需要建立新的管理体系，避免不必要的冲突，必须增加内容，请您提出建议。”主持郑家宗族事务的郑钦说。

“您的想法很好，我认为家规以维护全体族人的生存权为最高宗旨，让大家互相帮助、互相监督，指导他们在家孝敬父母、勤奋耕作；到朝廷做官，不贪污受贿、忠于职守、帮助老百姓提高生活水平；到县城经商，不以短斤少两、以次充好、欺行霸市损害顾客权益，让家规像一面镜子，照射族人的举止行为，形成一种自我反思、约束、提升品质的动力，做一个对家庭、对他人、对乡村、对国家有贡献的人！”宋濂支持郑钦以家规治理家族。

“这是我们扩充家规要达到的愿望，我们对宗族共有的房屋、耕地、资金进行资源优化配置，让每个族人有饭吃、有衣穿、有房子住、有药治病、有书院读书、有机会到朝廷做官，遇到灾荒开仓放粮，不给饥荒光临的机会，形成宗族资源共享，化解生存压力与风险！”郑钦说。

“我发现，经过您们几代人前赴后继、奋发图强，郑家形成了共担风险、共同富裕、共享宗族资源的治家体系，成为一个独立、完善、均衡分配资源的小社会，能够抵抗灾荒、动乱的袭击。即使皇帝不给您们提供公共服务，但家规指导您们协商消除冲突，达成合作，具有很强的自我调节、适应能力，而且忠孝资源有利于建立一个文明国家，皇帝应该向您们学习治国之道。”宋濂说。

“从南宋至元顺帝上台，我们家经过200多年试验，证明了一个结论：农耕型的宗族与农耕国家相似，一个开国皇帝打下江山后，变成了出租国家资源的最大地主，既不投资引进人才、开发新技术、生产老百姓满意的消费品，又不允许他人竞争，一劳永逸地占有千百人的劳动成果。皇帝是天下人的家长，我们是宗族的家长，忠孝治家可以转化为忠孝治国，家规可变为国家法规。”郑钦说。

“我认识到，一个皇帝占有江山，以出租官位、土地、山林、矿产等资源，获得稳定、持续、高额的回报，但他不提供教育、医疗、治安、养老公共服务，形成收益最高、风险最低。对比一个家族生产时，要承担种子、农药、肥料、人工费，以及灾害带来的损失，在中国贫瘠的黄土地，造就了世界最富有的皇帝，以及最庞大的贫困人口！”宋濂说。

“在农耕时代，皇帝把维持专政的成本全部转嫁给亿万人，造成每个家庭面临不可预测的风险，却得不到有效的救济，可以说，家族拥有的资源决定家庭成员的生活水平与政治地位，我们制订家规，实现资源共享，就是为了维持族人的生存安全，并扩大他们实现理想的空间。”郑钦说。

“您用忠孝维持邻里之间的和谐、友爱，对支撑一个健康的国家，起到了不可替代的作用。但我发现，您内心不同意元朝对忠孝的否定，也难以接受他们的统治，为什么同意有些郑家子弟到朝廷做官?”宋濂疑惑地望着郑钦。

“我们当然不认同元朝轻视忠孝，但相对于掌握了最高权力、占有最多经济资源的皇帝，我们怎样变得更强大呢？我们鼓励子弟读书做官，吸取商业与政治资源，降低全体族人的生存风险。忽必烈骑在马背上征服天下，是一种有形的力量，郑家子弟到朝廷任职，建议他们以礼仪执政，是治国的无形力量，实现以道义为老百姓谋福利的理想，这是我们作为一个大宗族，应该承担的公益责任。”郑钦的选择比较明智。

与郑钦交谈，宋濂很受启发，帮他完成了从书本到实践的认识：每个皇帝要从宗族制订的家规，吸收治理国家的营养，了解社会演变的真相。所以，他以后到明朝做官，为朱元璋起草《大明法律》时，吸收了郑家忠义治家的经验。

元仁宗送来特殊礼物：免除郑家的杂税

来自草原的游牧民族，打败宋朝建立元朝后，没有能力改变动荡的局势，也无动力给老百姓提供救济、教育、治安等公共服务，一些县城的官员为躲避，不得不弃官携家逃跑，盗贼乘机四处抢劫，多少家族在兵荒马乱中分崩离析。

但坚守忠孝激发出来的力量，召唤郑家精英分子站出来，以力挽狂澜的气概，召集族人垒围墙防卫。这是郑家在乱世中，安全地向另一个王朝过渡的重要原因。

元至大四年（1311）4月7日，元朝第四位皇帝元仁宗登上王位，他推出了一项政策：在过去几任元首的强权治国中，增加了礼教治国的因素。

他把郑家同居不分家、救济乡亲们、维护地方安定的忠孝，当做是稀缺的统治资源，派有关官员送去了一份特殊礼物：赐封郑家“孝义门”，免除了他们的义务劳动、杂税。等于向所有的家族宣告：你们自觉向郑家学习，做一个安分守己的公民，就能得到同样的回报。

元仁宗执政思维的转变，与集贤大学士王约（1252—1333），提出恢复科举考试有关。他历经世祖、成宗、武宗、仁宗、英宗、泰定、天顺，作为七朝元老，他从政50多年，参与了元朝一系列重要文件、法规的起草。

他的建议得到皇帝支持后，1314年举行了第一次考试，录取了300人，1315年到北京参加举人考试时，只挑选了100人，最后到皇宫接受皇帝面试时，只有56人幸运地成为进士。意味着还有244人，被挡在通向官场的大门外，竞争是多么严酷。

此时，距南宋灭亡36年，这批文化贵族进入政治舞台后，缓解了元朝掌权时，一味抬高自己的政治、经济、司法特权，按世袭王侯将相封官、排斥汉人参政引发的冲突。

元仁宗打开这道门意味深长：把曾经反对元朝统治的汉族知识分子，吸引到朝廷，给予一定的职位、银子，转为赞同自己执政的有效力量，减少民族、阶层之间的对抗。

元至元四年（1338），元朝第十一位、也是最后一位皇帝元惠宗，下令表彰以孝义同住的郑家，送来了赞赏的牌匾，以抬高郑家的政治地位表明：坚守忠孝能得到官方的赏赐。

元惠宗为何这样做？元朝取得统治权后，发布了一系列排斥汉人的命令，加剧了民族之间的对立。到他执政时，太子、王侯、大臣、地方官员，为争夺权力发生了严重的内斗。

大丞相伯颜就是一个排斥汉人到朝廷做官的顽固分子，他分享了跟随皇帝打天下，带来的金银、珠宝、房产、草场、耕地以及开国元老身份享有的特权，占有的财富超过了几十万老百姓的财产。

除了应对夺权以外，元惠宗还面临黄河水灾淹没广大农民的耕地、房屋，饥荒导致灾民起义的挑战，他除了武力清除动乱分子以外，需要把郑家的忠孝当作缓和暴乱的“稳定器”。

为此，元至正十三年（1353），皇帝召郑深到皇宫，负责廉政建设，并给太子当老师，讲授汉人对出生、婚嫁、求学、做官、丧事等，应遵循哪些礼仪。

得知郑深家10多代同住不分家、依然和睦相处，太子为表示敬佩，题写了“麟溪”二字。不管怎样，皇家的赞赏，对他家是一笔无形资产，可以带来政治与经济收益。

他弟弟郑涛在元朝翰林院编写国史，还给丞相脱脱的儿子，以及其他掌握了决策权的高级官员讲课，让他们理解：你们骑在马背上可以夺取天下，但我家积累的忠孝资源，可以帮皇帝治理国家。

相对于强大的元朝，一个宗族的力量过于微弱。郑家没有选择对抗，保持相对的合作，先后有 10 多名子弟接受官方邀请，到朝廷担任不同的官职，用行动改变他们对汉文化的排斥。

道不相同，宋濂婉言谢绝元顺帝的邀请

由于郑家特别敬重宋濂，形成了互相促进的亲密关系，元至正六年（1346），度过了 37 岁的宋濂，决定在东明书院附近的青萝山，选一块地建房。

元至正九年（1349），元顺帝看到宋濂才学超群，邀请他到翰林院编修国史，但被宋濂婉言谢绝。他发现：骑在马背上的游牧民族夺取王权后，除了最大化浪费纳税人的钱粮以外，没有动力为富民强国配置人力、财力等资源。

元至正十年（1350），在郑家的帮助下，宋濂 41 岁时，搬进新修建的房子，正式融入郑家这个有几千人的大家庭，共享生活资源、共同维护由礼制建立的乐园。

一栋白墙黑瓦的四合院式建筑，显示他为人处世，讲究黑白分明，不做违背良知、损害他人权益的事。里面有一块空地，他种有小草、桂花、兰花、松树，不出门能闻到，不同季节送来的花香。

前堂有一个天井，抬头看见蔚蓝色的天空、呼吸新鲜空气，窗户雕有儿子读书、母亲补衣、父亲耕种的画面，刻画得极为精细、逼真，显示他们在远离城市的乡村，以耕读维持自足的生活。

推开大门，对面是云雾缭绕的青山，树林茂密、鸟儿传来动听的歌声，小溪水从山边流过。每天吃完晚饭，他缓步走到山顶，面对一轮西下的红日，不由得咏几句诗，表达自己的志向。

尽管宋濂隐居乡村潜心讲学、著书，但他还在观察外面的变化，他相信习惯于放牧、偶尔取得了王权的元朝，很快会丧失统治权，随即又一个王朝横空

出世。

外面的炮火已经隐约可见，元至正十一年（1351）4 月 4 日，元顺帝听从丞相脱脱的建议，派工商部贾鲁部长调集 15 万人，在河南开封、山东济宁等地，展开声势浩大的黄河修复。

对于长期遭受压迫、剥削、走投无路的农民来说，这是一个推翻元朝的好时机。以刘福通为首在安徽颍州、以赵君用为首在江苏徐州、以徐寿辉为首在湖北蕲春等地，举起了起义的旗帜。

出于对宋濂的尊敬，郑家慷慨出资为他出版文集。元至正十五年（1355），宋濂《潜溪集》十卷出版，不久又出版了《潜溪后集》等著作。内容包括他在乡村讲学期间、搜集的民间传说、人物故事等，从老百姓的生存现状，呈现当时社会的不公正。

一个宗族提供的财力与一位贵族掌握的知识，进行资源配置后，郑家子弟有吸收知识，提高学识水平，走向社会施展才能的机会；郑家的资助让宋濂的学说扩散到社会，实现了以书院培养人才，传播道义的理想。

至正十六年（1356）3 月，宋濂与郑铉在一个阳光灿烂的日子，带领一群闲情逸致的人士，到郑宅村东 12 公里的玄鹿山桃花沟，举办一场求上天驱赶战乱，保佑老百姓平安的祭祀活动。

清澈的溪流从山谷流出，步伐显得比较缓慢，像一阵舒缓的轻音乐，两边盛开的桃花，如少女粉红色的脸蛋，让人萌发爱意。沿台阶向山坡走，迎面出现几棵粗大的松树，经历无数风雨冲刷依然挺拔。

走了一段路，宋濂等人来到一块平地，上面建有一座凤台，站在台上拿起箫管，吹一首情意绵绵的思乡曲，回忆千古往事、多少风云人物，如过往云烟，让人感叹生命多么短暂。

再往前走，路边怪石林立，它们任由大自然的手随意雕塑，那飞流直下的泉水，遇到巨石激起几米高的浪花，如交响乐团演奏一首高昂激奋的曲子，让人驻足聆听。

来到一个水潭边，他们围在一起，点燃几根枯树温热酒壶，相约每个人写二首诗，否则，罚酒两大杯，大家点头赞同。有人闭目静思，构想诗句；有人仰天长望，寻找灵感；有人与身边的同伴，交流体会；有人下笔如行云流水，一气呵成；有人在纸上写了几句，又停下来反复修改；有人一边挥毫泼墨，一边放声高歌。

借景生情，宋濂挥笔写下几首歌颂玄鹿山美景的诗，以诗表达自己的抱负，还写了一篇《桃花涧修禊诗序》。最后各自完成了诗、喝尽了铜壶里的酒，迎着西天将逝的晚霞，兴高采烈地下山。

这次，宋濂与贤达人士以诗会友，经过后人不断传诵、扩大、积累，并把他们的诗、游记刻在悬崖上，形成了品牌效应，吸引学者、官员等人士，到玄鹿山登高远眺，寻找古人留下的风雅。

元至正二十年（1360），朱元璋采纳刘基、宋濂、叶琛等高级参谋的建议，在南京设下伏击圈，一举击败兵力强大的陈友谅，迅速占领了安庆、上饶、宜春等，直逼对手的大本营武昌，完成了从被动防守到主动出击。

这一年，朱元璋的外甥、主将李文忠（1339—1384）对他说：我前年带兵进入浦江路过郑宅村时，郑家长辈郑铉带领族人热情接待我们，并给士兵提供食宿。我发现，他们从南宋开始同居生活，至今有2000多人没有分家，大家亲密无间、相处得比较愉快，有利于我们维护地方稳定，获取作战需要的粮草、衣物等，应该通报表扬他们。

当时，朱元璋任江南中书省左丞相，在硝烟弥漫的战场，经过多次激战，占领了农耕与工商业最发达、富有的江苏、浙江，能给他的军队源源不断提供军需物资。

“你的建议正合我意，现在我们还没有统一天下，处于兵荒马乱，随时会爆发动乱，老百姓人心惶惶，需要郑家等宗族帮我们维持安定，便于我们集中力量、低成本打败元朝，平定天下，命令浦江县的官员，免除郑家的杂税、义务工，并批准修建‘郑氏孝义门’牌坊，推行忠孝治天下。”朱元璋说。

他要用郑家积累了200多年的忠孝资源，向所有的家族作公益宣传，确保在自己占领的地盘上，出现一批忠臣孝子，维护公共秩序，不发生新的战乱，帮助他节省军费开支。

朱元璋称赞郑濂：你用忠孝帮我节省大笔行政开支

虽然元朝在中国政治舞台上，像一颗划过夜空的流星，转眼间消失了，但郑家树立的忠孝名声，不过时、不变质，得到了大明帝国皇帝朱元璋的赞赏，显示出强大的生命力。

对郑家忠孝治家的赞同，与朱元璋的出身经历，及提倡“治国之道、教化为先”的执政思维有紧密的联系。朱元璋出生一个贫苦的农民家庭，几代人为躲避官府摊派的钱粮，不得不离家谋生。

他与家人分散后，到一家寺庙谋到一份当杂工的职业。时势造英雄，在元朝末年天下动荡的时代，上帝给了他出人头地的机会，经过20多年征战，他创造了一个千古未有的奇迹：从糊口为生的平民，登上了皇帝宝座。

戴上金光闪闪的王冠后，成长于乡村的苦难经历，告诉朱元璋一个朴素的真理：家族安天下安，家族兴国家兴。维护农耕文明的稳定，就是维护帝国的安全，一切政治资源围绕农业配置，给农民创造一个适合耕种、生存的环境。

据郑家《圣恩录》记载，洪武三年（1370），朱元璋在南京皇宫，首次召见江南有名望的大宗族，请他们坐下来，一边喝散着清香的龙井茶，一边交谈各自治家的体会。

“这次我请你们到皇宫做客，想听一下你们靠什么保持家族长久兴旺，你们积累的经验，能否帮助我治理国家，请大家不拘一格、畅所欲言，直抒己见，对于好的典型，我将推向全国，并给予奖励。”朱元璋和颜悦色地面对他们。

作为最有声誉的大宗族，郑濂（1310—1393）接到旨意后，代表郑家参加了皇帝的接见。

“我家把孩子服从家长、青年人尊敬长辈、儿子服从父亲、妻子依附丈夫、兄弟团结互助，当做重要的治家规定，经历了200多年，对推动当地经济、文化、繁荣发挥了作用。”郑濂向皇帝推销他的治家之道。

听完郑濂的介绍，朱元璋发现了一个伟大的奥秘：郑家培养的孝子，能转化成治国需要的忠臣，家族等级制扩展到社会，又符合君王至上的要求，族权与王权紧密融合，有利于构建一个稳定的国家，而且成本非常低。

“郑濂讲得比较透彻、生动，而且简捷实用，我分享他的治家经验，犹如品尝一顿丰盛的精神食粮，要特别重奖他，并将他家的规范，向天下推广，号召各个家族向他们学习、起表率作用，家族安定，有利于国家安定团结！”朱元璋情绪有些激动。

朱元璋高度评价郑濂，发挥了强大的示范效应，像波浪一样在南京扩散，对王权的崇拜，又影响到各部门的官员，对他发出了赞叹，其中谢微将这首诗送给他：

“山人只著薜萝衣，来观天颜入紫微。金阙晓钟千骑合，浦江秋雨一帆归。日边云散蓬莱影，天上星分婺女辉。想见还家兄弟乐，百年十世义门稀。”

安徽定远人胡惟庸，曾跟随朱元璋打天下，当了七年丞相，以为居万人之上，无人监督，可以滥用权力，因而流露出骄傲自满、结成帮派、排斥有作为的官员，却不知灭门之祸即将降临。

洪武十四年（1381），有人说胡惟庸有3000贯钱，寄存在郑家。监察部接到举报后，派阑贵、齐文到浦江县郑家追回赃款，并抓人审问。郑濂作为家长，愿意承担失职的责任。在忠孝精神的召唤下，有几个兄弟站出来替他受罪。

弟弟郑湜说：“哥哥，您年纪大了，让我替您顶罪吧。”

“我身为兄长，发生灾祸后，怎能让您承担责任？而且这违背了家法，让我到官府向他们解释，消除官方对我们的怀疑。”郑濂说。

兄弟争着承担责任的消息，传到朱元璋的耳边，他有些惊异：郑家以忠孝同居几百年，没有损害王权专政，有利于社会稳定，得到了官方以及周围人的赞扬，怎么会加入犯罪集团？难道有人嫉妒郑家，散布谎言？

当年4月10日，郑湜等人被有关官员带到南京武楼下，接受朱元璋的讯问。

“我过去听说你家从南宋、元到我大明帝国，一直坚持同居不分家，而且讲礼仪、重孝道，不做违法乱纪的事，是善良人家，胡惟庸要害你家，故意把3000贯钱给你，过了3年后，他要你们支付利息，甚至还要你们的性命。今天看到你自愿为哥哥承担责任，说明你是一个孝子，值得赞扬。为了树立你维护忠孝的榜样，让更多人向你学习，我除了无罪释放你哥哥郑濂以外，还提拔你到福建布政司任职，分管左参政，一是对外宣传，忠孝可以换来政治资本，二是检验你为官是否廉洁奉公，希望不要辜负我对你的期盼。”朱元璋对郑湜说。

但组织部一位官员说：福建的行政位子已经满员，暂且不缺人。

“让他当参政。”

“参政也不缺人。”

“那命令福建布政司增加一个参政员的名额，让郑湜给地方官员，提治理建议。”

随即，郑湜穿上绸缎做成的官服、佩上黄色腰带，享受皇权带来的恩荣。

“谢谢皇上的恩准，我与哥哥一起长大，情谊深厚，自觉遵守家规，既维持宗族的团结、和睦，又不损害他人的利益，我们衣食无忧、过得比较舒畅，为什么要走犯罪道路？这是无中生有，损害我们的形象。如果不是皇上明察秋毫，给我们一个清白，那么就会蒙受巨大的冤屈。我将尽职尽责，完成您交给我的任务！”郑湜怀着感激的心情说。

到达福建后，郑湜接到南靖出现土匪抢劫、叛乱，危害老百姓的报告。到达现场，他询问被抓获的嫌疑人得知：当地大部是山区、人多地少、比较贫穷，发生灾害后，得不到官方及时救济，有些人为生存只好抢劫，并威逼他人参加，想组成一个团伙，抢到更多的财物。

了解真相后他想：这些村民长期在山沟辛勤耕种，得不到充足的生存资源，又无官方提供救助，被饥荒逼上了绝路，不问青红皂白地把他们抓起来，需要调集司法人员起诉、审理、宣判，造成冤案后，还要派人调查纠正，浪费了大量人力、财力，没有体现政府的公信力，反而伤害了勤劳善良的百姓，造成新的仇恨。

站在仁义的角度，他只惩罚违法的头领，对于无辜的几百名群众，讲明忠孝做人的原则后予以释放，既起到了教化老百姓的作用，又节省了维护地方稳定的费用。

过了一段时间，郑湜到南京向朱元璋述职：“皇上，我在福建的县城、乡村调研发现，一些家族世代安居乡村，以勤劳、纯朴、节俭、忠厚过日子，比较遵守礼节，如果没有灾害、战乱摧毁他们的生存环境，他们不会制造动乱，那么朝廷应该减轻农民的负担，让利于他们，创造条件让他们过上富裕生活，有利于维持国家稳定。”

“你提出的建议符合我的治国纲领，可以说农民的生存状况，决定国家的兴亡，你家以忠孝享誉天下，积累了深厚的忠义资源，有很高的普及、推广利用价值，如果其他宗族都向你们学习，我能节省大笔银子，减少行政开支，凭你的信誉，向我推荐几位品行端正的人到朝廷任职。”朱元璋以赞扬的口气说。

洪武十八年（1385），由于郑家耕地比较多，推选郑濂为粮长，负责向周围农民征收粮食，再运到南京交给朝廷设的粮仓，他有机会到朝廷向皇帝汇报粮食产量。

但这年3月，心怀不满的人向官府说：郑家与储存粮食的官员童仲圭合谋，挪用国库的钱粮，童仲圭还将2400贯钱寄存在郑家，以便收取利息。

监察部接到举报后，派杨清、包旺、金贵等，3月10日到浦江县郑家，调查此事。他们审问郑仲进、及找郑二官调查，追回童仲圭寄存在他家的2400贯钱。

郑仲进说：我家没有人叫郑二官，是否把人搞错了？请再查实。

监察官员又将郑棖，当做郑二官，一起押往南京，进一步接受调查。

3月3日到南京，他们被关押在一个仓库内。第二天与童仲圭对证，面对强大的压力，童仲圭不得不招认：他分管粮库时，私自借了2500石皇粮、2500贯钱，后还了100贯，还欠2400贯。

3月7日，负责监察的官员，接到皇帝的命令，派一名军官带200名士兵，将他们押到西安门一间办公室，由皇上亲自审问。

皇帝的大脑储存了郑家讲忠孝的美名，自然对郑棖要表示礼节，叫人解开他身上的绳子，让他坐下来陈述真情。

“你与童仲圭有不正当交易吗？请你不要隐瞒真相，你是忠孝之家的后人，又受国家法律约束，如果你问心无愧，那么你如实说明，我可以宽大处理。”朱元璋问。

“皇上，我不认识童仲圭，我家承蒙您赋予的恩惠，又世代同居，不缺衣少吃，怎能做有损国家利益的事？”郑棖回答。

朱元璋听了有些疑惑：如果郑家从童仲圭手里借2500石粮食，不是一件小事，需要动用多少辆马车才能运出京城，又需要调用多少只船，才能运回家？

“郑二官是你什么人?”朱元璋又问。

“他是我的一位兄弟，已经离开人世14年。”郑梃说。

听完这话，朱元璋觉得有人在诬告郑家，不能跟着谎言走，叫人把衣服、帽子还给郑梃，安排他到宾馆休息、吃饭。

3月10日，由于朱元璋没有发现郑家借用公粮的证据，又不能损伤他树立的忠孝典型，叫人发30号文件，无罪释放郑梃。

“我相信你家的忠孝名声，以后有人再栽赃陷害你，你通过我赋予你的特殊渠道，向我写信，我立即撤销对你的指控。因为你家遵守礼制，孝心感动天地，出现一些小差错，我有责任赦免，让天下人听从孝道的指引，你今天出城回家，与家人团聚。”朱元璋的语气变得很亲切。

这事过去不到3个月，也就是6月，麻烦又来了，有人指控应天府陈继远，有2000贯钱存入郑家。监察部派郭彦升带人，于6月20日到浦江传讯郑叔。

但郑家没有郑叔这个人，监察官为完成上司交给的任务，把郑叔悦当做郑叔，于7月16日押到南京受审。经过反复盘问，这又是他人制造的一起诬陷，以发泄对郑家占有财富的不满。

查清事实后，官方以782号文件，无罪释放郑叔悦回家。

7月，家长郑濂与郑叔悦，到南京向皇帝谢恩。

“你家为何能长久不分家，又保持兴旺发达?”朱元璋问郑濂。

“我们遵守祖辈制订的家规，所有族人平等互利，不听他人编造的谎言，制造分裂。”郑濂向皇帝递交他家的规范。

朱元璋翻阅后，环顾四周站立的官员说：“郑家靠家规，长期保持同住不分家的生活，那么国家靠什么维持长治久安?你家九代同住，以忠孝名扬天下，有江南第一家的美誉，以后你与历代圣人的子弟，如颜、曾、孟家一起，到朝廷拜访我。”

说完，朱元璋赏给他两只安徽砀山产的梨子。虽然这不如金银，能直接到市场购买名牌服装、家电，或到五星级酒店，享受一顿丰富的美味，但皇帝送的礼物非同一般，能迅速抬高他的身价，他没有独自吞吃，拿回家切成许多小块，让家人平均分享皇帝的恩荣。

朱元璋得知后，连声赞叹：他是天下难得的孝子，是我大明王朝的骄傲！

喜悦只维持了两个月，也就是9月，浦江县负责征收钱粮的官员蔡贞，指控郑濂截留了应交给朝廷的400贯钱，监察部派身强力壮的黄天禄，于13日到郑家追查。

作为家长，郑濂于16日携带400贯钱，跟随黄天禄行程10天，于27日到达南京。当着办案官员及皇帝的面，他为自己作无罪辩护，核实后，纯属无中生有，当即发出1460号文释放他回家。

据郑家《圣恩录》记载，洪武二十年（1387），朝廷派官员到乡村调查农民耕地数量，并按面积交粮食。有人诬告，普查的人接受郑家的贿赂，隐瞒真实的占地数量。

朝廷得知后，认为郑濂作为家长，没有尽到监管、核实的责任，要抓他治罪。

眼看灾祸降临，郑家有一名叫郑洧（1335－1387）的子弟勇敢站出来说：您去了以后，可能没有机会回来，您接近80岁，满头白发，为振兴宗族发挥了巨大作用，我们宗族有几千人，怎么能让您去受罪？

说完，他毫不犹豫地代郑濂去南京，接受朝廷的处罚。结果官方听信诬陷，以虚报、隐瞒等罪名处决了他。他用洒热血、舍弃宝贵的生命，将郑家的忠孝名声推向一个极致、高峰。

当郑洧的棺木被运回郑村时，全村人悲痛万分，不约而同地到祠堂为他默哀、祭奠，大家的灵魂受到了一次洗礼，授予他“贞义处士”的烈士称号。激励更多人以他为榜样。

洪武二十四年（1391），监察部发现浦江县没有按时交秋粮，派监察官曹佛保、孙隆等，于正月到浦江县，以侵占公粮、拖欠税款的名义，传唤郑叔式等13名正副粮长，到南京问罪。

3月3日，郑叔式接受监察部审问时说：“我家负责秋粮征收，每年按时交纳，经税务官核实并填写了单据，如不相信可派人查实。”

监察部将他的材料送到财政部审核，如果足额交纳，没有拖欠，可以从轻发落。3月6日，经复查，他们发现郑家作为粮长，延长了交粮日期，按规定要责打100杖、出115个义务工。

22日，监察部一位官员对郑叔式说："我向皇帝报告了你拖延交粮的事，皇上说你家坚守忠孝，从不损害老百姓的利益，也没有侵占公粮，过几天放你回家。

第二天，这位监察官带领郑叔式，到皇宫奉天殿面见朱元璋，由皇上核查事件真相。

"你家当粮长?"

"我家当粮长。"

"那么你为何延迟交纳公粮?"

"我将公粮收上来后存放仓库，等待朝廷下达启运的公文后运送，但从浦江到南京，不仅要翻山越岭，还有河流阻隔，先请人肩挑背扛送到船上，再扬帆起航，需要几个月到达，因而延迟了交公粮的时间，请皇上给予理解。"

"既然是这样，那我能体谅你的难处，不追究你的责任。"

看到皇帝宽宏大量，家长郑濂带领郑叔式，于4月20日，到南京向朱元璋表示谢意。

"你家世代同居，为人敦厚、孝义，我亲自写'孝义家'三个大字，将这块牌匾挂在你家祠堂，让各级官员参观接受教育，争做爱民、爱国的忠臣。"朱元璋比较注重实用。

他手握毛笔写到"孝"字上面的"土"字旁时，墨汁显得比较淡，他加了一点墨，写完下边"子"字，并随口吟出："江南风土薄，惟愿子孙贤。"

郑濂双手接过皇帝书写的招牌，内心涌起难以言表的激动，他连忙表示感恩。皇上的赞扬等于给郑家的门面贴了一层金纸，光辉灿烂。

方孝孺看到后，对郑家写了二首赞美诗：

"丹诏旌门已拜嘉，千年盛典更堪夸。史臣不用春秋笔，天子亲书孝义家。宸翰亲颁帝汝嘉，彤庭捧出万人夸。只今四海推师表，不止江南第一家。"

伴随一纸任命状，郑济从平民变成了部长

洪武二十六年（1393），朱元璋命令组织部发出招聘信息，挑选年满30岁以上，孝敬老人、办事谨慎的青年人到东宫任职。郑家的郑渶、郑济等24人

报名参加。部长对他们面试后发现，都是德才兼备、品学兼优的人才。

“你家以礼治家，忠孝两全，都是大孝大义的英才，天下无人能比，非常难得。”朱元璋挥着手连声称赞。

◉郑家以祠堂为道德学堂，以祖辈的教导为准则，做一个忠臣孝子

当时过万寿圣节，朱元璋命令皇宫事务局长，按照京城的惯例，安排酒席隆重招待郑漠等人，并给每个人赠送养生药、名酒等礼物。

过了两天，朱元璋在奉天门召见郑漠等人问：“你推举了哪位到朝廷主管礼仪？”

郑漠推荐郑济、郑沂、郑干三人。

最后，朱元璋选择见识多广、老成持重的郑济，担任左春坊左庶子，其余的人得到了丝绸做的服装、几两银子，表示对他们孝顺的奖励，以后职位空缺时，再录用他们。

“你家的孝义，我早已知道，我没有让你掌管司法和钱粮，但封你为左庶子，辅导太子读书、教他做一个有作为的人，把全体国民塑造成懂礼仪、知廉耻、守秩序、爱家庭、为国家的优良群体，如果你能完成这个伟大的任务，能帮我节省一大笔教育、治安开支。”朱元璋对郑济说。

“谢谢皇上对我的信任，我纵观历代王朝兴衰发现，他们没有推行仁义治国，给老百姓创造一个安居乐业的生存环境，依然以权力垄断公共资源，滋生一个不遵守法治、礼制、毫无理想的黑帮阶层，只会破坏公平正义。仁义不是一件价值连城的礼物，它来自每个人的良知，超越宗族、乡村、城市、国家，不受等级、身份、地位的限制，具有普遍的实用价值，应该让仁义在满足老百姓的生存权、选择权，治国安民，得到充分的体现。”郑济极力突出仁义的作用。

“你的分析有道理，我建国后，给有功的人封了王侯，但发现他们以特权谋取不义之财、欺压老百姓、损害国家利益时，又毫不犹豫地清除，不给他们留下发酵、膨胀、扩张的空间；对于侵占农民土地的豪绅，也必须立即阻止，我发布了许多维护农民生存权的文件，并让一批有威望、品德的老人，义务充当调解员，把仁义忠孝灌输到每个人心中。”朱元璋自信地说。

当这一年，郑济从朱元璋手里接过官帽时，透过皇帝披的礼制外衣，看到他制造了一起恐怖事件：安徽定远人蓝玉，曾带领10多万大军越过黄河，出雁门关，在长城沿线多次打败元军，为明朝建国起了决定性的作用。

可叹的是，曾身经百战的蓝玉，没有倒在血与火的战场，却被自己忠心追随的朱元璋埋葬，并牵连到他妻儿老小、亲戚朋友、大小官员15000多人，命丧黄泉，从专制大门流出的血，几乎染红了南京每条街道，每个冤魂在发出呼喊：上天，你为什么不给我们申冤、获得自由的机会？为什么你不主持公道，摧毁丧尽天良的君王？

对于郑济来说，左庶子是一个没有实权的闲职，主要给太子当私人秘书，陪伴他读书、解答一些疑难问题、代笔写一些公文、接收各部门传来的信件，不如组织、财政、监察部，能直接决定人事、经济分配。

朱元璋安排郑济到这个位置，主要突出忠孝治国的政治示范效应，让他用礼仪净化太子的心灵，塑造一种良好、健全的人格，培养一位合格的国家接班人。如果太子顺利当上皇帝，那么他有辅助的功劳，职务会得到提升，政治收益高于其他官员。

洪武三十年（1397），朱元璋看到郑家依然遵守礼节、和睦相处、各负其责，不像其他家族，为蝇头小利争吵、翻脸不认人，搞得左邻右舍不安，甚至到官府起诉，要花费银子了结恩怨。

他派人把郑沂叫到皇宫说：“虽然你没有通过秀才、举人、进士考试，也没有当科长、处长、厅长的经历，但你发挥了带领一个宗族，维持大明帝国稳定的作用，这个意义无法用金钱计算，为了奖励你，我打破常规，破格提拔你任礼部尚书，让你直接坐到部长的位置，引领全国人掀起学习礼教治家、忠诚爱国的热潮。”

“皇上，谢谢您的提拔，我既无比自豪，又感到责任重大，我是一个走在乡间小路、靠耕种为生、没有见过世面、才疏学浅的平民，哪有能力担任比泰山还重的职务？请您选拔才华出众、知书达理的人，担任这个部门的领导。”郑沂拱手致谢。

“你来自忠孝之家，从小到大一直按礼仪标准做人，你是这方面的专家，能帮我管天下的礼仪，让老百姓做一个文明礼貌的人。虽然你家大仁大义，世代同居，得到了南宋、元朝授予的官职，但大部分是县级，没有给你们显要的位置，我今天给你一个部长的位子，让你变得无比尊贵。”朱元璋叫人拿来任命状。

他的动机非常明确：不搞劳民伤财的形象工程，不搞空洞无物、增加人们负担的形式主义，以一顶官帽托起郑沂这个典型，带动千百万家族依附王权。这多么实惠、简捷、高效，为什么现在许多官员做不到？

“皇上，忠孝治家具有广阔的空间，它依赖有责任感、有道义的家长，让一个宗族在固定的范围、熟悉的人群，维持互助友爱、共同生存的体系；扩展到忠孝治国，能让千百万人受益，需要一批有学识、理想的官员，把忠孝运用到执政，让公众提高生活水平。”郑沂说。

为表示自己当官不是为了发财，郑沂向皇帝表示：我宗族有几千亩耕地、每年可收几十万斤粮食，吃穿不用发愁，我上任后，不拿朝廷的工资，义务贡献力量。

对郑沂及家人来说，双手捧着皇帝赠送的官帽，自然荣幸至极、光芒万丈。在科举时代，一个普通人只有闯过烦琐、复杂、近乎严酷的考试，才可能取得做官的资格；进入官场又面临帮派林立、裙带关系，如果没有权贵提拔、指引，不可能从一个科员上升到部长，有时达到这个位置，需要20至30年。

但郑沂有自知之明：皇帝于1397年提拔他当部长时，又强行将拥有土地、房产、存款的14300家富户，迁到南京变成平民，企图摧毁这些贵族过去拥有的经济与政治地位。

他还看到：刘基、宋濂、李善长、徐达等开国功臣，冒着九死一生的风险，为朱元璋奠定了大明江山，却没有分享荣华富贵、反而被莫须有的罪名夺去生命，连累家人受难。

血的事实提醒郑沂：皇帝具有双重人格，一方面，他靠个人奋斗，从平民成为皇帝，对无数向权力顶峰攀登的人起到了示范作用，却不希望豪门富户占有政治与经济资源，与他争权夺利，只有让他们变得贫困、低下，才能衬托自己的神圣地位。

另一方面，皇帝的赏识能给一个平民带来夺目光彩，迅速抬高自己的身价，获取许多意想不到的收益，也有不可预测的危险，让你猛然坠落下来，摔得粉身碎骨。

任职期间，郑沂凭借家族多年积累的礼仪资源，制订了一系列的礼乐典章，涉及婚嫁、喜庆、丧事、任职等，朝廷的礼乐大典经他批阅后，才能发布实施。礼制体系形成后，平民百姓、各级官员，要按礼仪之规、等级之别运行。否则要受到惩罚。

郑沂认识到，仁义忠孝在王权面前，只起装饰作用，美化皇帝的形象，把他残暴的面孔掩盖起来，没有强制力的法律支撑，显得极为脆弱，随时会被掀起的暴力击破。对比郑家共享吃饭、穿衣、住房、教育、医疗，有一个互相照顾的乐园，为什么还要留恋官位。

看到这种利害关系，建文元年1399，他向皇帝递交了辞职报告，以体面、保持人格尊严的方式告退，回到洋溢着亲情、友爱的家园，过自给自足的安稳生活。

朱元璋把乡村治理权，交给有威望的老人

确定了农耕立国的战略后，洪武三十一年（1398），朱元璋经过几次修改，颁布了《教民榜文》条例，也就是在正式的法律之外，出台一份红头文件，指导官员、贵族、保长、族长、农民如何操作。

朱元璋的想法是：我与分布在乡村的家族，存在信息不对称，不知道他们是否勤奋耕种、是否忠于王朝，只有在庞大的官僚队伍之外，建立非正式的司法机构，才能有效地打击贪官污吏及不忠的人士。

在这份文件里，他异想天开地将耕种、婚嫁、打架、失火、盗窃、田地、借债、违背礼义、损坏他人财物等纠纷，交给乡村有威望、贤德、知礼仪的老人裁决。

按榜文的规定，老百姓遇到以上矛盾时，应该向辖区的老人寻求调解；如果直接到县衙起诉，那么县官不仅不受理、反而要痛打原告60杖，然后责令他回乡村找老人判断。

榜文赋予老人，接到村民的申诉、查明事件真相后，有权对负有责任的一方，用荆条等抽打。即使双方不服老人的裁决，也不能向官府上告，只能请求老人重新裁定。

当地官员不能干预老人的宣判，接到老人的处理意见后，迅速通过相关程序报告皇帝，让远在京城的君王，及时了解乡村运行现状。

如果老人不能消除当事人之间的冲突，导致他们继续到县衙告状，并且进一步激化矛盾，那么老人要被责罚60杖。

他相信居住乡村老人比坐在县衙空谈的官员，更了解族人的居住、婚嫁、耕种、收入等情况，能公正处理村民的纠纷。这就是他把调查权、审判权、处罚权等，交给乡村贵族的原因。

为此，朱元璋命令各地官员在乡村、集镇，张贴《教民榜文》，每个村子要选派一名老人，对村民宣读：孝顺父母、尊敬长辈、团结邻居、安居乐业、不危害他人的规定。

于是，数以万计的老人，义务成为朱元璋的代理人，王权的意志渗透到乡村，节省了大量行政、司法、教育、宣传等开支。每年又让老人到南京，向他汇报调解纠纷取得的成绩，并检举执法不公的官员。

听完汇报，朱元璋指示接待的官员安排几桌酒席，对不辞辛苦、远道而来、效忠于帝国的老人举杯致敬、祝贺，显示他亲民、爱民、维护公众利益的光辉形象。

有了这套体系，朱元璋坐在皇宫，能听到各地老人反馈的意见，打破地方官员对信息封锁，及时了解每个乡村、每个宗族、甚至一个家庭，发生了哪些矛盾。

靠这套机制，朱元璋每年不用省、市官员，涌到首都开农业、经济、金融、教育等年会，听一大堆重复、千篇一律、毫无创意、表现自我成绩、对提高老百姓收入、福利，不起作用的废话，有效减少了交通、食宿、会务开支。

但他忽视了一点：乡村老人既没有受过法律教育，又不掌握人力、财力等资源，怎能做出公正、公平的判决？他没有调动人力、财力，培养专业的法官队伍，高效、公正审理老百姓的起诉，又怎能树立帝国的法治形象？

老人调解模式建立后，堵塞了老百姓向司法机构寻求法律保护的渠道，只能在乡村，寻求老人判断是非。即使不服判决结果，也不能向县衙递交上诉状，否则，会受到严厉惩罚。

得不到公正裁判，无力承受诉讼代价的人，只能以退让、忍声吞气、互相妥协、自认倒霉的方式结束争执。长久下去，它在乡村社会变成大多数人接受的惯例、一种生存方式，一种极为稳定、坚固、不容易被个人突破的体制，否则，个人与它对抗，会遭到体制的惨重打击。

它揭示了朱元璋治理帝国的秘密：一手挥舞着礼制的旗帜，给人们制造一个仁爱至上、忠孝治家、和谐相处、共享生存资源的美好幻觉，并把这个画面放大，鼓励全体国民安心扎根乡村，以农耕成家立业。

他另一只手却在释放暴力，毫不留情地排斥、打击、摧毁所有反对他独占王权的个人、集团，形成对政治与经济资源的高度垄断，不给任何外部群体，提供变革的机会。

1398 年，朱元璋发布了这份影响明朝治理的《教民榜文》后，于 6 月 24 日，结束了他 31 年的统治，享年 71 岁。

宋濂与朱元璋交谈后，提出了些治国建议

观察朱元璋的执政团队，宋濂无疑发挥了不可替代的重要作用，他将郑家忠孝治家的经验，转化为忠孝治国，确定了大明帝国的执政模式。

至正十九年（1359），于宋濂来说，是人生一次重要的转折，朱元璋率军攻占金华后，命令宁越府知府王显宗，调集人力、财力开办学堂，王显宗请他当教师。

此时，宋濂过了 50 岁，隐居乡村教学度过了 20 年，他的生命将会闪烁出耀眼的光彩，为一个刚诞生的帝国输送能量，成就他治国平天下的理想。

1360 年，宋濂接受朱元璋的邀请，到南京为太子朱标讲授《春秋》《礼记》等，希望太子以忠义、孝道、诚信、勤俭治国。

洪武二年（1369）由于宋濂政绩突出，朱元璋除了赏他一些金银、珠宝、绸缎以外，调他到翰林院当总编辑，主持编写国史。利用这个平台，他编写了《元史》《皇明宝训》《大明日历》等。

为表示对宋濂的信任，朱元璋有时请他到皇宫做客，一起喝茶作诗、纵论历代王朝的兴衰，仿佛像一个亲密朋友。

“皇上，您举行登基仪式后，开启了我大明帝国走向繁荣昌盛的大门，也在进行古人没有经历的国家治理试验，您对保障国家高效运转，提高官员的办事水平、效率，采取了什么措施？”宋濂问。

“你问得很好，我确定了农耕立国的战略，既不给农民增加额外负担，又保障有财政收入维持政府运转；我从小受到贪官污吏的敲诈勒索，对腐败分子极为痛恨，上任后，我派监察部的官员，到省、市、县明察暗访，发现贪污受贿现象，比我想象的还要严重，我感到无比愤怒，毫不迟疑地掀起了打击贪官的运动，凡是贪污60两银子以上的官员，不管职位多高、不论皇亲国戚，立即处决，决不宽恕。”朱元璋说。

“如果开国君王胸怀大志、变法图强，优化配置政治与经济资源，那么就能引领一个国家从贫穷走向富强，您制定的治国策略，满足了千百万农民耕种、住房、吃饭、穿衣、过上好日子的愿望；您打击贪污腐化的官员，对建立公平、公正的社会体系极为重要，但您与地方官员存在信息不对称，他们会形成互相利用的官僚集团，导致中央出台的惠民政策不能落实。”宋濂说。

“你说的问题我看到了，一是，我把惩治腐败官员形成的案例编书出版，发到每个县、每个村，并将主要内容张贴在街道、亭子，让公众随时观看。二是，我启动了以往帝王没有的变革，支持老百姓直接向我举报，将不作为、渎职、失职、违法等官员，直接押到县衙、省或朝廷受审；让人们上访、申诉、揭露官员的违法行为；在皇宫门外，树立鸣冤鼓，让有冤情、控告无门的人，直接击鼓告状，打破官僚集团阻碍老百姓维权，形成一个透明、公开、合法的行政运转。”朱元璋充满信心说。

“您出台防止贪赃枉法的政策，方便、简单、实用，有排山倒海式的威力，能降低老百姓举报、保护权益的成本，值得每届政府领导人学习。但打击贪官，不能靠一阵狂风暴雨风、一场轰轰烈烈的运动，必须建立监督体系，否则，反贪取得的成果，很快会被贪得无厌的分子消化。”宋濂说。

“我也在思考如何建立有效、简捷的防腐败体系，我每天要批阅各地送来的大量报告、请示，有时每天高达400件，每天夜以继日，几乎没有休息，缺少看书的时间，你认为，我作为一个国家的最高领导人，应该看哪些书？如何提高治理国家的水平？”朱元璋问。

“我认为，农耕型国家靠农业生产维持运转，它的危机在于，君王、官僚的无限索取，消耗了农民创造的剩余收益，自然灾害超出了农民的承受力，从黄土地获得的收益，不足以降低生存风险，又得不到政府的救济时，农耕型国家就会走向崩溃，秦、汉、唐、宋、元的灭亡，都说明这一点。农耕型国家的治理，要制定有利于减轻农民负担、降低生存风险、实现收入增长的政策。”宋濂说。

“你的分析抓住了本质，农耕型国家的兴衰，与农民的生存环境紧密联系，我的政治资源主要围绕农业配置，你在郑家东明书院执教近20年，他家靠什么维持300多年不分家？他们积累的治家经验，对我治理国家有什么帮助？”朱元璋问。

“郑家以耕种为主、以商业为辅获取生存资源，但家族有限的收益，不足以应对自然灾害等，他们优化配置家族的人力、耕地、财力资源，产生最大的经济效益，化解外部风险，为维系这个共同体，他们制订了约束族人行为的家规，并反复强调以忠孝为做人原则。所以农耕型家族与农耕型国家的结构极其相似，您治理国家时，应该吸收郑家忠孝治家的经验。”宋濂说。

“我赞同你的观点，农耕型国家治理的对象，主要是各级官员与分布在乡村的家族，我构想大明法律草案时，吸收了郑家治家的有益成分，突出法律对人们遵守忠孝的认同，让国家法与家规结合，既维护公共利益，又赋予家族相应的自治权，满足农民的生存需要，以后我的子孙继承王位时，应该遵循这个原则执政。”朱元璋仿佛发现了治国宝典。

随着交谈深入，朱元璋发现：宋濂的分析能力比较强，提出的治国建议，与我的设想非常接近，给我带来了很多有益的启示，可帮助我修正已经实行的政策，减少不必要的失误。

但宋濂没有陶醉、保持清醒的头脑，他深知：皇帝的信任、爱戴，能让一个默默无闻的平民变成显赫的贵族，又像天空飘浮的云彩，随时会被风暴吹散，最后篮子打水一场空。

他发现，朱元璋一方面高举礼教治国的旗帜，把忠孝当做包治百病的药方，赠送给全国各族人民，给国民制造了一个梦幻般的假象；另一方面他露出了残暴、冷酷、无情、独裁、吃人的面孔，没有分清是非，就打倒曾经跟随他南征北战、出生入死、立下汗马功劳的将领。

洪武十年（1377），宋濂68岁，他不得不面对一个事实：以仁义取代朱元璋的专政，是一个纯真、自作多情的幻想，梦想被冷酷的现实击破后，为避免灾祸降临到头上，只能辞职回乡村隐居。

为表示感谢，朱元璋大笔一挥，为他的祖父、父亲封了嘉议大夫、礼部尚书，将贤惠、淑女的美名送给他的祖母、母亲、妻子，让他带着这些政治荣誉回乡村，受到乡亲们的爱戴、拥护。

◉通过东明书院，宋濂给郑家子弟灌输礼仪，做一个尊敬长辈、有学识、品质的贵族

郑家依然敬重宋濂，列队欢迎他归来，置办丰富的酒席招待，让他的尊严得到了体现。所以他觉得，既然不能在朝廷，实现做一个清官的愿望，那么回到东明书院，给郑家子弟讲学，继续传递道义的火炬。

宋濂承担了君子应尽的责任

灾难终于降临了，洪武十三年（1380），朱元璋以结党营私、颠覆王权的罪名，处决了丞相胡惟庸全家后，听说宋濂的孙子宋慎，与此案有关联后，勃然大怒。

随即朱元璋不念旧情、不讲信用，不讲道义，反而株连九族，派人抓捕宋濂，在皇后、太子的竭力请求下，没有结束他的生命，把他流放到四川茂县，并处死他儿子宋遂、孙子宋慎等人。

灾祸来到太快了，宋濂没有做好思想准备，不由得对天发出无声地诉说：我忠心耿耿、兢兢业业为朝廷效力近 20 年，协助皇帝制定大明法律，提出了许多有益的治国建议，从不居功自傲，玩忽职守，更没有挪用、贪污一两银子，为什么皇上对我如此无情无义？

此时，宋濂到了 71 岁，身体比较虚弱，生命的光辉渐渐变得暗淡，应该有一个安度晚年、回忆人生得失的温暖空间，却不料被暴君逼迫，要忍受风吹日晒，踏上漫长、坎坷的流放旅程，他怎能不感到悲愤、痛苦？

这一年还有一件不幸的事，让他悲痛欲绝，他 9 岁时，经人介绍，与义乌贾思逵的女儿贾专定亲、25 岁举行了结婚仪式，陪伴他度过了 46 年，也许是难以承受这突如其来的打击，妻子因病去世。

临走前，为表达自己与郑家结下的深厚情意，他给送行的郑柏留下了这样的诗句：

“平生无别念，念念在麟溪。生则长相思，死当复来归。”

他渴望结束千里流放后，仍然能回到自己熟悉的浦江郑宅村，与郑家子弟朝夕相处、过着亲密无间、其乐融融的读书生活。遗憾的是，他再也没有机会回到东明书院，只能在遥远的异乡，抒发自己的不幸遭遇。

这是一个万木萧条的冬天，树叶被染成了金黄色，在这个缺少阳光照射的季节，只有悲凉陪伴宋濂与长子宋瓒，次子宋遂，孙子宋恪、宋怿等家人，踏上流放的旅程。

船离开南京码头，沿长江向西行驶，宋濂站在船头回望，此刻，往事浮现在他眼前，他怀着读书报国的美好愿望，把东明书院构想的仁义治国蓝图，在这个城市向帝王展现，成为他人生最重要的跨越。

此刻，他回想得到朱元璋的赏识，为一个刚建立的王朝出谋划策、起草法律条文、提供建议，指引一个国家走出灾荒、战乱，朝着为人们带来光明、温饱、安康生活的方向前进。

此刻，他想起隐居乡村 20 年，在东明书院潜心讲学，希望培养一批有道义、有理想的人才，去建立一个充满仁义、友爱的国家，可叹他的权益却得不到法律保护。

宋濂的命运让我们看到，人生就像滔滔奔流的江水，潮起潮落、变幻莫测，一次高潮可以托起自己的高度，释放豪情壮志；一次低潮又让一切荣耀，如轻烟消失。在王权不受制约的时代，个人的权利随时会受到侵犯。

那时没有高速公路、也没有直达的火车，宋濂与家人从南京坐船沿长江，中途经过芜湖、安庆、汉口，可能要转几次船。路上他们吃一点干粮，有时只能忍受饥渴。迎接他们的是北风呼啸、冰冷的雨水，对70多岁的宋濂，是一个意志考验。

洪武十四年（1381）4月，经过千里跋涉后，宋濂等人从宜昌、巴东穿过两岸山峰耸立、云烟弥漫、猿猴啼叫的三峡，进入人烟稀少、偏僻落后的四川奉县。

由于宋濂经历半年多的长途奔波、劳累过度，没有得到充分的休息、又缺乏必要的营养，给疾病提供了袭击的机会，他患病无力继续行走，在莲花山一座寺庙寄宿。官兵继续押送他的儿子宋瓒向茂县走，以完成流放任务。

5月20日，宋濂支撑起身子坐在床上，叫孙子拿来毛笔、宣纸，写下了代表他遗言的《观化帖》：

我认为，君子心怀神圣的道义，为天下人开辟通向公平、正义的道路，他不担心身体消失是生命的终结，小人目光短浅、自私自利，担心生命停止运转后，会丧失一切财富，因而感到悲伤。

我承担了君子应尽的责任，完成了上天交给我为民谋利的任务，认识到了人的欲望、贪婪、丑恶、狡诈、阴谋，并远离它们对我的干扰，心中变得很空荡、坦然，所以我离开人世时，不感到忧伤，等于回到大自然的怀抱，与天地万物融为一体，依然万古长存。

有些人不看到生命以空无结束，就看不到自己追求的财物会消失，佛家宣扬超脱不是这样吗？如果还有人不明白，那么就可怜、可笑。请我的孙子宋恪、宋怿谨慎铭记，不要为我离开人世，感到悲痛，也不要怨天尤人！

这就是宋濂在经历了王权的打击、家破人亡、流散异乡，生命之灯即将熄灭的情况下，没有流露出悲观失望，反而把上天安排自己的这次旅行，看作是一次传播道义的过程。这是一个贵族人格独立、超然的表现！

宋濂留下对生命存在与消失的感悟后，安详地合上双眼，在奉县走完了生命的旅程、享年72岁，只有两位孙子陪伴他，其中一个为他守墓。

有些巧合的是，时任夔州通判的武以时，为金华武义人，与宋濂是同乡，他出面将宋濂安葬在莲花山。他安卧在青山翠绿中，旁边是滚滚奔流的长江，能听到不息的涛声，与大地永远在一起。

永乐二年（1404），出于对老师宋濂的怀念，郑楷对蜀王朱椿说：宋濂生前以书院讲学、传播知识树立声誉，又是太子的老师，皇上赐予他开国文臣，确立了显赫的政治地位，不能草草了事，应给予他相对应的安葬。

朱椿读书知礼仪，又欣赏宋濂的人品、学识，他捐献一笔银子，派人找到宋怿，一起将宋濂的棺木，迁到华阳县城东一个乡村，购买一块地修建了坟墓。

但宋濂还没有真正安息，明成化二十一年（1485），一批贵族联系到宋濂的后人宋璟，认为华阳土地贫瘠、风水不理想，要重新选址，否则，愧对宋濂的名望。

他们发现成都迎晖门外净居寺周围，分布着丘陵、山水环绕、林木茂盛，环境优美，适合建陵园。他们请蜀王的曾孙惠王批准后，将宋濂的棺木迁到净居寺附近安葬，并修了一座祠堂。

宋濂能享受三次安葬的待遇，表明他的影响力还留在一些官员、学者的心中，要以高规格、富有仪式的葬礼，表示对他深切的怀念，激励后人做一个追求道义的君子。

遗憾的是，苍海桑田，经过清、民国的变化，至1950年的土改、“破四旧”等运动后，随着成都城区的扩建、人口不断膨胀，宋濂的陵园被居民区、工厂、学校取代，墓园消失得无影无踪，成为有识之士一个美好、遥远的回忆。

宋濂去世的消息传到浦江郑宅村后，郑家长辈迅速带领全体族人，为他举行了隆重的默哀、追悼会，并守孝3年，同时，将他的遗像挂在郑家祠堂供子弟瞻仰。

随后，郑家出资为宋濂修建祠堂，到了他的诞生日，家长带领族人到祠堂，向他行跪拜大礼；子弟到东明书院入学时，面对他的遗像鞠躬。对宋濂的祭拜，从明、清，一直延续到民国。

通过这些仪式，郑家既体现了对宋濂的敬仰，又把读书做官的价值观灌输给子弟。这是坚守忠孝的家族与文化贵族结合后，精心浇灌、维护宗法权威的表现。

郑家继续享受减免税费的权利

朱元璋的治国思维，被他的后人完美无缺地继承，并且发扬光大，有力支撑了大明帝国沿着农耕立国的道路前进，几乎没有受到官员、学者、商人、贵族的挑战、反而把他们纳入进来，为维护这个体制输送养分，进一步形成了排除创新、维护中央集权的强大力量。

既然郑家以忠孝治家，有助于朱元璋实现礼教治国、维护农耕立国，那么以后他的子孙当皇帝后，为了郑家的典型不褪色、不倒塌，不断地给予政治激励。

永乐元年（1403），皇帝朱棣为安抚人心、赢得官员的认同，巩固政权，启用了郑济等前朝一些退休的官员。他官复原职，继续任礼部尚书。不久，他以年老体弱为由，辞职回乡。皇帝给了他相应的政治荣耀。

永乐四年（1406），朱棣皇帝为证明自己执政取得的伟大成就，消除各界人士对他的怀疑，发出命令，搜集历代出版的图书，编写《永乐大典》。郑与从叔礼部尚书郑沂，将家中收藏的书籍，龙吟与雅友两琴，献给皇上。

皇帝看到后，甚为欣喜，赏给他们100两白金、300锭宝钞，以及绸缎、布匹、珠宝等；第二年，又给他们赐金银珠宝。

永乐五年（1407），朱棣召集天下学有所成的人，共同修《永乐大典》，礼部尚书李至刚推荐郑棠参加。完成书稿时，礼部想留用有真才实学的人，当时有3000人想留下来，谋一个吃皇粮的饭碗，竞争异常激烈。

让大家惊叹的是，郑棠经过三次面试，综合成绩都名列第一。皇帝听说后，立即调他到翰林院，也就是皇家政策研究室，起草决定国家大事的机密文件。

梁济给他赠了一首诗：

“大典书成进帝京，先生儒服被恩荣。诏令考试三千士，独撰文章第一名。”

永乐六年（1408）6月，郑家附近乡村有一个人叫陈忠，看到郑家财源广进，又不断得到皇帝封官，为平衡心中的巨大落差，也是谋取不义之财，向官府诬告：郑家藏有武器，请速派人查获。

在防民之口甚为防川的王权时代，私藏兵器意味着什么？按专政思维推理，这是与皇帝对抗、搞阴谋活动、企图发动改变、推翻统治，一旦查实，皇帝绝对不会宽恕，轻则抄家处决，重则连累所有亲属。

接到这敏感的情报，有关官员不敢麻痹大意，立即派内务官海寿、都督朱纪、尚书吕震，于6月15日，带领几十名勇士到郑家搜查，他们屋里内外、翻箱倒柜，不放过蛛丝马迹，查了半天，走遍了每个房间，没有发现作战用的刀枪，只搜到一只涂有红油漆的器皿。

虽然这与兵器沾不上边，也不会自动射出子弹伤人，但负责搜查的官员，想证明自己有功劳，得到上级奖赏，便借题发挥，搞有罪推定：你们收藏这只红色器具，动机不良，家长应该承担失职的责任。

“我作为家长，年老头昏，又当过礼部尚书，没有让家人遵守家法，这是我的过失，如果要抓人治罪，那么由我来承担”郑沂站出来说。

其他子弟怎能让长辈郑沂，替家族承担莫大的风险？这不是违背了孝道吗？他们纷纷站出来，愿意跟随官员到朝廷接受处罚。

事情发生后，传到皇帝的耳边，他想：郑家忠孝治家、不做伤天害理的事，帮助朝廷维护地方安定，得到几代皇帝的赞赏，怎么会私藏兵器谋反呢？他查明真相，发出了免除郑沂等人责任的命令。

永乐十二年（1414），皇帝朱棣亲自率领50万大军，一路浩浩荡荡，深入蒙古乌兰巴托、图拉河等地，以势不可挡的力量，打败马哈木等残余势力。

皇帝胜利归来，文武百官不会错过这次吹捧、夸大战功、捞取个人私利的大好机会。怀着这种功利，他们各显神通，把精心编写的赞美诗，作为神圣的礼物，献给英明的皇上，

皇帝好大喜功，自视甚高，需要各级官员投来神化自己的颂歌，满足自己君临天下、功高盖世的精神需求，因而他笑容满面，毫不推脱地接收所有官员

呈上来的诗。

他聚精会神地读完所有的诗后，给下面静候的官员发出一个赞扬：我阅览倾注你们美意的诗词后，发现郑干写的诗，可称为“第一”，这是郑家深厚的仁义资源，让他胸怀坦荡、见解高远、超越狭窄功利的表现。

文武大臣一听，这是皇帝借机称赞郑干，劝告他们不要投机取巧，发战争之财，精神境界应该超脱，才能无愧于朝廷的重用。既然皇帝金口玉言，大家心里不平衡，也不能冒犯皇帝的威严，反而要给他面子、随声附和，并鼓掌称他的评价极其正确。

郑干曾任湖广监察厅长，任职期间，他发现，前任官员不作为、渎职、受贿，制造了一批冤假错案，并以各种名目增加老百姓的负担。他除了大力纠正冤案以外，想法免除人们不必要交的钱粮。

第二年，郑干的口袋装满皇帝的赏赐、办完退休手续、荣归家乡时，皇帝握着他的手问：你回家后，你家谁可以替代你的职位？

郑干把侄子郑煁介绍给皇帝。既然皇帝认为，郑家的忠孝是一块可信的金字招牌，那么他有什么理由怀疑？他随手一挥，让郑煁任四川监察厅长。

前辈的关照与宗族树立的忠孝名声，激励郑煁恪守职责，让手里掌握的公权，像激光照射到每个角落，监督官员优化配置公共资源，最大化为民谋利。沿着这种思维，他历任永乐、洪熙、宣德三朝20年，没有在皇帝的考核本上，留下不作为、不称职的纪录。

正统十四年（1449），丽水武义县陶德义带领一群农民起义，他们的目标非常清晰：专抢富户、地主家的钱粮，让财富流向贫困家庭，打破贫富不均。4月，他们冲到郑家，逼迫对方与自己一起推翻明朝。

郑家是忠孝之家，怎能做大逆不道的事？他们劝说陶德义立即放下武器，做一个孝子忠臣，否则，一错到底，为害乡亲们，国法难容，会受到法律严惩。

看到不能征服郑家坚守的忠孝，陶德义指挥士兵处决了郑起，抢走了一些金银、布匹、粮食等财产，还放火烧毁了他们的房屋。

“我已经老了，应该把家长的位置让给有作为的族人，谁能振兴我郑家几百年创造的基业，再现往日的辉煌？谁能保障全村男女老少的生存？”面对家园遭到破坏，家长郑[illegible]召集族人发出疑问。

听到这热切的呼唤，郑旭挺身而出，接过家长的指挥棒，带领大家抢救受伤的兄弟姐妹、修复被摧毁的房子、及时安排耕种，让 3000 多人有房子住、有饭吃，度过了一次灾祸带来的危机。

天顺三年（1459），郑家有人生火做饭时，不小心点燃了干柴，火苗迅速上串，房屋又连成一体，以木结构为主，一栋房子着火后，连带其他房屋过火，风助火势、火借风力，转眼间郑家宅院变成一片火海。

那时没有消防车，又无高压水管扑灭熊熊大火，靠原始的人力挑水，行动比较缓慢，赶不上大火燃烧的速度。经过全体族人奋力扑打，火神终于收缩它的威力，留下一堆残墙断墙、破碎的瓦片后熄灭。

“上天，我作为家长，您把灾难降临我到头上吧，让我来承担一切不幸，不要伤害我家族无辜的人，他们是孝子贤孙，给他们指明一条通向光明、富裕的道路！”面对被烈火烧毁的房屋，郑旭仰天悲叹。

虽然这场大火，结束了郑家长达 300 多年的同居生活，但每月初一、十五，族人要到祠堂吃饭。有些家族继续同居生活，形成“一门尚义又尚义，九世同居又同居”的场面，深得当时帝王及官员的赞赏。

天顺八年（1464），郑旭去世前把子孙叫床前说：“我家以勤俭耕种、发奋读书、遵守礼义，沿袭了 300 多年，我希望你们秉承家规，奋发向上，开创超越前辈的业绩，做一个清白、正直，对家族、对国家有用的人，那样我能瞑目于九泉之下！”

明成化十一年（1475），明宪宗朱见深接到金华知府李嗣的报告：郑家自南宋以来，十五代同居生活，以忠孝治家、等级分明、雍容和睦，按礼制的要求，办理冠婚丧祭。后来朱元璋亲自题写了“孝义门”，批准建牌坊，提拔一批孝子到朝廷任职，推行以孝治天下，取得了许多成就。不幸的是，牌坊被一场大火烧毁，讲求皇上批准重新修建。

听说这是开国皇帝朱元璋赏赐的世家，朱见深当然不能马虎，立即指示负责财政的官员：你们拨付一笔银子，请金华的官员大力协助，为郑家重修“孝义门”牌坊。无论是结构、高度，还是用材档次、施工质量，都要超越过去。

接着，皇帝再给予郑家特殊照顾，拿出 40 名官员指标，从郑家挑选 40 位讲孝道的代表，授予不同的官职，让他们分别到浙江、福建、湖北、江西、安徽、四川、山东等地任职，将家族积累的忠孝精神，如同波浪无限扩散、放大，影响更多人遵守礼仪。

皇帝对郑家的奖励，与皇家学院官员、四川长宁人周学谟（1421—1492）的大力推动有关。

“皇上，治国以仁义为先，我发现各县、知府、监查部、司法部的人员，在审讯犯人时，不问轻重缓急、不看事件发生的原因，以夹棍、铁棒、鞭子等重刑拷打，逼迫当事人交代，不仅容易造成冤案，还引起人们对朝廷的不满，所以我请求废除与仁义治国不符合的酷刑，敦促各级官员向文明执法的方向转变，否则，惩治不执行的官员。”周学谟说。

朱见深听了以后，觉得这个建议有利于帮助老百姓维护正当权益，抵制官员不作为、不公正执法，缓和公民与官方的对立，因而发布了禁止司法人员滥用重刑的命令。

朱见深刚继任时，周学谟对他说：君王保持国家兴旺有三点，一是深入研读经典著作，向提倡仁政的圣人学习；二是提升自身修养，不断反思，推行仁义治国；三是刺激经济增长，增加国家应对危机的能力。

“你提出的建议让我认识到，把官位当作政治荣誉，奖给以忠孝治家的人，以及遵守礼制的官员，让他们行使权力时，以仁义为指导，不滥用职权，危害老百姓的人身与财产权，实现政治资源优化配置。”朱见深说。

但朱见深口是心非，成立了一家与仁义背道而驰的恐怖组织。成化十三年（1477），在设有东厂情报局的情况下，又浪费纳税人的钱财组建西厂，让太监汪直掌握最高大权，指挥特务绕开监察、司法部，在各地直接抓人，没有证据、不经审判就处决忠臣，制造了一批冤假错案。

明崇祯四年（1631），财政、行政、税务等部门的官员，就郑家是否继续享受减免杂税、义工，开会讨论了几次，并向皇帝递交了请示意见。

皇帝翻开前朝的大事记，发现先祖朱元璋，曾称郑家为江南第一家，多次赋予他们各种官职并免除税费，确定了忠孝治天下的策略，那么自己怎能违背祖宗的规定？

想到这里，皇帝在报告上批复：让郑家继续享受减免税费的权利，让皇恩永垂不朽，光照千秋万代！

皇帝赠送的政治荣誉，又激励郑家子弟，进一步强化忠孝治家、互助友爱的生存观，并不断放射光彩。如果有人挑战宗族权威，就会被指责为不忠、不孝。

此后，不断有学者、官员，工商人士，对郑家兄弟的忠孝、乐善好施、和气待人、勤俭耕种等，赠送赞扬的牌匾、诗句。无疑让郑家披了一层金色的光环，在公众心中享有很高的威望。

为了维护宗族不可动摇的权威，郑家长辈要惩罚不肖的子弟。宗法的强大压力，让每个族人必须放弃牟取个人私利、损害宗族公共利益的想法，依赖家族提供的资源生存。

所以皇帝与贵族合作治理、共享收益的统治体系形成后，即使嘉靖、万历皇帝几十年不上朝，不为公众提供高效、优质的公共服务，但各地官员、老百姓，还是不误地把应交的银子、粮草、布匹送到国库，帝国依然按照既定的轨道，一成不变地缓慢运转，没有被外部集团颠覆。

决不允许个人私自积累钱财

除了政治荣誉激励以外，保障郑家子弟同居生活，不分家的一个重要措施是：制订了约束族人行为的规范。

元至元五年（1339），郑钦、郑铉等人主持，将家法增加到92条。扩充的原因是：虽然郑家以忠义同居，保障了族人的生存权，但附近的村民遭受干旱、洪灾后，无处求援、申诉。

明洪武十一年（1378），郑家第8代郑濂、郑涛等人，在前辈修订的基础上，将家法增加到168条，涉及子孙为人、抚养老人、出任官职等。

家规不是空洞、苍白难以落实的口号，不以个人的意志改变，以振兴宗族为目标，有一套严格的程序，强有力地贯穿到族人的生活中。

家长掌握着郑家最高权力，每天将事务分到子弟手中。但家长在处理公共事务时，必须大公无私；如果他有过失，族人可以提出劝告或建议。

作为家长，对待族人必须真诚，在决定宗族安危的重大事件时，要周到、细致，并听取不同的意见；视族人如自己的生命一样宝贵，以获得大家的信任。

记载着宗族财产的契据，要盖上“义门公堂产业子孙永守”的印章，并编上字号，然后，家长会同其他族人封藏，任何人不得擅自开启。不论是长辈、还是子弟，如果抵押或出卖族人共有的财产，将是不孝子弟，并受到惩罚。

既然郑家在一起同居生活，那么财产就不属于个人所有，无论他以田地出租、经商获得利润，都要拿回来交给宗族管理，并有人检查账本，看是否符合规定。

发现子弟单独购置田产或私自积累钱财，数额比较大的应告诉家长；家长带领大家到祠堂，叫人击鼓声讨他隐藏财产的罪行，并将他的不孝写下来张贴在墙壁，让族人谴责他，同时，邀请亲朋好友劝他，将田产、钱财交给宗族。

如果他不服告到县衙，以不孝论处；但对于心怀无私、积极参加劳动、有利于家族的人，要给予适当奖励，并将他的事迹写下来供子孙学习。

在郑家的大集体中，族人得到的保障是：每个人有饭吃、有衣服穿，平等分享各种福利。如果族人私藏钱财满足个人利益，就会引起其他成员的不满，如此不可能在一起同居生活。

因此，郑家必须以家规杜绝个人积财，如果背离家规被赶出去，就会面临孤立无援的风险。有了这种利害关系，族人不得不放弃积累财产的想法，转而依赖宗族的资源，维持稳定的生活。

一旦发现子弟违反家法，家长应根据情节轻重酌情处理；情节比较严重，当场勒令他，面对祖辈的遗像、牌位跪拜，让他羞愧悔过；如果他拒不改正，当着众人的面用鞭子痛打；仍然执迷不悟要将他赶出家门，并从宗谱删除他的名字；倘若 3 年以内，他能改正重新做人，又在谱上恢复他的名字。

每月初一、十五，家长要检查族人所做的一切事，对于不忠实、撒谎、掩盖真相、不及时结算的人，视情况给予惩罚。

随着家族人口增加，郑家实行分工负责制，选择为人正直、精明强干、为大家信服的族人担任“监事”。

据《郑家规范》记载，宗族不论发生喜事还是灾祸，由监事核实后报给家长；如果他隐瞒真相、胡编乱造，族人有权举报他，并到祠堂击鼓揭露他的罪行，最后撤掉他的职务更换新的监事。

监事发现可疑情况后，要立即通知族人到祠堂集合，先对祖辈的牌位鞠躬，再接受年幼的子弟四拜，然后，击鼓向大家详细说明情况，其他人必须安心静听，不得大声喧哗。

发现族人的失误，监事不能蒙混过关，要坚持原则及时纠正；即使是长辈，也不能看他的脸色行事，要坦诚相劝并指出他的缺点；对于年青的子弟，要教导他们做一个正直的人。

记载宗族事务的《劝惩簿》由监事掌管，他每月将族人的功过记在本子上，作为分辨善恶、实施奖惩的依据，将它作为一面镜子照射整个家族，杜绝不忠、不孝。

为此，郑家立有两块木牌，一块刻有“功”字，另一块写有“惩”字，下面留有一个空白，写有何人有功劳、何人有过失。他们的功过将分别贴在不同的牌子上，供族人查看。每次挂3天收回，曝光是约束族人的一种手段。

为管理宗族的财产，郑家挑选具有见识、深谋远虑的子弟，担任“掌门户”职务。他的职责是：如实记载郑家每年收的谷子、钱财等。账本封存后不得擅自拆开更改，违反规定将按情节轻重处罚；如果他不到现场审核财产，也要遭到处罚。

对于山林、水塘等财产，掌门户负责办理。相关子弟要跟随他到各地调查，了解社会发生了那些变化，便于遇到复杂情况时，能够准确作出判断。

开拓新产业时，掌门户必须细致了解市场行情，最后决定是否实施，避免不必要的风险；收购田产时，他要到现场看土壤是肥沃还是贫瘠，以及契据是否真实，不能因失误给子孙留下祸害。

宗族增加产业时，掌门户应立即将数额写在《受产簿》上，绝不能等到第2天记载；如果他不按规定办理，家长在每月初一、十五检查发现后，要给予处罚。

从郑家的兴衰来看，一方面，皇帝以“礼教治国”的执政思维，把郑家的忠孝精神，当做榜样向外推广，让各地乡村的老百姓，保持纯朴的礼仪，服从王权统治。

另一方面，郑家作为树立礼制的典范，得到帝王赋予的政治荣誉，享有做官、减免税收、维护乡村秩序的特权，成为王权体制的受益者。

问题是：历代王朝不以法治为执政准则，更不允许老百姓最大化主张权利。明王朝统治 276 年，没有超越其他王朝的丰功伟绩，揭开礼仪的外衣，有些帝王的人格非常低劣、是一幅残暴的面孔，几十年不处理政务，始终让社会笼罩在一片黑暗中。

从这一点看，郑家 800 多年积累的忠孝资源，只保障了家族成员的生存，却不能改变一个王朝的专政、腐败，以及老百姓被压制、剥削、无处申诉的悲惨命运，因而他们的忠孝是一部充满了忍受、悲愤、抗争的历史！

这是中国人喊了几千年的道德，却不能实现私有财产权神圣不可侵犯的原因！

资本阶层重新唤醒了宗族情感

过去郑家祖辈靠严格的家法，形成一套管理宗族公共事务的体系，但 1950 年以后，郑家维持自治的时代宣告结束，曾经凝聚宗族情感的大祠堂，收归公有变成了粮站、供销社。

当改革终结了集体经济后，工业化浪潮对这个古老的宗族，带来了哪些冲击？他们的结构发生了哪些变化？

据村民郑秋桂介绍，郑宅镇上郑村大约有 1000 多人，他们在大集体时期比较贫困。20 世纪 60 年代，浦江一家锁厂设在村子，郑兴铭任厂长时，为郑家培养了一批制造锁具的人才。

随着私有经济时代的到代，郑家人离开集体企业创办私有公司，其中锁厂大约有 100 多家，最有名气的是梅花锁厂。他们以办企业获得的利润，完成了原始资本积累，有些家庭的资产达到亿元以上。

当工业文明渗透到乡村时，郑家子弟不再依附宗族的资源，市场经济给他们带来了积累财富、追求独立、自由生活的机会，宗族权威开始消失，资本阶层开始占主导地位，这是以礼制约束个人权利，到以经济张扬个人权利的伟大变革！

当年郑家祖辈创业时，沿着白麟溪修建房屋、店铺，并捐资修了存义桥、集义桥、和义桥、奉义桥、承义桥、崇义桥等，希望子孙享受成果时，不能忘记祖辈留下的功德。

当财富提高了郑家人的生活水平，造就了一批新贵族时，也唤起了他们重新认识祖辈留下的文化遗产。从 1935 年至 2004 年，因社会局势变化，郑家有 70 多年没有修谱。

“如果在我们这一代人手里不修谱，就会隔断后人对郑家 900 多年历史的认识。那我们怎样面对子孙后代?”郑定汉说。

在宗族荣誉的召唤下，郑定汉等有产阶层，除了动员各方力量维修古建筑以外，还向郑家人发出了捐资修谱倡议。在他们的积极推动下，修谱会筹集 30 多万元，于 2005 年 12 月，修完郑家宗谱，并举行了万人庆祝修谱大会。

这是贵族阶层看到工业化，分化了郑家人的宗族意识后，以资本重新凝聚族人情感的尝试。

如果从 1099 年算起至 2015 年，郑家子孙在此居住了 916 年、传了 35 代，历经宋、元、明、清、民国等 5 个朝代。维系他们在一起生活的纽带，在于以土地、祠堂、族谱、家法建立的家族经济共同体，引导他们度过了一个又一个王朝的历史!

第七章

放弃做官　扬起摧毁王权的旗帜

祖父摸着胡须说：蔡家要飞出一条龙

怀着参加进士考试的喜悦，蔡汝霖离开浙江东阳蔡宅村，踏了去北京的旅程，路过诸暨码头时，看到一对夫妻抱头痛哭。

“你哭什么？没有时间再拖下去，我们赶紧走。”旁边一个穿着华丽衣服的商人，催促一位妇女立即起程。

这一催，妇女哭得更加伤心，仿佛有诉不完的悲伤，像江水流不尽。出于同情心，蔡汝霖问旁边的人，发生了什么事。原来这对夫妻和婆婆，在家乡遭遇饥荒后，准备前往金华投亲靠友。

不幸的是，他们没有到达目的地，婆婆因病去世，却无钱料理后事，在举目无亲的情况下，为了尽孝心，妻子以100块银元，把自己卖给这位商人，以此安葬婆婆。想到从此永远分别，夫妻两人悲痛万分。

蔡汝霖想：为100元钱，拆散一对恩爱夫妻，让俩人心中留下终生难以愈合的伤痕，违背了做人的良知，也丧失了仁义，为什么不能制止？

他立即从口袋里掏出100元递给商人说：“我给你100元，替他们还你的债，请你让他们走吧！”

但商人却说：“契据上写有永不反悔，不能原价赎身，否则要加价。”

“你的良心太黑了，你还是一个人吗？这位贵客给你钱，你没有吃亏，为什么你还不知足，要让人家夫妻分手？”围观的人纷纷指责他。

“我想每个人在陌生的异乡，都会遇到意想不到的困难，俗话说，在家靠父母，在外靠朋友，这对夫妻为逃荒投靠亲戚，母亲因病去世，是一件让人感到非常悲痛的事，她儿子能袖手旁观吗？尽孝心是他的义务，你也有母亲，将心比心，你在外发生这事怎么办？我请你给个人情，收下我的钱，让他们平安回家！”蔡汝霖诚恳地说。

商人看到蔡汝霖头戴黑绒帽，身穿青色长袍，眉目清秀、面带友善，一副温文尔雅的形象，又望了一眼这对泪流满面、难舍难分的夫妻，显得有些犹豫不决。

“蔡举人，您不要再跟他讲理，像他这种黑心人，您要把他带到官府治罪。”旁边一个中年男子愤愤不平。

举人？那是参加官府举办的考试，中榜后，皇帝给他的身份，可以做官、吃皇粮，地位比老百姓高，商人听说蔡汝霖是举人，没有再多想，接过钱匆匆离开。

看到贵人为自己带来了自由，这对夫妻急忙跪下来说：“谢谢恩人，救了我们，谢谢您！”

蔡汝霖弯腰把这对夫妻扶起来，又给了一点路费，劝他们不要伤心，继续赶到金华找亲友。

在蔡汝霖看来，帮助他人解除危困，是君子应该坚守的道义，这与他家祖辈世代相传有关。

据《蔡宅村志》记载，明弘治十八年（1505）夏天，浙江东阳发生一场旱灾，有一个多月没有下雨，溪水早已断流，农田裂开了许多口子，枯萎的禾苗传出了绝收的信息，饥饿把灾民推上了逃荒路，无力支撑的人倒在路边，但太阳之神似乎没有意识到，他免费送来的热浪超过了人们的需求。

作为一个贵族，东阳蔡宅村蔡惟梆没有眼看着身无分文的老百姓被饥饿夺走生命，也不像其他人乘机抬高粮价谋取暴利。

“我租您的田种，以为今年有一个好收成，没有料想到，今年水稻正抽穗时，遇上了干旱，盼了十多天不见下雨，有些田颗粒无收，家里无粮食，又没有什么积蓄，没有办法，我能否把妻子卖给您，抵消今年应交的租谷，再给我一点粮食度过饥荒?”一个佃户欠了他很多租谷，想出卖妻子偿还。

站在蔡惟梆面前的佃户有40多岁，身穿一件粗布衣，中等身材，皮肤被阳光烤成了深黄色，年复一年在田野劳作，却无法赶走贫困，生活的艰辛时常在考验他的承受力。

面对被饥荒追赶的佃户，蔡惟梆有什么想法?他走进学堂接受过几年教育，读了《诗经》《礼记》《春秋》等圣贤书，知道如何按仁义的标准做人，家里有宽敞的房子、十几亩耕地、仓库储存了粮食，他能过中产阶层生活。

“让你出卖妻子还债，等于拆散一个家庭，给你们制造新的痛苦，那我违背了道义，损害了蔡家的声誉，今年干旱，粮食减产甚至绝收，应该将你欠下的债务一笔勾销，才能保住我的名声。”蔡惟梆显得很温和。

说完，蔡惟梆免除了佃户的租谷，还给了他一点粮食，让他养活妻儿老小，继续保持租赁耕种关系，维持和谐共处的生存环境。否则，把他逼上绝路，那就是不仁不义。

有人向蔡惟梆借款到期无力偿还，他当面撕毁借据，在周围乡村留下了乐善好施的口碑，有人称他为“仁厚长者”。

对于确有困难无力交杂税的人，蔡惟梆出钱替对方先缴纳，不需要知县派人到村子催讨，既化解了他人面临的困难，又让知县感到高兴。为此，县官很敬佩他，只要办事路过蔡宅村，都要登门拜访他。

祖辈积下的功德，变成了约束族人行为的道德准则，要求蔡汝霖追求功名时，也听从正义的召唤。

据《蔡宅村志》记载，蔡汝霖（1868—1916）7岁时，跟私塾先生读《诗经》《中庸》等经书。祖父蔡诒谋听先生说他天资聪颖后，摸着胡须自信地说：蔡家要飞出一条龙。

祖父的想法是：我家世代耕种，拥有房产与几亩田，靠收获的粮食能维持温饱，在乡村可以立足。从乡村进入社会获取生存资源，需要权力支撑，但王权决定天下一切资源配置，只有读书做官，才有机会参与权力与财富分配。

所以拿出银子支持蔡汝霖读书，重点培养他，一旦度过十年寒窗，通过了举人、进士考试，朝廷会封他一个官，享受不交杂税、不出义务工的政治待遇。无论是乡村老百姓，还是地方官员，都会对我家刮目相看。

祖父的预言变成了现实，清光绪二十三年（1897），蔡汝霖到杭州参加举人考试，张榜后，他不负众望，名列举人第48名，可以分享王权赋予的政治地位。

当然，家人的脸上露出了欣慰的笑容，连忙大摆酒宴，邀请亲朋好友到家举杯庆贺，他们觉得投资没有浪费，得到了预想的收益，于是再接再厉，全力支持蔡汝霖突破进士这一关，拿回皇帝赏赐的官位。

蔡汝霖离开京城，创办学堂，唤醒人们觉醒

经历千里奔波，光绪二十四年（1898），蔡汝霖到达北京。此时，皇帝为了不做“亡国之君”，在康有为等知识精英的极力鼓动下，冒着丢掉皇冠的风险，于6月11日，发布了变法强国、向西方学习的文件。

皇帝想以开放言论、创办新式学堂、激励私人投资办厂、引进枪炮制造技术，淘汰表演了几千年的弓箭射击、骑马挥刀，清除帝国体内的病毒，实现实业救国，减轻公众指责带给自己的精神压力。

变法取消了限制考生发挥想象力、创新力的八股文，增加了治国富民的策略，这意味着不再把知识与官本位联系在一起，要把知识变成生产力，为了这一天的到来，中华民族等待了2000多年，这是何等的漫长、艰难！

听到这个信号，蔡汝霖走进考场填写试卷时，不再僵化地引用古人的教条，而是把对外开放、政府出资创办新式学堂、允许私人投资办厂、增强国家的竞争力、为老百姓提供公共服务，作为治国策略写进去。

一个变革的时代在更新蔡汝霖的思维：我要把这次考试，与教育救国、实业强国紧密联系在一起，历代圣人反复修改包装的四书五经，经过鸦片战争、甲午战争的检验，证明与富民强国没有什么关系，那是一个民族在童年时代编造的传说，现在经过西方文明的照射，显出了它虚假的面孔。

离开考场时，蔡汝霖回想自己提出的治国建议，不禁心潮澎湃：如果朝廷能采纳我的观点，给我一个合适的位置，让我一扫清王朝萎靡不振、腐化堕落、落后无能的形象，就能给中华民族注入强健的养分。

然而，蔡汝霖看到了什么？以慈禧为首的官僚集团，宁可搞垮一个国家，把灾难扔给全体人民，也不能让变法剥夺自己的特权，于9月21日，发动政变关闭了变法大门。

变法失败后，谭嗣同等人的鲜血，染红了中华民族通向富强的道路、染红了中国人冲破王权统治，走向民主的时代！为什么变革付出了流血的代价，亿万人民还没有告别贫穷落后？

他看到了一个强烈的反差：大西洋边的英国、法国，把工业文明的阳光照射到全球，对比清王朝的权贵，害怕人们学习技术，掌握机器瓦解了他的王权，依然让农民维持原始耕种。

家人还在千里之外的乡村，期盼蔡汝霖传回金榜题名、得到皇帝召见封官的捷报，还在祝愿他改写家族走向政坛的历史纪录，但当权派的无知、排斥，又在打破他施展政治抱负的幻想。

在家与国之间，蔡汝霖能作出什么决定？严酷的现实向他发问：王权体制不能给中华民族带来自由、平等，通向富强的路在哪里？不戴上官帽还能实现满腔抱负吗？

对专政体制的极度失望、愤慨，对建立一个适应亿万人生存的国家，对人生意义的探索，指引蔡汝霖作出了超脱的选择：放弃科举，告别王权，到县城、到乡村办学堂、传播知识，唤醒人们沉睡的灵魂，做有独立尊严的人！

光绪二十五年（1899），蔡汝霖接受浙江新昌沃西书院邀请任院长。这所书院由何维贤、黄琮、俞桂书等文化贵族出资，于光绪二年（1876），在横山兴善寺创办。

蔡汝霖看到清朝不能给中华民族带来富强，毅然放弃做官，踏上了教育救国之路。

他在就职仪式上对学生说：

“我们要承担教育救国的重任，为什么鸦片战争、甲午战争，清朝拥有的兵力比英国、日本多，却留下了不堪一击、全军覆没的纪录？为什么皇帝征收那么多的银子，却没有建立一所培养人才的大学、一支现代化的军队？”

“因为，科举排斥了知识分子的一切发明创新、排除了资本家把知识变成商品，强化官本位主义，学者只有把知识出售给皇帝，换取相应的官位，才有自己的出路。”

“皇帝通过垄断官位授予权，变成了最大的权力批发商，又垄断了知识的传播，导致亿万人无法吸收知识，知识不能变成中华民族富强的原料，变成了维护王权专政的工具，阻碍了中华民族从野蛮社会走向文明社会。”

按蔡汝霜的设想，把沃西书院变成培养现代国民的试验场，但办一所高水平、有声誉的书院，需要聘请接受专业教育的教师，仅靠学生交学费，不足以维持教学开支。

远离县城的皇帝，每年花费的银子，相当于几万农民的生活费，却不愿为民办学校提供经费。蔡汝霖不能从官方得到资助，就把目光转向寺庙、祠堂，它们占用相应的土地，每年有粮食、银子收益。

为此，他向地方富户、地主、学者建议：把祠堂占有的土地、钱粮，转一部分给书院，让书院出租土地获得经费，维持教学运转。

以秀才张载阳为代表的保守派发出了反对声音：祠堂是后人祭拜祖先的场所，你拿走了田产，没有经费，祠堂靠什么维持？你这样做破坏了祖宗的规矩，为不忠不孝。

他是家族体制培养的产物，从小农经济吸收养分成长，对危及家族权威等级的新生事物，必然竭力排斥，因而他煽动一些维护礼制的人，到书院表达抗议。

◉小农经济时代，蔡家人以互助友爱、团结合作，维持生存。

“我相信祖宗建祠堂，不是让子孙守护贫穷无知，而是为了他们吸收知识，有能力提高家人的生活水平、改变国家的贫弱，我请你理解，把祠堂的田产，让一部分给书院，既培养了人才，又增强了国家的实力，最终还是让家庭、个人受益，我们不能沿袭守旧，要更新自己的思维!”蔡汝霖对他们解释。

看到保守势力比较强大，为避免暴力冲突，蔡汝霖执教一段时间后，悄然无声离开书院，到杭州寻找其他资源办学。

让蔡汝霖感到悲哀的是：即使清朝割地赔款，丧失主权国的尊严，加重了老百姓的负担，但掌握朝廷决策权的官僚，仍不知耻辱，依然腐化堕落，根本没有变法的意愿。

怀着教育救国的志愿，东渡日本求学

听从教育救国的召唤，蔡汝霖于光绪二十九年（1903），从上海坐船横渡大海到日本求学。他从教育考察这个国家创造的经济奇迹，又从教育寻找中华民族的强盛之路。

他发现，日本政府投资创办了小学、中学、大学，义务教育普及率非常高，几乎所有适龄儿童都能上学，使用统一的教材，除了教导学生掌握基本知识以外，还上他们动手制作小玩具、搞小发明，激发他们的创造意识。

（北洋大学）天津大学是中国第一所现代化大学，创办于1895年，对比国内只有分散、简陋的蒙童馆，只有表情呆板、让人敬畏的先生，给孩子们灌输古老的经书，对认识民主、科学不起任何作用，遍布全国各地的文盲，以亿为单位计算。

蔡汝霖沿着一条街道走进一家纺织厂，里面一排机器发出轰鸣声，工人在流水线上紧张有序操作，洁白的棉条几分钟就变成了细线，输送到另一个车间，转眼间，成为光滑、柔软的布匹。

对比国内千家万户，妇女摇着发出吱呀声的木架子纺车，一成不变地从棉花中抽出棉线，极其原始、缓慢的手工纺纱，不能满足亿万人的穿衣需求，也无力应对机器化的挑战。

他继续往前走，跨进一家屋顶冒出滚滚浓烟的钢铁厂，冰冷的铁块被投入闪烁着火光的高炉，它们毫无反抗地熔化成铁水，自觉流进不同的模具，塑造成功能多样的铸件，沿着生产线进入另一个车间，它们神奇般地变成拖拉机、发动机、汽车、火车上的配件，发挥出超千万人的威力。

对比国内乡镇、数以万计的铁匠，在冒着火星、烟尘的屋子内，奋力抡起铁锤，一次又一次地敲打烧红的铁块，汗水湿透了他们的衣服，搞得筋疲力尽，也只能打几把锄头、镰刀。

离开工厂，蔡汝霖走到火车站，一列喷射出蒸汽、发出呼啸声的火车，载着旅客驶往另一个城市，自 1872 年东京至横滨的列车开通以来，火车像一个发动机引领这个国家，以一日千里的速度奔跑。

对比清朝皇帝浪费大把白银修建颐和园、圆明园，供皇家成员游山玩水，中国自建的第一条铁路——唐胥铁路（1881），觉得火车发出震耳欲聋的声音，会震动沉睡在陵墓的亡灵，继续让马车、牛车拉着这个民族，沿着小农耕种的道路缓慢行走。

站在高楼林立的街头，蔡汝霖为日本敞开胸怀，尽情吸收西方送来的人才、技术，开启工业文明的大门感到振奋，又为清朝的统治者，虽然喝着 20 世纪农民配制的葡萄酒、牛奶，但他们的大脑却听从无知的指挥，把亿万人阻隔在蛮荒的远古时代，感到异常悲愤。

巨大的差距使他发出了巨大的疑问：既然我们的祖先早在春秋战国之前，掌握了炼铁技术，为什么鸦片战争期间，清朝的将士却用大刀长矛，应对英国人的大炮？为什么随着王权统治，炼铁技术没有为中国造就一个机械工业？

留学日本期间，蔡汝霖结识了陶成章（1878—1912）。来自绍兴的陶成章，出生于一个农耕家庭，6 岁进入私塾读书，15 岁在家乡设私立学校招收学生。

八国联军攻占北京前后，他想乘战火弥漫、联军疯狂抢夺财宝，清军防守薄弱之际，潜入皇宫，一刀结束祸国殃民的慈禧，尽早让清朝土崩瓦解，不再浪费纳税人的钱粮。

确定这个目标后，陶成章义无反顾，先后两次冒险到北京暗杀慈禧。可惜这个计划没有实现，他离开北京回家途径徐州时，缺乏路费，忍受饥饿步行 7 天。

光绪二十八年（1902），陶成章得到蔡元培资助，乘船到日本留学。1903 年 4 月 29 日，他与魏兰、龚宝铨、杨笃生、黄兴等 500 名留日学生，在东京锦辉馆集会，抗议俄国入侵东北，并组成抗俄义勇队。

清政府得知后，给日本政府发出了交涉信，日本为了自身利益，解散了义勇队。他们改变斗争策略，改成军国民教育会，揭露清王朝卖国、损害人民权益犯下的滔天罪行。

魏兰（1866—1922），出生于浙江云和县，父亲靠种地积累一点资本后，希望他走读书做官的道路，迫于父亲的意愿，光绪十年（1884），他19岁到丽水参加秀才考试。

对于不能改变老百姓疾苦的经书，魏兰极为厌烦，画了一张全县地图交卷。恰巧，主考官看到后，没有指责他，反而认为他是一个人才，破例让他通过了秀才考试，享受皇家的补贴。

经陶成章介绍，蔡汝霖与魏兰、龚宝铨、孙中山等人相识。龚宝铨（1886—1922）来自浙江嘉兴马厍汇镇，一个有产阶层的家庭，家族世代经营中药材，以掌握相关治病救人的秘方，享誉周围县城、乡镇。

他们来自宗族强大、工商业发达、贵族文化深厚的浙江，有相同的家庭、教育背景，又怀着同样救国的愿望来到日本，在他乡异国，大家推心置腹，建立君子之交。

有一天，蔡汝霖、陶成章、魏兰等人，相约在一家茶馆，一边品茶，一边对国内与日本存在的差距，发表各自的看法。

“日本明治维新以来，不到20年，完成了现代化，这是什么原因？日本把矿山、森林、航运、铁路、银行、军工转给资本家经营，资本家把资源变成商品推向市场，获取最大化利润，政府收税有财力修建学校、医院、文化、司法、军事等公共设施，政治家与资本家合作优化配置资源，是指引日本走向富强的一个重要因素。其次，日本制订了第一部宪法，确定了天皇主导的首相负责制，形成行政、议会、司法互相制约的国家体系！”蔡汝霖谈了他的感受。

“我同意你的观点，明治维新最大的成就是，终结了地方军阀、王侯、大家族，组成武装力量谋取私利的时代，国家权力高度集中到天皇手里，天皇又受宪法制约，不能滥用职权，损害人民的利益。对比清朝占用国家资源，不为老百姓提供公共服务，那么他没有合法性，人们当然有权利推翻他。”魏兰提出了自己的看法。

“你们提出了体制决定国家的成败，清朝皇帝把国家变成私有财产，每年征收几亿两白银，却不建学校、医院、司法、铁路、通信等，任由灾荒、战乱吞没老百姓的生命、财产，对外向英、法等强国投降、赔款、出卖国土，用亿万人创造的果实，保住自己的王权，却把灾难留给公众，我们还有什么理由不推翻这个充满罪恶的王朝？”陶成章异常愤怒。

他们越谈越投机、越谈越兴奋，越谈越觉得：清朝与走向现代化的日本，差距越来越大，却依然昏睡，浑然不知喷射出扩张气息的蒸汽机，要打败所有原始落后的农耕国家，他们怎能不感到忧愤、焦急？

在蔡汝霖到日本的这年7月16日，掌握清朝政务大权的官员，几经争论、犹豫后成立商务部，出台了《公司注册章程》，这是近代中国公司法的萌芽，第一次以条文的形式，赋予民族资本家越过家族血缘关系，向不特定的人募集资本的权利。

他大声疾呼：教育不是个人的专利，要走向大众化

由于沿袭千年的科举即将废除，1904年，蔡汝霖回国后，决心以教育塑造现代国民，他受聘到金华中学堂当校长。

学堂的前身为丽正书院，康熙六十一年（1722），金华知府张坦在荒废的滋兰书院扩建而成，前后五间、两各有26间房，为当地规模最大的学院。

教室悬挂着朱熹、吕祖谦、何基、金履祥等名师的画像，延续南宋一脉相承的道义，让学生以他们为榜样，高举传播知识的火炬，永不熄灭。

乾隆二十三年（1758），金华知府杨志道调集资金修复通济桥后，结余了1600两银子，出于读书明道的良知，他没有把这笔钱装进自己的口袋，而是存入一家钱庄，以利息支付丽正书院教师的工资。

以后不断有官员、学者、商人捐资修复丽正书院，兴盛时，它拥有280亩田，每年出租可带来一笔收入，对保障书院正常运转、培养人才，起了重要的作用。

回望前辈办学作出的贡献，蔡汝霖接过金华中学堂校长职务，深感责任重大，他在就职典礼上说：

“科举带有浓厚的功利色彩，像一个万能胶，把读书做官紧紧地粘贴一起，一粘就是1000多年，成为世界最坚固的物体，造就了一批听话、服从、效忠，

没有独立人格、批评权的奴才。”

“为什么我们无力应对西方强国的挑战？为什么中国与西方强国的差距越来越大？因为科举把知识变成官位，没有造就把商品推向市场的资本家，没有制度激励政治家优化配置公共资源，为公众谋取最大利益。”

“由于对官僚没有制约、没有批判，助长了他们蛮横无理、极端自私自利，排斥一切创新，一切以他们的意志、愿望转移，判断事物的价值，导致社会停滞、毫无生气。”

“现在我们创办新式学堂，不是教导学生背诵老祖宗留下的空洞经书，而是读国文、经济、法律、医学、物理、机械等，读书不是为了做官发财，而是为了培养追求民主、法治、科学的人才，为富民强国贡献自己的力量！”

在金华播下了新式教育的火种后，蔡汝霖接受东阳知县李前泮（1875—1908）的邀请，到东阳扩大新式学堂的阵地。知县为湖南湘乡人，光绪二十四年（1898），到东阳任知县，以精准、勤俭、公正为官。

发生命案，李前泮不是坐在办公室，听办案员的简要汇报，凭感觉判断，而是亲自到现场勘查，问清来龙去脉，核实真相后人作出判决，所有路费、食宿自掏腰包，不借办案的名义向当事人勒索钱财，加重人们的负担。

出现灾荒，他不回避、隐瞒灾情，立即叫人开仓救济灾民。科举废除后，他能转变思维，将东白书院改成新式小学堂，按现代教学开设国文、历史、地理、商业等。

按约定，蔡汝霖来到东阳县衙，知县李前泮带领随从站在门前迎接，他把客人带进客厅入座后，一个助手端上一壶茶，给他们分别倒了一杯。

“蔡先生，过去东阳以私塾为主，有钱的家庭请一个先生，给自己的孩子教书，大部分贫苦家庭的孩子，没有钱聘请先生，变成一字不识的文盲，现在科举即将废除，县城还没有一所新式小学，我作为一个知县，有责任让青少年接受教育，因而我请您回来办学。”李前泮表达了他的想法。

“李知县，谢谢您的盛情相邀，科举最大的失败是，只输送官员，没有带来科学与民主，严重堵塞了老百姓从无知走向有知、从贫穷走向富裕的道路，只让少数人识字的社会不是一个文明的社会，只有赋予所有人平等受教育的权利，才能造就一个健康、强盛、文明的国家。让我们一起合理配置人力、财力资源，为东阳造就第一所小学!”蔡汝霖激情洋溢。

听完蔡汝霖的高论，李前泮茅塞顿开，受到一种震撼，仿佛良知在向他发问：你当年在偏远落后的乡村，在一间简陋的屋内，伴随一只忽明忽暗的油灯，读一堆古人留下的经书，经过近20年苦读，跨过了秀才、举人、进士等考试，终于走进皇宫，低头弯腰站在皇帝面前，戴上了一顶官帽。

如今你越过湖南湘潭、长沙，翻越山冈、河流，到浙江东阳当知县，你的选择决定着全县人的命运；你是教育的受益者，你不能眼看着贫穷家庭的儿童，没有钱走进学校，流落街头，你有义务让他们走进宽敞明亮的教室，帮他们用知识插上飞翔的翅膀。否则，你失职，浪费了纳税人的钱粮，要受到道义的谴责!

“我一直渴望办一所教学质量比较高的小学、中学，让全县的文盲数量变为零，不负当地父老乡亲的期盼，但皇上每年给我的工资不到60两银子，除了维持妻儿老小的穿衣吃饭以外，还有跟随我的秘书、助手、打杂的人，需要付一点报酬，皇帝不给我提供教育经费，我又无权向老百姓强行摊派，您看我怎样实现办学的愿望?”李前泮显得有些茫然。

“我非常理解您的处境，皇帝把收税、治安、调解纠纷、征兵、出义务工等事务，全部交给知县办理，知县没有相应的收支权；皇帝成为清朝最富有的超级消费者，知县一年只有几十两银子，却要对全县人的安全负责，您只能凭良心办事，激励富户、商人、官员捐资，多方面吸收教学资源。”蔡汝霖说。

在金华地区，蔡汝霖的资源是：有一个海外留学、思想活跃、拥有一定资产的贵族群体，需要知县赋予他相应的办学权，排除保守势力的干扰，调动这个群体投入人力、财力，播下新式教育的种子。

这期间，蔡汝霖与东阳心怀教育救国的官员、学者、商人，举行过几次会谈，他发出了一个声音：清朝的衰落告诉我们，科举培养了一群毫无社会实践经验、没有远大理想，只会把权力变成谋利工具的庸才。教育不是某个人的专利，要走向大众化，只有大量兴办学校、培养人才，才能让亿万人从关注家庭到关心国家的兴亡。

他极富号召力的演讲，博得参会人士一片赞扬与掌声，激发每个人思考：在清朝虚弱、无力自我变革，又有西方强国掠夺的情况下，怎样改变中华民族的危机？

他的言论出现在《萃新报》，报纸从金华发行到衢州、建德、丽水、台州，辐射50多个县，如不可阻挡的洪流传向官府、学堂、商店，传到老百姓的耳边，传向东阳每个角落，鼓励有识之士站起来，把交给祠堂、城隍庙、寺院的钱粮、土地，转给新开办的学堂。

在李前泮的强力支持下，蔡汝霖排除阻力，动员贵族群体扩建了一所小学、建立了一所初级中学，终结了散乱、简陋、原始的私塾，引领东阳人走向高层次的教育时代。

接着，他动员兰溪蒋乐山、浦江虞庚甫、淳安陆玉书、萧山毛西峰等文化精英，调动官方、工商、学界的人力、资金、场所，为金华、衢州、建德、丽水，创办新式学堂，形成从省、县至乡村一体化的教育传播。

办学取得的丰硕成果，扩大了蔡汝霖的名声、影响力，团结了一批寻求教育救国的人士，他们成为在朝廷之外，为公众输送教育资源，代表地方公共利益，与王权抗衡的贵族群体。

知府看到《萃新报》发出的呐喊，比枪炮的火力猛烈

为形成摧毁保守势力的思想风暴，1904年6月，蔡汝霖与张恭、盛灼三、金筱甫、刘焜等文化贵族创办《萃新报》，为新式学校的诞生、为传播知识消除人们的无知、为崇尚科学抛弃鬼神摇旗呐喊。

创办报纸就是启蒙，唤醒民众觉醒，从爱家到爱国，不成为王权奴役的工具，成为把握自己的命运，走向自知、自觉、自立、自强，自由选择、具有独立人格的公民。

从办报人的经历看，报纸主编张恭（1877—1912）与蔡汝霖的背景相似，出生于书香家庭，父亲是一位私塾先生，按照忠孝的标准教导他，凭借先天占有教学资源的优势、个人勤奋好学，光绪十四年（1888），他考取了秀才。

父亲看到他为家族开了一个好头，又具有聪慧敏捷的基因，也许有希望走进官场，因而花费一笔银子，把他送到师资力量雄厚、教学优越的丽正书院，让他遵照圣人的教导，安心攻读经书。

父亲做梦也没有想到，儿子走上了与他愿望相反的道路。在书院，张恭与比他大29岁的蒋乐山（1848—1925）交上朋友，经常听他讲自鸦片战争以来，清朝皇帝无知无能，不断割地赔款、丧失国土，加重人民的负担，却拒绝向西方学习的故事。

“我家在兰溪，父亲曾通过了举人考试，再奋斗几年，有可能得到朝廷赋予的官位，太平军攻占金华后，我父亲加入到反抗清朝统治的队伍，太平军失败后，父亲为维护自己的尊严，服毒自尽，从此我播下了仇恨清朝王侯的种子，我读书、考秀才、广交各界朋友，如康有为、章炳麟、蔡元培等，都是为了积累力量打倒这个王朝!”蒋乐山脸上流露愤怒。

有几次，蒋乐山带张恭离开书院，到金华反清人士秘密成立的“终南山会”、唐才中设立的“自立会”等民间党组织，与首领、党员彻夜长谈。

光绪二十八年（1902），张恭25岁时，有幸通过了举人考试，获得官方赋予的政治地位，每年能得到生活费。为响应丽正书院同学蒋乐山、老师金城对他的号召，他捐出100石谷，成立“积谷会”，救济走投无路的灾民，又利用这个党组织，建立一支反清队伍。

如果张恭有了举人身份，运气比较好，跨过进士考试后，就能为父亲传回当官的消息。但推翻清王朝的宏伟理想，终止了他向皇宫前进的步伐，他与永康人沈荣卿（1871—1943）等走到一起策划反清。

沈荣卿少年时，拜武林高手练习武术，结识了一批艺高胆大的人士，在永康成立了“百子会”。结识张恭后，合并两个党组织的人员，以民谣“若要天下真太平，除非龙华会上人”为感召，于光绪二十七年（1901）5月1日，也是关公的生日，在关帝庙成立龙华会，总部设在金华，他担任会长。

有了这个共同的主题、有了地缘文化的凝聚力，有了一个承担救国重任的贵族群体，龙华会几乎畅通无阻地在各个县市吸收党员，不到一年拥有2万多人，相当于一支部队。

金华知府嵩连从报纸得知蔡汝霖、张恭等人，鼓动地方兴办新式学堂、取代只有几个孩子的私塾，制订法律，约束皇帝及各级官员的权力，让地方走向自治，赋予人们监督政府的权力。

他发现：《萃新报》创办以来，发行量不断扩大，从坐在县衙办案的官员，到谋生的平民、从知书达礼的学者，到开店铺的商人，从传播知识的老师，到刻苦读书的学生，都受到了它的影响。

他看到：报纸出现后，打破了皇帝及官员对老百姓的信息封锁，打破了官方与平民之间的等级界线，把皇帝的无知、无能，官僚的不作为等罪恶暴露在公众眼前，从来不问政治的平民，有了更多的知情权、有了关注国家事务的兴趣。

他觉得：这张报纸发出的呐喊，如响彻云霄的雷声，正在震醒这座沉睡的城市、正在号召一批人发出批判专政的声音。正在把芸芸众生，从奴性中、从压迫中、从愚昧无知中，拉向自由选择的道路。

他意识到：这种注入了自由基因的思想炸弹，可能比枪炮的火力还要猛烈，甚至可能摧毁几千年的王权，动摇他们的官本位。

他越想越害怕，越害怕越不安，他必须扑灭从新式教育点燃的自由思想，否则，他就会丧失王权体制赋予他的特权。他以"言论过激、危害帝国"的理由：撤销蔡汝霖的校长职务、关闭《萃新报》。

报纸被查封后，蔡汝霖、张恭等人没有失望、悲观、后退，他们利用其他杂志，或印发湖南人陈天华（1875—1905）出版的《猛回头》等揭露清朝黑暗的书刊，向各个阶层传送，继续从思想上瓦解这个王朝。

蔡汝霖回到家乡，调动家族力量，创办一所新式小学

县城办学取得一定的成就后，1905 年，蔡汝霖回到蔡宅村，要为家乡办一所小学。

站在村口，蔡汝霖向周围遥望，村子的北边有陡峭的虎峰山、南有险峻的鹿峰山，中间一条发源于东白山的溪流，穿过肥沃的田野，成为村民不可缺少的生存资源。

他想起元朝至元二十九年（1292），他的祖辈蔡德泽迁到此地定居，至 1905 年，有 600 多年，虽然蔡家变成超过千人的大宗族，靠耕种、读书、经商、做官，修建了一排排青砖瓦房、过上了温饱生活，但小农经济没有改变，依然靠私塾先生，教孩子们识字。

他回想元延祐元年（1314），他的祖辈蔡天泽到浙江平章丽泽书院任院长。

为了给贫困家庭的孩子创造成才的机会，蔡天泽免收他们的食宿费、提供参加考试的路费；在学生越来越多需要增加开支的情况下，他变卖家产弥补经费。

当地官员勒令老百姓交清拖欠的钱粮时，许多无钱支付的村民，不得不背井离乡，或出卖妻儿应付；有些人被逼得走投无路，以结束生命摆脱沉重的压力。

道义涌上蔡天泽的心头，他对当地官员说："老百姓被饥荒搞得一贫如洗，哪有钱交杂税？继续逼迫下去后，只会造成公众不满，引发不良后果，请您给他们一条活路吧，您积下功德，老天爷会保佑您升官发财。"

官员看到他教书育人，是一个有学识的贵族，又在官方与老百姓心中有一定的影响力，权衡利害关系，给了他一个面子：免除了有些灾民的杂税。

到了60岁，蔡天泽辞去院长职务回家后，不宣扬自己的功绩，也不搞特殊化，与100多位家人同住生活，自觉担负了办学堂、教导子弟读书、遵守忠孝、维持村子秩序的责任。

590年以后，蔡汝霖继承祖辈办学的理想，承担了创办新式学校的职责。

◉在官方不能给乡村输送教育资源时，蔡汝霖利用宗族修建的祠堂，创办小学，开启了子弟接受新式教育的大门。

回到村子，蔡汝霖走访了有影响力的大户、富农、文化人士，了解宗族内部发生了什么变化。他发现，蔡家成立了路会、桥会、茶会、银会、灯会、水龙会、孤老会等，每一个公益组织担负着不同的救济功能。

路会由10多户村民捐资组成，如果发现洪水冲毁了道路，要动员村民出力修路，但出义务工不付报酬。其中赵珠凤捐献私房钱，修通了长5米的万安石板桥。

茶会由每家自愿者轮流在祠堂、亭子等公共场所，为过往的行人提供茶水。

20户村民自愿组成的灯会，分行灯和固定灯，行灯是一盏用棉纸制成的灯笼，一般挂在村子路口或街道，供行人夜间走路。如果行人在夜晚看不清方向，取下灯带回家不必送还，灯会再挂一盏供他人用；安装在村子路口和街道的固定灯，由灯会派专人供油，一直点到天亮。

民国时期，蔡宅村35%的农户有部分田产，靠耕种维持自给自足的生活，遇到不可抗拒的灾害，要借高利贷过日子；50%的农户租地主、富农的田种植，交了稻谷以后所剩无几；一些农户辛苦干一年，还要挖野菜、萝卜吃，也就是“放下镰刀没有饭吃”。

为此蔡家人成立银会，起到了扶困的作用。一个经济困难的家庭，需要借50块银元，银会召集会员商议后，每人出5块银元，让借贷人使用一年；收回利息后，再帮助其他家庭渡过难关。

由于宅院大部分为木结构，巷子悠长而狭窄，一旦发生火灾后果不堪设想。为防火，蔡怀鹿率先购置了一台灭火器，自发成立了3个水龙会，每个会自筹资金购买水龙、水桶、灯具等灭火器材。

有房产无子女的老人，发起成立了孤老会，以房产出租获得的收益，请人照料孤寡老人，并出资购置棺木安葬去世的人，再出租他们遗留的房产，救济其他老人。

“梅岭学会”由蔡家的文化贵族发起成立，从祠堂、庙宇获取的收入，争取一部分经费维持运转。宗族子弟通过互相交流，提高自己的学习成绩。

蔡汝霖发现，对比远离老百姓的皇帝，宁可花光国库储存的银子，也不愿帮农民降低生存风险蔡家成立的救济组织，在消除贫富差距、应对灾害、帮助族人渡过生存危机发挥了作用。

于是，蔡汝霖觉得蔡家以互惠互利形成的家族经济共同体，有利于他在村子创办小学。

他召集家族开明的富农、商人、文化人士，到他家开创办小学的会议。

“我到日本考察，他们的孩子能从小学、中学，读到大学，但东阳乡村还没有一所新式小学，靠家庭出钱请先生教孩子识字，怎能适应社会变化？现在科举废除了，读书不是为了做官，只有让子弟接受高层次的教育，才能让他们走出乡村，到城市谋求职业，获得更多施展才能的机会。”蔡汝霖向大家展示外面的变化。

对于在座的人士来说，需要几十年、甚至几百年等待，蔡家才能出现一位举人或官员。蔡汝霖成为举人后，在官府、工商、教育等建立了人际关系，享有很高的威望，大家期盼他给家族输送相应的经济与政治资源，分享他带来的边际收益，减轻自己的生存负担。

“我赞同您创办小学的建议，蔡家子弟只有接受更高的教育，才有机会提高自己的地位，但建学校、给教师发工资，从哪里来钱？现在大部分村民以耕种为生，有些无田户租地种，勉强糊口，遇到灾荒要借粮食吃，少数田多的富农有剩余的粮食出售，或开店做小本生意。”蔡家一位秀才说。

“您说的困难我考虑到了，一是调动我的政治资源，请求知府、县官等，从官办教育经费挤一点，二是蔡家有资产的富户、商人、绅士带头捐资办学，三是从祠堂、文会、寺庙等积累的资金，拿出一部分。我们先在祠堂开办小学，只要我们齐心协力、精诚团结，就能让一所新式小学获得诞生的土壤！”蔡汝霖信心百倍。

他说完后，大家给予一阵热烈的掌声，他们意识到，长期靠几亩田，不可能积累资本过上富裕生活，也不能给子弟提供优越的教育环境，不能走出乡村，到城市谋求新的生存资源，只会陷入资源短缺带来的贫困。

最后大家协商后，同意出钱出力，成立永宁小学。

开完会后，蔡汝霖带领大家到蔡家祠堂筹办小学。

跨进大门，上面悬挂的“理学名宗”牌匾，出现在他们眼前，两边有一副楹联：“瓯水衍宗支发祥流庆，西山绵道脉人杰地灵。”他告诉蔡家子弟，祖辈迁到这里，在充满祥和、安宁的环境里，靠勤奋耕读走出了有名望的人士。

据《蔡宅村志》介绍，明嘉靖二十五年（1546），蔡安山、蔡方泉、蔡东山等贵族，召集族人捐资修建大宗祠；万历十二年（1584），蔡方泉又筹集资金扩充祠堂。

清康熙十一年（1672），蔡国万、蔡伯乐等人，为提高宗族地位集资扩大宗祠面积，比过去更壮观、庞大，前后经历126年、消耗几代人的财力。他们不计报酬的公益举动，被蔡家宗谱记载供子孙缅怀。

宗祠为三开间，坐东朝西，由照壁、门楼、前厅、中堂、后堂组成，集木雕、砖雕、石雕为一体。门前有一对抱鼓石，气势雄伟的照壁有6柱5开间，上面雕有飞龙、白云、花鸟等形象生动的图案。

公共活动是文明进步的一个标志。小学开办后，意味着蔡汝霖为一个古老的乡村，开启了吸收新文明养分的大门。

打开思想的大门后，蔡汝霖挑战千年不变的宗法体系：劝说家长让女子放弃缠足、男人剪掉辫子，这些陋习压制人权，损害了中华民族的形象，要把它们扫进垃圾堆，给生命一个自由舒展的空间。

告别王权：国家不是皇帝的私有财产

为将一批有知识、有理想的青年贵族团结起来，形成一个推翻清朝的紧密群体，陶成章与魏兰、蔡元培、龚宝铨等人，于1904年11月20日，在上海创立光复会，他们的宗旨是：光复汉族、还我山河、以身许国、功成身退。

光复会由蔡元培任会长、陶成章当副会长，集中了来自上海、江苏、浙江、安徽、福建，出身于富户、地主、商人、官员、学者家庭，有留学背景、具有贵族血统的精英分子。如章太炎、徐锡麟、秋瑾、鲁迅、许寿裳、熊成基、柳亚子、陈去病等。

◉出生于有产家庭的陶成章，带领一群有理想的贵族创办光复会，吹响了推翻清朝统治的号角。

受变法人士的强力推动与西方强国的挑战，1907年9月，清朝不得不象征性地发布制订宪法的公告，延缓王朝走向灭亡的时间。

已经觉醒的人士不会再忍耐，1909年，南通人、曾经得到皇帝赋予状元称号的实业家张謇，动员十八省议会局，选派代表到北京，向皇帝、掌握实权的摄政王载沣，表达立宪请求。

蔡汝霖作为浙江立宪请愿代表，与其他代表启程到北京。他作了一个美好的设想：宪法实施后，皇帝不再是凌驾于天下人之上的君王，要为全体国民提供优质公共服务，否则，他不能保障人民的生命、财产安全，损害公众利益，就要被罢免、受到法律惩罚。

人们享有宪法赋予的迁移、言论、出版、集会、示威、罢工、选举、监督等权利，不再是被官府奴役、愚弄、压制，只交纳钱粮、杂税，却不享受权利的对象。

幻想伴随着蔡汝等代表下了火车，来到北京皇宫门外，第一次向负责接待信访的官员递交请愿书。朝廷收到后，叫他们回去安心等待，帮助皇帝维护地方秩序，不要鼓动居民示威游行。

1911 年 5 月，清朝抛出了一份组阁名单与要求：大清帝国的统治地位万世不易，皇帝神圣不可侵犯。

这个试探性的方案出来后，立即让代表们的神经发麻、发怒、发火，并发出质问：你们凭什么永远统治国家？国家是你们的私有财产吗？你们不称职、不作为，就得让位下台，皇帝凭什么神圣不可侵犯？难道老百姓的权益可以侵犯吗？皇帝滥用职权、损害了人民的利益、触犯法律，就要接受审判。

就在蔡汝霖与立宪代表在浙江议会面，商议对清朝采取什么行动时，光复会负责人陶成章，不动声色地从日本回到杭州，邀请蔡汝霖到一个秘密会馆见面畅谈。

“汝霖老兄，自从浙江起义失败，我东渡日本寻找新的力量，已有三年没有见到您，人生恍惚如同一场梦，梦里不知自己身在异乡，梦醒以后，您我天涯海角、各处一方，真有无限江山别时容易见时难，让人感慨万千，这期间国内发生了许多大事，听说您与各省代表，先后到北京表达立宪意愿，掌握朝廷大权的官僚，能接受您们的请求吗？他们有什么意图？”陶成章发出感叹。

“成章老弟，自从我们分别后，我一直想念您，我们到北京递交了请愿书，敦促朝廷尽快起草宪法，让我们失望至极、愤然而起的是，政府的重要职位，几乎由皇家成员担任，变成了一个家族领导班子，宪法大纲规定皇帝不由人民选举，他的权力神圣不可侵犯，等于要人们承认，他依然是天下人的君王，享有不受法律制约、不受公众监督的特权，不能约束皇帝的宪法，有什么作用呢?”蔡汝霖说。

“这是以宪法的名义，对天下人撒下的弥天大谎，从宪法大纲来看，皇室成员的意图非常清楚，用法律确定他们的权力万世不变，这是披着宪法的外衣，麻痹公民的知觉，又退回到2000多年前的西周时代，继续不劳而获地占有老百姓的钱粮。我们要让全体人民声讨他们的罪行!”陶成章语气坚定。

“好比一杯开水加了一点糖精，有点甜蜜的滋味，其实没有任何营养，宪法只维护皇帝神圣不可侵犯，意味着贯穿2000多年的暴力政治没有结束，暴力政治又会引发周期性的社会大动荡，宪法不能把皇帝的暴力关进铁屋子，中华民族就不能进入法治时代，所以立宪的成败，关系国家的成败，在检验我们这一代人的智慧，能否用一部宪法告别王权，赋予国民选举权、监督权?”蔡汝霖对立宪寄托着美好的展望。

陶成章还告诉蔡汝霖，不要对满清王侯抱立宪的幻想，这几年他与一批救国人士，在日本、南洋群岛、新加坡等地设立光复会，像屈原提倡的路漫漫、上下求索，奔波各地吸引会员、募集资金，随时准备以武力摧毁一个没落的王朝。

1911年9月，杭州独立后，成立浙江军政府，议会代表推选汤寿潜任都督。

汤寿潜让蔡汝霖当都督宣传官，到东阳传播民国时代的到来。他站在城楼对过往的行人发出惊天动地的呼喊：剪掉辫子，还我汉人习俗。

这是经历清朝统治260多年以后，对人身自由、平等的呼喊!这是被王权压制在漫长的黑夜里，向往光明、正义的呼喊!

此刻，蔡汝霖站在城楼，他想起了什么?他想起有多少像徐锡麟、秋瑾这样奋勇当先、无所畏惧的英才，为了摧毁王权专政、缔造一个平等的国家，倒在血泊中、舍弃了宝贵的生命。他们没有看到这一天的到来，但后人应该铭记他们的功绩!

喜悦荡漾在蔡汝霖心中，一起恐怖事件却传到他的耳边：陈其美对陶成章心怀不满，担心他是光复会的领导，阻碍自己独占大权，指使蒋介石等人，于1912年1月14日凌晨2点，将陶成章暗杀在上海广慈医院，享年34岁。

看到亲密的友人倒下，蔡汝霖能表达怎样的哀思？他回想在日本求学时，遇到了影响他人生选择的陶成章，那时他们在洋溢着书香的学堂，互相激励、互相支持；在充满古典气息的茶馆，尽情谈论天下兴亡；在海滩边并肩漫步，望着金色的晚霞，映照在波光粼粼的海面，激起他们对创建一个自由国家的无限遐想！

如今陶成章带着他对亲人、对家乡、对国家的无比热爱，走向另一个世界，那个如诗如画般的美好岁月，只能留在蔡汝霖心中，当作一份珍贵的礼物收藏、回味无穷！

得知陶成章遇害，孙中山异常震惊，公开在报纸中谴责幕后黑手：“这是为了个人的私利、地位，嫉恨他人取得的成就，违背正义、道德，制造的一起惨案，岂能容忍？行凶作恶的人必将受到法律惩处。”

1916 年 8 月，他亲自到绍兴东湖陶社纪念馆，祭拜陶成章，对这位民国的开创者，作出了如下评价：奔走革命不遗余力，光复之际陶君实有巨功。再送亲笔题写的“气壮山河”牌匾。

民国建立后，蔡汝霖出任国会众议院议员，想履行一个议员，监督总统、总理以及各部门官员的职责，让政府按宪法的要求，优化配置公共资源，为人民谋利。

不料，狡诈阴险的袁世凯，制造了一场夺权阴谋：他解散国会、发动政变，于 1915 年 12 月 12 日，披上黄色的绸缎袍子，走进故宫太和殿想做一回皇帝梦。

护国战斗打响后，浙江出现了一位举足轻重的人物：浙军第六师师长吕公望（1879—1954），他来自永康一个商人家庭，曾是一名享受皇家生活补贴的秀才。

这是无数生命用鲜血换来的成果，吕公望怎能看着袁世凯变成皇帝的模样，复活王权统治，让亿万人重新走向受压迫、受剥削的黑暗时代？这个代价太高了，决不能让他重演这个悲剧！

在浙江议会的推举下，吕公望当选浙江都督兼省长，组建护国新军，发出了打倒袁世凯、维护民国的号召。蔡汝霖接受他的聘请，任浙江护国军政治顾问。

最后，袁世凯像一个押错了宝的赌徒，输光了所有的政治资本，带着卖国求荣、背叛人民利益的罪名，于1916年6月6日，结束了他充满罪恶的一生，滚进了坟墓。

重开国会时，蔡汝霖仍然担任参议员，他倾向于维持孙中山主持修订的《临时约法》。

从浙江独立自治的过程中，我们看到蔡汝霖创办新式学堂、张恭成立龙华会、徐锡麟举办大通会、陶成章创立光复会，聚集了浙江及省外的贵族群体，汇合到一起变成一支强大、高效、精干、团结的队伍，摧毁了驻守地方的清军。

接着，汤寿潜、吕公望两位有学识、责任、名望的省长，担负了维护民国成果、治理浙江、安定百姓的任务，形成了公正、良好、有效的政治资源配置与传递。

这与自宋代以来，浙江积累了深厚的贵族文化有紧密的关系。

1916年，蔡汝霖在蔡宅村听春雨楼，因病离开人世，享年49岁，走完了科举谋求官位、告别王权、兴办学堂、教育救国、维护宪法治国、保持贵族理想的旅程！

蔡汝霜的贵族精神得到了家人的传承，给更多人造就了实现理想的机会。

蔡汝霖的弟弟蔡汝楫，遵守“不为良相，宁为良医”的祖训，漂洋过海到日本爱知医学院求学。回国后，他到杭州开设私人医局；1928年，他回蔡宅村创办济苍诊所，成为用西药为村民消除疾病的先行者。

同时，基于振兴家乡教育的强烈愿望，他出任永宁小学校长。在学校经费短缺、自己身患重病不能活动的情况下，叫家人出卖两亩田产付教师工资。

他的女儿蔡慕晖（1901—1964），先后在上海大同大学、南京金陵女子大学读英文；1935年8月，她去美国哥伦比亚大学读教育学获硕士学位，成为东阳第一位女硕士。

回国后，蔡慕晖出任中华基督教协会总干事。凭借这种身份，她大声疾呼：妇女应该勇于从育儿室、厨房中走出来，追求独立自由，不做被礼教压迫的奴隶。为此，她编写了《家庭妇女读本》《新道德标准及其实践》等著作。

蔡慕晖的弟弟蔡希陶（1911—1981），曾在上海光华大学读物理专业，后来他在云南西部不见人烟、看不到尽头的原始森林，冒着被野兽袭击、感染疾病等危险，经过多年研究、调查，证实云南适宜栽种橡胶树，打破西方有些专家认为中国不适合栽培橡胶树的论断。

从蔡汝霖、蔡汝楫、蔡寿高，到他们的后辈蔡慕晖、蔡希陶等，一直传承教育兴国、培养人才的贵族精神，激励蔡家人坚定不移地传递教育火炬，走出了 2 名举人、85 名太学生、1 名翰林学士；近代营级军官 75 人、教授 14 人、高级工程师 20 人、博士 9 人、出国留学 8 人、大学毕业生 150 人。

蔡朱火带领大家保护祖辈留下的遗产

走进蔡家宅院，能体会到贵族坚守的品质与理想，能看到他们秉承道义，维持宗族的公共秩序、能看到一个宗族如何维系自己的生存。

为给族人的生活提供便利，蔡家先辈为村子设计了消防和洗涤水道，形成十池九塘的格局，村民只要走出家门，就能找到一个水塘洗衣、淘米等。

稠密、精致的大宅院、用青石板铺设的悠长巷子，是蔡家人提高生活水平的见证。将“仁心谦德、能忍自安、知足常乐”等格言刻在墙壁，表明长辈希望子弟享受物质成果时，铭记忠孝做人的准则。

村民蔡志文说，润德堂建于清咸丰年间，前后两进四合院，天井显得很开阔，地下用鹅卵石铺设；门楼写有“祥开日华”四个大字，旁边画有象征长寿高洁的青松、兰花；门墙写有“言物恒行”，旁边有四幅山水画，窗板雕有两个老翁，坐在槐树下专心下棋，仿佛外面的变化，与他们没有任何关系。

即使到了民国时期，人们正在告别王权专制，但新政权未能给乡村输送公共资源，取代宗族权威，以耕种糊口的农民，依然依附宗族获得安全感。

老年协会的蔡继良说，1950 年以后，祖辈建造的大宗祠收归公有，刚开始办小学，后来被村民堆放农具等。因无人维护，瓦片掉下、大梁腐烂，破损严重。

作为老年协会的会长，蔡朱火带领大家多方奔走呼吁，最终筹集 13 万元，于 2001 年至 2003 年 10 月，修复蔡家宗祠，其中旅居台湾的蔡士元捐助 28305 元。

1950年，润德堂划为集体所有，变成生产队储存粮食的仓库。因无人修理，屋顶瓦片撒落在大厅，雨水漏进来导致大梁腐烂，天井长出了野草，不知哪一天，会在风雨的吹打中倒塌。

作为润德堂的子弟，蔡志文觉得，如果看着大堂破损、坍塌，有愧于先辈的恩德，也对不起后人。他找到本房头的蔡银生、蔡新华、蔡荣彬等人，商议如何修复。

怀着对祖辈的敬仰、怀着无比深厚的宗族情感，他们向本房70户村民，发出了捐资维修倡议。最后募集到5万元，于2005年修复，其中，蔡新华捐资8000元。

为纪念在抗日战争牺牲的30多名蔡宅人，以及植物学家蔡希陶，蔡朱火和协会的成员、当地政府有关部门商议后，发出了捐资修建纪念馆的倡议。他们想唤醒族人的记忆、唤醒后人认识先辈创造的功绩。

自1918年蔡家修订宗谱以后，至今80多年没有修谱，在风云变化的岁月里，有多少蔡家子弟外出谋生没有归来。

有感于不修谱愧对祖宗的道德压力，1987年，从台湾回蔡宅村探亲的蔡士元，将1000美元交给老年协会修谱、编写村志等。得到资金支持后，协会编写了《蔡宅村史》等书。

1993年，蔡士元再次从台湾回家乡，提出成立修谱理事会。在他的极力推动下，老年协会到各地奔走联络散居的蔡家人，得到了族人的热烈响应与捐资。

宗谱追忆了蔡家祖辈由周王赐姓，唐朝中期，从河南迁到福建开创家业，南宋社会动荡不安，一些蔡家子弟奔波到浙江温州。随后伴随家族成员分支，一批人分散到东阳、绍兴、萧山、诸暨等地。

在700多年的岁月里，蔡家前后共修谱17次，被记载的人有1万多，充分显示一个宗族，维护血统关系的神圣意志。至清道光年间，蔡家有500多户、2400多人；现在有1236户、3589人，为东阳最大的行政村。

从老年协会来看，他们在村委权力之外，利用自己掌握的社会资源，以及在宗族树立的威望，有效筹集资金修建公共设施，为村民带来福利，让传统道德继续放射光彩。

第八章

积累财富也要维护公平正义

厉文才取得显赫战功，为何回归田园

看完厉文才（606—683）递交的辞职报告，唐太宗李世民心情难以平静，既惋惜又充满敬佩，在帝国刚建立急需大批才华出众的人治国安民时，他怎能让这位智勇双全、德才兼备，为维护大唐江山立下显赫战功的英才，舍弃官位回乡隐居？

在李世民的记忆里，储存了一份对厉文才欣赏的纪录：那时他带领家族兄弟、文武官员，经过几年征战，击败了盘踞在黄河中下游的王侯、军阀，建立了大唐王朝。

但唐朝还没有完全控制长江以南的局势，广东、广西、贵州、云南等地武装势力，不愿向唐朝俯首称臣，依然乘战乱之际扩充自己的力量。尤其是广西桂林、荔浦等地的地方力量，最为勇猛、强悍。

这里高山耸立、河流纵横、山路崎岖，与外界隔绝，村民在山沟取木材、杂草搭棚子居住，或以天然溶洞安身。军队进入山区后，不仅行走异常艰辛，而且难以及时供应粮草。

据厉天德主编的《东阳厉氏文化志》记载，唐贞观元年（627），厉文才中进士，拉开了东阳第一个进士的序幕，皇帝任命他为道州刺史，也就是现在与广东韶关、广西贺州交界的湖南永州地区。

接到命令，厉文才根据广东、广西地理环境、人情世故，分析农民跟随头领抵抗的原因，一方面集中优势兵力摧毁顽固不化的势力，另一方面发挥仁义感化作用，劝说无辜的群众返回乡村耕种，避免不必要的伤亡。

由于厉文才对付叛乱，武力与仁义并重，经过一年多苦战，以比较少的军力、财力投入，平息了南方的动荡。

贞观二年（628）2月15日，李世民给厉文才发了一道圣旨：我登上王位以来，以礼制治理国家，以武力扫除叛乱，在国家处于危难时，我以考核选拔有才干的人到朝廷任职，我派你到湖南道州当监察官时，你不负我的重托，打败了广东等地的政治势力，消灭了危害老百姓的土匪、强盗，改变了当地动荡的局面，有功于我大唐王朝，现在任命你为容州都督，管辖广东、广西、海南、云南，你以勤奋实干建立的功绩，符合我选用官员的要求。

唐朝设立都督是为了加强中央与地方的联系，便于王权更有效地扩展到地方，让千万人服从于王权，甘愿向朝廷交纳钱粮，皇帝以最低的成本实现对公众的统治。

当时广东、广西、云南等地人烟稀少，大片荒芜的土地等待开垦，生产方式停留在原始时代，但盛产象牙、牛角、珠宝等，如果得到这些财宝，能一夜暴富。

作为集行政、军权为一体的都督，厉文才在广西掌握了最高权力，管理的范围相当于一个小国，只要坐在办公室发出一道指示，就能让金银神奇般地流进自己的口袋。

但厉文才的职业道德是：皇帝把权力交给我，要求我以权力为公众谋福利，保障人们的生命与财产安全，维护国家安定，如果我贪图财物，把权力变成商品，那么就会损害自己的名声，在污浊中让良心变黑。

一个贪得无厌的人，就像一个急匆匆赶路的人，承受旅途的饥荒、疲惫干渴，看到泉水狂饮，又萌发新的欲望，直至不能克服走上贪污受贿的道路。

在道义的激励下，厉文才任职期间，目光像火炬反射的光芒，时常照耀自己的灵魂，远离不义之财，以两袖清风、公正执法的姿态，履行自己应该承担的职责，与其他官员离任时，用车子装载金银财宝，形成了强烈的对比。

厉文才深知：高官厚禄如天空飘浮的云彩，随时会被狂风吹散，消失得无影无踪，如果不能抵挡权力带来的诱惑，把权力变成为公众谋利的资源，那么就会在权力中丧失理智，给自己、家人、他人、国家带来危害。

理解了掌握权力后，还要保持进退自如的心态，厉文才从容地向唐太宗李世民递交了离职请求：

"皇上，感谢您多年以来对我的提拔，赋予我报效国家的机会，现在我应该把位子让给更有作为的人，东阳是养育我的家乡，那里有肥沃的土地、茂密的山林、清澈的河流，我怎能忘记。我决定回归家乡，报答父母的养育之恩，这是人生最大的幸事，对于您的恩赐，我要求子孙永远铭记，并世代珍藏，做一个遵守忠诚，孝道原则的子民。"

在王权垄断一切资源的时代，许多人耗费毕生精力谋求官职，想从皇帝手里得到政治资源，带动一个家族分享耕地、商业、官位等特权，而厉文才得到了皇帝的重用，政治前途一片光明时却自觉退隐，不是一般人能达到的。

唐太宗见厉文才再三请求，难以挽留，同意他辞官归乡，并题写《赠容州都督刺史厉文才致仕诗》送给他：

"袖手长才世路轻，爱闲那肯鬻荣名。桂冠便欲辞丹陛，策杖还归老古城。效职宁知三仕喜，传家惟有十分清。乐天旨趣谁人喻？好向林泉自濯缨。"

李世民用这首诗告诉我们：厉文才有超人的才能，为官期间虽取得了功绩，却不以功劳向我索要官位、金钱，反而主动让出官位，迷恋悠闲的田园生活；他任都督时，忠实履行公务，采取不同的策略平定动乱，维护大唐王朝的安定，职务不断上升，却没有流露骄傲自满、盛气凌人，仍保持淡泊名利的心态，这位不以权势为重的官员，回乡村享受山林带来的乐趣时，依然会以廉洁自律、正直公道，维护乡村与国家的公共秩序，所以我应该赞美他。

占有土地资源决定家族的生存空间

回到家乡后，厉文才享有皇帝赋予的嘉奖，有占有良田的特权，有高于老百姓的政治地位，但他不以特权谋求不正当的利益，遵守治家爱国、为乡亲们谋福利的准则。

他沿横店南江查看周围的地形，又登上夏山向周围俯视，只见云海茫茫、恍惚如梦，树林、山峰若隐若现，如天上神仙随手一挥，不费吹灰之力建造的美景。

泉水沿着山顶流向山沟、田野，如同瀑布挂在山腰，浪花撞击岩石后，像珠子飞散，那一个人抱不过的松柏，显示它在漫长的岁月里，经历风雨雷电袭击后，依然保持强大的生命力。

几只猴子从悬空的巨石上，腾空而起跳到树枝上，顿时惊起栖息在上面的鸟，它们发出的惊叫声，打破了山林的宁静。山坡上的桃树被春天温暖的阳光，催开了鲜艳的花朵。

他再向山下遥望，南江缓缓流过广阔的平原，上面长满了灌木、杂草，它们腐烂后形成天然养分渗透到土地，只要在这肥沃的土壤撒向种子，就能得到预想的粮食。

考察后，厉文才觉得南江流域的平地，是厉家定居、耕种，获取生存资源、走向兴旺发达的理想之地，也就是占有土地资源决定家族的生存空间，因而他在幽静的夏山西边、现为八面山修建一座别墅，过起田园隐居生活。

农耕离不开水源，厉文才筹集资金招集村民，在夏山东北社波潭筑堰，并依山坡开挖渠道、修筑堤防，将南江水，经前村、沈头、夏阳山、尹村、湖头等，并穿过桂溪桥，引到西南边的田野，可浇灌田地1000多亩。

一种没有被工业文明干扰的乡村生活。

后人为纪念厉文才的贡献，称为都督堰，并建有都督堰庙祭祀。历经元、明、清不断有人修复。

因此，我们发现厉文才以都督这个官位，提高了厉家人在东阳的政治地位，回到家乡后，又以这种政治地位，确定了厉家在横店占用土地资源，获取生存空间、创造物质财富、提高家人生活水平的优势。

在他的贵族理想召唤下，后人厉玄、厉自南、厉图南等人，先后以进士获取官职，经历唐朝300多年，厉家有44人做官，他们输送的政治、经济、文化资源，又推动厉家在当地成为名门望族。

厉文翁向宋理宗提出了治国建议

如果说唐朝时期，厉文才以都督身份，为厉家树立了第一次政治高峰，以超前的眼光与谋略，为子孙营造了一个生存空间，那么到了南宋，他的后人厉文翁，继续为家族造就政治高峰。

在金兵的追赶下，从开封经淮北、渡过长江、入南京，一路逃跑到南方的皇家成员，在杭州建立了南宋王朝。得天时地利，厉家先后有20多人通过科举考试成为进士，72人得到皇帝授予的官职。

其中厉文翁（1202—1265）的曾祖父、祖父、父亲及他四代人，通过考试有两位成为进士，进入朝廷官员，形成了一个尽忠报国的政治世家。

宋理宗知道厉文翁是一位有智谋、胆识的文官，熟悉淮河流域的防务，积累了调集兵力、抗击敌人的经验，决定派他到江苏盱眙防备元军入侵。

与皇帝分别时，厉文翁看到元军已经越过黄河，把战火燃烧到淮北，为安定人心、唤起国人团结抗战的意识，他为皇帝写了《安辑淮民疏》与《进君子退小人疏》建议。

他指出，淮北的农民为躲避战乱、灾荒，不得不带领妻儿老小逃难，经历了流离失所、饥寒交迫的痛苦，即使闭门在家，也面临强盗抢劫、丧命的危险，有些青年男女被元军抓走干苦工。

向南方进攻的元兵暂且退走后，避难的人还没有安宁，一群凶恶的人以官方名义，勒令贫民交税，即使没有种庄稼的田，也要交禾苗税，没有收获稻谷，也要向官方交马草，甚至抢走农民的牛抵交税款。

那些打着地方官府的旗号，又勾结兵营将领的无耻之徒，以威胁、强迫手段，逼迫老百姓交出财物，给居民带来无穷的危害，导致农民无力耕种，农田长满了荒草、荆棘，开垦出来的土地，又被官僚、土豪强占。

在这种情况下，灾民无处申诉冤屈，向北方流浪被蒙古军欺压、向南方逃荒找不到食物的人，被迫成为强盗。他们的愤怒、仇恨交织在一起，互相攻击，导致人民不能安宁，又引发新的战乱。

为此，厉文翁请求皇帝，先给受灾的农民，提供住房、耕地，让他们开垦耕种获取粮食，并减免税费，只有满足他们基本的生活需求，积累力量才能抵挡北方游牧民族入侵。

厉文翁在呈送宋理宗《进君子退小人疏》中指出：如果您能奖励直抒己见、挽留有作为、正直的忠臣，那么天下人就能敬重您的英明；如果您让遵纪守法的官员，施展治国的才能，那么天下人服您的宽厚；如果您能排除皇亲国戚拉帮结派、以权谋私、损害公众利益的通道，那么天下人服您的果断；如果您创办学校、培养真才实学、树立正气的知识分子，那么天下人服您的仁义。

宋理宗仔细读完厉文翁提交的两份建议，极为赞赏他提出的治国主张，并希望他到前线后，忠于职守，把美好的报国愿望转化为行动，不辜负朝廷赋予的重任。

以挽救国家为重任，被皇帝封为开国侯

厉文翁到达江苏盱眙第二天，接到前方侦探传来的报告，一支元军即将包围这个县城。情况紧急，他迅速召集守城的将士说：

“自从收复这座山城以来，负责守城的官员与将士合作，调动人力、物力修复城墙，变得坚固无比。但被动防守没有勇气打开城门，彻底击败敌人，助长了敌军的嚣张气焰，让他们变得越来越狂妄。我与各位领取朝廷发放的工资，既然享受了皇恩，就要承担挽救国家的义务，现在我们要出其不意，一举打败敌人。我向皇帝报告战功时，决不会无视你们在战场上付出的心血，一定会正确评价你们的功绩，让你们得到合理的奖赏。”

他的鼓励如同沸腾的开水，让将士们热血涌动、信心倍增，打开城门决战那天，将士们奋勇当先，以一抵十的能量，与敌军展开了一场血战，不仅打退了进攻的敌人，而且还抓获一批敌兵。

第二天，元军首领带领骑兵袭击泗洪县，形势又万分危急。厉文翁看到城

内兵力薄弱，担心难以应战。意想不到的是，许浦都统葛怀德的战船停泊在城下，杨忠的部队又经过这里。

为争取他们的支持，厉文翁给两位军官送了一些白银，金钱发挥了神奇的作用，他们立即答应提供援助。

当初，元军的战术是，摧毁盱眙后，再夺取泗洪。厉文翁识破敌军的意图，急忙调动驻守在南京的吕海修筑浮桥。宋军与敌军相遇后，双方不知对手的实力，谁也不敢轻举妄动，只能严阵以待。

相持了几天，城下聚集了三万多敌军骑兵，厉文翁与将领、参谋等人登上城楼，分别防守几座城门。又悄无声息地指示都统张仲宣，带领将士潜伏在宝积山冈。

同时，命令统制李清路、寇思聪、吴佐、朱珍、祝振等率兵，在各个城门伏击，等待号令发出后立即行动。厉文翁亲自带领刘廷瑞、王兴、张应武、孙虎臣等军官正面迎敌。

双方相持了七天七夜，敌军首领调来了主力军，形成了大约 100 里的营房。厉文翁派几名身强力壮的士兵，借着夜色的掩护，突破敌军的防线进入泗洪城。

当早晨的阳光驱散了黑夜，厉文翁发出了出击的信号后，宋军里应外合，一起冲出城门，形成四面包围，元军猝不及防，决战一会儿即丢下物资溃败而逃。消除了盱眙、泗洪面临的危机。

由于盱眙位于前线，经常遭到敌军袭击，攻占这座县城，就能跨过长江占领南京，具有一定的战略地位，与其他县城相比，这座县城遇到敌军时，坚守的时间比较长。

但大部分武官防守这座县城，城墙毁坏后，他们不能及时调动人力修复。厉文翁率领将士打败敌军，宴请有功将士及参谋时说："盱眙东接淮安、连云港，西联丰州、寿州，构成了淮河流域重要的防守阵地。虽然城西拥有陡峭的山丘，敌军不容易攻破，但城东北无天险可守，我们怎么办?"

面对将士们的疑惑，厉文翁站起来，给大家敬了一杯酒说："现在我们要齐心协力，购置石料、招募士兵、制造车船、刀剑、炮弹，击退敌军的骑兵，还要疏通万柳河，便于战船行驶。"

虽然厉文翁是一名文官，但具有将军的指挥才能，面对凶猛、强大的元军，他毫不退缩，根据战况调动兵力、粮草，有效阻止了敌军进攻。

皇帝赞赏他向老百姓征税供养军队，却没有让老百姓反感，训练军队保护老百姓安全，却不扰乱人们的生活。

离开朝廷回家乡时，宋理宗赵昀送给他一首诗：方外曾传千岁清，尘中香老百年身。如今眷恋不归去，惟恐春山属别人。

凭借四十年积累的功绩，宋景定二年（1261）7 月，皇帝封厉文翁为资政殿学士，不久升为大学士，成为皇帝的政治顾问，以示对他的特别尊重；宋景定三年（1262），他得到了开国侯封号，享受 700 户的补贴，达到了他的政治高峰。

对于厉文翁来说，告别官场回到东阳后，开国侯这个政治荣誉，能帮助他获得官方的经济补助、优先占有土地、减免税收、修建与地位相称的宅院等，由政治带回的经济资源，又能让子孙后代分享。

厉文翁当官为民、奉公守法、正直无私的贵族精神，在南宋光宗绍熙元年中武状元的厉仲祥、明嘉靖中进士厉汝进等人身上，得到了鲜明的体现。

厉思恩创办衡店义市，挑战农耕立国的体制

唐、宋时期，厉家以厉文才、厉文翁等官员，给家乡输送的政治资源，奠定了这个宗族在东阳的政治与经济地位，到了明朝后期，以厉思恩为代表的商人，以创办衡店义市，推动这个宗族从农耕转向商业，从家族经济转向市场经济。

据厉天德主编的《东阳厉氏文化志》记载，厉思恩（1571—1635）个性刚烈、正直，在乡村乐于助人、主持公道。发生灾害、庄稼绝收、村民面临饥荒时，他出资救济；看到寺庙、祠堂破损，他毫不犹豫捐资修复。

一个乡村随着人口增加，除了修建寺庙，祈求天神保佑人们获得丰收、过上平安的生活以外，还需要集市汇集各种商品，满足村民购买日用品的需求。但有些无赖、地痞蛮横无理，他们混入集市，以收税的名义敲诈、盘剥商人、农民，即使几个铜板也不放过，将搜刮来的钱装进自己的口袋，却没有为村民

办实事。日积月累，他们扰乱了正常的集市交易秩序。

当公平的交易秩序遭到破坏，人们的生命与财产受到侵犯时，需要才智超群、品质高尚的人站出来主持正义、驱赶邪恶。

厉思恩接受家族忠孝教导，以仁义为做人准则，对于这帮专横霸道、丧尽天良、扰乱集市秩序的恶棍深恶痛绝，内心充满了无比的愤怒、伤感，那么如何清除这批害群之马？

他回想唐朝时期的先辈厉文才、桂州都督厉休，舍弃宅院、村庄，捐资修建灌溉千亩的水渠，造福当地老百姓，让历代学者、官员、村民一直称赞不绝；以后武状元厉仲祥，捐献700两银子重修大智禅寺，并购买田地交给寺院经营；还有东昌郡厉用纲，捐赠田地安葬无人认领的遗骨。

以上厉家祖辈慷慨捐资、勇于承担公益责任的贵族精神，记载于地方县志、文人杂记、宗谱、寺庙等，成为激励子孙世代坚守家业，保持积极向上的宝贵文化遗产。

在子孙世守祖宗之业的鼓舞下，厉思恩作出了一个富有时代意义的超前决定：捐白银设立“衡店”义市，并规定，商户自行交纳税粮，绝不允许他人强行摊派。又严禁商人以贪得无厌损害公众利益。

厉思恩取名衡店，用意非常明确，集市关系到农民、商人、官方各个主体的利益，需要双方公平竞争，不允许以垄断抬高物价，或人为压价，任何一方利益受损，都会使集市难以维持，必须维持均衡、公平的交易规则。

◉厉思恩自筹资金修建集市，带动乡亲们从小农耕种向商品经济转变。

从内部看，厉思恩创办衡店义市的资本在于，父亲厉志达在衡店拥有耕地、山林、房屋，为义市提供了空间与物质保障，有三条小溪汇集到南江，有利于商人以木船将商品运到衡店。

从外部看，自南宋以来，东阳村民种植桑树养蚕，抽丝织成了绸缎；地主出租耕地，收获了粮食，农民采茶制成了茶叶、铁匠打造了农具等，一切剩余商品只有通过市场交换，才能变成财富。

衡店开集市后，给四面八方来的商人提供了固定的交易场所，方便村民销售剩余农产品，又便于他人购买生活用品，免除了剥削，因而得到了周围老百姓的热烈拥护。

在自由进出、公平交易、不受干扰的衡店义市，商人出售日用品、农民挑来了大米、木柴，有人牵来了牛、羊，中药店给病人提供中药，饭馆给行人提供饮食，每个主体在交换中实现自己的价值，获得相应的收益。

据厉天德介绍，《吴宁厉氏宗谱》麟趾堂记载，义市拥有田、地、山 9.391 亩，107 间房屋，北路为大街，南路东端设棉花、毛纺市，西段建有米市，屋后分设菜、猪、柴、竹、石灰等市。

从衡店义市影响的范围看，与磐安、永康、缙云、仙居、天台交界，能汇集这几个县生产的茶叶、布匹、家具、铁器、药材等，商品越来越丰富，交易空间不断扩大，自然能吸引更多人购物。

随着消费者增加、商人不断开店，街道房屋不断修建、规模日益扩大，厉家收取一点租金，又投资修建街道，维持一个商品经济市场，到民国时期，变成东阳最大集市之一。

义市满足人们的物质需求，造就一批有产阶层时，也为宗教文化的兴起提供了肥沃的土壤，衡店在六月十四与八月十三举办庙会，场面隆重热烈，吸收周围居民走进寺庙烧香拜佛，获得一种精神上的安全感。

明朝万历四十八年（1620），东阳知县贡修龄知道厉思恩为适应当地居民交易需求创办义市后，为表示精神激励，立即赠送了一块“高义可风”牌匾。

由于厉思恩创办义市，给当地居民带来了经济利益，让一部分人以商品交易摆脱了贫困，翁文相、郭承恩等 100 多人，自愿来到东阳县衙，向知县钱源递交了一份为厉思恩树碑立传的请求。

钱源读完这些人的请求，以感叹的语气说：“我读过一些历史著作，知道古人捐献田地设立义庄，让宗族成员得到实惠；有人出资创办学堂，为聪颖的青年人，提供读书成才的机会。”

“但我还没有听说有人捐资创办义市，厉思恩的儿子厉明宗，读过弘扬仁义忠孝的书，又继承先辈的遗志，出资在集市建造几栋房屋，以出租得到的利息设茶水，为过往行人解渴；遇到暴风雨，让他人躲避雨水风寒。”

“同时，厉明宗捐资创办学堂，在城门上修建遥望的楼，施舍棺木掩埋无名尸骨，购买大米救济无家可归、忍受饥寒的贫民，他博雅慷慨，急公好义的慈善之举，与厉家先辈厉文才等人的教导有关，具有彬彬有礼的君子风范！值得后来者效仿。”

“既然厉思恩不计任何名利，以驱赶贪婪无耻之徒、维护公平交易创办义市，给一批人提供了勤劳致富的场所，为鼓励其他子弟向他学习，让他的伟业更加辉煌、传承千秋万代，我有义务为他题写碑记。”

于是，明崇祯十二年（1639），钱源以知县身份，为厉思恩书写了“衡店义市碑记”，以官方的力量高度肯定他为经济建设作出的贡献。

厉思恩生活在明朝封闭、排斥工商业，以农耕立国的时代，皇帝把原始的小农经济与巩固王权联系起来，维持“消费型”而不是“公共服务型”的王朝，没有建立适用全体国民的法治体系，不为资本家提供自由配置人力、财力、技术等资源的空间，不能从维护王权向“维护公民权利”的国家转变。

厉思恩开办衡店义市，让居民从自给自足的农耕向商品交换转变，从家族经济向市场经济转变，获得了冲破家族血缘关系，到市场获取物质财富与文化、实现个人理想的舞台。

这个以市场为导向配置资源的集镇，有利于资本主义开花结果，推动一个地区文明发生质的飞跃。为以后厉家人树立商品经济意识、适应市场竞争、不断创新进取，提供了文化基因。

在商人追求利润的推动下，江南形成了适应商品交易的集镇。

这就是家族观向国家观转变的表现。

与厉思恩以个人的力量挑战“农耕立国”的体制相比，16世纪以后，欧洲发生了一个重要的变化，从世袭的王权政治，向议会选举的民主国家转变，终结了国王不受制约的权力，英国、法国制订了银行、证券、保险、邮政等法律，以适应商品交易、保护财产权。每个经济组织在市场竞争中，发挥优化配置资源又相互制约的作用，激励资本家、技术员、工程师，搞发明创造，个人得到回报时，也增强了国家的综合实力。

以家族共有制积累物质财富

到了清朝中期，厉家以经商带来的财富，在衡店夏厉墅村修建了福寿堂、务本堂、光裕堂、怀德堂、余庆堂、中孝堂等22座雕刻精美、华丽、气派的大宅院，物质财富积累达到了一个高峰。

据厉天德在《东阳厉氏文化志》介绍，厉永精（1771—1840）读过传统经典著作，取得了秀才功名，具有经商的天赋，以出租土地、商业成为村子富户，嘉庆年间修建70间连成一片的瑞霭堂。

瑞霭堂由两个建筑群、三座花园、一口水塘组成，占地4500平方米，为四合院二进结构，中间为接待贵宾的大堂，两边为厢房，后堂设有花园，地面以光滑的石块铺设成荷花等图案。

前厅大堂照壁以平整、光洁的磨砖砌成，上面以精美的砖雕展现自然景观，边上建有假山、紫竹；门楼、窗板、斗拱，以镂空木雕、砖雕、石雕，呈现耕织、读书、龙凤等；正门与侧门刻有“含华佩实”“山辉”等颜体字。

墙壁与屋檐之间以层层斗拱向外延伸，配有砖雕、彩绘，层次分明、造型奇特；天棚镶有代表吉祥如意的飞龙、凤凰、花朵，以及激励子孙耕种、读书、追求功名的图案，让大堂洋溢着喜气，工艺高超，参观者看后惊叹不已。

花园前面有1600平方米的大花园，大门外有四座插旗子的石块，代表厉家有人以科举取得了官位，走出大门能看到一望无际的田野，一条小溪从门前流过，既冲走了废物，又美化了居住环境。

富贵就像天空的云彩变幻莫测，得到也可以失去，为防止不务正业的子孙消耗家产，危及家人的生存，他购买大量土地，让三个儿子轮流耕种，不许对外出卖，又留下粗大的木材，让后人修复破损的房屋。

虽然厉永精成为富有的阶层，但他为人忠厚、朴实，心胸开阔，从不炫耀自己拥有多少财产，以节俭过日子，从不铺张浪费，以知天命、遵从圣人之言处世，保持心灵宁静、超脱名利的境界。

他慷慨相助、乐于助人，承担了修复厉家祠堂，祭拜祖先、发放救济粮、收留无依无靠的人、资助他人渡过难关，掩埋无人收拾的遗体等责任，得到了他人尊重。

他知道，积累财富可以提高家人的生活水平，得到尊贵的地位，但追求名利损害和衷共济的美德，危及他人的生存，心中就有罪恶，家庭不会兴旺安宁，只有贡献一部分财富，让他人享有生存空间，才能在健康中度过一生。

直到土改，没收地主、富人土地、房产之前，厉永精的儿子、孙子，遵照他的遗愿，以祖宗留下的房子、耕地等财产，在横店维持安康、体面、尊严、与他人和平相处的贵族生活。

作者调查发现，与厉永精相似的是，其他厉家父辈也选择“家族公有制”支撑财富积累，为防止不作为、坐吃山空的子孙出卖耕地，损害家庭成员的利益，除了每家保留土地以外，其他耕地实行共有，由家族成员轮流耕种，或出租给他人种，按面积收取租谷。

家族公有制避免厉家的土地被他人收购，紧紧掌握占有土地的主导地位，遇到灾荒时，以共有土地出租得到的粮食消除饥荒，保障家庭成员的生存权，降低外界风险对家族的冲击。

三次高峰奠定了厉家人的生存优势

政治家和资本家能否优化配置资源，决定了一个农耕大国能否转向工业强国，能否缩小地区之间的贫富差距，能否造就公共服务型的现代国家！

对厉家调研后我们发现，从唐朝至今1500多年以来，这个宗族经历了三次高峰，第一次是政治高峰，唐至宋，以厉文才、厉文翁等官员取得的政治地位，在当地占有土地优势，奠定了家族的生存空间，对保障厉家延续1000多年，成为一个望族极为重要。

第二次是商业高峰，明朝后期，厉思恩富有创造性地设立衡店义市，推动家族从农耕转向商业，到清朝中期，厉家修建了许多精美的大宅院，物质财富积累达到了一个高度。

与唐、宋时期，厉家以读书走出了一批官员，形成政治高峰相比，进入清朝至民国300多年，厉家人在政治舞台上没有产生高官，显得平淡无奇，只有几名举人、秀才，出现了一个漫长的政治低谷。

我走访有关厉家人发现了一个原因，清朝取得统治国家的权力后，厉家祖辈认为，以汉人代表的国家灭亡了，没有义务、责任为这个游牧民族组成的王朝效力，厉家强烈的宗族意识与深厚的汉民族认同感，导致他们在清朝，淡化了以科举谋求官位的热情与动力。

从清顺治到光绪皇帝，为了延续小农经济，进一步强化王权，无偿占有平民阶层的劳动果实。不是投资修学校，让老百姓吸收知识，而是让他们变得愚昧无知；不让他们以科学揭示事物的真相，而是让他们走进寺庙迷信鬼神；不让他们拥有清醒的头脑，而是让他们变得麻木不仁；不鼓励工匠改进工艺，提高生产效率，而是让他们停留在原始的作坊；不让他们优化配置资源走向富裕，而是让他们守着几亩薄田过穷日子；不让他们拥有独立的思想，而是让他们变成受教化、愚弄的对象；不让他们参与公共事务决策，而是让他们变成任人摆布的奴才。

为维护家族扩展到国家的尊严感，厉家大部分人以耕种、务工、手艺、经商为生，而且祖辈留下的房产、田地、山林等财产，有利于他们以相对低的成本维持温饱生活。

虽然停留在乡村的秀才、举人缺乏做官的机会，但他们取得的功名得到官方的承认，享有减免税费、协调族人纠纷、化解与其他宗族的冲突、保障族人权益的权利，这种政治资源有利于厉家，继续在当地占有经济与文化优势。

明清两代，与厉家相似的是，江西吉安、抚州，安徽徽州、安庆，浙江金华、湖州、绍兴、宁波，江苏苏州、无锡等地，形成了共享生存资源的家族经济共同体。

虽然他们没有世袭的政治权力，但有延续千年的家族经济共同体，营造了一个稳定的生态环境，支撑他们耕种养家糊口、经商积累财富，读书做官，获得的产出效应与物质财富比黄河流域高。有利于培养大批贵族。

他们依靠家族经济共同体，将仁义忠孝、忠君爱国，灌输到家人的耕种、

◉明清两代，许多乡村以家族经济共同体配置经济资源，创造了让人惊叹的物质财富。

读书、做官、经商、婚姻及人际关系，变成强大的道德规则，激励他们提高个人的学识、品质，获取财富与政治地位。

经过家族经济共同体储存、酿造、培育的礼制文化，不受王朝的更换消失，具有稳定性、连续性，有利于培养遵守理性、按公平规则办事、维持地方稳定、承担公益责任、自我奉献精神的贵族，而不像王侯、军阀，靠强权掠夺。

明清两个朝代的寿命都超过了260年，统治时间如此之长、统治地位如此稳固，国家经历动荡、分裂后，又能迅速沿着大统一的方向前行，应该感谢这些贵族，像忠诚履行义务的卫士，成功地把家族积累的礼制资源，转化成治国安民的资源，引导皇帝消除暴力、打破垄断，释放一些经济与政治资源，让商人带动商品流动，产生最大经济效益，给更多人创造就业机会，提高生活水平、推动市民社会的形成。

这是贵族与王权博弈，取得经济优势，走向成功的第一个策略。

由于皇帝只把权力传递到县一级，不可能给乡村提供教育、卫生、治安、交通等公共服务，教育变成了富人的专利，教育资源严重分配不公，导致了亿万人变成文盲，导致中华文明能量供给不足，不能从家族供给资源向国家提供公共资源转变，长期停留在低层次，没有变成一个高品质的文明。

贵族占有经济资源后，与王权博弈的第二个优势是，为家乡输送教育、救济等公共资源，让族人共享宗族资源、和谐相处、缩小贫富不均，并坚守忠义、知廉耻。他们既是财富的创造者，又是精神文明的传播者，从而掌握了维持乡村秩序的自治权。

所以贵族对宗族的认同感、责任感，决定了他们在维护地方自治、输送经济、文化资源方面，比不作为的皇帝、官僚更有动力。

据厉天德主编的《东阳厉氏文化志》记载，由于厉家占有物质财富与文化资源优势，唐至清走出了30名进士、1名武状元。其中唐朝6人、宋朝22人、明朝2人；有147名官员，其中唐44人、宋71人、元7人、明11人、清14人。形成了臣相、开国侯、大都督、户部尚书、副节度使、太师、侍御史、翰林大学士、大夫、刺史、诗人、画家、学者、教师、工程师、科学家、企业家等精英群体。

第三次是工业高峰，以厉君明、厉夏秋、厉宝平、厉红、厉美萍等人为代表，在市场经济时代，以创办企业、扩大产业规模成为富有的阶层，并带动一批人成为中产者。

那么厉家祖辈积累的敬业奉公、开拓创新文化，在厉君明身上得到了哪些体现？一件意外的事打破了厉君明走进大学的梦想，他到建筑公司当一名队长，伴随岁月的流逝，他以聪明、勤奋、苦干及机遇升为公司经理。

◉厉家深厚的家学文化，在华元房产公司董事长厉君明营造的优雅、精致、具有贵族气息的居住环境得到了体现。

站在这个位置上，厉君明给自己确定了一个伟大的愿望：排除一切阻力，超越竞争对手，承建一栋代表杭州最高的大厦，树立自己在建筑业的地位。

经过评委投票，厉君明实现了这个美好的设想，中标中大广场工程，成为当时杭州第一高楼，他的脸上露出了胜利者的微笑。

房地产与居民的生活品质、居住环境紧密联系在一起，也影响到城市的形象与风格。厉君明成立华元房产公司后，把追求美好生活、创造完美产品、为城市增加美丽，为自己赢得荣誉、为家人带来幸福，当做自己追求的价值观。

“和庄”就是他精心设计、营造，向世人展现的高端杰作，他以高墙灰瓦为建筑注入中华传统文化的元素，又融入现代西方人的审美观，形成以中式庭院为主的建筑风格。

随着厉君明构造的居住意境，我们看到一排排高档、装饰豪华的别墅，出现在林荫路上，两边飘来的花香，与婉转动听的鸟语，把人们带到一个远离城市拥挤、虚伪、放松自我的幽静世界。

旁边的天井里栽着五棵修长的翠竹，竹枝、竹叶一直伸展到二楼三楼，从地下室到三楼天井边的“挡墙”都是用透明玻璃做的，颇有一番“宁可三月无肉、不可一日无竹”的文人雅意。

厉君明力求以细节体现建筑的美感，以美感呈现居住的舒适度，实现快乐地生活，并激励员工为客户创造完美的产品，让客户在享用完美的产品时感受生活的快乐。

在厉君明提倡快乐生活的指引下，华元房产先后在杭州开发了“梦琴湾”、东部大学生态城堡“伊萨卡”、庭院式公馆福居“芳满庭”、城东北“新城广场”等项目。

“我们每个人都有追求美好生活的权利，我们应该把追求美好生活，作为工作和生活的原动力，在追求目标中享受快乐，在享受快乐中追求完美，只有树立了这样的生活目标，才能让我们致力于创造完美产品，体现我们的人生价值。”这就是厉君明追求的目标。

为了铭记一个宗族的光荣历史

从历史到现实，厉家千年积累的爱家敬业、承担公益责任的贵族文化，得到了有些文化精英的传承，厉天德就是一个典型代表。

“只要路选择对了，就不怕遥远，不畏风雨。”这是厉天德的精神信仰。

1945 年 9 月，厉天德出生于东阳横店镇夏厉墅村，自 1972 年 9 月，他踏进夏厉墅小学当教师以来，以敬业奉公的理念培育人才。1981 年调到横店中学，从事中学自然科学教学。

由于他履行职责、能力突出，得到了师生的认可，被评为中学高级教师职称，成为东阳市优秀的骨干教师，直至退休。

厉天德感受了厉家先辈在这片土地上，以辛勤耕种、读书做官、追求功名、经商发家，带动家族兴旺的经历。到了20世纪90年代，随着城市扩张，人口向集镇迁移，推动商品房修建，祖辈留下华丽、壮观的大宅院，先后被火灾烧毁，或被人为拆除。

为了让后人了解祖辈创造的物质财富与文化成果，传承家族的优良美德，厉天德以开明、包容、大度的胸怀，自费组织人员，走访了东阳、磐安、永康、温州等地40多个厉姓村子，于2009年清明节，成功举办了首次厉氏宗亲联谊大会，有200人参加。

在探寻厉氏宗族1300多年演变的精神感召下，厉天德排除各种阻力、困难，搜集、整理、发现厉家的历史文献。自从与厉氏有关领导、企业家等人士达成编写《东阳厉氏文化志》以来，他连续在东阳、磐安走访了130个村子，查看了200本宗谱、精选了100多万字的历史文献。

这期间，厉天德带领热心研究厉家文化的公益人士，经过6年多搜集资料、编写，化解一系列阻碍，于2015年9月出版了182万字的《东阳厉氏文化志》，涉及祖辈的起源、耕种、迁移、分支、家规、读书、做官、经商、碑文、建筑、皇帝赐封的官职等，记载了一个宗族在横店如何以耕种、经商、读书做官，带动家族兴起的经历，可以从厉家在东阳地区的变化，认识一个国家从农耕向工商业

◉为了铭记一个宗族共同的光荣历史，厉天德等厉家精英阶层走到一起，完成了《东阳厉氏文化志》。
图为：东阳厉氏文化研究会领导班子成员合影，
左起前排：厉宝平、厉国新、厉志刚、厉茂棠、厉刚、厉夏秋、厉大庆、厉世雨、厉世华。
中排：厉敏俊、厉守同、厉守和、厉昌斌、厉福喜、厉陈华、厉天德、厉剑虹。
后排：厉有恒、蔡小华、厉开菊、厉陆法、厉宝棠、厉德亮。

转变的真相。

在厉天德等人的感召下，为了一个宗族共同的光荣历史，为了筹集经费完成这部铭记了厉家历史文化的书，出生于东阳江镇新建村、浙江华远房产公司总裁厉君明捐资50万元；梦影激光科技上海公司董事长厉夏秋捐资10万元；横店集团控股公司副总裁厉宝平捐资8万元；上海陈立实业公司董事长厉美萍投资5万元。

这就是爱家扩展到爱国的文化，将厉家不同行业的人士，召唤到一起继承祖辈文化遗产的表现！

为中国第三次觉醒输送能量

一个文明是成功还是失败，是停滞不前还是创造伟大的成就，看它能否指引人们从黑暗走向光明，从贫困走向富强、从王权专政走向民主、法治！

当经历了灾荒、饥饿、贫困、战乱的中华民族，终于以强大的姿态站起来后，能给这个世界展示一个什么形象？能给人类文明进步带来什么影响？

中华民族第一次从沉睡中觉醒：是西方强国释放出的工业文明能量，打开了清王朝封闭的国门，有识之士吹响了变法图强、改变愚昧无知、贫穷落后的号角！

◉2003年7月25日，时任团中央第一书记周强，给远东集团董事长蒋锡培颁发中国青年五四奖章。

第二次觉醒：让一部分人先富起来的改革浪潮，给人们带来了实现理想的机会，催生了一批掌握亿万财富的资本家。

第三次觉醒：打破垄断集团主导的利益分配格局，缓解资源分配不公引发的阶层冲突，建立普惠于国民的利益共享机制，向自知、自觉、自发的公益社会转变，唤起贵族奉献精神。

我们看到江苏远东集团董事局主席蒋锡培，主动迎接中国第三次觉醒，并为这次觉醒输送了慈善资源，承担了一个资本贵族的职责，引领亿万人为富民强国增加能量！

蒋锡培能够为中国第三次觉醒输送能量，首先源于江南地理环境、贵族文化塑造了他的品质、风格，他出生于宜兴范道乡洋埝村，这个村名带有“水”和“土”，村子后面恰恰有一条小河，蒋家祖辈又沿着河修建了白墙黑瓦的宅院，显得黑白分明。

河水既是老百姓维持农耕、换取温饱不可缺乏的资源，又能让他们坐船到集镇购买日用消费品。也就是说，他们的生活和生产，与自然环境紧密地联系在一起。

蒋锡培身上充分地体现了水的变通性，一方面，他有水的柔和、善变、不搞激烈对抗的特征，根据时局的变化利用某个机会，吸收人才、技术、资本，以及垄断大集团等输送的资源，迅速成长、壮大。

另一方面，在激烈竞争的电缆市场上，他又以水滴石穿、坚忍不拔的精神，冲破对方的防线，把远东电缆推销到中国各省市；取得主导权后，他又以微笑、谦和的形象面对不同的阶层，而且不轻易对人发脾气。

更重要的是，家族的道义传承，蒋锡培的父母是一个厚道人，经常对他说，做人做事要厚道，厚道人不会吃亏。把勤劳、朴实、忠厚凝聚的乡土道德，铭刻在他的记忆里，并贯穿到他的创业、原始资本积累、捐资救济弱势群体、承担社会责任的过程中。

后来蒋锡培对他的孩子说：“有钱为自己谋幸福，幸福得很狭小；有钱为乡亲们谋幸福，才是真正的幸福。人要有理想，要有精神，要自强自立，要成为对国家、对社会有贡献的人，才能赢得尊重，人生才更有价值。”

蒋锡培正是把感恩文化融入到家庭、企业，并形成了自觉回馈社会的贵族精神，他拥有财富、荣耀、地位、名声，但不像有些人被金钱改变，变得盛气凌人，被官场改变，变得居高临下，他始终保持一种来自少年时代的纯真、友善。

他对员工、客户，极力倡导以“和”为体，以“灵”为术的企业文化。以和睦、和谐、和气相处，创造一种和谐的环境，对相关利益者负责，包括员工、股东、客户、政府；所谓“灵”，就是审时度势，善于应变，把握机会。

从宜兴对蒋锡培的影响来看，这个城市积淀了1000多年的文化，走出了5名状元、10名丞相、388名进士、916名举人；20世纪50年代以后，涌现出了24名院士，包括像周培源这样的物理学家。

在一个文化底蕴深厚的城市创业，成就一番事业，蒋锡培感到由衷的自豪和骄傲。置身于江南独特的地理环境、贵族文化，我们就可以理解，为什么蒋锡培履行了纳税、给员工交养老金等法定义务，还要扬起社会责任这面旗帜。

一个没有文化的企业，就像一个没有灵魂的人。但企业文化不是贴在墙上的标语，不是在嘴上喊的口号，一定是根植于每个员工的共同真实价值观和行为准则中。

“我们这一代人遇到了前所未有的好机会，有责任贡献自己的智慧，优化配置人力、财力等资源，生产优质产品，带动中华民族走向复兴。”蒋锡培说。

“政府创造环境，企业创造财富。”这个响亮的口号闪烁在远东集团的电子屏幕上。

“一个企业的兴衰，不在于是家族企业，在于随着企业规模不断扩大，家族成员的智慧、财力，将会显得越来越不足，必然要引进职业经理人等资源，如果一个家族企业能容纳外部的制度和人才，那么就能时常保持一种创业激情。”蒋锡培说。

2002年11月8日，蒋锡培以民营企业家的身份，当选为中共十六大代表，他给我们传递了一个重要信息：如果能建立公平、自由的交易市场经济规则，给民营企业提供适宜于生长的空间，那么他们可以创造伟大的成就，改变中华民族贫困、虚弱的形象。

“当选十六大党代表后，我感到非常激动，我想这是政府对远东创业的肯定，也是对我本人的最高评价，更重要的是，民营企业享有参与民主政治决策的机会，而我把这看作是一种责任。”蒋锡培说。

跨过这伟大、具有划时代意义的一步，蒋锡培用了12年多的时间，他以强劲的生命力证明：我们不断冲破计划经济构筑的围墙，在没有资源优势的乡村，创造了年产值过百亿、千亿元的奇迹，迫切希望缩短中国和西方发达国家的经济差距。这个时代将会从我们的身上看到，变革力量的到来。

2007 年 5 月 17 日，对于中国残疾人来说，是一个具有里程碑意义的日子。这一天，在蒋锡培的强力推动下，远东集团捐资 8296 万元，成立了中国一家最大定向资助残疾人就业的基金会，像一道划过茫茫黑夜的极光，是那样的耀眼、夺目。

此时，远东集团员工达到 5000 人，产销连续 11 年居中国电缆行业第一，年产值接近百亿元，蒋锡培觉得自己有这个实力，为残疾事业开辟一个新纪元。

"中国有 8296 万残疾人，我们设立这个基金会，等于给每个残疾人捐了一元钱，我们想通过卓有成效的培训，让他们用自己的双手、智慧，去敲开工作之门，机会之门和命运之门，以此摆脱困境，找到自我，融入社会。"蒋锡培说。

"1990 年，我在宜兴范道镇创办电缆厂时，雇用了两个残疾人，一个是我同学的弟弟，家里比较清苦，到了 30 多岁，还没有找到对象，需要一个工作改变现状，基于这样一个原因，我把他招进来。"远东集团董事局主席蒋锡培说。

在蒋锡培成长的少年时期，他和残疾人没有什么交往，只是创办了一家企业后，才有更多机会了解、接触他们，并真切地感受到他们渴望和正常人一样，拥有家庭、工作，而谁来帮助他们实现这个愿望?

"通过这件事，我认识到残疾人生活在社会最底层，是弱势群体中的弱势群体，但他们同样有接受教育、就业和被人尊重的权利；我们不仅要给他们一饭碗，还要给他们做人的尊严，他们完全可以通过自己的努力，实现自身的价值，并且得到社会认可。"蒋锡培说。

把吸纳残疾人就业，当做自己应该承担的社会责任，源于一种爱融入蒋锡培的心中：没有爱的成功是一种苍白的成功，爱是一个企业的精神原点，是一个企业家取得成功的根源，能够为社会、为他人奉献最大爱心的企业，才是世界上最伟大、最成功的企业。

"我们之所以能够战胜各种困难、能够走向成功，是因为被爱，而爱是被爱的理由，帮助别人就是帮助自己。因此，对于企业家来说，爱至关重要，决定你的职业生涯能走多远；对于企业来说，社会责任至关重要，决定企业生命的长短。”蒋锡培说。

2008 年 1 月，蒋锡培被推选为中国十大年度经济人物，原因是，他解决了 1500 名残疾人就业，让他们成为有技术、有理想、对社会有贡献、受人尊敬的产业工人。

即使是 2008 年，金融危机的风暴席卷全球，中国面临异常严峻的考验，有些企业受到冲击无力支撑而裁员或倒闭时，但蒋锡培还是排除不利因素，录用了 200 名残疾人。

年度人物评委坚持的评价标准是：责任、创新、影响力、推动力。力求以这种价值观，构建中国新商业文明，并以此激励资本阶层，主动扬起社会责任的旗帜。

“一个用责任称量财富的企业家，10 多年以来，他关心的不是电缆铺了多远，而是联通了多少残疾人的心灵。”这是评委写给蒋锡培的获奖理由。

蒋锡培手捧奖杯，能不百感交集吗？他用资本创造的奇迹证明：民营企业改变了中国工业化的进程，缩短了和西方发达国家的差距，只要给民营资本合适的土壤、水分，他就会以富强终结这个民族的贫困！

伴随资本扩张而来的是，蒋锡培掌握了巨额亿万财富，伴随财富而来的是，他获得了耀眼的政治荣誉；伴随政治荣誉而来的是，他穿过豪华的办公室、高耸的厂房，承担起救助社会弱势群体的巨大责任。

“创造财富让人尊重，拥有财富也让人尊重，但用好财富更让人尊重，企业家也是社会的公民，一个公民拥有一份权利，同时也拥有一份责任。”蒋锡培说。

他似乎想向外界证明：远东不是当年航行在江南小河的木船，而是一艘乘风破浪、远航在蔚蓝色的大海上，承载了中华民族富民强国梦的航空母舰！

因此，蒋锡培对中国第三次觉醒的意义，实际上又重现了 100 多年以前，盛宣怀、荣德生等贵族，创造财富又传承贵族的奉献精神！

竭力扩大沙钢，为社会奉献公益资源

可以说，中国改革开放 30 年以来，江苏、浙江的企业正是吸收了自觉、包容、奉献、不断创新的贵族文化，有利于资本生根、开花结果，催生了远东、波司登、红豆、沙钢、吉利等，心怀“创世界品牌，弘扬民族志气”的大集团。

为了摘掉技术装备落后的帽子，也是为了跑到竞争对手前面，1987 年 10 月，沈文荣准备筹集 3000 万美元，从英国比兹顿钢铁公司，全套引进超高功率连铸、连轧生产线。

消息传出后，工人感到疑惑：这是把我们辛苦赚来的钱扔进水里，一旦翻了船怎么办？不搞这个项目，大家可以安心过日子。

“我们厂的日子红红火火，不是蛮好过的吗？这样做会不会把我们拖垮？”一个工人深夜到沈文荣家里问。

“引进这么复杂的洋设备，技术上怕掌握不了吧？”几位技术员问沈文荣。

到北京向冶金部汇报，官员对沈文荣投来怀疑的目光：一个县级小钢厂，耗资几亿元引进设备能消化吗？一旦不能带来利润、亏出一个大窟窿怎么办？

面对质疑、反对声，沈文荣选择了背水一战，他不相信中国人干不了大事。他以启蒙者的姿态说：“睁开眼睛看世界，大胆引进上水平，这是我们改变落后面貌的必由之路。”

事实上，75 吨超高功率电炉生产线启动后，沙钢年产能力一举突破了 40 万吨，仅用两年就走完了英国一家钢铁厂，需要 10 年才能达到的产量，刷新了中国钢铁车轮前进的纪录。

但沈文荣没有停留在原有的水平上，把西方成熟的钢铁技术移植过来，以高起点、高档次、填补国内空白，缩短和跨国公司的差距，始终如一团火焰在他心中燃烧。

与苏州人温和、拘谨不同的是，沈文荣以豪放、粗犷、果敢的形象出现，他的血液流淌着冲动、刚烈、激情；他挥舞着手臂，终结了当初以 45 万元盖的作坊，取而代之的是，一座占地 10 平方公里的钢城耸立在长江边。

伴随产业规模扩大，一个新的问题又呈现在他们面前，民营企业挂着集体牌子创造的财富，属于谁所有？如果资本所有不能明确到个人，那么经营者靠什么动力投资？谁来为技术创新注入原料？

由此，在尊重历史事实的前提下，当地官员将戴着红帽子的集体企业转为民营企业，既是对创业者的支持，又能解决就业，而且伴随税收增长，能直接地体现自己的政绩。

沈文荣等创业者成为资产所有者后，并没有挥霍财富，面对官员的期盼以及员工的信任，觉得自己应该凭着良心和责任，凭借改革开放带来的机遇，以创造最大财富回报社会。

2001 年，沈文荣得到张家港政府的支持，将沙钢转为股份公司，那种不顺畅、需要多个环节才能决策的体制消失了，股份制让沈文荣变成沙钢的最高统帅，变成了江苏的巨富，变成了为社会输送公益资源的贵族。

因为，他要保持利润不断上升，让 1 万多工人有饭吃；他要创造税收，给当地官员的脸上添一道光彩；他要达到年产 1000 万吨，以追赶更强大的钢铁公司。

沈文荣觉得自己遇上了改革开放的好时代，肩负着政府和员工的期盼，有义务最大化创造财富，而没有权利浪费 1 万多工人流着汗水赚来的钱，反而更要节俭。

有一次沈文荣和一位香港商人去德国考察钢铁厂，为节省钱他买经济舱，可他块头大挤在里面很难受，因而坐到头等舱，但服务员请他回到原座位。港商看到后说，你有钱，为什么要亏待自己呢？

坐了 10 多个小时的飞机，到达目的地时，对方考虑沈文荣旅途疲劳，想安排他休息，他却直接走到工厂参观，不放过每一个技术问题，而到景区游览时，他却在疲惫中发出了呼噜声。

像一台高速运行的发动机沈文荣，没有假日，是一个工作狂，白天处理完各种事务，晚上还要开会到深夜，他要把紧张、快速、高效的沙钢文化灌输给每个工人。

一位医生对他发出了这样的忠告：“你妻子陈红荣患纤维癌，不能再拖下去了，应该送上海肿瘤医院做切除手术。”

当沈文荣办完事赶到医院时，妻子已经做完了手术，他只能握着妻子的手表示歉意。也许是劳累过度，不久他就倒在床边睡着了。

他认为，贪图享受不配做沙钢人，必须为下一个发展加速积累资金，但讲艰苦奋斗，不是让大家饿着肚皮穿破衣服，而是少花钱多办事，沙钢的工资奖金，以大家没有后顾之忧为限，永远不能吃光用光。

为了回应当地官员的请求，也是为了自身的生存，从1994年至2008年，沙钢为锦丰镇店岸村、联兴村、协仁村、厚生村、乐扬村，以及锦丰镇中学、小学、职业学校、聋哑学校等10所学校，累计捐资3840万元。

其中锦丰医院动工时，沙钢捐资2000万元。2008年，为汶川地震受灾区送去了9550万元。从1994年至2008年，沙钢累计捐款1.4亿元，排在苏州地区第一位。

在张家港政府有些官员的心中，支撑沙钢年销售收入突破了1500亿元的沈文荣，既是当地不可替代的纳税大户，又是最大的慈善家。依赖这个钢铁大亨的捐助，可以顺利完成一些公共建设，为自己的升迁铺平道路。

相对应的是，他们赋予沈文荣的政治荣誉是：中共十六大、十七大党代表、江苏扶贫状元等。

沈文荣的慈善举动与他的出身经历有一定的关系，父亲在他很小时就离开了人世，几个兄弟靠母亲养活，遇到灾荒，为了节省粮食，他家每天只吃一顿饭，肚皮填不饱，饿得他头昏眼花。

“我们这一代人，遇上了改革开放，要振兴中华，历史注定了我们创业要吃苦，我认为这是福气，一个人吃喝玩乐、混日子是几十年；尽可能多干点工作，为国效力也是几十年，等到闭上眼睛的时候，觉得没有遗憾才行。”沈文荣说。

理解了沈文荣以振兴民族产业为荣，就可得知他在腿患痛风病、肿得像一个大馒头、难以正常行走的情况下，仍咬紧牙关和对手谈判，为什么他在北京和韩国浦项钢铁公司谈合作时，只住招待所、6个人吃早餐只花了10元。

心怀产业报国，又把财富变成慈善

今天在大工业时代，苏宁的张桂平、张近东，比亚迪的王传福、奇瑞汽车的尹同跃等为代表的新徽商，以颠覆式的创新风格称雄中国，那么他们是否沿袭了徽商奉献的贵族精神？

张桂平出生于1951年，老家安徽天长县，这是一个三面被江苏包围的县。

上帝把知识作为最宝贵的财富送给他，他走进东南大学接受了建筑学教育，为他打开了进入社会释放智慧，实现个人理想的大门。

张桂平在设计院、房产局等积累职业经验与人际关系后，没有满足于体制赋予自己的优越位置。直觉告诉他，体制之外有成就大事业的空间。

他看到居民购买房子时，对家电需求日益增长，这是提高生活水平的一个表现，抓住一个时代带来的稀缺机会，就可能造就一个大产业，获得无法估量的财富。

幸运的是，张桂平没有错失这个千载难逢的机遇。1990 年 12 月 26 日，他与弟弟张近东，以 10 万元在宁海路开了一家苏宁电器店，门面房 200 平方米，主要销售空调。提供送货、安装、维修一体化服务。

行人不会注意到，在这个落叶飘飞，北风吹过耳边的冬天，看起来不显眼的苏宁，包含了一个释放亿万财富的种子，会造就一家主导中国家电销售的大集团。

张近东出生于 1963 年，上帝把天资聪慧、反应敏捷、勤奋好学，作为最好的礼物送给他，并指引他于 1981 年顺利闯过千万人走独木桥的高考，跨进南京师范大学读中文，1984 年毕业后，他在南京鼓楼区工业公司，拿着稳定的工资吃饭。

1993 年，南京的夏天又迎来了一个高温，凭借优质服务与价格优势，苏宁的销量直线上升，对于依靠体制优势运行的南京国有商场是一个挑战，八大商场协商后，向苏宁发起攻击：如果谁给苏宁供货，他们将不销售这个公司的产品。

“在苏宁举办的三洋空调代理会上，我们好心好意请来八大国有商场的领导一起吃饭，没有料想到的是，我的话还没有说完，他们竟然一起站起来，拂袖而去。”张近东回忆这件事有些愤慨。

在他们看来，他们是主导南京家电市场的航空母舰，有资格决定空调市场的行情，苏宁只不过是一只在小河里划行的木船，那有能力改变他们占有的地位？

当时场面极为难堪，对张近东的尊严是一个伤害，他有什么武器冲破八大商场以计划思维建立的防线？这是自由竞争的市场挑战计划体制的较量，也是不同文化的差异。

哺育张近东的淮河，曾造就了一批惊天动地的英雄，刘邦带领士兵挺进关中推翻了强大的秦王朝，后打败威猛无比的楚霸王项羽，建立大汉帝国；曹操以超人的谋略与勇气，战胜兵力超过自己的袁绍；朱元璋重用谋士刘伯温、大将徐达等人，一举扫除了强悍的蒙古军，造就了一个大明王朝。

从变通与创新，淮河塑造了大气磅礴的政治家、思想家，改变了中国历史的进程。那么进入工业时代，张近东又怎样把淮河文化的优势，转化为成就企业家的优势?

此前，张近东与厂家建立合作，销售淡季时，他主动给企业汇款购货，销售旺盛时，企业以优惠价向苏宁供货，在互利互惠、共担风险中，他掌握了销售渠道与价格优势。

南京国有八大商场相对保守，如同八只在宁静没有风暴的草地吃食的绵羊，一旦遇到外部生物的强势进攻，不能形成有效、强大的抗衡力量，只能被动受损，而张近东刚强、勇猛、沉着，只要发动一次冲锋，就能像一匹快马冲散没有战斗力的羊群。

事实如此，张近东出奇制胜，以高人一筹的战略，击溃了八大家的战术，当年销售突破 3 亿元，并将这个纪录保持了 11 年。

当国有商场丧失了体制赋予的优势，留下顾客稀少、勉强维持的场景时，2000 年，南京最繁华的新街口，苏宁电器 18 层大厦，以征服者的姿态出现在居民眼前。

与开业速度相比，张近东以震动山河的气势，把资本变成了像原子弹那样的能量，2004 年 7 月 21 日，经过 5 年精心运筹，苏宁电器在深圳证券交易所上市，发行 2500 万股票，募集 4 亿元，完成从家族公司向公众企业转变。

第二年也就是 2005 年，张桂平推动苏宁环球上市，资本市场让他们的资产，以爆发式的速度增值，把他们送进了亿万富豪的队伍，还能激发他们创新的动力吗？能让其他人士分享吗？文化在背后发挥了作用。

淮河流域的道家文化与长江文化提倡的治国安民，在安徽造就了一个大智大勇、改变国家危难的群体，如淮军开创人、洋务运动重要领袖之一的李鸿章，名将刘铭传、张树声、周盛波、唐殿奎、丁汝昌、刘秉璋、潘鼎新、吴长庆及民国上将冯玉祥等人。

这种道义文化在新徽商张桂平与张近东身上得到的体现是：保持对名利的超脱，在道德上占据一个制高点，依然把扩大产业与富民强国，当做自己神圣的职责。

他们拿出一部分股份，奖给有能力、有开拓心、有贡献、忠于公司的员工，让大家分享公司利润增长带来的财富，形成一种归属感，又通过股份多元化，建立监督制约机制，推动苏宁从家族向现代公司治理转变。

2009 年 11 月 29 日上午，国务院总理温家宝到苏宁参观，他鼓励张近东："苏宁要超过沃尔玛。"

面对温总理的祝愿，张近东激动不已，他相信，在人口突破了 13 亿、经济增长提高了亿万人生活水平的中国，应该有肥沃的土壤诞生世界 500 强的零售集团。

随着福利分房时代的终结，居民将要花费毕生的积累，到市场购买昂贵的房子，张桂平看到了这个爆发的市场，1993 年，以自己的专业优势挺进房产。

当时，市民主要居住在南京老城区，江北居民比较稀少。为响应政府的号召，张桂平以大盘开发的思维，在浦口建造了天润城、威尼斯、天华庄园等楼盘，而天润城占地 4200 亩。

张桂平与张近东取得的巨大成就，自然引起天长市领导的关注。2012 年 5 月 2 日，天长市委书记杨东坡、市长刘荣祥，怀着自豪感来到南京苏宁总部，拜访张近东。

"苏宁能够在 20 年内，成为中国最大的商业集团，充分显示了您及高层的过人智慧与勇气，让全体天长人引以为荣，天长正处于新的腾飞时期，正在为建设三个天长奋发进取，我们真诚希望您多回家乡看一下，对天长的发展给予支持。"杨东坡说。

"谢谢杨书记、刘市长的关心，我对家乡有深厚的感情，诚心诚意为家乡做贡献，无论何时何地，我没有忘记自己身上，有天长赋予的血脉与智慧，也始终不变地怀着为家乡做贡献的愿望，并尽快把这个愿望转化成现实！"张近东深情地对书记与市长说。

观察发现，淮河文化与长江文化的结合，赋予张桂平与张近东坚定不移、果敢大气、深谋远虑的气质，南京以友善、平等、包容迎接他们，成就了他们登上亿万富豪舞台的梦想，那么他们怎样把爱心撒向这个城市？

他们认识到：自己是高等教育的受益者，也是经济开放的成功者。教育不仅关系到地方经济，也关系到人类文明进步，支持教育事业是民营企业义不容辞的责任。

找到了理想的高度，2000 年 12 月，张桂平与张近东怀着普济天下苍生的志愿，出资 500 万元成立“苏宁教育基金”。以后，张桂平出资成立了“苏宁爱心环球基金会”，在东南大学设立千万元苏宁奖学金。

“我们呼吁社会各界赶快行动起来，向灾区人民伸出援助之手，同时希望募集的善款和物资，尽快落实到抗灾中，时间就是生命，虽然我们不能前去救灾，但我们将灾区最需要的物资送过去，让灾民度过这场大灾难！”这是 2008 年 5 月，汶川发生大地震后，张桂平在南京湖南路广场举办献爱心发表的演讲。

当天，张桂平率先带领苏宁捐款 500 万元及一万床棉被。在他的强力推动下，江苏工商联会员向灾区伸出了援助之手，共计捐款 1600 万元。

团结起来、贡献自己的力量、化解灾民灾难的呼声，也召唤张近东站出来。5 月 18 日晚，中央电视台在北京举办抗震救灾募捐会，他派人到现场捐资 5000 万元。

随着拥有亿万财富的神话变成现实，张桂平与张近东的思维发生了一个大转变：苏宁创业成长时，从社会获取利润，属于个人所有，扩大规模拥有生存能力后，公司是员工、社会化的苏宁，企业家是一位工作者，给危困的人提供参与分配财富的机会，缩小贫富不均，是企业奉献社会的表现。

作为管理一家资产近千亿元的企业负责人，张桂平理解劳模面临的不幸遭遇，捐资 500 万元与南京工会，成立帮扶基金，向缺乏收入来源、生活危困，遇到灾祸的劳模，提供应急救助。

一个社会除了法治保障人们的安全以外，还需要更多正义人士阻挡罪恶的扩散，张桂平设立见义勇为基金，就是激励正直的群体与不良风气、不良现象作斗争，让见义勇为的人得到社会认可，把正气传向社会每个角落。

张桂平赞赏的救助方式是，给人一条鱼，不如教会他如何养鱼，变成一个专业渔民，等于获得了积累资本、持久致富的资源，单纯给贫困的人一点救济，当他花光了钱后，没有谋生能力还会回到贫困的怀抱。

“我认为，有时一件平常的小事，能体现慈善，把微笑与鼓励送给他人，也是在展现慈善，慈善每时每刻可以进行，希望通过我们的慈善行动，推动更多人参与慈善事业。”张桂平说。

由此，张桂平领导的苏宁环球集团，改变过去对热点公益事件的关注，让公益回到常态化，2013 年 3 月，他捐资 1500 万元，设立浦口慈善总会苏宁环球基金，救助涉及慈善、教育、助学、扶贫、见义勇为等方面。

张近东强调，苏宁追求盈利，也要做受人尊敬的企业，树立公司的美誉度。2006 年，他创立中国第一个阳光社工志愿者行动，动员苏宁 10 多万员工，每人每年捐献一天的工资，以一天的时间参与社区公益活动，代表一个公民对社会的责任。

为此，张近东把苏宁每年庆祝成立的生日，当作献爱心的重要时刻。2012 年 12 月 26 日，苏宁庆贺 22 岁生日时，他给员工写了一封信：

“过去的 22 年，对于苏宁人来说，是一部创业史、发展史，更是一部创新史、奋斗史，这种精神是我们宝贵的财富，是我们超越自我，领先发展的力量之源，值得我们弥久珍藏，永续传承。为沿袭公益传统，集团决定捐资 4100 万元开展系列捐赠活动。”

此时，在张近东一系列战略的推动下，苏宁销售收入达到 2200 亿元，海内外门店有 1800 家，从单一的家电向多元化转变，成为一家影响国内电器零售业的龙头集团。

面对这个成绩，张近东怀着感恩之情，把庆贺公司生日筹集的 4140 万元，捐给中国扶贫基金会、宋庆龄基金会、江苏慈善会等。同时带动百位高管人员，向爱德基金会捐 30 万元，资助 663 名孤儿。

据中国扶贫基金会介绍，这次苏宁捐赠 2200 万元，帮助 4000 名贫困地区的小学生、130 个村子，改善了食宿、学习条件。

此外，苏宁连续 8 年，资助北京各大学家庭经济困难的学生购买火车票，让 3500 名大学生，实现了回家过年的愿望。

在庆贺 22 周年之前，也就是 11 月 27 日，张近东的目光略过繁华的南京，向位于大别山下的安徽金寨县遥望，这是一个还没有远离贫困的县，连绵的山峰阻挡了村民通向幸福的道路。

他的遥望与一个公益项目有关，2011 年苏宁庆贺成立 21 周年时，张近东与中国扶贫基金会合作，捐资 1000 万元，实施“苏宁溪桥”公益项目，为江西、贵州、云南、广西、四川、重庆等贫困地区 134 个村，修建 170 座桥梁，受益人口达到 27 万。

对于金寨县斑竹园镇金山村民来说，一条缓缓流淌的小河阻隔了通道，遇到暴雨冲刷，河上的木板被冲得不见踪影，如果下雪结冰更难以行走。

苏宁捐资修建一座小桥后，奇迹发生了，村民不再越过山坡，能开着拖拉机把农产品，运到集镇销售，降低获取收益的成本；学生不再绕几公里路上学，缩短了到达学校的距离。

在适应互联网销售电器时，张近东也把公益带到网上，让更多人参与公益，2013 年，苏宁庆祝公司成立 23 周年，他带领几百名员工，通过易付宝账户捐献一天工资，购买面额不等的爱心券。到中午 12 点，公司大屏幕显示捐资达到 200 万元。

“做百年企业是苏宁人共同的梦想，做社会公益是苏宁人永恒的价值坐标，服务民生、公平社会，助人为乐，传递爱心是苏宁人最好的生日纪念！”张近东在捐赠会，面对员工、各界来宾发出了宣言。

这一年，张近东各种捐资达到 5259 万元，其中向宋庆龄基金会捐赠 1095 万元，用于防治艾滋病及帮扶创业等。

宋庆龄基金会副主席、江苏省委原书记梁宝华，以赞扬的语气对张近东说：你作为民营企业的领袖，把公益责任融入到企业中，你对财富的态度与对社会的责任感，让人崇敬，值得学习！

通过互联网公益平台，张近东把苏宁的资源，转化为社会资源，免费向民间组织开放，让公益变得更加高效、专业、透明，有助于优化配置捐赠资金，提高使用效率，最终让困难群体得到援助。

教育不公平是一切不公平的起源，谁给他们提供温暖的食宿？谁给他们开辟走出大山，改变命运的道路？张近东没有遗忘这个在偏远山区的群体。

至 2013 年，苏宁以“校舍公益”项目，与中国扶贫基金会合作，连续三年共捐资3220万元，为四川、贵州、广西、云南等贫困地区的64所小学修建宿舍楼。

回顾张桂平与张近东创业20多年，是一部积极开拓进取、创新，让员工共享财富的历史，也是一部给困难群体提供援助，改变他们命运的公益历史。而慈善是衡量社会走向成熟、平等、和谐、互助的一个标志，造福人民、回报社会，应该是自己的一项长期事业。

我们认为，要打破阶层之间的利益分配不公、缩小贫富不均、缓解日益尖锐的社会冲突，就不能让垄断集团独享改革的果实，必须在多个利益主体之间分配成果。

一个民族只有让老百姓以最低成本、有更多机会，实现住房、教育、医疗、交通等权利，人们离公平、公正的路才会愈来愈近；才能以自信、坦然的形象出现，才会塑造出一批现代公民，并哺育出一个伟大的民族！

第九章

刘宝林家族百年坚守的商业道德

风雨兼程：越过湖泊到钟祥旧口镇销售杂货

朴实的外表、纯真的神态、虽身怀亿万资产，却以乡土的忠厚形象出现，20多年以来，他以问鼎中原的壮志、一飞冲天的豪情，追寻一个伟大的梦想：做中国医药健康产业最佳服务商，让亿万老百姓分享平价药带来的实惠。

这个梦想的创造者是九州通集团董事长刘宝林，他的梦想与一个家族百年积累的“加三吃饱饭，对本饿死人”的商业精神，紧密联系在一起。正是这种商业道德，支撑他延续了一个家族的贵族血统！

回想明洪武年间，在“江西填湖广”的移民浪潮中，刘家五兄弟从江西吉安出发，跟随迁移的队伍来到湖北汉川刘家隔镇。后有两兄弟返回江西，其他家族人在此安家落户。

刘家先辈来到刘家隔时，周围有看不到尽头的湖泊，长着一人多高的芦苇，有时能听到野鸭发出的叫声，向湖面远处眺望，小草、树林、山丘，以及划船的渔民，在缥缈的云雾中，构成了一幅天然的山水画。

南边是曲折的汉江，商人从刘家隔坐船到商业繁荣的汉口，出售粮油、棉花，又带回布匹、铁器、食盐。明永乐年间，凭借优越的水运，刘家隔在汉江平原成为兴旺的集镇。

为满足居民求平安、得富贵的需求，街头出现了元通寺、宏通寺、龙象寺、关帝庙、老观庙、晏公庙、肖公庙、水府庙、青莲寺、静修庵，这些寺庙涉及土地、做官、求学等。

伴随络绎不绝的信徒，刘家隔成为一个宗教圣地。据说，归元寺开山祖师白光，在刘家隔出家修行，后来他领悟到人生终将变成一抔尘土，所有名利、富贵如云烟消失，只有积德行善才是生命的意义，因而他筹集资金，在汉阳钟家村建成气势恢宏的大寺，为了不忘根本，取名“归元寺”。

在云集了众多移民的乡镇，刘宝林的祖辈除了开垦耕种以外，还参与经商，追寻他上面的第五代，也就是清朝末年，有人经过秀才、举人考试，到京城参加会试，成为贡士。

虽然刘家的贡士没有做大官，但在以科举确定官本位的时代，获得这个功名，给家族带来了无限光彩，能得到免交杂税的政治优待，享受老百姓不具有的特权。

哪里有人生存，哪里就需要商品，哪里没有商店，哪里就有市场。清朝末年，刘宝林的先辈在汉川北街开了一家杂货铺。

民国时期，为了避开激烈的竞争、开拓新的市场，获得更多回报，刘宝林的爷爷刘洪均离开汉川，坐船到刘家隔北面的应城天鹅镇西湖村，开了一家杂货店。

与刘家隔相似的是，天鹅镇河道纵横、分布着一些人口不到100人的小村落，西湖村只有一条简陋的小街，附近农民以耕种为生，大部分人在温饱线上挣扎，不可能带来更多的消费。

为寻求利润，刘洪均拉着一辆板车，上面装有一些杂货，带领两个10多岁的儿子，其中老大刘均大为刘宝林的父亲，他们越过京山县雁门关，行走50多公里到达钟祥旧口镇。

这个镇与对面的石牌镇，依托汉江航运兴起，明朝初期，当地老百姓利用肥沃的平原种植水稻、棉花。鸦片战争后期，汉口打开了开放的大门，西方资本家，及浙江、福建等地的商人，把布料运到汉口销售，又从当地购买棉花，运到沿海城市加工。

为防洪水冲毁堤坝，有关部门出资修建旧口镇堤防，一大批民工到来后，需要穿衣吃饭，进而带动商品销售。正是看到工商兴起带来的商机，刘洪均决定到工地附近销售杂货。

到了冬天，为了避开风寒，他们搭棚子居住，并在里面生火做饭。也许是操劳过度、积劳成疾，刘洪均不幸得了肺炎，当时医疗技术落后，又缺乏药品，不可能得到有效的医治。

由于刘洪均病情不见好转，身体日益虚弱，他们只好收拾摊子，启程回应城，兄弟俩人将父亲放在板车，越过田野、山路，一路步行到天鹅镇西湖村。回家不久，他因病去世。

回想刘洪均从汉川刘家隔，越过湖泊到达天鹅镇，再踏上崎岖的山路，奔波到钟祥旧口，沿着奔流不息的汉江，寻找通向富裕的道路，他忍受饥寒、省吃俭用，积累几个铜板，想让妻儿老小摆脱战乱、灾荒，过上安宁、温饱的生活。

虽然他风雨兼程、历经艰辛，没有看到积累千万资产时刻的到来，但他用商人诚信、勤勉、坚韧的开拓精神，为后人昭示了一条穿越小农经济，走向商业昌盛、造就富有贵族之路。

这个美好的预言，等待70多年以后，被他的后人刘宝林实现了！

坚守“加三吃饱饭”，获取利润兼顾乡土道义

留下刘宝林的奶奶及父亲和叔叔，继续在西湖村开店。为了一个更广阔的舞台，叔叔离开天鹅镇到汉口，先给一个老板当伙计，后来集资开一家副食品店。建国后合并到食品厂，当了一名工人，直至退休享受养老福利。

在老家的刘大均，没有墨守成规，或者吃老本，他的血液里流淌着开拓创新、扩大资本的愿望。为交通方便，吸引更多客人，带动生意兴旺，他搬到离西湖村大约2公里的沈铺开店。

与刘大均相比，附近村民不以商业获取生存资源，他们辛勤耕种、期盼有一个好丰收，但天鹅镇的湖泊与汉川河道连成一片，延伸到汉口。如果播下种子遭到洪灾袭击，不但没有收获，而且会变得一贫如洗，甚至全家出外逃荒，因而几代人与贫困抗争，似乎没有翻身的机会。

尽管如此，刘大均秉承祖辈的遗训：诚信为本，不短斤少两、以次充好，欺骗顾获取不义之财。他从来不欠钱，为人豪放、仗义执言，看到乡村有不公平的事，爱打抱不平。

公私合营，刘大均关闭商店进入供销社，当了一名每月拿工资吃饭的职工。

为响应城市分流人员、减轻财政负担的需要，1957 年，刘大均离开供销社回家。考虑到他不会种田，为了给他一条出路，当地允许他经商，因而他到天鹅镇阁老村开店。

表面看起来，刘大均失去了铁工资、铁饭碗，但在以粮为纲、打倒资本主义的时代，他拥有经商的权利，为家族保留了最为稀缺的商业基因，为后来刘宝林开药店提供了动力。

相对于面朝黄土耕种，却没有什么收益的村民，刘大均开店经商，能获得超过农耕的收入，而且手头不断有资本流动，但他精打细算，从不铺张浪费，衣服一穿几十年，破损补了又继续穿。

在青黄不接的春天，有些贫困的农民没有粮食，又无钱购买食物。作为一个在乡村开店的人，刘大均既获取利润，又兼顾乡土道义，允许他们赊购，过一段时间还钱。

看到村民面临危难，刘大均绝不袖手旁观，而是出资救济，不需要什么回报。得到他帮助的人，终生表示感激。

休闲时，刘大均邀请村民到商店下棋、谈天，或炒几个菜，痛快喝几杯，在轻松、融洽的气氛中，结识一批朋友，树立了他在周围乡村的美誉度，获得了村民的尊重。

“加三吃饱饭，对本饿死人。”意为出售商品，适当加几个点，以低价吸引顾客、实现薄利多销，减少商品积压、加快资金周转、占据竞争优势，又能养活一家人。如果不顾实情、过分提高价格、谋求暴利，增加客人的负担，不但不赢利，反而亏本直至关闭。

这是祖辈的教导，刘大均坚守这个经商原则。以后他的儿子刘宝林，将药店开到中国各地，也坚持这个原则：平价销售。

走在乡村田野，刘宝林成为治病救人的医生

“文革”前，刘宝林的哥哥是全村第一个高中生，他刚进入中学，内心充满了获取知识的强烈渴望，但没有等到毕业，“文革”爆发，打破了他跨进大学的梦想。

当时乡村医疗资源极为短缺，村民得病无处医治，急需要培育一批医生，村子领导看到刘宝林头脑聪明，又接受过中学教育，而且他父亲在乡村有很高的威望，因而1969年，他16岁时，被村子领导推荐当医生。

为此，刘宝林到天鹅镇医院，接受了半年培训，学习病理、药物、护理等基本知识。回到阁老村，他成为帮助病人解除疾病、让他们重新站起来、看到生活希望的大救星。

“对于超出我能力、不能解决的疑难杂症，我不轻易下结论、开药，以免延误治疗，加重病情，而是说明情况，将他们送到镇医院，得到有效的治疗。”刘宝林说。

靠近湖泊的天鹅镇，分布着许多像网状一样的渠道，形成小河连水沟、水沟通耕地、耕地连村子的格局。虽然拥有肥沃的耕地，而且便于浇灌，但河道、水渠潜伏着钉螺。

同时，牛是农民维持耕种的主要工具，在没有资本购买机械，或觉得成本高昂时，依然以牛维持原始的耕种。他们除了要承受周期性的洪灾以外，寄生在湖泊、河流、渠道的血吸虫，是导致他们家破人亡的大祸根。

那些患血吸虫病的人，因治病背负债务无钱盖新房，只能住低矮的平房；即使房屋破损漏雨无钱修复，他们能得到什么援助？谁知道这条河融入了他们多少悲愤、苦难？

作为一名医生，刘宝林承担了灭螺的任务。他头戴一顶草帽、身背一个药箱、穿着一双球鞋，奔走在乡村田野，冒着难闻的气味，对粪便进行过滤、排查，看里面是否有虫卵。

高峰时，每天有几十人等待刘宝林检查血吸虫，他们身体变得很虚弱，眼里透露出一种茫然、无助、悲凉的神情，如果得不到有效的治疗，有可能造成

生命危险。

由于治疗血吸虫病树立的声望，1972 年，刘宝林从一名没有工资保障的赤脚医生，调到夹河沟泵站医院当医生，并且转为城市户口，吃财政饭。这是对他努力的回报。

除了给泵站员工治病以外，附近的农民也慕名前来就诊，经常半夜三更，有人来敲门，这时他以救人为天职打开门，及时帮助他们化险为夷。

以后有人找他还钱，他一笑了结

让刘宝林感到惊心动魄、至今难忘的是：阻击霍乱。

这种传染病非常迅速，病人发病后，只要几个小时得不到有效抢救，就有可能丧生。

一天下午，几位行人从河边经过，发现船上躺着一位中年男人，身体不断抽动，还呕吐。出于同情心，他们将昏迷不醒的人抬到泵站诊所，请刘宝林救治，然后迅速离开。

面对这位昏迷的人，刘宝林既不知道他来自哪里，也不清楚他感染什么病，以什么药医治呢？如果下药后，发生什么不良后果，那么谁来承担责任？

当时刘宝林站在屋内，感到焦急、紧张不安，如果不迅速查清病因，采取有效措施，过不了多久，病人会停止呼吸。情况紧急，没有时间让他思索、犹豫，或者去寻找他的家人。

出于治病救人的神圣职责，刘宝林弯下腰摸了一下病人的手，发现皮肤干枯，严重脱水，不能迅速恢复原状，而且眼睛深陷。因而他首先给病人输液，以减轻脱水。

给病人打吊针时，输液速度比较慢，没有什么效果。刘宝林改变方式，取出一瓶药水直接注射，速度比刚才快几倍。看到病人有些知觉，给他几个部位同时注射，病人渐渐清醒。

“根据病人的情况，我对照书本查询病因，终于发现这是霍乱，书上要求给病人输液一天不超过 2500 毫升，我从晚上到天亮，给他输液远远超过这个标准。”刘宝林说。

大剂量用药后，病人恢复正常，第二天上午，刘宝林派人找到病人家属。得救后，对方以感激的心情说：如果没有刘医生及时救治，可能活不到今天。

过了一天，又有类似的病人被送来，刘宝林凭借上次积累的经验，发现这是传染病，采取同样的办法，以超大剂量注射，帮助病人缓解脱水。6 个小时后，病人转危为安。

“如果送到大医院按常规打针，需要几十天，而病人长期脱水，对心脏、肾脏、消化道等有损害，会留下后遗症，对于霍乱患者，必须打破常规迅速输液，用这种办法，我接连抢救了 60 多人，没有发生一例死亡事件。”刘宝林说。

大集体时代，农民的劳动价值得不到体现，忍受风雨干一年没有收入，只分一点粮食糊口，造成农民普遍贫困。尽管到诊所看一次病只需要 2 元，但他们无力支付。

生活在这片土地的刘宝林，深知农民面临的疾苦，对无钱交药费的人，先留下一个欠条，以后有钱再还。累计下来欠款有 100 多元，他以自己的工资垫付。

以后他离开泵站，开药店已经有 5 年多，还有农民找他还钱，基于在乡村建立的情感与道义，他没有接钱，以坦然的微笑了结。

这次开药店，刘宝林播下了亿万财富的种子

虽然刘宝林当医生每月有 42 元，比在黄土地辛苦干活、却没有收入的农民优越，但妻子没有城市户口，是一个半边户，分田到户不会干农活，还有两个孩子，靠他微薄的工资无力养家糊口。

父亲接近 70 岁，将毕生的精力献给了商业，虽然没有积累雄厚的资产，但他具有敏锐的直觉：政策允许个体户，以勤奋、守法经营获取回报，那么刘家几代人经商，占有先天优势，为什么儿子还要为微薄的工资浪费宝贵的青春？为什么要为养活家人操心？能否以商业突破眼前的困境？

父亲的话触动了刘宝林的思维，让他发现了自己的比较优势：行医多年，掌握了相应的医疗知识，获得了周围老百姓的信任，在卫生所、医院、乡镇

等，建立了深厚的人际关系。

凭借这个平台，刘宝林将能力以及掌握的资源释放出来，生命的价值不再是每月 42 元，不再靠头发苍白的父亲，补贴维持家庭生活，也许得到一个支点，人生的行情会有一个爆发式的增长。

评估自己的能力后，1985 年，32 岁的刘宝林主动辞职，告别让他人羡慕的事业单位，先出卖老家三间房子，得到 1000 多元，又与三个人合伙，共计 3000 元，于 1985 年 5 月，在天鹅镇创办了一家医药批发部。

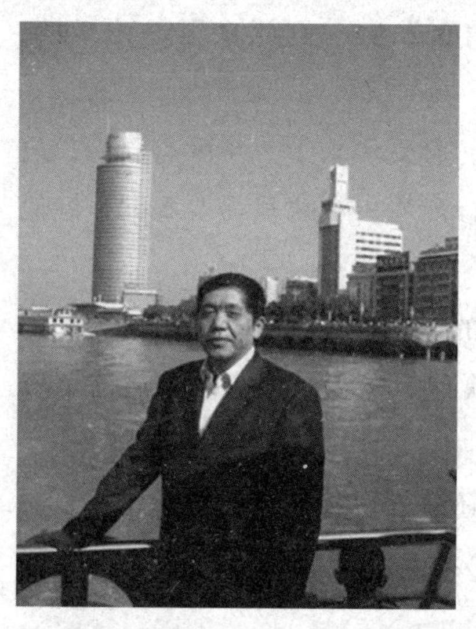

◉刘宝林以家族百年积累的商业道德，完成从乡村医生、创办九州通药品销售集团，到积累亿万财富的历程。

开业时，刘宝林为了营造吉祥的气氛，带动生意兴旺发达，邀请包括卫生所、医院等 60 多人，到天鹅镇参加盛大的开业仪式，成为当时全镇最大的活动。

来宾也许没有想到，伴随开业传来的鞭炮声，一个包含了创造亿万财富的种子，在这小镇扎下了根！

也正是这次开业，刘宝林点燃了一个家族百年以来，前赴后继通向商业的火焰！

意想不到的是，经营三个月没有赚钱反而亏损，给刘宝林等股东带来了一些压力。

一天晚上，刘宝林住在一个股东家，听到股东的妻子发出抱怨；开店过去几个月，没有赚钱反而亏损，我们不能再与他合伙，应该退出来，否则我们会遭受更大的损失。

这位股东对妻子说：刘宝林行医多年，具有经营才能，而且熟悉这个行业，有一定的人际关系，只是暂时亏损，以后经营好转会赚钱，不要急，先坚持一段时间。

听到股东与妻子争执，刘宝林一夜难以入睡，他想：如果退股，会给药店带来经营压力，不让他们退股，继续亏损下去，他们看不到回报，会引发更大的矛盾。

“经过一夜思考，第二天我召开股东会，承认自己经营不善，对亏损负有责任，并向大家表示歉意，但作为大股东，我有信心扭亏为盈，因而所有亏损由我承担。”刘宝林说。

接着刘宝林提出建议，给三个股东每人发三个月工资，入股资金作为借款，按银行利率支付利息，股东退出，由他独资经营。大家听了以后，有人鼓掌表示接受这个方案。

在那个刚吃饱饭的时代，农民赚钱极其不容易。要求退股的人，觉得赚钱比较艰难，损失几百元靠什么弥补？心理承受能力很脆弱，只顾眼前的小利益，没有长远的眼光，看不到刘宝林身上蕴藏着经商的天赋。

历史发生了戏剧性的转变，以后刘宝林经营药品成为亿万富豪时，当年那些退股的人，后悔不已。这就是胆识、勇气、眼光与谋略造成的差别。

合伙经营宣告结束，刘宝林请妻子、表弟、弟媳等亲戚以及他人协助经营。不久，亲戚与聘请的人发生矛盾，认为对方人品差、懒散、不可靠、要换人。

了解真实情况，刘宝林单独找聘用的人交谈。对方说：老板娘排斥他们，把自己当外人，搞区别对待，吃饭时，不让自己坐在一起，伤害了自己的尊严。

“发现原因后，我召集妻子及亲戚开家庭会，我对他们说，我们处于创业阶段，面临许多压力、风险，只靠家人不足以维持经营，进货、销售、看店等，需要他人帮助，要平等对待聘用的人，吃饭让他们坐在上方，好菜让他们先吃，把他们当作家人看待，尊重他们的人格，否则，我不客气。”刘宝林说。

消除隔阂后，聘用的人员感到自己是主人，很快释放出动力，干活比刘宝林的亲戚还要积极、迅速、高效，双方形成更加团结、紧密的工作关系，而且推动销售不断上升。

通过这件事，刘宝林提炼出“家文化”，即平等、友爱、互帮、共进，并把这种文化贯彻到九州通集团员工心中。

成为第一个万元户，他还有什么追求

刘宝林创业的时代，是计划经济占主导的时代，商品供应处于短缺，没有吹响平等竞争的号角，占有特殊资源的群体，获取投机取巧的机会。其中药品作为特殊商品，没有完全放开流通。

分析现状后，刘宝林看到，城区药店与卫生、医院等形成供货关系，有相对稳定的渠道，不可能挤进去，那么自己应该将村卫生所、乡镇卫生院、药店，以及农民作为对象，推销药品。

当时没有手机、电动车，无法快速与客户取得联系，刘宝林骑着一辆自行车，奔波在乡村、城区，有时一天走 10 多公里，按对方的需求把货送过去。下雨后，乡村公路变成泥巴，无法骑车，他披上一件雨衣，用扁担挑着货送到卫生所。

第二年，凭借药店积累的资本，刘宝林扣除人力、税费等成本赚了 1 万元，成为新中国成立以来，天鹅镇第一个万元户，只用一年时间，他从无产阶级变成有产阶层。

“我交了 200 元税，税务局的人员对我说，你是新中国成立以来，天鹅镇最大的纳税户。”刘宝林说。

尽管刘宝林以智慧、勇气与辛勤劳动，换来万元财产，但当时民营企业受政策排斥，缺乏自由、平等竞争的空间，随时面临不同的干扰、打击，生存环境异常险恶。

他目睹土改、“文革”时期，地主、富农、资本家被划成剥削阶级，受到贫下中农的猛烈批判，搞得倾家荡产，家破人亡。他担心时代会变，私有财产得不到保护，别人揭发自己赚万元后，那个悲剧会降临到自己头上。

于是，刘宝林品尝万元财富带来的惊喜时，又觉得其中包含了不可预知的风险，因而他保持低调、谨慎，避而不谈自己如何赚钱，依然以求生存的形象出现。

有了资本，1986 年，刘宝林请家族人帮忙，在天鹅镇盖两层楼房，上下各四间，大约 200 平方米，那时建材比较便宜，人工费只用了 120 元，楼房竣工共花费 1000 多元。

为占领更大市场，刘宝林到应城开了一家批发部，那时药品没有放开，处于相对垄断，而且竞争对手少，利润比较丰厚，到 1989 年，他从万元变成百万元。

到了1990年，形势发生突然变化，不允许个体户经营药品，刘宝林一下子丧失了经营资格。他回到家里休息了半年，即使不经营，将百万元存入银行，每年可获得10万元利息。

这期间，为了解社会变化，刘宝林到北京拜会亲戚，参观了天安门、故宫、长城等景点。并思考下一步的人生道路。

回到应城，刘宝林有机会到卫生院当医生，但每月几百元工资，对他没有任何吸引力，更何况，银行存款源源不断地带来利息，每天可以过着衣食无忧的生活。

为寻求突破，刘宝林到上海参加一场药品流通会。他想：药品关系到人的生命健康，10多亿人口的中国，有庞大的患病群体，需要得到优质医疗，意味着会拉动医药产业持续增长，自己曾治病救人，又开过药店，有什么理由不在这个行业，成就一番事业？

如果刘宝林停留在天鹅镇，躺在家里无忧无虑地吃银行利息，那么中国医药行业就不会有九州通，这个响亮的名字。

竞争打破了垄断，九州通迎来大扩张

“第一次开店，为了解决生存危机，让家上过上富裕生活，完成这个目标后，我觉得不能停留在原地，应该追求新的事业，1990年，我来到海口，开始第二次创业。”刘宝林说。

这意味着，刘宝林离开了大富河边的应城，离开了那个让他成为万元户的天鹅镇，越过长江、黄河，来到面向世界开放的海南，寻找更加精彩、更加壮观的舞台。

当时海南以开发热潮，吸引各地投资者蜂拥而来，他们怀着一夜暴富的心理，投资股票、房产等，只要拿到许可证、项目，就以投资家的身份扑过去，却不看项目是否开工、是否有盈利的空间。

一夜暴富的神话，像滚滚热浪席卷海南，对于渴望摆脱贫困的人，是一个巨大的吸引，一些人被财富的泡沫冲昏，失去理智，在一夜之间，又变得一无所有。

刚来海南的刘宝林，加入到炒地产、股票的队伍中。幸运的是，他赚了几百万元。不过，他的理智战胜了膨胀的欲望，迅速撤离充满巨大风险的投资市场，转向他熟悉的医药批发行业。

他看到，海南药品经营环境相对宽松，只要与国有公司合作，拿到许可证就能开业。这是市场没有完全开放的情况下，以占有垄断资源获取利润的时代。

发现这个稀缺资源，刘宝林与汉阳医药公司合作，在海口开了“琼鹦”公司。凭借占有资源就占有利润的爆发效应，1992 年，他赚了 1000 万元，财富在他眼前展现了无比美丽、灿烂、多彩的神话。

接着，刘宝林以同样的策略，与地方医药公司合作，将市场由海口，延伸到湛江、普宁、玉林、武汉、郑州、汤阴、石家庄、无极、太和、亳州、成都等地，开设了 10 多家公司。

如果说刘宝林从应城出发，越过长江来到海南，是从内陆走向海洋，吸取更多的能量，那么他在海口建立根据地后，又从海洋向内陆城市扩张，占领了大半个中国市场。

2000 年，对于刘宝林来说，是一个具有里程碑式的变革，政策允许民营公司经营药品，意味着他能理直气壮地摘除国有企业的帽子，利用这个时机，1 月 28 日，成立九州通医药公司。

像火山里面的熔岩，一旦得到了释放的机会，能量会以几百倍的速度喷出。凭借自己的专业能力，以及民营企业对市场的快速反应，当年九州通销售收入突破 3 亿元，第二年上升到 6 亿元。

放开药品流通市场后，无疑引发了空前的大竞争，竞争打破了垄断，也带来利润下降。2003 年 11 月 22 日，刘宝林在武汉成立九州通集团。

技术让服务更卓越，掀起降价大风暴

面对毛利率下降到 4%、纯利润更低的现状，刘宝林显示出了战略家的胆识，一方面调动人力、物力，巩固各地市场；另一方面，他怀着向跨国公司学习的愿望，飞越太平洋到日本、美国考察。

他发现，以美国为代表的物流集团，拥有一批经验丰富的人才，为适应信息时代的要求，以电子技术将业务扩展到全球，既节省了物流成本，又提高了运转效率。

药店实行零库存，随时需要供货。如果九州通不建立高效、快捷的现代配送体系，那么成本很高，会吞没微薄的利润，与具有垄断背景的医药公司抗衡，难以体现自己的竞争优势。

受此启发，没有接受计算机专业教育的刘宝林，比其他人更加敏锐地意识到，电子技术将改变药品流通的方式，谁优先建立这套体系，谁就能在这个行业确定竞争优势。

“技术让服务更卓越，技术能创造更多的利润”，理解这个利害关系，他迅速招聘相关人才，开发一套适用九州通的系统，将药品直接、快速送到医院、药店等客户手中。

市场证明了刘宝林的决策超越同行，运用电子技术掌控物流，实现当年父辈提倡的“加三吃饱饭，对本饿死人”商业信条。即运用九州通建立的流通体系，在中国大规模推行平价销售。

“九州通进入上海后，丰富了当地医药市场供应的产品，降价近20%以上，让老百姓得到了实惠。”这是2004年，上海药监局局长出席上海九州通，成立三周年庆典发出的肯定。

继上海推行平价销售，直接拉动药品降价风潮后，刘宝林立即掉转马头，满怀信心地在北京、郑州、武汉、广州等地，掀起药品大降价风暴，突破了国有医药集团构建的高药价防线。

从友爱的“家文化”转向公平的“企业文化”

做中国医药产业最健康的服务商，让老百姓分享平价药品带来的实惠，是刘宝林追求的一个梦想，实现这个愿望需要资本支撑。

20多年前，刘宝林在天鹅镇开一个药店，以自己的积累与家族人支撑，可以维持运行。当市场越过一个乡镇、越过城市，进入全国或跨国销售时，需要引进外部战略投资，占领全国市场。

“过去视资本家为吸血鬼，是剥削、压迫的代表，但外方投资者对九州通做资产调查时，对我提出了一系列疑问：“公司照章纳税吗？维护环境吗？为员工交养老金吗？工作环境是否恶劣？工作时间超过八小时吗？干涉员工私生活吗？”刘宝林说。

对方提出的问题让刘宝林意识到，西方资本家不是我们过去说的只赚钱，不维护员工权益，他们追求利润最大化，还按法律要求，建立公平交易规则。如果要吸引外方投资，必须遵守资本提出的要求，遵守规则，也就是资本文化。

当年刘宝林在天鹅镇创业，建立了尊重员工权利的“家文化”，即平等、友爱、互帮、共进，与外方提倡的公平、自由竞争，以及承担公益责任的精神不冲突，反而能形成中西结合的优势。

在“家文化”中，刘宝林把员工看作家庭的成员，亲戚必须比员工干得更多、更好，才能与别人拥有一样的位置。因而在开医药批发部时，他曾让大儿子站柜台，一年多以后，才升为采购经理。

进入企业，公司是员工的大家庭，公司的事业是员工的事业，领导人是家长，为员工的成长服务，赋予他们进取、开拓的精神；员工又更好地为顾客服务，将顾客看做是公司的上帝。

由于九州通销售的药品，关系到人们的身体健康，这个特殊事业决定他们，必须高度保持对人们的健康负责，并以真诚、专注、勤奋获得顾客的信任。

从竞争的角度看，九州通以高效的物流体系、平价销售，占据了一定的竞争优势，但仍然面临多个对手的追赶，必须时常保持危机意识与创业时的激情。

从“家文化”到“企业文化”，刘宝林作为法人，兼顾家文化主张的平等、友爱、互帮、共进，对所有员工一视同仁，坚持反对任人唯亲，提倡包容、大度。

强调领导与员工之间互帮、共进、成为朋友，刘宝林又建立公平、诚信的市场规则，涉及员工的升迁、加工资、发资金等，要求有利害关系的人回避，同时激励员工创造最大效益，向百万元、千万元挺进，获得成就感、荣誉感。

“在九州通，员工见到领导，不需要打招呼，但领导看到员工，必须向他们问好，表示友情；逢年过节，领导可向员工送上问候与祝福，但领导决不能收员工送的礼品与礼金，通过这些细节，让员工对公司有一种归属感、认同感。”刘宝林说。

通过充满平等的“家文化”向洋溢着竞争的“企业文化”转变，刘宝林避免了小农经济形成的拉帮结派、山头主义，带领九州通以充满健康、强劲的体能，适应大工业时代的竞争。

走向资本市场，家族公司向股份转变

资本是沿着追求利润的道路前进，跨国金融集团看中九州通年销售收入突破百亿元，在各地建立了完善的药品、器械批发、零售体系，并且在行业确定了比较竞争优势。

作为民营医药公司，刘宝林需要吸取跨国集团在人力、财务、技术等方面形成的成熟管理经验，扭转自己的不足。

因此，刘宝林以“家文化”形成的平等意识，与惠发基金、德国发展银行等负责人交谈，双方洽谈愉快，形成了利益共同点，最后募集6000万美元。

吸收战略投资后，刘宝林指挥九州通这台喷射巨大能量的蒸汽机，以武汉为中心，越过长江、黄河，沿着长城线将新疆、山西、河北、辽宁、吉林，由北向南将北京、郑州、上海、长沙、广州联结起来，投入巨资建立50多个物流中心。

凭借强大、完善、高效的物流体系，丰富的品种，大规模的平价销售，九州通低成本超越对手，占据相对宽广的利润空间，不必投入更多的人力、财力去打开国有医院的销售大门。

其中北京云集了中国实力最雄厚的大医院、各大药品公司、各医药研究院，抢占北京市场，确定自己的竞争优势，等于可以与各方豪杰抗衡，那么九州通以什么称雄北京？

2007年，刘宝林召开董事会讨论通过，投资1.6亿元，并利用公司从哈佛大学商学院、麻省工学院等顶尖大学，聘请人才开发的物流技术，在北京建成

◉刘宝林从扩大产业到资本扩张，成为楚商适应市场竞争的标志。

具备独立整合药品订单、供货、库存的现代医药物流中心。

2008年，刘宝林在多次召开董事会，听取法律、证券、财务、审计等行业人士的意见后，将家族公司改成股份公司。2010年11月2日，九州通在上海证券交易所，敲响了上市的锣声，这是自2004年过去6年，湖北第一家在上海敲开上市大门的公司。

此时，刘宝林接近60岁，完成了人生旅程中，一个巅峰式的转变：让一个家族公司变成吸收公众投资的股份公司。

打破高药价，让老百姓分享优质医疗服务

如果说20多年前，刘宝林开药店，是为了渡过生存危机，让家人过上体面、有尊严的生活，那么上市后，他要接受资本的监督，给股东带来最大回报，并承担打破高药价，让老百姓分享优质医疗服务的责任，这就是资本文化造就的贵族！

在刘宝林看来，医药行业处于混战时期，没有回到公平、透明的竞争原则。垄断集团利用优势，以高药价、高回报销售药品，获取暴利，让老百姓承受高药价带来的经济压力。

医疗政策处于探索时期，医院是坚持公益还是商业？政策的波动、不完善，造成药厂、销售商不得不与掌握了最终用药权的医院形成利益同盟，抬高药品采购价格。

形成药品价格越高，越能进入医院，并将高药费转嫁给病人，价格低的优质药品，却受到医院等利益集团的排斥；不能“以药养医”的极端说法又造成

医院行政化，没有动力为病人提供优质服务，更不会将高几十倍、几百倍的药价降下来。

“病人到医院看病，不是病人决定用药，而是医生决定开哪种药，越开价格高的药品，越对自己有利，为高价药、进口药进入医院，提供了广阔的销售空间，却让低价药从市场消失，形成医疗资源不是优化配置，减轻病人的负担，反而价值被严重扭曲。”刘宝林说。

同时，为谋取超额收益，医生乱开药、多开药、多回扣愈演愈烈，造成国内医药资源大量浪费，却不能让人们以低成本享受医疗服务，催生数量惊人的医患冲突，高居世界其他国家之首。

“不能把药品当做奢侈品卖，甚至比奢侈品还要贵，它是治病救人的商品，为病人解除痛苦，许多患病的人，缺乏收入来源，无力支付高昂的药费，药品必须质优价廉，满足老百姓的需求。”刘宝林说。

刘宝林意识到，中国医疗体制将会发生一次大改革，从高定价、大回扣的医疗，回归到物美价廉的时代，让老百姓以低成本分享医疗服务。否则，看病难、看病贵的矛盾不仅不会下降，甚至还会持续上升。

每次医药政策变革，可以让不适应市场的公司消失，也可以让生命力旺盛的企业获得再创奇迹的机会。对于拥有物流中心支撑、推行平价销售的九州通来说，大变革会带来巨大的商机。

“我们销售药品时，先看对社会有多大的效益，再看企业能获得多少利润，如果企业不赚钱，难以支撑；获得最大利润后，又要承担社会公益责任。因而九州通不搞高药价、大回扣式的销售，坚持平价销售。”刘宝林说。

在充满混乱、恶劣的环境里，刘宝林掌握的有利武器是：九州通以上市募集的资本、29 家分公司、800 多家药店、现代化的物流体系，占领批发、药店、民营医院等市场。

理解了刘宝林的战略意图，我们就能发现：在国有医药、国有医院形成强大垄断，又有万家医药公司参与竞争时，九州通以综合实力进入中国前三名、民营公司第一名，并且每年创造几亿元利润。

越过血缘关系，让有能力的人当总经理

除了寻求资本以外，刘宝林意识到，仅靠家族成员的力量，不足让九州通应对日益激烈的市场竞争，必须越过血缘关系，敞开胸怀跨地区、跨城市，招聘一批精英分子。

2007年，经人介绍，来自成都的龚翼华出现在刘宝林眼前。此前龚翼华学企业管理，在成都一家医药公司从事医疗器械销售，建立了相应的业绩，得到了老板的欣赏。

与销售收入过百亿元的九州通相比，成都这家公司年收入只有几亿元，舞台比较小，龚翼华需要一个更宽广的平台，释放生命的激情与能量。

到达九州通，龚翼华与刘宝林交谈了两个多小时。随着交流深入，他发现，作为公司的创始人，刘宝林掌握了亿万资产，却没有显示高人一等的姿态，相反以平易近人、亲和、大度的形象出现，对他很有吸引力。

对刘宝林来说，九州通以药品分销确定了相应的地位，但医疗器械的推广比较薄弱，没有突破性的进展，需要有业内背景的人扭转局势，而龚翼华在这个行业干了5年，具有成熟的职业经验，是公司渴望引进的人才。

交谈过了半个月，龚翼华义无反顾加入九州通。按公司的安排，他带领28人先去郑州开辟根据地，一方面，让他们接受培训、认识医疗器械行业的现状，另一方面，招聘相关人士组建团队。

一年以后，也就是2008年，龚翼华带领一批经受考验、具有实战经验的人回到武汉，展开了大规模的营销攻势。

与具有垄断背景的国有医药公司以及在行业树立了巨大影响力的跨国公司相比，龚翼华在营销策略上，没有与他们正面交锋。

“作为后来者，我们要打破前面的代理商，与厂家形成供货关系，建立自己的紧密合作，有些上游的生产商，不愿意中断与老客户的关系，那么我们以耐心、毅力、信心，与对方展开持久的交流。”龚翼华说。

更重要的是，九州通近20年开拓，与各地医院、药店，建立了稳定、便捷的供货关系，具有“创造价值、传递健康”的品牌号召力，这种声誉释放出

来的边际效应，有利于龚翼华带领团队，迅速打开医疗器械市场。

凭借比较优势，龚翼华领导的医疗器械部，与上游的工厂、下游的医院、药店谈判，具有主导优势。2009 年销售收入达到 6 亿元、2010 年突破 9 亿元、2012 年划过 15 亿元。

从他的个性来看，四川人强硬、果敢、坚毅的风格在他身上得到了典型的体现。他像当年号称“川军一龙”的刘伯承，一旦接到作战的命令，就要带领人马，奋不顾身地冲上去，直至攻破对方的防线，夺取阵地。

“过去我在成都比较激进，来到九州通，我的办事方式发生了一些变化，只急躁不行，还要有智慧，接到任务要迅速行动，不要无谓地浪费时间、失去机会。”龚翼华说。

看到龚翼华 5 年之内，为九州通打开医疗器械销售大门，业绩不断上升，塑造了一支强有力的团队，具有协调、沟通的能力，能客观、公正评价员工，刘宝林在前任总经理离职后，决定让他接替这个位置。

出人意料的是，龚翼华没有立即答应。他的想法是：自己作为部门负责人，带领 600 多人，开拓医疗设备市场，不具有管理 1 万多人的大集团经验。

他觉得，公司许多人跟随刘宝林创业 10 至 20 年，立下了汗马功劳，无论是阅历、经验，还是资格，都比他深厚，他有什么能力管理这个大集团？

“管理一个部门，与治理一家销售收入突破 300 亿元的大集团，存在着巨大的差异，要协调公司人事、销售、财务、仓储以及与政府的关系，体系比较复杂，责任重大，要具备超几的谋略，我觉得自己不具有这个能力。”龚翼华说。

为这事，刘宝林找龚翼华谈过几次。但他有自知之明，以谦虚谨慎表示让更有才能的人担任。

之后，刘宝林的四弟刘兆林找他交谈，认为他办事果断、高效，为公司创造了骄人的业绩，而且年轻、充满活力，适合当总经理，希望他不要推辞。

既然刘宝林、刘兆林等兄弟，真诚地向龚翼华发出邀请，再三请他出任总经理，那么面对器重，他有什么理由拒绝？

出任总经理后，龚翼华异常繁忙，必须以高度的责任感、实干取得的成就，回应刘宝林等人的信任。他既要准确理解并执行刘宝林制定的战略，又要根据市场变化，创造性地动员全体员工，完成公司下达的任务。

作为集团最高领导人，刘宝林显示了开明、包容的风度，不轻易否定龚翼华提出的设想，让他充分表达观点，听取不同的意见。他们以各自不同的特点、气质，形成优势互补。

事实上，龚翼华进入九州通5年，在刘宝林提供的舞台上，给公司创造了最大效益，实现了成为高管、变成股东，分享公司利润增长带来的回报，达到工作并快乐的境界。

我以维护他们的利益工作

财富来自社会，创造财富不能浪费财富，应该回报社会，缓解贫富不均造成的冲突，为社会树立公平、正义，这是贵族应有的品质与责任，刘宝林在向这个目标前进。

按上市股份计算，刘宝林三兄弟在九州通占60%，折合股本14亿多元，即使有人说，他的资产超过百亿，变成湖北的首富，但他从来没有感觉到自己有亿万资产。

没有应酬时，刘宝林在家里吃饭，吃完饭，打开一扇门，走进他的办公室处理公务。他不到高消费场所，觉得浪费可耻，也不像其他资本阶层坐豪华的奔驰、宝马，以实用、大方的奥迪出现。

他虽然占有亿万财富，但他只是一个保管者，有责任让财富给更多人带来福利。

从1999年至今，刘宝林向家乡捐款200多万元，修建道路、桥梁、学校等；从2000年起，他每年捐款8万元在应城一中设立奖学基金，为品学兼优的贫困学生提供进入大学改变命运的机会。

“文明是建立在经济基础之上，当我拥有财富，没有生存危机时，我还有什么追求？当然应该有精神追求，这就是扩大企业规模，也要关注社会，为他人提供服务，如果唯利是图，损害公共利益，那么活着没有什么意义。”刘宝林说。

一方面，刘宝林以“家文化”提倡的平等、友爱、互帮、共进，扬起了九州通扩张的旗帜；另一方面，他把这种文化延伸到社会，让老百姓在看病贵、看病难的时代，以低价分享优质医疗服务，延续了一个百年家族的贵族精神！

“我尊重别人，就像我尊重公司每个员工，我喜欢平等，不是高人一等，我将公司视为自己生命的一部分，公司上市后，不再属于我一人所有，与广大投资者紧密联系，我以维护他们的利益工作。”刘宝林说。

这是100多年前，刘家祖辈从汉川刘家隔起家，坚守“加三吃饱饭”的经营理念，也是刘宝林秉承百年家族的商业精神，从一个赤脚医生、满足农民的治病需求，到成立九州通集团，追求利润最大化，又以平价销售，让亿万老百姓分享“家文化”带来平等、友爱的成果，成就一个贵族理想的体现！

第十章

贵族理想引领襄阳走向变革

杨斌庆带领招商团到香港：让世界认识襄阳

越过一望无际的田野、越过炊烟升起的乡村、越过苍茫的汉江平原，一列火车离开襄阳，向掀起开放浪潮的南方急速奔驰。

这是1991年的冬天，尽管计划体制的“幽灵”徘徊在中华大地，并顽固地阻挡自由竞争的市场，尽管还没有吹响多种所有制的号角，但杨斌庆破天荒地带领一群官员，踏上了去香港招商的旅程，引领一个内陆城市发生一次伟大的转折。

透过车窗一晃而过的风景，杨斌庆看到了什么？拥有600万人的襄阳，位于武汉、郑州、西安、成都四大省会城市交汇点，是200公里半径内人流、物流、资金的运行中心，享有地理优势。

利用交通优势，杨斌庆提出了“三线经济带”以及小城镇发展战略，即在资源分布不均衡的情况下，优先将人才、物资、资本，汇集到位于汉江、铁路、公路的县市和乡镇。

杨斌庆的理由是；襄阳县市的地理、经济、文化存在很大的差异，经济条件的非均衡性、生产力发展的多层性，必然导致投资效益的差异性。如果不分主次全面投资、全面推进，就会造成人力、物力和财力的分散与紧张。

通过“三线经济带”率先发展和积累，就能发挥示范效应和带动作用，有利于梯度开发和分层推进。

“小城镇是城乡结合部，是三线经济带发展链条最关键的一环，抓住了小城镇经济发展，就找到了突破口。”杨斌庆说。

“只要精神不滑坡，办法总比困难多。”这是杨斌庆对各级官员的鼓励。

◉1991 年 11 月 25 日，在国内还没有走向市场经济时，杨斌庆以超人的政治勇气与智慧，带领团队到香港招商，打开了襄阳从内陆走向沿海的通道。

如果说主要领导人的品质、高度，决定一个城市的品质、高度，那么杨斌庆带领官员到香港招商，就是破除内陆意识，打开封闭的城门，让襄阳走到开放的前沿，呼吸自由竞争的新鲜空气。

“我的思想不封闭，我喜欢到外面学习，如深圳、苏州，让思想得到一次解放，当年诸葛亮不是借东风吗？为什么我们不能学习别人的先进经验。”杨斌庆说。

窗外呼啸的寒风，卷走了树枝上的残叶，枯黄的野草随风摇摆，大地还没有从寒冬中苏醒，但发出隆隆声的火车，穿过漫长的冬天后，将会迎来和风细雨的春天。

因此，火车越接近洋溢着火热气息的深圳，杨斌庆越感到，从沿海掀起的经济竞争浪潮，会席卷内陆的襄阳，只有拉开解放思想的序幕，清除计划体制积累的毒瘤，才能激发这个城市发生突破性的变革。

到达香港，杨斌庆邀请政界、工商、科技、媒体等人士，开了一场招商发布会。

站在台上，他身穿黑色西服、戴一副金色边的眼镜，显得很优雅、自信，面对香港各界人士，他以楚人的大气磅礴，发表了《从历史走向未来》的演讲：

“过去的襄阳曾是兵家必争之地，现在的襄阳已经成为万商云集之地，为了迎接时代的挑战，让襄阳人从过去的骄傲，走向光辉灿烂的未来，我们从市区挑选5850亩、最具投资价值的土地，供海外客商开发房产；选择100家经济效益好、科技水平高的企业，引进外来技术与资金。”

为了突出襄阳的重要地位，杨斌庆引用了经典著作《淮南子》的一段话：“隋侯之珠，和氏之璧，得之者富，失之者贫”。意为襄阳是一颗闪闪发光的明珠，只要播下财富的种子，就有丰厚的回报。

第二天，香港有些媒体刊登了他的讲话以及招商活动，称这是大陆走向开放后，第一个来自内地城市的招商团，他们希望借助香港这个大都市，让世界认识襄阳。

这次招商取得了出人意料的效果；短短几天就与港商签订了一批合作意向合同，协议投资1.6亿美元、进出口贸易1165万美元。

这期间，杨斌庆广泛拜会香港知名的工商人士，包括声名显赫的霍英东，这位身价亿万的巨人，对他越过汉江、长江，来到海洋边的香港招商，表示热烈欢迎、由衷的敬佩，并专门设宴招待。

维多利亚港前，耸立着代表财富与地位的高楼，背后融入了自由、公平竞争的体制，赋予人们配置智力资源、获取相应的报酬、实现光荣与梦想的权利，而且法律保障他们的财产权不受侵犯。

杨斌庆站在这里，面对海洋文明创造的奇迹，他心潮澎湃：为什么新中国成立几十年，依然还有几亿人没有告别贫困？能否将香港运行100多年取得的成功经验，移植到襄阳并结合当地实际情况，以比较短的时间、比较低的成本，创造性地在内陆催生一个发达的城市？

点燃股份制火焰，照亮乡镇工业

从香港返回深圳后，杨斌庆等人得到市委书记厉有为的接待，交谈后，主人推荐他们到深圳宝安县沙井镇万丰村这个股份制的策源地参观。

在杨斌庆眼里：潘强恩虽然是一个村支书，但像一个洋溢着才气的学者。

他中等身材，圆圆的脑袋，头发过早地谢顶，一双睿智、机敏的眼睛，仿佛时常观察可能出现的机会。

座谈会上，潘强恩显得洒脱、大方，给杨斌庆讲了一个故事：1984 年，万丰村从香港引进一个大项目，老板要求他当年 9 月前，建成 1500 平方米的厂房。

当时村子没有钱，潘强恩灵机一动，动员党员、领导、村民拿出积蓄入股，迅速筹集到 25 万元，以股份合作如期建成厂房。一年以后，入股的村民分到了 25% 的红利。

资本在他们面前展现了最神奇的力量，村子以股份制吸收村民的资金，创办了万丰公司。村民变成股东后，也变成了利益共同体，按劳分配、按资本分配激发出来的能量，推动万丰村创办了 37 家公司，涉及电器、房产，产品远销到美国、加拿大、东南亚等地，年产值达到 2 亿元。

进一步交谈，杨斌庆得知，潘强恩想做新时期的欧文。19 世纪的空想家欧文，在美国购买大量的土地进行共产主义试验，后因各种阻碍未能实现，但欧文的浪漫主义，给他注入了一种实践的动力。

“我本人想当一个新时期的欧文，在万丰村建立一个理想的社会主义试验区——共同富裕的试验区。”潘强恩以乐观的神态说。

为实现这个宏伟的目标，潘强恩从集体资产中，拿出 400 万元，给没有资金入股的村民，每人贷款 5000 元，让他们成为股东，分享村办公司带来的利润，以此缩小贫富差距。

潘强恩把他的试验当做是“共有制”，人民公社推行的“公有制”是一杯清水，虽然透明、纯洁，却没有营养，共有制是一杯飘散着芳香的奶茶，它混合了多种物质，而且营养丰富。

“我是村官，你是州官，俗话说：只准州官放火，你何不回去放一把火，让它在襄樊烧起来。”潘强恩笑着对杨斌庆说。

全新的理念、全新的方式，让杨斌庆茅塞顿开，犹如吸收到一股养分，异常兴奋，接连几天他沉浸在激动中，难以入睡。觉得这个模式、这个法宝，可以在离深圳 1000 多公里的襄阳试点。

当时农村家庭承包制释放了农民的积极性，让亿万人告别了饥荒，这是一次具有划时代意义的转变。解决了吃饭问题后，农村改革第二步怎么走？能否把农民组织起来、共同富裕，让他们有钱购买商品，提高生活水平？

杨斌庆认为，在当时银行收紧信贷、流动资金普遍短缺的情况下，农村第二步改革是以股份制为支点，将分散在农民手中的钱集中起来创办乡镇企业，既吸纳庞大的农村过剩劳力，又能帮助农民增加收入。

于是，受万丰村搞股份制的启发，杨斌庆将股份制的火焰从深圳传向襄阳，为这个内陆城市掀起了变革浪潮。

有些人怀着满腔热情，迎接股份制；有些人疑虑重重，犹豫不决，心想股份制是否会动摇社会主义？是否会冲击有计划的商品经济？是否会打破自己的既得利益？

一个伟大的变革，需要一个相适应的理论支持。杨斌庆以市委党校为阵地，把深圳万丰村的人请到襄阳，给有关官员讲课，以摧枯拉朽之力，清除计划体制遗留在他们大脑中的陈规陋习，既打开封闭的城门吸收自由竞争的空气，又毫不留情地以变革的车轮摧毁旧体系。

让官员接受理论后，杨斌庆要把理论变成行动、变成看得见的利润，他以横扫千军之势，指挥县市主要领导深入到乡镇、村子，以股份制将农民动员起来。

1992 年元旦，飘落的雪花没有融化，大地还没有苏醒，杨斌庆带领几个领导，冒着严寒来到襄阳郊区办试点，与王寨乡、高庄村、施营村等村子领导座谈，向他们推销股份制。

火种播下去后，第二年春天，杨斌庆等人冒着飘飞的细雨，再次来到郊区，奇迹展现在他们面前：75 家股份制公司共吸收 7000 万元，产值过亿元的乡镇由 2 个达到 10 家。

它向杨斌庆等人表明一个事实：股份制像超强力的“粘合剂”“聚宝盆”，将农民闲散的资金聚集起来，以投资多元化、利益共享为平台，优化配置人才、技术、资金等要素，释放出最大利润。

乘着改革的东风，股份制的火焰从襄阳，燃烧到辖区每个县市，将旧机制烧毁后，资本种子越过政府、越过国有企业、越过血缘关系的家族，在合适的土壤中迅速开花结果。

到1994年，杨斌庆在襄阳播下的火种，形成了燎原之势，仅在农村就催生了8000多家股份公司，拥有资金67亿元，一跃领先于湖北各地。湖北省委领导顺应形势，召集各县市领导，到襄阳学习股份制经验。也就是说他们到襄阳借东风。

告别小农耕种，将农民变成资本阶层

从乡镇点燃股份制火焰后，杨斌庆要用这个大熔炉，塑造一批适应市场经济要求的官员、培养适应市场竞争的企业家，让农民变成资本阶层。

1994年2月15日，农历正月初六晚上8点30分，杨斌庆将各县市书记、县长、局长及企业负责人，请到湖北化纤公司。

等待他们的不是一顿丰盛的晚餐，而是在灯火通明的教室，神情专注地填写“现代企业制度”答卷，考试的目的是，让他们认识自己的差距，便于第二天专心听取从北京、武汉请来的专家讲课。

让他们破除内陆意识形成的等级、权威，接受一场伟大的转变：旧体制不可能给市场经济的列车注入高速行驶的能量，市场经济不是公有与私有的对立，不是资本主义与社会主义的划分，不是谁压倒谁的差别，谁能优化配置资源，最大化创造效益，谁就是市场的主体。

通过对县市主要领导人的洗脑、通过灌输市场竞争意识、通过解放思想，城区出现了310家股份公司，以国有企业为主体的经济结构，发生了根本性的转变。

“拆除围墙、修建店堂”，“堂堂国有门市部，搞不过个体户”，杨斌庆要让市民、官员走出小农经济，接受商品经济的洗礼。

有些领导跟不上杨斌庆的思维，他们以计划路线为指导，觉得股份制是资本主义的毒草，怎么能在社会主义的襄阳生长、壮大?

更重要的是，他们从官本位主义出发，从维护既得利益格局出发，担心股份制会导致自己失权、失利、失控，进而丢位子、丢面子、丢票子，因而他们以消极的方式拖延。

面对保守势力，杨斌庆显示了他的政治智慧，他召开常委扩大会议，把人大、政协、体改办，以及县市的书记、县长请来，介绍推行股份取得的经济成就。

其中，襄阳县有45万农村劳力、剩余15万，靠耕种不能脱离贫困，只有工业才能消化富余劳力，全县183个乡镇，有152个乡镇党政一把手，为乡镇企业提供征地、技术、信贷等扶持。

凭借行政力量支持，到1992年，襄阳县催生了42973家公司、为10万人提供了就业，实现产值13亿元、利税1亿多元。

当资本跨家族、跨地区、跨国界流动时，与农田相隔的企业，可以节省向银行贷款的成本。1992年，襄阳各乡镇兴办了120家股份公司，吸引社会闲散资金2250万元。

具有代表性的太平镇有8万人口，靠股份制募集资金，并引进人才、技术，形成了纺织、化工、建材、服装、农副产品加工，1992年，全镇产值突破了2亿元。

乡镇企业向披着国有外衣的银行贷款，可能会被拒之门外，太平镇一家纺织厂，靠工人集资500万元，将过去1.5万锭纺纱，扩大到2.5万锭，为产值突破亿元扫除了障碍。

谷城县五山镇过去有1600亩茶园，在一不管理、二不承包、三没有独立产权的情况下，长出了半人多高的野草，既浪费了耕地，又让农民守着茶园过穷日子。

选择股份制时，他们像当年渴求温饱走向家庭承包制，集聚农民的资金、人力，全镇茶园面积达到2万亩，年产180万斤，形成了54个茶叶加工厂。扩大了茶叶产业。

老河口以股份制汇集各方资金，采取集体、私营、个体一起上，兴办了一批企业，祖辈面朝黄土、背朝天的耕种方式，被一批冒烟的工厂取代了。其中仙人渡镇产值达到1.58亿元。

农民越依附几亩贫瘠的土地，越以它为生存资源，就越没有机会摆脱贫困，汉江平原形成一个庞大的平民群体，落后于太湖流域的中产阶层，不是说明了这一点吗？

乡镇企业起来后，带来了一种竞争文化，冲击了官员以粮为纲的思维，打破了安贫乐土的小农意识，将农民变成工人、技术员、管理者，变成了市场经济需要的创业者，进而造就一批资本阶层，这是一个伟大的进步！

听完以上介绍，人大主任、政协主席、体改办领导受到启发，情绪高昂，抢先发言：“这是一个值得推广的机制，应该毫不动摇地继续前进。”

看到这个情况，杨斌庆在桌子上用力一拍：“股份制是建立现代企业制度的基石，现代企业制度是市场经济运行的车轮，襄阳选择这条路没有回头。”

“改革需要勇气、需要胆略，杨斌庆思想解放，有活力、干劲，认识到商品经济的意义，不断突破计划经济的框架，引入新的竞争机制。”襄阳统战部李跃华部长说。

出于谨慎，市政府对乡镇企业制订了13%的增长目标，政协主席胡久明调查后，对杨斌庆提出：乡镇企业增长空间很大，应该加快速度，提高到30%。

到1993年，一份耀眼的业绩单摆在杨斌庆面前：全市乡镇企业达到19万家、产值上升到78亿元、吸收劳力61万人，全市30%的财政收入来自乡镇企业，凭借这个速度，襄阳戴上了全省第一位的桂冠。

一个乡镇有多少企业、创造了多少产值、吸纳了多少人就业，变成了衡量当地农民是否富裕、是否走向小康的标志，缺少企业的乡镇，变成落后的代表。

乡镇企业变成了襄阳经济的一艘巨轮，杨斌庆以行动，表达对各县市官员的政治鼓励。2月10日，他举行全市乡镇企业表彰大会，奖励4个强县、4个产值过2亿元、10个过亿元的乡镇。

与有些官员不同的是，杨斌庆不愿坐在办公室听苍白的报告，要从实践取得第一手经验，看到那些厚厚、没有调查、捕风捉影、八股文式的调研，他翻一下随手一扔，或者将它撕得粉碎扔到窗外，以这种方式粉碎假话、空话、套话。

他的思维像机器高速运行，他的脚步不停地奔波在各县市，他富有鼓动性、煽动性的声音，不断回响在各级官员的耳边，要从不断上升的产值、利润，证明股份制在襄阳工业的生命力。

打破国有产权，释放最大的竞争力

由于城市变革的权力掌握在主要领导人手中，他们能否以最低的执政成本，优化配置公共资源，影响到居民的财富积累与生活质量；一个富有创新力、勇于进取的领导人，能够赋予人们有更多机会创造财富。

通过股份制催生一批乡镇企业，杨斌庆发起了更为深远、更有突破性的变革：以农村包围城市，动员县市主要领导，打破铁工资、铁饭碗、铁交椅，给国企改革提供一个突破口。

1992年2月16日，杨斌庆在打破“三铁”现场会上说：“通过打破‘三铁’这个杠杆，调动法人、工人的积极性，将社会主义的优越性释放出来，变成我们最大的竞争力，缩小与沿海城市的经济差距。”

他在会上鼓动大家：“我觉得企业的厂长、经理，应该有改革家的气派、应该有大无畏的精神，改革是一场革命，也是一场伟大的创举！”

长期以来，一个不创造财富却要财政补贴、银行贷款维持的企业，挤占了社会资源，消耗了应投入公共建设的资金，结果城市公共设施不足，居民得不到优质的公共服务。

严峻的形势向政府领导、企业发出了警告：如果不废除单一的产权、僵化的人事、不合理的分配，淘汰无能的领导，走向各尽所能、按劳分配、多劳多得的道路，那么就会危及工厂、砸掉所有员工的饭碗。

曾经的纳税大户襄阳卷烟厂，无论是产值，还是利润，都不同程度地下滑，甚至难以发放员工的福利，原因是企业领导能上不能下、员工能进不能出，大家安稳吃大锅饭。

打破“三铁”后，政府分管领导把产值、利润分给烟厂负责人，厂长为完成任务，就要在人事、效率、分配上动手术。他召开员工代表评议会，以集体力量决定能者受奖、留用，无能者就地免职。

过去一位车间主任，既无管理能力，又不负责任，长期不能按时完成生产任务，解聘他换新人后，车间实行风险抵押承包，产量由过去每月3500箱，迅猛上升到7000箱，这个马太效应向生产、销售、采购、财务各个部门释放。

当城市从农耕转向工业，企业就变成了提供产品、创造财富，带动人们提高收入、拉动经济增长的主力军；企业的产权，决定资本积累的速度，决定企业的生命力，企业的生命力又决定城市的竞争力。中部没有效率的国有企业大量消耗资源，却没有释放出最大的社会财富，这是落后于沿海的一个重要原因。

在杨斌庆看来，改革如同一辆满载货物的列车，速度越快，产生的震荡与摩擦越大，压力越大动力也越大。如果不彻底根除产权不清、职责不明、政企不分、分配不公、效率低下、整体素质差的病毒，那么培养具有竞争力大产业、塑造一个繁荣的城市，只是纸上谈兵。

一家企业举行打破国有身份，改为民营产权时，场面出现了短暂的沉默与僵持，丧失年龄优势、又无能力的人，对打破“三铁”怀有强烈的抵触情绪，但到会的 114 名工人代表，还是投了赞成票，觉得转向民营化的潮流不可阻挡。

有些人听说企业要打破“三铁”，找熟人、拉关系，千方百计调进机关、事业单位，其中有 10 多人想进一个局寻求避风港，另一些实权人物写条子，要求某个局长将这个人安排进去。

“如果让这种现象蔓延下去，那么对打破‘三铁’是一个莫大的讽刺，我们冻结了事业编制，看准的事，就得义无反顾地干。”这是杨斌庆的风格。

完成国有产权向股份制转变的企业，犹如一个多年被疾病包围、现在挣脱了它的控制、获得了新生的人，在注入了新鲜的血液、养分后，迅速增加自己的体能。

“透过襄阳 300 多家企业改制，一种共同的动因：生存、发展，这一切深深浸润着激烈的市场竞争，竞争，逼着他们解决要命的资金问题；竞争，逼着他们转换僵化的经营机制；竞争，逼着他们早日与国际市场接轨。”杨斌庆说。

杨斌庆肯定章锋的成绩与功劳

杨斌庆打破“三铁”，培养一批企业家，造就一批大产业的预言，在湖北回天胶业公司董事长章锋身上得到了体现。

1992 年，章锋调到这家研究所当所长，看到了真实的状况，100 多人主要搞科研，却不能有效地将成果转为商品，转为提高员工福利的收入，每年有 100 多万元销售收入，但负债几百万元，已经资不抵债。

“有一次，我参加会议，听到杨斌庆发出学苏州、赶荆州、争上游的号召，要求各级部门打破僵化的思维，对我影响很大，我觉得期盼已久的变革到来了。”章锋说。

◉1989 年 4 月 18 日，襄阳市长杨斌庆（左二）、政协主席胡久明（左一），在襄阳南湖宾馆，受到原国家主席李先念的亲切接见。

当章锋响应杨斌庆打破铁工资、铁饭碗的号召，将代表“事业制”的研究所变成公司、将技术变成产品推向市场时，大部分人迅速发出了反对的声音：我们是国家培养的人才，又是事业编制，政府怎么不给我们发工资？你凭什么改变我们的身份？

他们的思维遗留着计划体制的教导：一等公民搞科研，二等公民抓管理，三等公民跑销售。他们消耗大笔财政收入搞科研，鉴定后，可以提职务、加工资、分房子，却没有意识到，科技远离市场、不能变成商品，会面临哪些生存危机。

在强大的体制惯性面前，章锋采取折中方式，先以承包制，多劳多得，激励一部分人将技术变成产品，变成看得见的利润。让他们尝到甜头，与自己形成一股合力。

“我根据业绩进行分配，并免除有些人职务的做法，遭到他们强烈反对，他们当天向科委领导告状，指责我一手遮天，胡搞，不懂科研、学术、科委领导听到后，很紧张，第二天早上 7 点 30 分，派人到我的办公室。”章锋说。

纪委书记以批评的语气说，粘胶所是国有科研单位，不是私人开设的店铺，改变体制、调整人员，必须向科委报告，怎么能打着改革的旗号，擅自改变它的性质?

“听到他的训斥，我怒火燃烧，我的做法适合市委书记杨斌庆提出打破铁饭碗、走向市场的精神，以客户的需求为导向，利润不断上升，怎么违反了规定，我质问这个领导，你代表科委还是你自己?”章锋气愤地说。

为寻求支持，第二天上午，章锋直接赶到襄阳市委。当时杨斌庆主持召开常委会，开到11点即将散会，他看到章锋推开大门。

“杨书记，我前天听到您打破‘三铁’的号召，回到粘胶所落实这个精神时，有些人不但不支持，反而诬告我，要停止我的职务，请您做出一个公正的决定。”章锋说。

听完章锋的诉说，杨斌庆在桌子上用力一拍，以坚定的语气说：“章锋以壮士断腕的气概，在全市率先不吃财政饭，以市场为导向、以技术创新扩大产业，这样的创业者不容易，有关部门要创造一个开放、包容、宽松的竞争环境，支持他成长，怎么能制造障碍呢?”

当即，杨斌庆发出指示：一是科委派到粘胶所的调查人员，立即撤走；二是市纪委、组织部调查科委这位领导，凭什么到研究所发号施令？如果违反原则，一定要查处；三是，了解章锋这几年对粘胶所做出的成就。

组织部派人到粘胶所调查后，认为章锋没有以权谋私，反而勤奋、敬业，带领科研人员扩大产量、利润不断增长，让大部分员工受益，应该承认他的成绩与功劳。

等于杨斌庆给章锋创造一个安全的环境，排除了因利害关系、被其他人剥夺经营权的风险。

“在关键的时刻，杨斌庆的支持，让一个科研所找到了通向市场、树立品牌的道路，让我度过了改革的险恶时期，否则，我们很难创造一个大产业，因而我终生难忘。”章锋说。

章锋把科研所变公司，“回天胶业”从襄阳走向上海

为了适应市场竞争，章锋对粘胶所的人员、分配机制，进行大刀阔斧的变革，以为拥有工程师、研究员等称职，就能比别人获得更多报酬的时代一去不

复返。

市场不承认级别，他们的研究、生产必须符合市场需求，否则，就失去了存在的意义。因而停留在科研室的人员，以开门市部、联系客户，将产品变成利润，实现自己的价值。

在章锋看来，公司取名“回天”，即使天空裂开了一个大洞，也能弥补，实现回天有力，扭转乾坤的壮志。

东风汽车开订货会时，章锋组织一支乐队，无偿到现场演出，激昂的鼓乐声，感动了东风领导的心，粘胶所推出的“回天”牌胶，也粘住了东风这个大客户，每年销售收入突破300万元。

◉章锋以一飞冲天的豪情壮志，把一家科研所变成回天胶业集团，确立了在行业的核心优势。

1997年，章锋以排除万难的意志成立股份公司，终结了以事业单位吃财政饭，却不能将科研变成商品的时代，以市场需求开发技术，获取最大利润，这是一个具有里程碑意义的变革。

当改制以利益增长达成共识后，员工用人民币购买股份，用股份投票选举公司董事会，章锋以绝对多的票当选董事长，这是资本权决定决策权、经营权的表现。

为扶持回天成长，1999年，襄阳高新区将它列入第一批高新技术企业，不仅给予科研经费，而且让它享受税收优惠，降低了它的研发费用，以及占领市场的成本。

分配方式激发了回天科研、生产、销售人员的积极性，每个人的贡献与收入紧密相连，不仅带动公司有10多项成果，获得省、部级奖励，而且拉动产值每年平均以30%的速度增长。

完成原始资本积累后，章锋没有满足于现状，他知道襄阳在人才、技术等，与武汉、上海存在巨大差距，只有走出去，与掌握了汽车、电子粘胶技术的公司抗衡或合作，才能增强自己的核心竞争力。

决定进入上海时，董事会有些成员充满了犹豫，认为公司处于成长期，不具有挺进上海的实力，尤其是1998年亚洲金融危机，对跨国公司的信心带来了一定冲击。

“综合各方面的信息，我认为经济增长低迷时，也是投资最佳、成本比较低的时期，我们到上海成立研发中心，向跨国公司学习，也是与他们竞争，快速提高我们的竞争力。”章锋说。

1999年，章锋怀着成为行业巨人的理想，越过汉江平原，在汇集了跨国人才、技术、资本的上海，投资成立粘胶研究中心与生产基地。实现了跨过内地城市，向沿海城市扩张的愿望。

通过上海这个大舞台，章锋带领回天的技术精英，从开发汽车密封胶，转向电器、新能源等，以实力击退了扬言要打败回天的跨国集团，又以友好、真诚的姿态，与戴尔等电脑巨头合作，扩大自己的阵地。

利用资本市场，能实现跨越式的裂变，2011年，回天在深圳证券交易所上市，募集资金近6亿元，超过了过去10年积累，利用资本在襄阳、上海扩建厂房，还引进了一批人才。

“从襄阳汉江，到上海黄浦江，为了把握公司前进的方向，我的思维必须更加开放、视野必须更加开阔、理想必须更加高远。”章锋说。

奋起直追，为工业强市扫除阻碍

为给民营企业提供成长的养分，1995年6月21日至29日，杨斌庆随省委一个考察团到江苏、上海学习：江苏乡镇企业以敢于创新、大胆尝试、抓住机遇的魄力，迅猛壮大，形成了从产业扩张，到以资本支撑产业、树立品牌的时代。

面对蔚蓝色的海洋，上海凭借优越的地理位置、雄厚的工业基础，以及浦东开放的机遇，吸收海内外的资本，技术，从传统的汽车、钢铁、机械，转向技术含量高的电子、通信，迎来了第二次工业浪潮。

差距意味着要奋力追赶，落后意味着要超越、危机意味着要实现转机，放眼中国、遥望周边城市，杨斌庆以背水一战的豪情，为襄阳找到一个突破口。

“《孙子兵法》上说，急水之疾，致于漂石者，势也。要形成急水漂石之势，就要形成万马奔腾的竞争局面，如果没有对手，就没有压力，没有竞争，就会自我感觉良好，缺乏超越对手的动力；有了对手，就会一马当先、万马奔腾。”杨斌庆说。

为此，杨斌庆主动在自己的前面，设置了两个竞争对手：苏州与荆州，并提出了“学苏州、赶荆州、争上游、创一流”的口号。

回来后，杨斌庆召开市委扩大会，他说：“我们面临一个难得的发展机遇，全球经济开始进入新一轮增长周期，给我们提供了更大的空间；中国工业处于快速成长的青春期，将会延伸到下个世纪；国家经济建设的重心，正由沿海向内地，特别是长江流域将成为增长的重点。”

由于这些县长、书记起步于乡镇，过去以抓农业、保粮食增长，获得上升的通道。几乎没有接触工业，作为主要领导人，杨斌庆要站在更高的时代舞台，以激动人心的口号、以富有鼓动性的目标，以自己的良知、地位、威望、品质，感召县市主要领导，沿着工业强县的道路，互相竞争、赶超。

有了相互竞争的意识，一方面县市领导必须最大化配置人力、资金、技术等资源，将资源变成经济增长的动力；另一方面要出台相关政策，为实现工业强市扫除各种阻碍。否则，他们难以获得上升的资本。

于是，县域之间掀起了竞争的浪潮，谷城县委知道，要提高竞争力，必须抓住汽车工业这个老大，壮大汽车支柱产业。因而他们重点扶持车桥公司，并培育建材、纺织、服装、食品等。

1995年谷城政府换届，按常规由副书记任县长，但周元宵从分管农业到财贸，积累了20多年的行政经验，而且年轻、接受了大学教育，这些优势加上有关领导的支持，他出任县长。

任县长时，周元宵与书记程仁发配合默契，他主要抓财政收入，按时给各部门发放工资，并落实有关政策，保障政府正常运行，年终决算时，请程仁发提意见；属于周元宵负责的事，程仁发不盲目干预，尊重他的决策。

为保障连续性、稳定性，他们创造了一个政治生态环境：不轻易更换企业法人，不给他们施加压力，不抓住小缺点，损害他们的形象，反而包容他们，以人大代表、政协委员赋予他们政治地位。

“我每次到石花镇考察，都要将企业家请到镇政府吃饭，了解他们遇到了那些困难，尽可能创造条件，扶持他们成长，如果过多索取，就会摧毁财富的种子。”程仁发说。

周元宵任县委书记时，他个性温和，能团结其他领导，重大决策与常委会、人大、政协的成员讨论，不搞一言堂，不搞帮派斗争，获得了大家信任，进而树立了自己的威望。

作为一名读过经济学的官员，周元宵理解了一个事实：市场经济不看你是国有还是民营，看你能否优化配置资源、创造最大效益。因而他加快了打破国有产权，向民营转变的速度。

谷城车桥厂的前身，源于1953年创办的农机厂，20世纪80年代，转向汽车零部件，到1997年，有1000多名工人，产值过亿元、每年交几百万元税收，不如纺织厂。

当时工厂设备落后、效益下滑，背负了大量银行债务，如果不改制就可能倒闭，不仅会引发工人失业，而且需要政府投入财政安置。

看到这个情况，周元宵在常委会上提出，将车桥厂无偿转让给三环集团，由对方经营并承担债务，而且必须扩大产业，既避免工人失业，又减轻了政府的压力。

这个颠覆性的提议，有些官员难以接受，他们发出了不同的意见：将国有企业让给他人合适吗？大家都成长于平均主义时代，收入差距过大，心理能接受吗?

作为官员，他们利用手中掌握的权力，决定企业的负责人，或者以吃喝消耗企业的利润；改为民营后，他们丧失了从企业索取收益的权利，会看到一个资本阶层的崛起，收入远远超过自己。

在周元宵陈述利害关系后，车桥厂交给三环集团，对方投入4000万元购买设备，一举结束过去的手工操作，用一年时间进入自动化时代。

伴随产业扩大带来的利润，三环敲开上市大门，实现了以资本扩大产业的愿望，直接拉动车桥厂产值突破30亿元。车桥厂扩大规模后，又带动谷城一批企业为它配套。

杨斌庆把这种竞争局面，比作“激水漂石”，当一场山洪暴发，势不可挡时，能一泻千里冲走巨石；当他把市委书记的力量释放出来，并决定县市主要领导的升迁时，就能激励他们冲破固步自封、小富即安的思维。

刘国本从产业扩张到资本扩张

在杨斌庆推动县市互相追赶中，谷城县石花镇成为一个典型代表。

从地理位置看，石花镇三面临山，北面是奔流不息的汉江，中间有207国道，往西是进入四川、陕西的咽喉要道，朝东经襄阳到达武汉，享有便利的交通优势。

原石花镇党委书记、现任襄阳经委主任葛秀全说，20世纪80年代，一批从乡村返回石花的知青，需要谋求职业，当地却没有工厂安置，街道办出面筹集资金创办农机、电器、织布、铸造等厂。

不经意播下的工业种子，到1992年，裂变成几十家企业，全镇工业产值突破2亿元，过千万元的有7家，过百万元的村办企业有6家，一名厂长被选为中国人大代表。

到了2000年，谷城以尊重历史、兼顾现实的原则，对有贡献的法人、管理者，以及不同级别、不同岗位的人，给予一次性的股份奖励。由法人、管理层一次买断产权，或分期付款，国有股退出变成民营。

湖北骆驼集团公司董事长刘国本说，他曾经当过木匠，为谋求生存，与几个人合伙，在石花修理电器，后来转向电池。以经济建设为中心的号角吹响后，1980年，他们创办了谷城蓄电池厂。

尽管在人力、财力、物力等方面不掌握决定权，但刘国本像长在山崖的一颗青松，不惧狂风暴雨、显示强劲的生命力，并创造条件吸收资源。到1992年，骆驼蓄电池产值达到1780万元、利税195元。

第二年，刘国本与许多创业者，迎来了一个宽松的政治环境。1993年2月14日，国务院发出加快发展中西部乡镇企业的决定，认为占中国人口2/3的中西部，乡镇企业产值却只占1/3，成为中西部与东部经济差距的主要原因。

对刘国本来说，这个决定提高了乡镇企业的政治地位，是一个重要的跨越，而且杨斌庆支持乡镇企业转向股份制。凭借这个政策，1994 年，他更改公司名称组建股份公司，并动员管理层、工人参股，实现民营股权与集体股权共存的局面。

“当时我们盼望政府出台支持乡镇企业的政策，让我们有权调动人力、财力、物力，我们获得股权的想法是，除了要相应的收益以外，还要让工人有养老保障。”刘国本说。

一方面，镇政府赋予刘国本经营企业的权力，并按业绩获得相应的报酬，另一方面，刘国本以资本积累扩大了影响力，被选为人大代表，提高了自己的政治地位。

刘国本以楚文化裂变、突破的精神，经过 20 多年呕心沥血的开拓，从谷城石花镇一家修理厂，扬起了骆驼集团扩大产业到塑造品牌、走向全球的旗帜。

有一次，杨斌庆在石花宾馆召开乡镇企业成长会，他以幽默的语调对刘国本说：你的公司不能像宾馆的一扇小门，满足于小富即安，应该跳出去，开创一个大产业。

透过福特、洛克菲勒、摩根等大财团开创的财富神话，刘国本看到一个事实：私有财产权神圣不可侵犯，给资本家提供了创造财富的安全环境，成就了一批称雄全球的跨国公司。

“当时乡镇企业不像国有企业，有养老、住房、医疗等福利保障，完全靠自己寻求资源生存，我们辛苦创业，但资产不属于我们所有，一旦企业关闭我们怎么办？老了以后谁给我们退休费？我们需要掌握产权，决定自己的命运。”刘国本说。

2000 年，骆驼产值突破亿元，刘国本看到了一个伟大的转折，经过他的不断努力，石花镇政府领导顺应时代变革、转变思维，以收购、奖励等方式，让骆驼摘除集体企业的帽子。

变成民营公司后，刘国本成为大股东，以股权与管理层、工人形成稳定的利益共享关系，并根据市场竞争，充分配置人力、物力、技术，最大化占有市场、获取利润。

到2010年，伴随中产阶层的成长，汽车业呈爆发式增长，带动畜电池的需求，骆驼集团产值突破20亿元；到2011年，刘国本打开了上市大门，完成了以原始资金扩大产业，到以资本扩大产业、树立品牌的旅程。

“上市后，我们不再靠银行贷款，资本市场给我们提供更加便利的舞台，可以跨地区融资，并兼并相关产业。”刘国本说。

除了一个适宜骆驼成长的环境以外，刘国本善于学习，1984年，他当厂长时，面对企业的人事、财务、销售等，深感自己缺乏这方面的知识，必须弥补不足。

1986年，他通过成人高考，被武汉一所大学录取，读企业管理专业，每月到学校学习五天，此时，他过了42岁，非常珍惜这稀缺的机会，一天也没有缺席。

三年系统学习，刘国本更新了自己的思维，认识以什么体制，才能更有效地配置资源，释放最大的增长力。

过了50岁，刘国本仍然坚持学习，每天早晨背诵5个英语单词。对知识的渴望与不断追求卓越，是刘国本接近70岁、送走40多年的创业，依然保持敏捷的思维，不断适应市场变化的原因。

这也是资本精神对他的召唤！

最大限度把政策优势变成增长优势

到2008年，石花镇实现产值30亿元、财政收入2100万元，成为襄阳地区及湖北有名的工业强镇。这凝聚了刘国本、李富元等人开创的成果。

金洋冶金公司董事长李富元说，1982年，他到石花电池厂任厂长，工厂只有几十人、设备简陋，几乎是手工作坊，受国有企业垄断，公司在资金、技术、销售等方面遇到许多阻碍。

分析公司的前途，李富元发现工厂对面的骆驼公司，以铅合金等原料生产蓄电池，原料需要从铅矿中提取，在当地没有铅矿的情况下，可以从废旧蓄电池提取。

受此启发，李富元筹集资金购买先进设备，并引进一批技术精英，从废旧电池提取铅，再卖给蓄电池厂，找到了一条生存之路。

为改变弱小的被动局面，经石花镇分管科技的副镇长介绍，李富元与物资部下属一家研究所合作，对方提供资金，并借助他们的声誉，申报国家85科研项目，有项目就可以请求银行贷款。

1998年，政府以股份制破除集体产权，李富元认为这是一个做大企业的机会，除了自己参股以外，还动员工人入股，完成从单一的集体所有制，向多元产权转变。

据李富元介绍，2004年，金洋产值突破2亿元，但背负了银行贷款以及其他债务，改制评估资产时，公司没有净资产，交纳相关资金并承担债务后，公司变成民营。

从扩大产业规模、维护生态、减少污染、树立公司形象考虑，李富元关闭了老厂，在谷城开发区征地160亩、投资几亿元建新厂。

在几届政府领导的支持下，李富元经过多次奔波，2011年8月，获得国家发改委、财政部批准，设立国家再生资源回收利用基地。即“城市矿产”，从传统的开采矿产、制造产品、满足人们消费、变成废品的模式，开辟减少开采、回收加工、资源再利用的增长道路。

一方面，人们过度消耗资源，满足日益膨胀的欲望，另一方面，经过多年开采，有些地区的矿产已经枯竭，只剩下一堆废渣，不得不花费巨资进口矿石、石油等。

通过城市矿产项目，李富元与政府形成利益共同点，一方面，金洋公司利用国家项目资金，建立再生资源利用基地，降低进入市场的风险，确立再生铅生产地位。另一方面，谷城县委、县政府提出力争五年，建成“一区三产业”的设想，即再生资源交易区，再生铅、再生铝、再生钢铁产业，在地区产值、财政收入，实现突破性的增长。

这是20多年以来，李富元能冲破体制对民营企业的阻碍，最大限度将政策优势，变成金洋公司的竞争优势，也是地方政府愿意大力扶持他的原因。

一个好的政治生态，需要政府主要领导人精心维护，给企业家创造一个安全、稳定、持续的生存环境，有利于他们最大化配置资源、获取最大利润，提升城市的竞争力。

幸运的是，由于程仁发、周元宵等历届领导，沿袭以政治生态，保障企业家的生存安全，降低企业经营风险，赋予他们获取最大收益的预期，石化镇造就了刘国本、李富元、安明、丁谦启等一批企业家。

据石花镇经济办一位主任介绍，石花企业创造的产值占谷城半壁江山，对当地财政收入增长，起着举足轻重的影响。2012年，全镇工业产值175亿元，规模以上企业达到45家。

杨斌庆扶持乡镇企业与推动小城镇建设有密切的关系。在他执政期间，襄阳制定了小城镇规划，以投资主体多元化、引入竞争机制，催生一批全国十强镇、楚天明星镇。

为总结经验，1995年11月22日，建设部“小城镇建设会议”，在襄阳南湖宾馆召开。瑞士驻华大使斯格率领代表团，专程到襄阳考察，对小城镇建设取得的成就表示赞赏。

以特快速度，把襄阳变成国家高新区

“李副总理，我只汇报15分，襄阳发展靠二汽，二汽发展我发展，我与二汽共兴衰。”杨斌庆在宾馆对国务院副总理李岚清说。

“这个话很好，但东风汽车不会衰落，我将‘共兴衰’改成‘共兴荣’。”李岚清笑着对他说。

会场响起了赞同的掌声。这是1994年，国务院副总理李岚清到东风襄阳基地视察时，与杨斌庆的一段对话。

回顾20年前发生的这段往事，我们可以毫不夸张地说：设立国家级的高新区，是杨斌庆在襄阳执政时，调动各级官员的动力，留下的最大杰作之一！

当时，分散在十堰山沟的东风汽车，受交通、人才、技术制约，难以得到

◉杨斌庆以一年的特快速度，把襄阳变成了国家高新区。

爆发式的增长，他们提出了三级跳战略：第一跳，从十堰搬到拥有广阔平原的襄阳；第二跳，到集聚了人才、技术优势的武汉；第三跳，面对海洋与跨国公司抗衡。

在东风向襄阳转移的关键时刻，作为市委书记，杨斌庆再次发挥了战略家的作用，他意识到，从外部引进大集团、大项目，并快速吸收人才、资金，才能造就一批大产业，才能开辟一条快捷、便利的工业之路，托起城市的繁荣。

认识这个利害关系，杨斌庆带领团队上下求索，首先以东风到来的机遇，向省政府发出成立汽车产业区的请求，于 1992 年 1 月得到批准，规划面积 46 平方公里。

紧接着，杨斌庆再次发力，将原高新产业局更名为襄阳高新区，于 1992 年 5 月 5 日，得到省政府批准。

取得这些成果后，杨斌庆并不满足，他看到，襄阳周边城市云集了大量的三线军工厂，聚集了稀缺的人才、技术，与各部委有千丝万缕的联系，但他们分布在山沟，交通、教育、医疗等公共设施不配套。

因此，杨斌庆从武汉奔波到北京，拜访航天、机械、科技、经委等部委领导，向他们表明：以优惠政策，帮助三线军工厂搬到襄阳高新区，既能解决交通不便等困难，又得到一个优越的发展环境，稳定大家的情绪。

这个想法与有关部委领导的愿望不谋而合，而且他们需要土地建工厂，向民用品转变。找到利益共同点，他们开始将三线军工厂迁到襄阳高新区。

凭借他们带来的人力、技术，杨斌庆有资源申请国家级高新区。1992 年 11 月 9 日，国务院批准襄阳设立国家高新区，继武汉东湖高新后湖北第二家。

至此，杨斌庆在一年之内，以三级跳的特快速度，在中国开创了一个城市设立高新区绝无仅有的先例。

1993 年，汽车业产值一跃突破 10 亿元，高居各产业首位，只用了 10 年时间，汽车业以高起点、高技术、高效益，成为襄阳一支强大的主力军。

原高新区书记胡梦元说，1994 年，受国家调整的影响，襄阳开发区速度减缓，各部门不下放征地、交通、税收等权力，造成大家互相抵触，找不到明确的方向，人心涣散，甚至认为开发区没有前途。

为振兴开发区，杨斌庆将胡梦元调到汽车产业区任书记。

“我觉得胡梦元是一个难得的将才，他实干、苦干、思维清晰，有事业心，能协调各方面的关系，开发区需要这样的人才，要给他这个机会。”杨斌庆说。

之前，胡梦元任南漳县委书记。上任时他发现，南漳还停留在以粮为纲的时代，并成为有些官员的执政法宝，以经济建设为中心的春风，似乎没有穿过云雾缭绕的山峰，吹到这个县城。

从地理位置来看，南漳西南分布着山峰、丘陵，东部向汉江流域延伸，有适合耕种的平原，但全县人均耕地只有一亩，种田不能解决温饱，也难以增加收入。

相对于枣阳、老河口，南漳离襄阳最近只有 40 公里，可以称为襄阳的后花园，最具有开发潜力，而且南漳是楚文化发祥地，有深厚的历史文化，要打开山门，将资源优势变成经济增长优势。

上任之前，杨斌庆对他说，南漳在招商方面要实现零的突破。这意味着他必须扭转当地官员以粮为纲的思维，掉转马头向工业大踏步前进。

分析差异后，一方面，胡梦元根据当地拥有山林的优势，动员农民转向茶叶、香菇、桐油、蚕丝，并以加工提升农副产品的价值；另一方面，带领相关官员到深圳招商，依靠外地输送的人才、技术、资金，一年创办了 10 多家公司。

1993 年春天，湖北省长郭树言结束对保康的视察路过南漳，原来设想吃完中午饭就回襄阳，但他看到南漳产业结构调整取得了成效时，改变行程决定住一夜。

当天晚上，南漳县委、人大、政府、政协四大家领导到宾馆开汇报会，郭树言听了胡梦元的汇报后动情地说：“我们共产党靠实事求是起家，但真正做比较困难，一个山区贫困县的书记，却有胆略、魄力，完成产业结构调整，让人觉得难能可贵。”

当时南漳财政收入只有3000万元，实际需要4000万元，靠借钱维持运转。重复设置的机构，造成人员不断膨胀，消耗了纳税人的钱粮，却不能提供有效的公共服务。

胡梦元幸运的是，目光敏锐的杨斌庆，对他发起的一系列经济变革，投来了赞赏、支持的声音。不仅没有理会有些人编造的谣言，反而将他调到汽车产业区。

对于开发区，苏州采取的是封闭式管理，即设立相应的机构，一揽子解决各种问题，这个模式吸引了杨斌庆，他立即叫人通知襄阳土地、财政等局长，赶到苏州学习。

紧接着，他赋予开发区相应的权力，成立了财政、土地、规划、税务、教育、交通等，建立开发区一级财政，以行政力量构建的围墙，排除外部势力的不当干扰。

等于向各级官员发出了明确的信号：任何人无权制造障碍，必须释放行政资源，创造一切条件，让开发区扬起繁荣的旗帜。

有了杨斌庆的强力支持，胡梦元创造性地为汽车开发区，配置公共资源。他变管理为服务，以不求所有，但求所在，不管企业来自哪里，只要到开发区落户，就要全力支持。

胡梦元利用东风与美国康明斯、法国标致、雪铁龙、日产合资，在襄阳形成动力、轻型车，铸造、研发四大基地的优势，调动人力、物力，引进近300家企业，生产汽车零部件。

2002年12月，阮成发任襄阳市委书记，报到开完会安排的第一件事：到汽车区拜访东风负责人，并对他们说，我的联系点在东风。

举全市之力支持东风公司，托起一个东风，就托起了襄阳经济增长的发动机。这就是东风在阮成发心中占据的重要地位。

过完春节，阮成发坐车到高新区开现场会，他在路上对随行的人说，我以为从城区出发到汽车区，会看到一个新兴的城市，却不料离乡镇越来越近。

接着，他回过头对胡梦元说：“开发区需要重新规划，你在本子上记着，以后我每月在汽车区开一次现场会，如果我忘记了，你提醒我，不过，你要做好思想准备，开会不是表扬，可能是批评。”

理解这一点，胡梦元充分调动开发区掌握的行政资源，为东风排除阻碍，一是化解历史遗留的包袱：筹集资金支付征用农民土地的欠款，消除利益分配不公平带来的阶层冲突；二是修通园区的道路、排水、绿化等。

陈建国迎着东方升起的曙光“追日”

除了东风以外，高新区给追日、大力、泰和、回天等民营公司提供了成长的土壤。陈建国就是一个代表，他曾在襄阳陶瓷设备厂任厂长，这个厂靠银行贷款建成，技术员一边消化图纸，一边生产小产品糊口。

权衡利害关系后，1997 年，陈建国不再留恋没有效率、没有创新力的国有企业，他主动告别陶瓷厂，带领几个人集资 50 万元，租几间房子，创办了追日电气公司。

以“追日”这个名字，陈建国激励自己与员工，怀着一种积极向上的心态，迎着东方升起的曙光，去追求科技创新带来的神奇力量，成就个人的梦想，也对中华民族的进步，发挥应用的作用。

迎着改革开放送来的阳光，陈建国心怀成就大产业的理想，向创新超越的高峰挺进。

理想很远大，现实也很严酷。陈建国考察市场后，想研发价格便宜、性能稳定的高压大功率电机软启动设备。他找亲朋好友借了 10 万元，请人设计图纸、购买材料，并请技术员试制样机。

1998 年 1 月，他冒着很大的风险，带领公司人员到一个水泥厂试验，他的心情既兴奋又紧张，如果高压电通过水箱发生爆炸、导致试验失败，那么他会背负更大的经济压力。

进入测试现场，大家的神经绷得很紧，不约而同地祈祷：顺利完成试验，给追日一个光明的开始。当电流通过后，电机启动，标志第一台电机软启动成功运行。

看到成功启动，陈建国与公司员工不由得跳起来欢呼：成功了！当晚他们举杯庆贺，透过无数背负压力的日子，他们终于看到了一个美好、光辉的时刻。

此时，党的十五大已经召开，确定以多种所有制推动经济发展，意味着民营企业的政治地位得到提升，他们将作为重要的力量，与中华民族的富强紧密相联，这也是送给陈建国等人的礼物。

试验成功，意味着陈建国将技术变成了产品。追日电器一位经理介绍，水泥厂用电量大，开启机器之前，需要关闭其他电源，以保障电力供给，安装追日生产的软启动设备，不需要耗资建配电站，随时可以开启。

1999年，追日电器推出世界第一台高压交流电机热态软启动装置，在河北唐山国丰钢铁厂一次成功启动，将产品变成了丰厚的利润，也迅速树立追日的声誉。

凭借这个技术，追日的产品从钢铁、水泥，向石化、冶金扩展，迅速扩大市场占有率，2004年，产值突破亿元，利润1000多万元，在行业确定了自己的竞争优势。

一个产品占领市场、赢得一批用户后，随着技术向外扩散，被多个对手掌握，利润不断下滑，寻求新的制高点，必须有技术支撑，在公司积累相应的资本后，陈建国的视线投向上海。

他认为，上海是中国遥望世界的一个窗口，拥有吸引人力、资金、技术的比较优势，技术跨越就是占有市场的跨越，位于汉江中游的襄阳，不具有这个综合优势，难以吸引顶尖的电气人才。

为了在销售、品牌、技术，获得具有突破性的跨越，陈建国决定投资1000万元，在上海建立技术研究中心。

对于他的提议，有些高管人员表达了不同的看法，认为消耗来之不易的利润，没有取得实质性的技术突破，会给公司带来巨大的成本压力。

陈建国没有犹豫，对董事会成员说，一是吸引追日电器需要的研发人才，二是将市场由华中地区，扩展到经济增长异常迅速的东南沿海地区。

大家讨论后，董事会派人到宁波、杭州、苏州、上海作了考察。经过比较，最后决定在上海建立研究中心。

进入上海，伴随一批技术精英加入追日公司，经过几年奋战，2005 年，他们开发出有源滤波装置，用于电力、能源、通信、冶金等行业。此前，德国施耐德、诺基亚掌握了这项技术。

世博会给追日一个描绘传奇的机会，2010 年 4 月 24 日，离上海世博会开幕还有四天，不料，中国馆内的显示屏，因谐波污染出现闪屏，有损国人的形象，世博会协调局采取紧急行动，要求供应商 72 小时内，供应有源虑波装置。

工期只有 3 天，实在太短，接到这个信息，陈建国迅速调动设计、生产、采购部门的人员，不分白天黑夜，加班加点生产。在 72 小时内，将货送到中国馆，并安装成功运行。

如果只卖一台设备，不会有很高的利润，2011 年 12 月，追日电气发挥自己的优势，在青海格尔木承包的光伏发电站并网发电，既推销了自己的产品，又一举打开了市场。

回顾追日电气 15 年开拓历程，成功的原因在于，陈建国在国有企业任厂长时，提升了他的综合素质，积累了管理企业的经验；他有改变自己命运、不断开创的勇气与智慧。

保护古城文化，唤起市民的荣誉感

“改革重谋隆中对，开放再唱借东风。”杨斌庆用这副对联表达自己对襄阳的热爱。

作为一座历史文化名城，襄阳应该有继往开来、海纳百川的胸怀。一个城市的文化效应扩散越大，内容越丰富、深厚，越有利于这个城市对外交流，越能吸引各种经济资源，越能提升这个城市的综合竞争力。

1986 年 12 月 8 日，对于襄阳人来说，是一个值得骄傲、自豪的日子：国务院将襄阳列为中国第二批历史文化名城。

这个耀眼的光环，一下子提高了襄阳的知名度。

建筑是凝固的文明，即使一个城市经历了千年岁月，但建筑是一个不会衰老的导师，将不同的时代连接起来，告诉人们每个时代变化的真实信息，带领我们穿越漫长的时空，站在历史的大门前，展示一种文明的生命力。

遗憾的是，拥有2800多年历史的襄阳，到了20世纪80年代，因长年无人维修城墙破损不堪，许多古建筑遭到破坏，消失在茫茫烟尘中，只有在历史中寻找、回味。

1988年，杨斌庆出任襄阳市长，时代召唤他站出来，成为当时湖北地级市，第一个自觉保护文化遗产的市长。

他接受过私塾教育，读过《礼记》《春秋》《大学》等经典著作，接受了修身、齐家、治国、平天下的教导：要谦虚谨慎、居安思危、保持忧患意识，不可狂妄自大，以自己的品质、能力与实际行动，帮助老百姓摆脱贫困。

到襄阳任职后，杨斌庆观赏过大书法家米芾的作品，并结识了一批书法爱好者，骨子里流淌着对传统文化的眷恋。

为参加中国首届市长书法比赛，杨斌庆在书法家的指导下，每天晚上坚持练习书法，经过评选，他的作品得第一名，那种自豪感至今还洋溢在他的脸上。

对于杨斌庆来说，经济增长与文化繁荣互相促进，一个古城积累的文化资源，对创建一个现代城市、唤起市民的光荣与梦想，有很重要的作用，这个城市的领导人，应该有复兴文化的宏大气势与超人胆略。

“我们一定要抓住两年一度、许多年才有一个轮回的全国名城会议在襄阳召开的宝贵机遇，动员全市人民，像北京建设亚运村那样，建设襄阳名城工程。”杨斌庆自信地说。

发出号召后，1991年9月26日，全市1700名官员参加了名城建设动员会，他们得到的激励是：加强名城建设，绝不是发思古之幽情，而是充分利用历史文化资源，为现代经济服务。

“爱我襄阳，建我名城。”这句充满感召力的标语，唤起市民对襄阳的认同、热爱；领导带头、军民合作，组织20万人义务投入清理护城河污泥。

这是自明朝至今过去500多年以后，第一次清除几个世纪淤积在河道的泥土。原来预算清除 18 万立方米的泥巴，需要投入 220 万元，但在义工的支持下，政府没有花一分钱。

杨斌庆让政协主席胡久明，当古城建设总顾问。出于一种责任、信任与多年建立的感情，胡久明毫不迟疑地担负这个重任，以自己的威望动员市民、企业搬迁。

拆除期限前一天，胡久明在北街看到，市服务公司两个饮食店没有拆，延误了施工进度，他当即上门找公司负责人，说明修建古街、保护文化遗产的重要性，如果限期不拆，会引起什么后果。

看到胡久明主席不顾疲劳，亲自登门解释，公司负责人有什么理由回避？他立即表示："请老领导放心，我晚上找员工说明修复古街的意义，保证第二天下午以前拆除。"

经过两年多施工，至 1993 年 9 月，耗资 1 亿多元，襄阳老街修复完工，其中拆除 746 户的旧房、合计 61700 平方米，新建房屋 162248 平方米。

修复古城后，杨斌庆提出办诸葛亮文化节，1993 年 10 月 5 日，来自美国、法国、意大利、德国等 14 个国家的客商 500 多人，云集到襄阳体育馆，参加规模盛大的诸葛亮文化节。

时光流逝 20 多年，现在襄阳人终于理解杨斌庆、胡久明等人，保护古城的意义，还在分享他们保护文化遗产留下的成果。

破除论资排辈，推选有执政能力的官员

"如果你是分管工业的副市长，你以什么措施搞活国有企业？"

"作为分管党群的副书记，在建立社会主义市场的新形势下，你如何发挥农村基层党组织的核心作用？"

"你认为现代领导者应该具备什么样的工作作风？"

这是 1995 年 5 月 26 日，在襄阳南湖宾馆举行的面试会，64 名应试者要在 8 分钟之内完成演讲，并回答主考官提出的问题，年龄最大的 35 岁、最小的 28 岁。

这是杨斌庆在襄阳掀起的"双推双考"风暴，即取得了科长位置的人，以

主动报名、单位推荐，参加考试、面试，通过后提拔为副县级，超越了传统的升迁方式。

这项石破天惊的变革，在襄阳激起一阵巨浪，有130人被推荐，大部分是来自基层第一线的精英分子，怀着实现自我价值的愿望、怀着为老百姓办实事的理想走上前台，接受人民的挑选。

整个竞选过程，置身于有关领导、群众的参与监督，排除过去选拔官员的人为干扰、长官意志、裙带关系，以及幕后操纵的神秘色彩，最终有18人脱颖而出、获得进入领导岗位的机会。

在这之前，杨斌庆在不同的会议提出：能者上，庸者下，不能让无能、不作为的人，长期占据领导位置，对于未通过群众信任票过半数的官员，要调走，或被降职使用。

在杨斌庆看来，县市书记、县长是一个地区的领导核心，他们的学识、品质、理想、执政能力，直接决定一个城市的经济增长，与老百姓的人身、财产安全，建立一支精干、高效、有责任的县市领导班子，显得异常重要。

对比传统的用人方式，论资排辈，不管你接受了多高的教育、有多高的才能，也要排队等候，排到你时，即使你是一个庸才、毫无执政能力，只要没有犯错误，可能由你占据这个位置，别人只能望洋兴叹。

以“双推双考”选出来的官员，后来怎样？

让我们把目光投向襄阳林业局书记陈凡身上，他中专毕业后，在樊东区财办任职，到达科长位置用了4年，到1995年，他又等了5年，前后消耗10年宝贵青春，还是一个科长。

1995年7月，对于陈凡来说，是一个具有决定意义的时刻，他不需要什么背景、关系，以年青、知识、能力为资本，通过考试、面试，一夜之间变成樊西区副区长。

听到通过的消息，陈凡很激动，做梦都没有想到升迁来得这样快，意味着他进入副县级，成为领导层。人生仿佛像梦一样，在他面前展现了一个宽广的政治舞台。

当时陈凡只有30岁，他的前面还有一批50～60年代，成长起来的官员，年龄接近40～50岁，依然还是科级，盼望能升到处级，否则，他们的政治生涯走到了终点。

那次包括陈凡共有18人，成为这项政策的受益者，如果没有杨斌庆推出这项政策，又没有特别的机遇，按传统的论资排辈，他们可能要等待10~20年，才能从科长升为县级。

因为，在人员众多、升迁道路狭窄、许多人都挤独木桥的情况下，一位科长要跨入县级，时间成本比较高，只有跨过才能进入领导队伍，否则，只是一名普通职员。

从科长到副区长，陈凡完成角色转换，面对有几十万人口的城区，他分管政法、民政等，能接触不同级别、不同部门的官员，可以独当一面、执行分管的事务。

一年以后城区合并，有些人被分流，或者沉入底层，陈凡不需要等待，凭借副区长树立的声望，被调到襄阳团委当副书记，又找到了一个锻炼、培养、提升个人能力、扩大交际网络、积累政治资本的舞台。

作为“双推双考”的受益者，艾文金出生于老河口一个乡村，1981年，他从当地师范学校毕业，到赵岗中学任教师；1985年，到赵岗区任秘书；1993年，任纪洪镇副书记、镇长。为这一天的到来，他消耗了10多年时光。

1995年7月，杨斌庆推出双推双考选拔官员的办法后，艾文金怀着试试看的心情报名，结果他顺利通过考试、面试，被提拔为枣阳市副市长。

一夜之间，艾文金从一名镇长变为副市长，实现了跨越式的政治飞跃。一个华丽的舞台出现在他面前，他感到无比自豪，如果按常规，他要等待更长的时间，才能升为副县级。

出任副市长后，艾文金的视野从1万多人的镇，转向有100多万人口的枣阳。他分管城建、土地等，无论是他的知识结构、还是思维观念，都要发生一场急剧的转变。

“我当时还年轻，上任后，我深知责任重大，要求自己虚心学习，不仅从书本吸收知识，还要向有经验的人学习，以适应新的岗位，为老百姓办一些实事。”艾文金说。

当了三年副市长后，艾文金实现一次质的跳跃：任枣阳组织部部长，进入市委核心权力阶层，直接决定一些官员的任命，决定政府能否出现一支优质的公务员队伍。

经历这些阶段，2006 年 10 月，艾文金当选谷城县长，此时他到了 44 岁，从副县级到正县级他用了 10 年；2011 年，他任县委书记，掌握了全县最高权力，从一名普遍中学教师，到达这个位置，他送走了 25 个春秋。

“县委书记在地方的改革空间很大，责任也非常重大，要具备综合应变能力，落实中央、省的政策，结合当地实际情况，选择自己的目标、方向，要有协调县委、政府的能力，以及为老百姓办事的意识。”艾文金说。

胡久明挺身而出：推荐杨斌庆当市长

追寻杨斌庆登上政治舞台的历程，胡久明起到了至关重要的作用。

汽车越过平原、小河、乡村、山岭，向随州三里岗方向飞驰，坐在车内的杨斌庆心潮起伏，眼前的景象让他感到既熟悉又陌生，昔日的泥土房被宽敞明亮的楼房代替，茂密的树林给山坡披上了厚厚的绿装。

40 多年以前，他在这热土高举理想主义的旗帜，带领农民打响了告别饥荒、贫困的战斗！

40 多年以后，也就是 2013 年 6 月，他应邀回到三里岗，给建成的香菇街题写街名。

不能忘却的往事，将杨斌庆带回到 1965 年，他从华中师范大学毕业，为防止“修正主义”，为了贯彻“备战、备荒为人民”的教导，培养无产阶级的接班人，他与 9 个大学生被分到省政府办公厅，由省长张体学带到随县大洪山，参加“四清”运动。

半年以后，上级任命杨斌庆为随县三里岗区委副书记，他才 26 岁，就获得了施展政治抱负的舞台，这是一个多么美好的年华！

遗憾的是，1966 年，“文革”爆发，他没有来得及释放满腔抱负，就被当做“修正主义的苗子”，遭批斗、靠边站。

被剥夺权力后，杨斌庆回到武汉面临重新分配。随县第二书记、县长胡久明到武汉开会发现了他，认为他为人诚实、素质高，先让他回随县化肥厂当书记，后调到县委办公室当文员。不久将他调到三里岗公社。

有一次，襄阳地委书记在随县书记的陪同下，到三里岗检查工作，他叫杨斌庆将两只手伸出来看一下，发现双手布满了老茧，而且显得很粗糙，表明他没有脱离群众。

地委书记不放心地问：“农业学大寨的精神是什么?”

“大批资本主义、大干社会主义。”杨斌庆回答。

书记听了点头表示满意。

审时度势，杨斌庆为了让农民增加收入，动员村民种茶叶、香菇。

回想在三里岗的难忘岁月，杨斌庆感慨万千：这10年，我学会了苦干、实干；二是培养了我与老百姓的感情，长年住在农民家里，几乎不回办公室；三是学会了调查研究。

原三里岗镇副镇长黄仕山说，当时三里岗有7个公社，杨斌庆是唯一接受大学教育的领导，他干劲十足、性格开朗、豁达，总像一把火，给人一种火热的情感，激发大家的积极性。

他在台上讲话，思维清晰、极富表达力，能感染一大批人。那是“文革”后期，阶级斗争没有结束，他既秉承自己的良知、坚持原则，又把握分寸，不搞恶意的政治斗争。

县委书记胡久明发现：杨斌庆年青、肯动脑筋、爱好学习、头脑灵活，尤其能创造性、最大化调动公社书记、队长、农民的积极性，高效完成县委下达的生产任务。

出于对杨斌庆学识、能力的认可，1975年，胡久明在他还没有任副县长、又不是常委成员的情况下，打破等级主义的界线，破格提拔他任县委副书记。

当时杨斌庆36岁，意味着他在三里岗，度过10年后，迎来了人生旅程的一个重要转机。

胡久明说，开会时，有些人拿秘书写的稿子，照本宣科念一下，毫无个人独立的见解、分析，看不到事件发生的真相，仿佛是做好的一个框子，要人们被动适应。

作为县委书记，胡久明掌握了全县最高权力，但他不以论资排辈，阻止他人上升，反而以知人、识人、用人的风度，提拔了一批有活力、能力、充满朝气的年轻人。

胡久明在“农业学大寨”期间，动员人力、物力兴建、扩建643座水库、66座电站、灌溉132万亩、治土改田14万亩、修路1863公里，成为中国先进县，这些业绩树立了他的威望，也成为他提拔官员的政治资本。

时代的召唤，1977年，胡久明作为“文革”后，第一批学员进入湖北省委党校学习；1978年7月1日，他到中央党校接受7个月的培训，感受了“实践是检验真理的唯一标准”大讨论。

学校发给胡久明三本书：《彭德怀的万言书》、《民主集中制》、《毛泽东政治经济学笔记》，这次学习，他认识到“文革”的失误、反思那场政治运动、更新自己陈旧的观念、顺应时代变化。

“做官先做人，做官是暂时的，做人是一辈子的事。”胡久明说。

当胡久明以知人善用的政治素养，给杨斌庆提供了施展执政才能的机会时，一个城市迎来了变革的时代！

1983年，襄阳地市合并，张怀念出任第一任市委书记，胡久明任常务副市长，按规定，需要配备一名接受大学教育，而且年轻的人任副市长。

环顾四周，综合考虑，胡久明觉得杨斌庆积累了相应的行政经验，而且年轻、有才干，政绩突出，符合这个条件，提拔他到襄阳任副市长。

但组建班子时，胡久明发现常委会推举的人选，没有杨斌庆的名字。有一名官员说：“‘文革’期间，杨斌庆支持造反派，不适合任副市长。”

胡久明心想：我看着杨斌庆从基层成长起来，与他相处10多年，了解他的为人、能力，以及创造的业绩，他怎么会支持造反派呢？

“杨斌庆有什么问题？我敢以自己的名誉担保，他没有什么问题，不要听信谣言，我建议暂停公布副市长名单，请省委、襄阳市委组织部，派人到随县调查，搞清事实真相后，再作决定。”面对在座的官员，胡久明站起来慷慨激昂地说。

当时会场有省委书记、省人大常委会主任、省委组织部长等高级官员，大家不约而同地将目光投向胡久明，发现他情绪高昂、没有顾虑，声音坚定有力、回荡在大厅，仿佛要将正义之声传向襄阳全城。

为平息争议，在胡久明的提议下，当天下午，组织部派人到随县调查，结果没有发现杨斌庆与造反派有关系，最后以事实击破了谣言，为他化解了不必要的政治风险。

得益于胡久明这位伯乐的支持，1983 年，接近 45 岁的杨斌庆，有幸从县委副书记任襄阳副市长，中间省略了县长、书记这个环节，又是一次破格提拔，跨过这重要的一步，更大的政治舞台向他招手。

作为分管农业的副市长，杨斌庆发挥自己思维敏捷、办事果断的比较优势，最大限度、最高效率、最优化地完成张怀念、胡久明交给的任务，而且配合默契，创造了几个第一。

杨斌庆看到：农民忍受日晒雨淋辛苦干一年，收入低，缺粮食吃。袁隆平推广杂交水稻技术，既节省劳力，又提高了产量，他召开分管农业的副县长、副局长，拍板栽种 100 万亩。

“一下子种 100 万亩杂交水稻行吗？能否少搞点？”襄阳一位领导充满忧虑地说。

但杨斌庆毫不迟疑地朝着制订的目标大踏步前进。当年粮食增长，解决了老百姓的吃饭，扩大了襄阳的影响力，得到上级领导的赞扬。

杨斌庆认为，农民长年种一季水稻、一季小麦，只能维持基本温饱，缺乏收入来源，剩余劳力、农产品需要转化为经济收入，如果固守以粮为纲的教条，就会阻碍他们通向富裕的道路。

其中南漳县有 1 亿公斤粮食、几千万斤玉米，拥有粮食资源优势，动员农民养猪，就能将粮食转化经济收入。优化配置资源后，全县生猪年收入达到 1.4 亿元，农民人均增收 378 元。

“我在基层了解老百姓的生存状况，培养了我与他们的感情，不了解他们的需求，怎么能为人们服务？要苦干、打硬仗、突破困难，为老百姓办实事。”杨斌庆说。

1988 年，张怀念调到省政府任副省长，需要调整襄阳书记、市长的位置，新的机会向渴望升迁的人招手。按常规，市长任书记后，副书记出任市长，那么杨斌庆作为常务副市长，还要在后面等待。

张怀念的用人原则是：不拘一格、大胆启用有基层经验、埋头苦干、干好事、干实事、重长远、德才兼备、年富力强、有改革创新意识的优秀人才，坚决制止并反对任人唯亲、搞帮派、等级主义。

当时，胡久明调到湖北高级法院任常务副院长，他看到杨斌庆拥有综合优势，是一个不可多得的人才，优质人力资源是最大的生产力，需要创造条件，给他提供进一步施展政治抱负的舞台。

面对争论，胡久明打破常规，从任人唯贤的角度，几次向有关主要领导陈述利害关系，推荐杨斌庆当市长。征求意见，得到多数人的赞同后，杨斌庆以实力当选市长。

“没有胡久明鼎力相助，我不可能站在襄阳的政治舞台，发起一系列深远、具有突破性的变革，有关襄阳的重大建设，我主动寻求他的配合、支持。”杨斌庆以感激的语气说。

从某种角度讲，杨斌庆与胡久明由执政合作形成的深厚友情，变成了襄阳经济增长的巨大动力。

他们相处30多年，依然保持互相欣赏的君子风度，以道义做人，以理服人，以宽广的心怀容纳人，以理想感召人。在艰苦的岁月，他们以实干取得的业绩、以患难与共的友情、以政治的亲密盟友，建立了互相理解、支持、合作的默契关系。

虽然胡久明度过了80多个春秋，但他仍像一个年轻人，思维敏捷、精力旺盛、行动迅速、雷厉风行，仿佛没有觉察花白的头发把他带进了老年人队伍。

襄阳市政府副市长王忠运说，胡久明为人坦诚、公正、不摆脱架子，对襄阳怎样有利，他就怎样尽力办事，这是电厂在他的协调下，能够顺利建设的一个重要原因。

“电厂建成满足了湖北西北部的用电需要，对襄阳经济有巨大的拉动，当时有一个说法：襄阳形象靠东风，吃饭靠电厂，东风享受土地、税收等优惠，带动当地汽车产业，但电厂直接给政府带来税收。”王忠运说。

六十岁以后，他重新扬起理想的旗帜

一个伟大城市取决于这个城市的主要领导人，是否具有伟大的抱负与谋略，并决定这个城市在时代进程中的位置。

一方面，杨斌庆具有战略家的眼光，以上海、苏州为追赶对象，一心想把襄阳变成工业强市，让人们分享经济增长的成果，一旦确定了进攻目标，他要指挥大军毫不动摇地冲上去，直至攻破城池凯旋归来。

另一方面，他像年轻人一样洋溢着创新、开拓的激情，如果别人跟不上他的办事节奏、效率低，会毫不留情地批评；有些人给他汇报情况，表达不准确，显得模糊，不能提出新观点，用套话应付，他没有耐心听下去。

他有一个宏大的理想：以开创襄阳的繁荣为中心，排除一切阻碍，以良知与理想，带领一群官员实现这个目标。这种理想激荡了一个时代，感染了一批市长、县长、书记。

“杨斌庆是一个战略家，在他执政时，湖北评选十强县，襄阳占有4个，为改变行政重复设置、人员不断膨胀的局面，他合并了几个区，大力压缩财政开支”。襄阳市副市长王忠运说。

可以说，襄阳给他提供了推动经济变革的舞台，他以一颗真诚、开放的心，以人格魅力，点燃了人们向往富裕生活的梦想，因而他热爱这个城市，想继续为这个城市开辟一条赶超沿海城市的道路。

到1996年，杨斌庆在襄阳政坛经历了13年，这是他政治生涯最辉煌的时期，他播下的工业种子，催生了纺织、服装、酿酒、电力、汽车、电器、机械等产业，培养了一批工人、技术员、管理者，也造就了拥有亿万财富的资本家。

1996年3月，随着一纸调令，杨斌庆到湖北省委办公厅任副秘书长，意味着他失去了继续为襄阳输送变革能量的舞台，他没有想到这个时刻来得这样快。

这不是他期待的安排，本想留在襄阳再大干几年，但他只能怀着莫大的遗憾、怀着未能了却的心愿，向着铭刻了他美好记忆的襄阳古城、倾注了他满腔心血的高新区、奔流不息的汉江等挥手告别！

“听到这个消息，我当时流出了眼泪，我不是舍不得这个位置，我还有未完成的事业，对这个城市有深厚的感情，我干得正带劲时，却要调走，让我感到很遗憾。”杨斌庆说。

一年以后，杨斌庆调到省政协当副主席，此时，他送走了60多个春秋，退休的钟声即将为他敲响，人生最宝贵的年华，像滚滚东流的长江一去不复返。

尽管杨斌庆离开襄阳15年，但我在襄阳采访有关官员时，他们几乎异口同声地说：杨斌庆是一个有理想、有激情、富有鼓动力、爱好学习、将理论与实际结合起来，推动当地经济腾飞的领导。

“退下来以后，我没有什么特别的追求，只在文化艺术领域探索、耕耘，我的心态更加平静、从容，一切功名、富贵，终将如浮云消失。”杨斌庆说。

杨斌庆不甘心在家休息，内心洋溢着无比炽热的激情。他到南昌八大山人纪念馆参观，发现朱耷经历反清复明失败后，进入寺院修养。到60岁转向书画，笔法圆润、自成一体，让人耳目一新，并且震撼了当时的画坛，对后人影响很大。

这表明，60岁不是人生的退休，而是一个新起点，是攀登高峰、再创人生辉煌的起点；60岁以后，应该重新点燃理想，以新的作为、新的奉献回应社会的支持。

“退休时，意味着我送走了60年，退休后回到书房练习书法，意味着新的60年开始，现在我的第二个60年，从15岁进入青年时期，还有时间做更多有意义的事。”杨斌庆笑着说。

1938年出生于云梦，成长于汉江平原的杨斌庆认为，人们认识中华文化时，重黄河、轻长江文明，文学的鼻祖屈原诞生于湖北，影响后来中国文学的前进，依然回荡在历史的长河。

“中国人追求龙凤呈祥，不仅是龙的传人，也是凤的传人，应该龙凤相传，可以说，楚文化是凤文化，像一只五彩凤凰，精彩绝艳，凤凰又是民族兴盛、国家祥瑞的象征，包含了至真、至善、至美，具有自强不息、自我奉献、合作的精神，以凤的形象出现，更能全面传递中国文化的和谐、神韵、美丽。”杨斌庆说。

出于对楚国先辈“筚路蓝缕”开拓创业；对楚庄王“三年不飞，一飞冲天，三年不鸣，一鸣惊人”的雄心壮志；对屈原崇高爱国情感的敬仰，对自身应该承担的责任，杨斌庆萌发了认识楚文化、传播楚文化的愿望。

因此，杨斌庆调整心态、抛开得失，重新理解生命存在的意义，将老年看

◉离开领导岗位后，杨斌庆没有虚度时光，以饱满的激情投入书画创作，艺术把他带回到青年时代，让他的生命再一次放射夺目的光彩。

作是童年！他除了在书房潜心练习书法、绘画以外，在省委原副书记王生铁等领导的关心下，参加湖北楚文化研究会。

有梦想就有开阔的视野、就有人格的升华、就能释放生命的激情，就能体现一个贵族的精神。2006 年 11 月，杨斌庆到北京展览自己的楚简书法作品，让人们认识楚人创造的哲学、文学和书法艺术成就。

2012 年 12 月，杨斌庆在湖北美术馆举办书法展，开幕式上，湖北省委宣传部尹汉宁部长说："有一次开会，大家专注听讲，我看到杨斌庆在本子上认真做笔记，而且比较投入，仔细一看，原来他在练习书法。"

听到这幽默的表述，全场开怀大笑。

他儿子杨东升说，一方面，父亲既严厉又有慈爱，希望孩子们不要有依赖心理，通过自己的努力成才，发现孩子有过失，立即批评、指正，因而他们办事小心谨慎。

另一方面，父亲吃苦耐劳、坚忍不拔，不断追求卓越，在他们心中，树立了一个威严、高大的形象，这种榜样激励他们忠于职守，做一个有益于社会的人。

岁月不断地流逝，透过杨斌庆悬挂在书房，远离繁华、显得宁静、悠远的山水画，透过他练习书法激发出来的热情，透过他从官员到文化贵族的转变，我们发现他没有走向苍老，反而显示了少年时代的纯真！

我怎样踏上探索贵族理想的旅程

站在江苏宜兴范道乡的河边，望着金色的晚霞，我不由得问自己是什么力量推动我，踏上探索“贵族理想”的旅程。

我出生在乡土社会，对村庄、土地、树木、山川、河流有一种天然的情感。童年时期，我在田野放牛时，读完了《鲁滨逊飘流记》，欧洲人向海外扩张的冒险主义，深深地吸引了我。

受这部著作的影响，我反复做同一个梦：跨过一座山峰、河流，到达一个乡村，又奔向遥远的古城。虚无缥缈的梦境，激起我无限的想象，并引发了一个疑问：人生如同行走在茫茫荒漠，从哪里来，到哪里去？为了什么目标？

当夕阳消失、暮色降临，村子里升起了缕缕炊烟时，我感到乡亲们年复一年地耕种，依然是为糊口奔波。面对村民缺乏经济来源、有病无钱治、大量青少年失学等问题，我幻想用文学为他们的命运呐喊！

1998 年，我在武汉大学读完经济法专业后，怀着寻求民主、法治的愿望，到北京有关媒体做记者，有机会到中国各地采访，了解老百姓的生存现状、贫富差距等，也许是上帝指引我完成这个任务。

2003 年 8 月，我萌发了一个愿望：沿黄河流域调查，深入揭示中华文明的兴衰以及贫富不均、分配不公、阶层之间冲突的原因。我的想法得到了中央财经大学财政研究院教师王健的支持。

1957 年，她出生于安徽合肥一个书香家庭，在送走了充满动荡、创伤、荒芜的“文革”后，1978 年，上帝给她提供了转换身份、吸收知识的机会：从合肥一家电力厂的车间工，踏进北京大学经济系攻读经济学。

毕业后，王健到中央财经大学财经研究所，从事金融财政研究。得益于北大自由、包容、创新精神的激励，她平易近人、思维活跃、观察敏锐，富有责任、正义感，能够包容不同的观点，始终关注中华民族如何更快地接近法治、民主。

得到她的帮助，2003 年 9 月 12 日，我听从上帝的召唤，以一种宗教般的狂热理想主义，沿黄河流域的青海、甘肃、宁夏、内蒙古、陕西、山西、河南、山东 8 个省，行程 1.5 万多公里。经过一年多调查，我们终于合作完成了《中国黄河调查》。

这次黄河之行让我认识到：曾经被有关人士宣称，是中华文明发源地之一的黄河，为什么走向了衰落？为什么没有托起中华民族“富民强国”的梦想？

一个没有扩张、创新基因的文明，不是一个伟大的文明，不会培养一个优秀的民族，更不会带领一个民族开创辉煌的时代，黄河文明的衰落，不是证明了这一点吗？

一个时代需要一群敏锐、充满激情、具有变革意识的思想家、政治家、资本家、科学家，打破僵化的教条主义，反思民族经历的痛苦、失败，为富民强国开辟道路。

黄河调查结束后，我对探索中华民族的兴衰，产生了浓厚的兴趣。希望揭开：为什么 2000 多年以来，中国一直停滞于小农经济？为什么不像欧洲，从发明蒸汽机迎来工业文明？为什么中华民族的智慧只用来统治人，却不去点燃法治的火焰？

我想起人类学家李济；社会学家潘光旦、费孝通、林耀华；教育学家陶行知；经济学家陈翰笙、张培刚等人，他们是中国告别科举以后，走进乡土社会，揭示老百姓生存现状的先行者。

虽然他们拉开了揭示中国真相的序幕，但遗憾的是，因社会动乱等原因，未能深入地解答：为什么长期以来，中华民族不能摆脱灾荒、贫困、专制、愚昧无知？

当火炬传递到我们这一代人手里，我们应该满怀信心踏上认识中国的旅程。

怀着这个梦想，2004 年 10 月 26 日，我从北京坐火车到上海，停留一个多月。12 月 6 日，我从上海到南京办事。经过几天考虑，12 月 8 日晚，我从南京坐火车赶到苏州，想从古镇、乡村观察中华文明的演变。

2000 多年以来，中华文明起源于乡村，乡村以家族聚居组成，他们到底创造了哪些文明成果？以什么形式存在？他们的宗法观念、道德礼仪、宗教信仰，对社会有哪些影响？至今国内对这些问题的探索还是一片空白。

带着这些疑问，12 月 12 日，我来到苏州周庄镇，找到周庄旅游公司原总经理庄春地，他向我介绍了古镇的文化价值，到保护文化遗产的经历。

12 月 15 日，我到达浙江湖州市南浔镇，这是以丝绸兴起的江南古镇，保存着极为稀有的大宅院、藏书楼、花园、教堂。我找到南浔镇原党委书记朱培德，他向我介绍古镇的经济、文化以及一些家族的兴衰。

然后，我参观了张静江、张诗铭、刘镛、庞元澄、刘锦藻、梅履正等家族的宅院。从清朝末年至民国初期，他们以经营丝绸、食盐、地产等成为巨富，并出资修建学校等公共设施。其中，张静江曾捐资支持孙中山推翻清王朝。

12 月 19 日，我来到浙江桐乡市乌镇，参观了文学家矛盾的故居。在乌镇南大街，我走访了加工银首饰的陈啸宁，据他介绍，他家在清朝以“张宝源”店铺加工首饰，传到他是第 6 代。

上述 3 个古镇以手工业兴起，经历 1000 多年，留下了丰富的文化遗产，当地商人、文化人士等贵族，承担了输送公共资源及维持秩序的责任。

打开认识徽州文明的大门

走访浙江几个古镇后，我决定到徽州乡村调查。

12 月 21 日，我从乌镇坐汽车到达胡州市，转车到安徽宣城市，再转车到宣纸的发源地——泾县。

12 月 22 日，我去泾县丁家桥镇，了解当地宣纸生产情况。经泾县文化局一位人士介绍，得知厚岸乡查济村是一个古老的乡村。

12 月 23 日，我从泾县坐汽车赶到查济村，找到退休教师查克定。据他介绍，唐朝初年，查家祖辈迁移到此地居住。他带我参观了大祠堂、宅院等，为我打开了认识徽州文明的大门。

12 月 25 日，我离开查济村经太平县、旌德县坐汽车赶到绩溪县，我有幸结识开发龙川村旅游的程波，据他介绍，这个村保留了明嘉靖年间，兵部尚书胡宗宪的故居。

交谈结束后，他还派人开车送我到绩溪上庄村，参观胡适故居。

12 月 27 日，我离开绩溪县坐汽车去歙县棠樾村，找到村民鲍树民，据他介绍，南宋末年，鲍家祖辈为躲避战乱迁到此地安家，他们以忠孝传家，得到皇帝的赞赏。

作者在绩溪上庄村胡适故居，曾几次到这个村子走访胡适家族人，了解胡铁花、胡适父子的贵族精神传承。于 2012 年 7 月 7 日摄。

12 月 29 日，我到黟县宏村调查，参观了民国代总理汪大燮的故居、南湖书院等宅院。当年汪家祖辈根据地形，将山上的泉水引进村子，既方便家人用水，又美化了村子的环境。在宏村调查时，天空飘起了雪花，天气异常寒冷。

至 2005 年 1 月 5 日，我对徽州歙县、黟县、休宁、祁门、婺源等地调查后，从婺源县坐汽车到达江西景德镇，走访了一些陶瓷世家、企业、私人作坊。

过去成立的国有陶瓷厂，难以适应市场竞争，被私人作坊取代。享有“千年瓷都”之称的景德镇，没有像福建德化、广东佛山、潮州，形成一个强大的陶瓷产业。

越过云贵高原到达丽江古城

1 月 8 日，我从景德镇坐汽车到上饶市，再转车去浙江省江山市二十八都古镇，它位于浙江、江西、福建三省交界处，仿佛没有被现代文明唤醒，还有一批清朝修建的豪华宅院、祠堂、书院等。

1 月 10 日，我离开二十八都镇，经上饶到南昌。1 月 11 日早晨，坐汽车去井冈山，参观了红军纪念馆等。当天下起了大雪、又弥漫着大雾，我坐车经湖南炎陵县到茶陵县，再转车到湘潭市，当晚坐火车去怀化市，早晨再坐汽车赶到凤凰县。

1 月 14 日，我在凤凰县参观了文学家沈从文故居、田星奎创办的文昌阁小学、民国总理熊希龄故居、画家黄永玉捐款盖的学校，以及古城墙、寺庙等。

1 月 16 日，我从怀化市坐火车去长沙，再转车到岳阳市住一晚。1 月 17 日上午，我参观岳阳楼，然后坐汽车赶到张谷英村调查。这个古村 1732 个房间连成一片，建筑面积大约 5 万平方米，宅院的排水道，经历 400 多年还没有被堵塞。

1 月 18 日，我从岳阳市坐汽车走高速公路到达武昌，入住华中农业大学，将调查的资料输入笔记本电脑。

期间，我去湖北人民出版社拜访左泽荣编辑，从他编辑的《高陶事件始末》这本书，看到他的名字。我谈了调查黄河流域的经历，他听了以后表示感兴趣。

1 月 26 日晚，我从武昌坐火车到广西桂林市，参观了象鼻山、河流等。过去从小学课本读到《桂林山水甲天下》这篇文章，作者将它描绘得很神奇。但我参观以后，觉得没有什么独特的魅力。

1 月 27 日，我从桂林坐汽车到广西龙胜县，转车去三江县，再转车到达贵州丛江县，这里山峰陡峭，石子铺设的公路比较狭窄，路面破损不堪，还有山体滑坡，稍有不慎有可能跌入山谷车毁人亡。

因此，汽车行驶得非常缓慢，50 多公里的路走了几个小时。我不由得发出疑问：改革开放过去了 20 多年，为什么当地道路如此原始落后?

1 月 28 日晚，我到达贵州省榕江县时疲惫不堪，找一家旅馆住了一夜。1 月 29 日早晨，我从榕江县坐汽车到达凯里市，然后再转车去镇远县。原计划调查镇远的古乡村，但观察以后我改变主意，当晚从镇远坐火车去贵阳市，再从贵阳转火车到昆明。

1 月 30 日上午，火车进入云南省地盘，我从车窗向外观看，在阳光的照耀下，砂红色地显得更加火红。走出火车站以后，我去长途汽车询问，得知去丽江的汽车要在晚上出发。

经过一夜行驶，1 月 31 日凌晨 4 点，长途汽车到达丽江，还没有看到天空露出光亮。天亮以后，我提着行李坐一辆出租车到市内，找一家旅馆住下来。

吃完早饭，我走访了一些大家族的后人，参观了民国时期，在北京大学读历史专业，后回到云南从事边疆研究的历史学家方国瑜的故居，以及教堂、寺庙等。但我发现，丽江的古建筑，不能与浙江、徽州乡村的宅院相比，这就是文化的差异。

2 月 2 日早晨，我从丽江坐汽车去四川攀枝花，下午到达后，坐出租车赶到火车站，买了当天去成都的卧铺票。

2 日 4 日，我在成都黄龙溪镇参观一些古民居，得知清朝初年，他们的祖辈从湖北麻城迁移到此。但他们是平民阶层，房屋比较简陋。

当天回成都坐汽车去广安市，参观邓小平旧居。宅院由几间平房组成，有关部门增加了配套设施，建造了纪念馆，里面的装饰极为精致，配有先进的电子设备，呈现当年邓小平走过的辉煌旅程。

当晚，我从广安坐汽车赶到重庆，找一家宾馆居住。2 月 5 日上午，我参观了重庆渣子洞等景点，城市内部地势起伏很大，不方便行走，许多人拿着竹棒站在街头，以微薄的收入为生。

完成长途旅行后，决定返回徽州

从 2004 年 12 月 6 日，由上海出发跨过江苏、浙江、江西、湖南、湖北、广西、贵州、云南、四川、重庆 10 个省市，至 2005 年 2 月 5 日，历时两个月，完成从东部至西南 1 万多公里的旅行。对比后，我决定返回徽州，调查徽商创造的物质财富与文化成果，对中华文明的影响。

当天下午，我从重庆坐火车，经过一夜行驶到达浙江金华。2 月 7 日上午，我转车到温州永嘉县，走访楠溪江流域的芙蓉村、苍坡村。两个古村有对外防御的围墙，还有一些大宅院。

2005 年 2 月 8 日下午，我在芙蓉村找到村支书李建新，他向我介绍了保护古建筑的情况，当天是除夕夜，村民点燃了庆贺春节的鞭炮，他邀请我在他家吃年夜饭，给我疲惫的心带来了精神安慰。

尽管春节来临，乡村洋溢着欢庆的气氛、不断传来鞭炮声，天气也异常寒冷，但为了揭开乡土文明对中国的影响，我不顾旅途疲劳，于2月10日，从温州坐汽车去奉化市。

由于接近傍晚，天空又飘起雪花，没有去溪口镇的公共汽车，我只好从奉化坐出租车赶到溪口，找一家宾馆居住。

2月11日上午，我参观蒋介石旧居，一条小河从门前流过，对面的青山飘浮着云雾，给人一种宁静、优雅。同时，我走访了一些村民，他们还住在古老的宅院里。

当天，我从奉化坐汽车去余姚市，再转火车到达嘉兴市住一晚。2月12日上午，我去南湖参观中共开一大会议用过的游船。当天我坐汽车去江苏吴江市木渎镇、同里镇。

2月14日，我从吴江坐车去浙江湖州市，再转汽车到安徽宣城。2月15日，我到绩溪县上庄村参观胡适故居。经管理员胡从介绍，我找到胡适的后人胡毓凯，他向我介绍胡适家族的情况。

在上庄村，我有幸结识村民胡强胜，我说明来意后，他同意我在他家住宿吃饭。这期间，我到附近的余川村、宅坦村、旺川村、石家村，走访一些村民。这些家族以经商、读书、做官走向兴旺，保留着明清两代修建的宅院。

从徽商创造的成果认识中华文明

结束在绩溪县调查后，2005年3月2日，我坐汽车去歙县，再转车到雄村走访村民曹大伟，据他介绍，从明朝成化年间至清朝后期，曹家走出了一批举人、进士等大小官员100多人，其中曹文植、曹振镛的官位比较高。

此后，我走访了歙县槐塘村、唐模村、潜口村、呈坎村；休宁县月潭村；祁门县历溪村；黟县屏山村、卢村、南屏村、关麓村、西递村，石亭村等村子。有些家族传承1000多年，留下一批老宅院、牌坊。

4月27日，我赶到教育家陶行知的家乡调查。据一位村民介绍，陶行知家走向没落后，为维持生活，不得不出卖房屋，后来村民拆除宅院盖新房。如今他祖母的墓被庄稼包围。

5月21日，我从徽州屯溪坐汽车到达太平县，再转车到达永丰乡岭下村，参观文学家苏雪林的旧居。

这位才女在一个多世纪，目睹了清朝灭亡、民国政府成立、北洋军阀混战、抗日战争，最后蒋介石溃败到台湾。到103岁时，她从台湾回到家乡。去世后，按照她的遗愿，把她的骨灰运回老家安葬。

作者为探寻贵族的理想，曾多次到歙县棠樾村调查鲍家，在清朝以经营盐业积累了巨额财富。于2012年7月20日摄。

从2004年12月22日，进入徽州泾县查济村调查，至2005年5月22日为止，我踏着光滑的青石板路，冒着飘飞的雪花、阴冷的细雨，忍受饥渴、疲劳，来回奔波5个月，到过50多个乡村，访谈大约200户村民，看过一座又一座铭刻徽商荣耀的祠堂和牌坊。

作者到徽州呈坎村走访罗家后人，明清两代，他们的前辈以经商致富、读书做官，成为显赫的大贵族。

我惊叹徽商留下的宅院、祠堂、牌坊、书院、碑文、水口等，虽然经历了几百年风雨吹打，但它们依然耸立在乡村，后人还在享受祖辈创造的文明成果。

我不断地发出疑问，在交通极不方便的时代，徽商如何告别小农耕种走出深山？在缺乏法治保障的情况下，他们靠什么打开商业大门？他们创造物质财富，又如何承担公益责任？

一方面，王权垄断了一切资源，徽商以经商致富、以银子支持子弟读书做官，以官位提高政治地位，以政治地位获取经济资源；另一方面，给家乡输送公共资源，提高族人的生活水平，形成利益共同体。

可以毫不夸张地说，每一个古老的徽州乡村，都是一座精美、典雅、豪华、宏大的博物馆，经历元朝、明朝、清朝、民国，构成徽州人把忠孝变成商业准则、把自然资源变成商品、把商品变成物质财富，把财富变成文化成果，走向富民强国的美好愿望。因而乡土文明塑造了中华文明的品质与精神！

5 月 24 日到达北京后，我开始租房子住，并整理在徽州调查的稿子。期间到一家报社任记者。至 2006 年 1 月 28 日，经过几个月的苦心奋战，我终于修改完在徽州采访的稿子。此时，正是除夕夜，窗外传来了鞭炮声，又是一个春节来临，我不禁感叹时光如梦。

从宏大的庄园看地主阶层的生活

考虑到三峡大坝蓄水后，长江沿岸有些古老的县城、乡镇、村子会被淹没，永远从人们的眼前消失，我想对长江流域的古镇、乡村作一些调查。

2006 年 4 月 25 日，我从北京坐火车到达成都。此前，我在北京中关村一家宾馆的会场，结识了四川省农业科学院土壤所、研究水稻栽培的专家吕世华，他热情地接待了我。他看过我们写的《中国黄河调查》。

经吕世华介绍，我到四川省简阳市东溪镇新胜村、桂林村；资阳市雁江镇响水村；彭州市军乐镇石硬村；长宁县大林村；珙县仁义乡等地调查。

5 月 1 日，国际劳动节，我在四川省农业科学院驻资阳市雁江镇响水村的土壤所，整理村民以协会提高生产效率的稿子。但受山沟寒气影响，我感冒发烧、全身无力，还呕吐。

5 月 5 月，回成都后，吕世华安排一辆车，送我到广汉市三星镇参观三星堆文物。走进展览馆，眼前呈现精美的青铜器，一些面具的造型比较夸张，表明他们有丰富的想象力。

5 月 9 日上午，我和吕世华等人到宜宾市，参观五粮液酒厂，门前耸立着高大的不锈钢像，里面有接待领导人的豪华大堂。我们到一个大厅，品尝了五粮液。

当天中午，我告别吕世华去长江边的李庄镇调查。找到镇政府办公室主任潘成君，他派文化站的左照环，带我参观禹王宫、东岳庙、南华宫、张家祠堂等。其中，湖北、江西、福建、广东移民，为凝聚同乡人的情感修建了会馆。

1940年，为躲避战火，同济大学、中央研究院、博物院等机构，迁到这个镇办公，其中有考古学家李济、社会学者陶孟和、历史学家傅斯年、建筑学家梁思成、甲骨文专家董作宾等人。

此外，经居民王全荣介绍，我到李庄附近的沙坪镇火花村，参观法国人在清朝时期建造的天主教堂，虽然它经历了100多年的风雨吹打，但门楼的雕刻以及内部的设计极其美观。

5月14日，我坐汽车去泸州市，再转车到尧坝镇，参观东岳庙、牌坊、王家祠堂、古街、邓山庄园等。其中庄园四周有围墙，里面还有炮楼，这是地主阶层依赖收租，维持安稳生活，与外界隔绝，不知变革的表现。

此后，我路过江津、重庆、丰都、忠县、万洲、云阳、奉节、巫山，沿途参观了海关大楼、天主教堂、张飞庙、白帝城等。

跨过云雾飘浮的三峡，到达江南古镇

5月26日上午，我从巫山坐快艇穿过巫峡、西陵峡，到达湖北巴东县。虽然两岸青山耸立、神女峰飘浮着云雾，但我觉得没有诗人描绘的神奇、壮观，是一个很普通的峡谷。

穿过宜昌、荆州、监利、仙桃后，5月29日上午，我从汉口转车到达黄陂县木兰乡余家大湾。据村民余永奇介绍，明朝初年，余家祖辈迁到此地定居，以耕读、经商传承500多年。

我发现，用青石砌成的房屋坚固无比，房屋和山峰、水塘等完美地融合在一起。民国时期，余家大湾走出一代教育家余家菊，他除了在一些大学任教以外，还是青年党的主要成员，后来去了台湾。

6月1日，我离开余家大湾到红安县，参观李先念、陈锡联、董必武的旧居以及纪念馆。

6月2日，从红安县坐汽车到黄冈市团风县，参观林彪、林育南等3兄弟的旧居，并在林育南的后人林永久家住了一晚。

离开团风县到陈策镇，我参观中共一大党代表陈潭秋的旧居。接着由黄冈坐车，到达江西九江市。6 月 5 日，我到安徽安庆市，参观用白玉石砌成的陈独秀陵园，以及教堂等。下午赶到桐城市参观文庙、六尺巷、老街等地。

6 月 7 日，经合肥、芜湖到达南京市，我参观了孙中山陵园、明孝陵、中华民国总统府、夫子庙、秦淮河、教堂等。

6 月 9 日，我打开笔记本电脑，发现一片漆黑无法启动，我怀疑又出了故障，找到南京同方维修部时，技术员检查后说，主板损坏需要更换，但南京没有货，要到苏州维修部换。

6 月 10 日，我来到苏州同方笔记本电脑维修部，他们顺利帮我换了主板，幸运的是，仍然在保修期内没有花钱，否则损失惨重。然后，我到扬州参观了个园、汪园、何园、卢园、吴道台园、朱自清故居、教堂、瘦西湖等地，并到镇江参观一些古街。

沿着长江流域的四川宜宾，经重庆穿过青山耸立的三峡、跨越楚文化发源地湖北，进入江西、安徽，到达江苏。经过 6 省市行程 1 万多公里以后，我决定将调查的重点放在浙江古乡村。

浙江完整地保存了中华传统文明

6 月 15 日，我从湖州南浔坐汽车到湖州转车去杭州，再坐车到达兰溪市。明清两代，徽商从新安江坐船到金华、杭州、苏州、上海开拓商业，兰溪是金华学派的发源地之一。

6 月 16 日，我去兰溪诸葛村走访支书诸葛坤亨，据他介绍，元朝至顺元年(1330 年)，诸葛大狮带领家人迁到此地安家，明清两代，诸葛先辈以经营药材等成为富户。

以后我到兰溪长乐村、芝堰村、后金村、三泉村、红霓山村；建德市新叶村；武义县俞源村等地调查。这些村子隐藏在山谷、不被外界知晓，有 1000 多年历史，保留了明清两代的建筑。

7 月 6 日，我到兰溪市女埠镇参观王家祠堂、方家祠堂，有幸结识了老年协会副会长李裕溪，他向我介绍当地古建筑保护的情况。当天还飘着雨，他亲自拿着伞送我到公路边等汽车。

7月12日，我从武义县坐汽车到金华市，再转车去龙游县，有幸结识了文化局副局长、现任体育局长黄国平，他热情洋溢、友善真诚、以礼待人，爱研究地方历史文化，能认识乡村古建筑的价值，在他及相关领导的推动下，龙游一些古村子得到保护。

我向他说明研究乡土文明、家族兴衰、宗族与国家转变的想法。他听了很感兴趣，立即给我提供了有关龙游古乡村的资料，并表示尽力给予支持。

在黄国平局长的帮助下，我顺利走访了三门源村、儒大门村、桐冈村等地，并翻阅了他们的族谱。明清两代，桐冈村的童家离开家乡出外经商，成为龙游商帮的主力军，他们还制订了约束子弟的家法。

7月24日，经黄国平局长介绍，我从龙游坐车去义乌市，再转车去东阳市，找到东阳博物馆陈荣军馆长。他向我介绍保护东阳古村的情况，并给我写了一份古村名单。

按照陈荣军馆长开的名单，我走访了蔡宅村、白坦村、李宅村、紫薇村等。到蔡宅村，我找到负责保护古建筑的蔡朱火，他对我的研究表示支持，带我走访了一些家族、提供了相关资料，并安排我入住一个村民家。

从这些村子的古建筑来看，以四合院组成，连成一片，形成庞大的建筑群，体现以血缘关系聚居。在王权统治时期，他们建立了互相帮助的合作组织，抵挡各种灾难。

8月1日，经东阳卢宅文物保护所傅金龙所长介绍，我与浦江县文化局副局长郑兴江取得联系，他让我去郑宅镇上郑村找村民郑定汉。

据郑定汉介绍，从南宋开始，郑家人以忠孝支撑，在一起居住生活300多年，号称“江南第一家”。他还带我参观了郑家祠堂、古民居等，并安排我入住他儿子家。

到8月8日，我在浙江兰溪、建德、龙游、武义、东阳、浦江，走访了20多个古村，大约访谈150个家族。

通过走访村民、参观宅院、祠堂、查阅族谱，我得知明清两代，浙江诞生了一批实力强大的宗族，以耕种、读书、做官、经商，造就一批文化人士、富有的贵族，他们以财富与礼教资源，形成一套完善的自治体系，并与王权结合，维护了一个稳定的生存体系！

结束在浙江一些古乡村的调查，我决定重返徽州古村拍一些图片。于是8月10日，经金华、建德到淳安县参观千岛湖后，从临安昌化镇坐汽车，穿过崇山峻岭的昱岭关到达安徽歙县。

8月11日，我到绩溪县龙川村，除了参观明朝兵部尚书胡宗宪的故居、牌坊以外，还找到村民胡美利，这是我第二次见到他。下午，我去大王庙村、仁里村参观古民居、祠堂。

仁里村小学退休教师程扶铭，送我一本《仁里思诚小学100周年》。接着，我坐村民程宗杜的摩托车，到胡里村参观清朝大富豪胡雪岩的故居、祠堂等。

可以说，浙江的乡村、集镇，以宅院、祠堂、牌坊、宗谱、家法、文书等，展现了物质财富与文化建设取得的成就，积累了深厚的礼制资源，完整地保存了中华传统文明，给研究宗族权威、王权专政、小农经济向工商业转变、家族如何影响国家，提供了最好的例子与材料。

8月22日上午，我在南昌参观滕王阁、八一南昌纪念馆等地，然后到江西人民出版社找编辑陈晓蓉，她送我中山大学教授袁伟时写的《晚清大变局》。中午，俞蓉春请我吃饭，她是婺源县思溪村人，我看过她父亲修订的家谱。下午2点钟，我从南昌坐汽车去武昌。

荒凉的山谷有晋商留下的大宅院

为了对比，我决定去山西调查晋商的兴起、没落，以及与王权的联系。

8月24日，我从武昌坐火车到达太原后，与山西财经大学教授、原校长冯子标取得联系。他看过我们写的《中国黄河调查》，对我们提出的一些观点表示赞同。

我先后到山西定襄县河边村阎锡山旧居；榆次古城、东阳镇车辋村常家大院；太谷县孔祥熙旧居、北光村曹家大院；祁县渠家大院、乔家大院；平遥古城调查。

算起来，这是我第三次到平遥，除了参观日升昌、蔚泰厚、协同庆等票号以外，我再次见到村民冀富堂。他有冀家族谱，传了几百年的房产契据、祖辈的照片等。这次我得知他收回了祖传的宅院。

9月4日上午，我从平遥坐汽车到汾阳，转车到吕梁市，再乘车到达临县。经临县文化局杨卫华局长介绍，我赶到黄河边的碛口镇调查。当天晚上，入住居民陈兆国家，睡在窑洞里感到非常安心。

9月5日上午，陈兆国带我参观黑龙庙、店铺、老街、居民的宅院等。明清两代，碛口依托黄河形成的天然码头，吸引各地商人前来交易，成为附近最繁华的集镇。我还到附近的西湾村、寨则山村、李家山村走访一些村民。

结束在碛口的调查，9月7日，我从碛口坐汽车到吕梁市，转车经介休市去霍州市。让人气愤的是，车主卖票以后，不按规定到达目的地，随意将顾客倒给另一辆车，结果下午到灵石县后，还要转车去霍州市，再转车到洪洞县住一晚。

为什么黄河文明延续2000多年，商业信誉、职业道德、法治意识、契约规则、平等交易等，没有得到有效的执行？

9月8日以后，我到襄汾县丁村；沁水县西文兴村、窦庄村、郭壁村；阳城县润城村、北留镇郭峪村、周村等地调查。这些古村有高大的宅院、城墙、而且还有关帝庙、三官庙、土地庙、东岳庙等庙宇，经历几百年。

在干旱、贫瘠、荒凉、交通极其不便、生存环境恶劣的黄土高原，晋商以经营茶叶、铁器、粮油、布匹、票号等积累银子，建造庞大、壮观、精美的宅院、城墙、寺庙等建筑。

但皇帝不保护私有财产权，不让知识从豪华的宫殿走向乡村，他们掌握了巨额白银，却无法扩大再生产，只能运回家乡供子孙消费。这是他们无法突破小农经济、打破王权的原因。

高大的城墙，没有挡住西方强国的炮火

结束对山西古乡村的调查后，2006年9月21日，我从郑州坐火车到达湖北孝感，也就是我的家乡。我决定暂不回北京，整理在浙江、山西等地采访的稿子。

9月31日，在国庆节来临之际，我租了一套房子，购买做饭的铁锅、粮油、床单、热水瓶等用品。忙完这些事，我开始坐在电脑前写作。

在这期间，我还到孝感、安陆、应城、汉川、云梦、大悟等地，了解当地

经济发展状况、老百姓的生存处境等。

到 2007 年 2 月 2 日春节，经过 5 个月艰苦奋战，写完了在山西调查的稿子。此时，我又听到鞭炮声，时光又在我揭开社会真相中消失一年。

8 月 29 日，我去北京办事。

9 月 28 日，经故宫博物院副院长晋宏逵介绍，我走进故宫参观。

望着宏大的宫殿、白玉石砌成的栏杆，我不禁发出疑问：皇帝浪费纳税人的钱财，为什么没有给老百姓提供公共服务？为什么他们不让民主、法治生根萌芽？

长期以来，皇帝用高大的围墙，将自己封闭在豪华的宫殿里，却拒绝吸收西方文明，阻碍了中华民族走向繁荣、富强。最终他们投入巨额金银修建的城墙、雄狮，没有挡住西方强国的炮火。

办完事，11 月 9 日，我从北京坐火车回汉口金银湖修改稿子。12 月 1 日，我感到头晕、发烧、浑身无力、嗓子发干，并有剧烈的咳嗽。

我知道感冒不请自来，花钱买药吃，不见好转。直到 12 月 12 日，让人极其难受的咳嗽才渐渐停止。

修改完在浙江调查的稿子，2008 年的钟声，带着人们的期盼敲响了，我感叹生命多么短暂！

为什么汉江平原没有转向经济中心

当春天投来一缕温暖的阳光，送走寒风凛冽的冬天后，2008 年 3 月 18 日上午 10 点，我从汉口火车站踏上了去往陕西汉中的旅程，开始从汉江源头至汉口的调查。

从 2005 年进入徽州调查，到现在过去了 10 年，我提出了“大河文明决定论”。黄河流域面临周期性的战乱、旱灾、饥荒等灾难，以耕种糊口的农民，无力承受损耗，黄河文明不具有裂变、扩张、自我修复能力，这是一种“能量供给不足”的文明。

虽然汉江平原拥有地理优势，但缺乏读书、做官、经商形成的贵族阶层，大部分平民以耕种为生，缺乏文化与经济的扩散效应，这是一种“缺乏财富积累”的文明。

太湖平原的家族，除了从土地获取收益以外，还能把农副产品转化成商品，通过交易获取更高的收入，再把利润投向工商业，催生一批有贵族血统的资本家，这是一种“优化配置资源”的文明！

勇于变革面对真相的民族，才能迎来民主法治

为感受江南文化，我参观学者顾炎武，甲骨文研究专家王国维、罗振玉，文学家柳亚子、霍去病、鲁迅，画家徐悲鸿，北京大学原校长、物理学家周培源，教育部长蒋南翔，上海副市长潘汉年，社会学家吴文藻，经济学家薛暮桥，资本家盛宣怀、荣德生，政治家周恩来、陈云等人的旧居及社会学家费孝通的陵墓。

站在费孝通的陵墓前，我感慨万千：回想 1936 年夏天，他踏进吴江庙港镇开弦弓村，至 2002 年，先后 26 次到江村，调查农民的生存现状后认为：乡村人多地少，靠种田只能解决温饱，必须发展乡土工业，才能让农民过上富裕生活。

我想起当年进入中国的传教士，在语言交流存在障碍、交通不方便、生活极度困苦，又没有报酬的情况下，跋山涉水，承受那么多苦难，救济无家可归的人，给孩子提供免费教育。唤醒人们告别无知、贫困、走向光明、富强！

以这种精神感召，以揭示社会真相的激情，支撑我从油菜花绽放的春天，走进飘着落叶的秋天，抵御一次又一次迎面而来的疲惫、困倦、干渴，于 2010 年 12 月，在宜兴范道乡远东集团宿舍，完成这部书稿！

2014 年 1 月 10 日，我再次修改书稿，对主题、内容、结构，表达的观点，作了重新安排，确定了《贵族的理想》。直到 2015 年 1 月 18 日春节，我又听到了人们迎接节日的欢呼声。

这本书涉及江苏、浙江有关历史人物，为回到历史事件发生的现场，2015 年 3 月 9 日，我从武昌坐火车到南京，先后去扬州、泰州、太仓、高淳等地走访相关人士，参观了当地园林、博物馆、古民居。

3 月 20 日，我在华东师范大学教授、原副校长、现任上海政府参事叶建农的帮助下，到他父亲叶海标家，采访了这位出生于浙江建德新叶村、经历民国和新中国、现年 89 岁的老人，有助于我认识这个家族的兴起及对社会的贡献。

2015年10月16日，经浙江人民出版社王福群主任介绍，我到东阳拜访原文化局副局长、《东阳市志》主编、文史专家、现年82岁的王庸华，他心胸坦荡、为人正直、视野开阔、知识结构宽广，先后参与10多部地方志与专业志的编写、审稿。

王庸华老师得知我这几年以来，为研究家族对国家的影响到处奔波，不仅把他出版的有关书送给我，还介绍我到横店镇调研厉家的兴起，并请有关人士接待。

由此，我得到了横店镇中学退休教师、《东阳厉氏文化志》主编厉天德、横店集团副总裁厉宝平、东阳文化局马景斌局长等人大力帮助。

正是这次王庸华老师支持我调研厉家1000多年的演变，又结合我以前对其他家族兴衰的分析，我在研究家族与国家取得了一个理论突破：宋朝、元朝、明朝、清朝至民国，浙江等地以“家族经济共同体”配置资源，以“家族公有制”分配财富，在经济与文化建设取得了重大成就，完成了从农耕向自然商品经济、从家族分享向国家提供能量的转变。

这是一场不依赖帝王将相，发生在县城、集镇、乡村，由贵族阶层推动的伟大变革！

10月29日，我冒着细雨从杭州坐车到达黄山，再次得到黄山党校教授、律师汪晓华的热情接待，并结识了屯溪一中教师许晓骏，他对我写贵族的理想表示赞同，提出了有参考价值的建议。

这次我想在黄山住下来，一边深入走访徽州古乡村，考察徽商创造的物质财富与文化成果，认识徽州文化对维系中华文明的重大意义，获得新的灵感，一边静心完成这部书。

许晓骏老师得知我的想法后，立即与他认识的有关人士联系，帮我在最短的时间租到一套房子，解除了我的后顾之忧，让我面对洋溢着诗情画意的新安江，驱散旅途奔波的疲惫，得到一种打开思想大门的激情！

与许晓骏交谈，我发现他继承了书香门第知书达理、友好合作的基因，他喜爱读政治、历史、文化、社会、经济等方面的著作，有很高的领悟力、理解力，学识超过了一些在大学背诵书本，却没有自己独特见解的平庸教授。

此时，我还要感谢安徽省泾县查济村查克定、查从发；绩溪县上庄村胡强胜、胡承哲、瑞川村柯家骅、绩溪县副县长柯宁宁；歙县棠樾村鲍树民，建德市新叶村叶洪富、叶昭镖；东阳市蔡宅村蔡朱火、蔡朝棠；浦江县郑宅镇上郑村郑定汉、郑期康。

黄山学院原副院长汪大白、黄山政协副主席胡宁、张俊杰、黄山社科联主席杨永生；武汉的朱清平、孝感市委宣传部办公室主任刘辉、孝感的汤纪周、孝南招商局陈圣芳、孝感朋友易格滋；湖北安徽商会名誉会长周晓山、江苏安徽商会秘书长宛明星、湖北博物馆副馆长万全文、南京博物院陈列所陈同乐所长等人。

2015 年 10 月 30 日至 12 月 16 日，于黄山屯溪黎阳新村。